目　录

目　录　CONTENTS

第二部分　学习中国特色社会主义理论

中央党校大讲堂

杨春贵讲稿

ZHONGYANGDANGXIAODAJIANGTANG

中共中央党校出版社
The Central Party School Publishing House

图书在版编目（CIP）数据

杨春贵讲稿/杨春贵著．—北京：中共中央党校出版社，2013.10
（中央党校大讲堂系列）
ISBN 978-7-5035-5161-1

Ⅰ．杨…　Ⅱ．杨…　Ⅲ．社会科学-文集　Ⅳ．C53

中国版本图书馆 CIP 数据核字（2013）第 252694 号

杨春贵讲稿

责任编辑　曲　炜　王　琪
版式设计　李　灵
责任校对　王　巍
责任印制　王洪霞

出版发行　中共中央党校出版社
（北京市海淀区大有庄 100 号）
邮　　编　100091
网　　址　www.dxcbs.net
电　　话　（010）62805800（办公室）（010）62805824（发行部）
经　　销　新华书店
印　　刷　北京四季青印刷厂
字　　数　402 千字
版　　次　2013 年 10 月第 1 版　　2013 年 10 月第 1 次印刷
开　　本　700 毫米×1000 毫米　1/16
印　　张　24.75
定　　价　78.00 元

编者说明

历经80年的风雨，中央党校作为培训轮训党员领导干部，培养党的理论队伍，学习、研究、宣传马列主义、毛泽东思想和中国特色社会主义理论体系的重要阵地和干部加强党性锻炼的熔炉，在党的干部教育方面一直发挥着重要作用。中央党校的教师们以他们独特的学术视角、深厚的理论功底和紧跟时代发展的观念意识，在讲堂上传播智慧，启迪思想，其中一些教师还为中央政治局集体学习做过讲解，他们多年的研究成果和授课经验是十分难得的珍贵教学研究资料。

因此，我们选取了在中央党校有代表性的教授，将他们的讲稿进行精选和编辑整理，形成《中央党校大讲堂》丛书。丛书中收录了各位中央党校著名教师为中央党校各班次学员、地方党校学员以及政府机关和企事业单位培训授课的讲稿。这些讲稿在一定程度上展示了中央党校的教学风貌，反映了中央党校教学的高度，也体现了中央党校在中高级党政领导干部教育方面所作的努力和贡献。

丛书第一辑共收录了10位名师的讲稿，讲稿的每一位作者均为学界一流的专家，内容涉及马克思主义理论、中国特色社会主义理论体系、哲学、经济、党史、党建、文化等各个领域。

希望通过这些讲稿的公开出版，可以使更多的读者受益，在感受各位大家学理智慧的同时，承续厚重的历史，提升知识和文化涵养。

2013年7月

科学对待马克思主义*

胡锦涛在纪念党的十一届三中全会召开30周年大会上的讲话中说："30年来，我们党的全部理论和全部实践，归结起来就是创造性地探索和回答了什么是马克思主义、怎样对待马克思主义，什么是社会主义、怎样建设社会主义，建设什么样的党、怎样建设党，实现什么样的发展、怎样发展等重大理论和实际问题。"这是对改革开放以来中国特色社会主义建设历史进程的一个高度概括和总结。这四个重大问题贯穿于建设中国特色社会主义的各个方面和发展的全部过程，是需要我们在实践中长期探索和回答的基本问题。其中"什么是马克思主义、怎样对待马克思主义"，更具有基础性和根本性，集中体现着我们党的指导思想的理论基础。科学回答这一问题，对于正确回答其他基本问题具有决定性的意义。

根据长期历史经验、特别是改革开放以来的历史经验，科学对待马克思主义，最根本的是坚持以下四条基本原则。

一、毫不动摇地坚持马克思主义

中国为什么一定要坚持马克思主义？这不是个理论的问题，而是一

---

* 自2009年3月以来，每个学期作者都为中央党校学员讲授《科学对待马克思主义》这个讲题，本稿是在历次讲稿的基础上修改而成。

个实践的问题。正如毛泽东所指出的："我们说马克思主义是对的，决不是因为马克思这个人是什么'先哲'，而是因为他的理论，在我们的实践中，在我们的斗争中，证明了是对的。我们的斗争需要马克思主义。"①

那么，对于中国来说，究竟是什么实践、什么斗争证明马克思主义是对的呢？概括起来，主要是三个方面的基本实践：

（一）中国近代以来的历史证明，只有马克思主义而没有别的什么主义能够救中国

从1840年鸦片战争失败、中国沦为半殖民地半封建社会，到1919年五四运动之前，无数中国人为了挽救民族危亡、实现国家振兴，提出过各种各样的救国方案，进行过各种各样的斗争，但结果都以失败告终。

旧式农民起义搞过了——这就是1851年爆发的太平天国农民起义，持续14年之久，遍及18个省，建立了百万农民军，最后还是被镇压下去了。他们沉重地打击了封建王朝，但是最终战胜不了封建王朝。因为农民阶级不是先进生产力的代表，提不出代表先进生产力发展要求的制度和纲领。

洋务运动搞过了——这就是从19世纪60年代到90年代，以曾国藩、李鸿章、左宗棠、张之洞等为代表的封建地主阶级内部的一些人，为了维护摇摇欲坠的封建王朝而兴办"洋务"的运动，包括兴办近代工业、近代交通、近代教育、近代军事等等。这些"洋务"对于促进中国的工业化、现代化有一定的积极意义。但是，他们的指导思想是"中学为体、西学为用"，洋务运动的实质是封建地主阶级的"自救"运动，这就使得他们的各项"洋务"不可避免地带有强烈的封建性和买办性，从而在帝国主义进攻面前不堪一击，甲午海战中北洋水师全军覆没就是证明。封建主义抵御不了资本主义。

资产阶级改良主义搞过了——这就是1898年的戊戌变法，代表人物有康有为、梁启超、谭嗣同、严复等人。康有为六次上书光绪皇帝要求变法，提出"兴民权"、"开议院"、"君民共主"等政治主张，清政府

---

① 《毛泽东选集》第1卷，人民出版社1991年版，第111页。

以光绪皇帝的名义颁布设立新式机构、奖励工商、改革科举、开办新式学堂以及提倡“西学”等项法令100多道，但是，以慈禧太后为首的封建顽固派一朝政变，将光绪皇帝囚禁起来，慈禧重新“垂帘听政”，变法就“流产”了，只存在3个多月，史称“百日维新”。维新派遭到追捕和屠杀，康、梁逃往国外，谭嗣同等六人被砍头，新政全废，只剩下一个京师大学堂。资产阶级改良主义在中国遭到了失败。

旧式资产阶级民主革命也搞过了——这就是孙中山所领导的资产阶级民主革命。1911年10月10日爆发的辛亥革命推翻了清王朝的统治。1912年元旦，孙中山就职中华民国南京临时政府大总统，宣告延续2000多年的封建帝制历史的终结，中国历史揭开了新的一页。但是，由于中国民族资产阶级的软弱性，政权很快被封建军阀袁世凯所篡夺，袁死后中国陷入大大小小的军阀混战，帝国主义乘机加紧对中国进行侵略和掠夺，中华民族危机日深，中国还是没有出路。

最后中国怎样才解决了问题呢？是马克思主义解决了问题。俄国十月革命一声炮响，给中国送来了马克思列宁主义，从此中国革命的面貌为之一新。马克思列宁主义同中国工人运动相结合，产生了中国共产党。中国共产党领导的革命就叫新民主主义革命，在这一革命进程中，中国共产党把马克思列宁主义普遍真理同中国革命具体实践相结合，创立了中国化的马克思主义——毛泽东思想，从而引导中国民主革命取得了彻底胜利，进而在中国建立起社会主义制度。中国革命的胜利，是毛泽东思想的胜利，也是马克思主义在中国的胜利。

对于中国近代以来的历史经验，毛泽东在1949年《唯心史观的破产》一文中做了一个总结。他说：“从一八四〇年鸦片战争到一九一九年的五四运动的前夜，共计七十多年中，中国人没有什么思想武器可以抵御帝国主义。旧的顽固的封建主义的思想武器打了败仗了，抵不住，宣告破产了。不得已，中国人被迫从帝国主义的老家即西方资产阶级革命时代的武器库中学来了进化论、天赋人权论和资产阶级共和国等项思想武器和政治方案，组织过政党，举行过革命，以为可以外御列强，内建民国。但是这些东西也和封建主义的思想武器一样，软弱得很，又是抵不住，败下阵来，宣告破产了。”“一九一七年的俄国革命唤醒了中国人，中国人学得了一样新的东西，这就是马克思列宁主义。中国产生了共产党，这是开天辟地的大事变。……从此以后，中国改换了方向。”①所以，在中国，选择马克思主义，这是实践的选择，历史的选择，人民的选择。

（二）当代国际共产主义运动遭受挫折的教训、特别是苏东剧变的历史教训证明，马克思主义这个武器是丢不得的

丢了马克思主义，共产党就会垮台，社会主义就会灭亡，历史就会倒退，人民就会遭殃。昔日可以和美国相抗衡的超级大国苏联，今日已灰飞烟灭，国家四分五裂，经济社会发展受到严重破坏，这就是一个证明。普京上台之初的俄罗斯是一个什么样子呢？普京有一个很坦率的说明：“俄罗斯正处于其数百年来最困难的一个时期。大概这是俄罗斯近200—300年来首次真正面临沦为世界二流国家，抑或三流国家的危险。”美国经济学家在《俄罗斯改革的悲剧》一书中罗列了一系列数据说：上个世纪30年代美国大萧条期间国内生产总值减少了30%，第二次世界大战期间苏联国内生产总值减少了24%，而俄罗斯自1992年到1998年期间国内生产总值下降了44%，其中工业生产下降了56%②。

造成苏东剧变这种悲剧，既有历史的原因，又有现实的原因，而其直接的现实的原因则是苏联领导人放弃了马克思列宁主义。正如江泽民所说：“东欧剧变、苏联解体，最深刻的教训是：放弃了社会主义道路，放弃了无产阶级专政，放弃了共产党的领导地位，放弃了马克思列宁主义，结果使得已经相当严重的经济、政治、社会、民族矛盾进一步激化，最终酿成了制度剧变、国家解体的历史悲剧。”③

苏东的前车之覆，就是中国的后车之鉴。中国绝不能走“全盘西化”的道路，在经济上绝不能搞全面私有化，在政治上绝不能搞资产阶级自由化，在意识形态上绝不能搞指导思想多元化。这是我们从国际比较中得出的一个极其重要的历史结论。

---

① 《毛泽东选集》第4卷，人民出版社1991年版，第1513—1514页。

② 张树华：《论叶利钦“人民资本主义”的失败》，《世界社会主义研究动态》2007年第14期。

③ 《江泽民文选》第3卷，人民出版社2006年版，第230页。

（三）改革开放以来，中国社会主义现代化建设所取得的历史性巨大成就证明，马克思主义不但能够救中国，而且能够发展中国

苏东剧变以后，面对西方敌对势力所谓“共产主义大失败”的狂喜和曾经信仰过马克思主义的某些人的悲观情绪，邓小平斩钉截铁地说：“一些国家出现严重曲折，社会主义好像被削弱了，但人民经受锻炼，从中吸收教训，将促使社会主义向着更加健康的方向发展。因此，不要惊慌失措，不要认为马克思主义就消失了，没用了，失败了。哪有这回事！”① 改革开放以来中国发展的事实充分证明了这一点。

从1978年到现在的30多年间，我国经济持续健康快速发展，年均增长接近两位数，是世界经济同期年均增长3%的三倍多。1978年我国人均GDP不到300美元，现在则达到6000多美元。我国人民生活水平大幅度提高，实现了由温饱不足到总体小康的历史性跨越。我国的综合国力大幅度跃升，经济总量由1978年的世界第十位，上升到现在的第二位。我国的政治建设、文化建设、社会建设等各方面建设，都取得令世人瞩目的巨大成就。中国的发展，不仅使中国人民稳定地走上了富裕安康的广阔道路，而且为世界经济发展和人类文明进步做出了重大贡献。

这些伟大成就的取得，根本原因就是我们既坚持了马克思主义、科学社会主义的基本原则，又根据我国国情和时代特征赋予其鲜明的中国特色，形成和发展了当代中国马克思主义——中国特色社会主义理论体系。胡锦涛在党的十七大报告中说：“《共产党宣言》发表以来近一百六十年的实践证明，马克思主义只有与本国国情相结合、与时代发展同进步、与人民群众共命运，才能焕发出强大的生命力、创造力、感召力。在当代中国，坚持中国特色社会主义理论体系，就是真正坚持马克思主义。”② 也可以说，中国特色社会主义的胜利，就是马克思主义在中国的胜利。

---

① 《邓小平文选》第3卷，人民出版社1993年版，第383页。

② 胡锦涛：《高举中国特色社会主义伟大旗帜，为夺取全面建设小康社会新胜利而奋斗》，《中国共产党第十七次全国代表大会文件汇编》，人民出版社2007年版，第11—12页。

现在，我们正在为到2020年全面建成小康社会而奋斗，实现了这个目标，“我们这个历史悠久的文明古国和发展中社会主义大国，将成为工业化基本实现、综合国力显著增强、国内市场总体规模位居世界前列的国家，成为人民富裕程度普遍提高、生活质量明显改善、生态环境良好的国家，成为人民享有更加充分民主权利、具有更高文明素质和精神追求的国家，成为对外更加开放、更加具有亲和力、为人类文明作出更大贡献的国家”①。在此基础上，继续前进，到本世纪中叶，我们就将基本实现社会主义现代化，实现中华民族伟大复兴，到那时，如邓小平所说，就“不但是给占世界总人口四分之三的第三世界走出了一条路，更重要的是向人类表明，社会主义是必由之路，社会主义优于资本主义。”② 对此，我们充满信心。国外的一些有识之士，也有较为公允的评论。美国高盛资产管理公司董事长、“金砖四国”概念的提出者吉姆·奥尼尔则说：“未来10年对全世界GDP贡献最大的将是中国。”他预计，到2050年中国将超过美国成为世界最大的经济强国。美国学者约翰·奈斯比特认为，到2050年中国将成为世界中心，“不仅将改变全球经济，而且也将以其自身的模式来挑战西方的民主政治”。曾经极力鼓吹资本主义是人类历史“终结者”的弗朗西斯·福山在2009年接受日本《中央公论》杂志采访时也不得不承认：“客观事实证明，西方自由民主可能并非人类历史进化的终点。随着中国崛起，所谓‘历史终结论’有待进一步推敲和完善，人类思想宝库需为中国传统留有一席之地。”

二、完整准确地理解马克思主义

坚持马克思主义，必须弄清什么是马克思主义，完整准确地理解马克思主义。1945年，毛泽东在党的七大口头政治报告中说：“我们历史上的马克思主义有很多种，有香的马克思主义，有臭的马克思主义，有

① 胡锦涛：《高举中国特色社会主义伟大旗帜，为夺取全面建设小康社会新胜利而奋斗》，《中国共产党第十七次全国代表大会文件汇编》，人民出版社2007年版，第20页。

② 《邓小平文选》第3卷，人民出版社1993年版，第225页。

活的马克思主义，有死的马克思主义”，“我们所要的是香的马克思主义，不是臭的马克思主义；是活的马克思主义，不是死的马克思主义”①。

（一）什么是马克思主义

1914年列宁为俄国《格拉纳特百科辞典》写了一个条目《卡尔·马克思》，副标题是“传略与马克思主义概述”，其中说道：“马克思主义是马克思的观点和学说的体系。”② 显然，这里讲的是狭义的马克思主义，即作为马克思主义创始人的学说。马克思主义是由马克思和恩格斯共同创立的，其所以以马克思的名字命名，恩格斯在1886年有一个说明，他说：“我和马克思共同工作40年，在这以前和这个期间，我在一定程度上独立地参加了这一理论的创立，特别是对这一理论的阐发。但是，绝大部分基本指导思想（特别是在经济和历史领域内），尤其是对这些指导思想的最后的明确的表述，都是属于马克思的。我所提供的，马克思没有我也能够做到，至多有几个专门的领域除外。至于马克思所做到的，我却做不到。马克思比我们大家都站得高些，看得远些，观察得多些和快些。马克思是天才，我们至多是能手。没有马克思，我们的理论远不会是现在这个样子。所以，这个理论用他的名字命名是理所当然的。”③ 恩格斯的这段话是符合实际的，当然，同时也表明了恩格斯那种令人尊敬的谦逊品格，在今天读来仍然令我们深深感动。关于马克思学说的主要内容，列宁在本词条“马克思的学说”部分和前一年发表的《马克思主义的三个来源和三个组成部分》一文中做了系统概括，这就是马克思主义哲学、马克思主义政治经济学、马克思主义科学社会主义。其中的唯物主义历史观“是科学思想中的最大成果”，“剩余价值学说是马克思经济理论的基石”，在这两大成果的基础上，使社会主义由空想变为科学。所以，“马克思的观点极其彻底而严整”④。

作为中国共产党的指导思想的马克思主义，是广义的马克思主义。

---

① 《毛泽东文集》第3卷，人民出版社1996年版，第311—312页。

② 《列宁选集》第2卷，人民出版社1995年版，第418页。

③ 《马克思恩格斯选集》第4卷，人民出版社1995年版，第242页注脚。

④ 《列宁选集》第2卷，人民出版社1995年版，第311、312、418页。

它既包括由马克思、恩格斯创立的马克思主义的基本理论、基本原则和基本方法，又包括帝国主义和无产阶级革命时代的马克思主义——列宁主义，特别是中国化的马克思主义——毛泽东思想和包括邓小平理论、“三个代表”重要思想及科学发展观等重大战略思想在内的中国特色社会主义理论体系。正如党的十八大通过的党章所指出的：“中国共产党以马克思列宁主义、毛泽东思想、邓小平理论、‘三个代表’重要思想和科学发展观作为自己的行动指南。”“马克思列宁主义揭示了人类社会历史发展的规律，它的基本原理是正确的，具有强大的生命力”，“以毛泽东同志为主要代表的中国共产党人，把马克思列宁主义的基本原理同中国革命的具体实践结合起来，创立了毛泽东思想。毛泽东思想是马克思列宁主义在中国的运用和发展，是被实践证明了的关于中国革命和建设的正确的理论原则和经验总结，是中国共产党集体智慧的结晶”，“邓小平理论是马克思列宁主义的基本原理同当代中国实践和时代特征相结合的产物，是毛泽东思想在新的历史条件下的继承和发展，是马克思主义在中国发展的新阶段，是当代中国的马克思主义”，“‘三个代表’重要思想是对马克思列宁主义、毛泽东思想、邓小平理论的继承和发展，反映了当代世界和中国的发展变化对党和国家工作的新要求，是加强和改进党的建设、推进我国社会主义自我完善和发展的强大理论武器”，“科学发展观，是同马克思列宁主义、毛泽东思想、邓小平理论和‘三个代表’重要思想既一脉相承又与时俱进的科学理论，是马克思主义关于发展的世界观和方法论的集中体现，是马克思主义中国化的最新成果”。总之，作为当代中国共产党人指导思想的马克思主义，是由马克思、恩格斯所创立并由列宁和中国共产党人继承和发展了的关于无产阶级和人类解放的科学思想体系。

（二）坚持马克思主义主要坚持什么

当然不是它的词句，不是它的个别结论，而是它的科学思想体系，它的立场、观点、方法，它的具有普遍意义的基本原理。其中最主要的是以下三个方面的内容：

一是马克思主义的政治立场，即无产阶级和人民大众的立场。这是马克思主义的阶级本质。恩格斯说：马克思是第一个“给现代整个工人运动提供了科学基础的人”[①]，他的学说“是无产阶级解放的条件的理论概括”[②]。列宁说：马克思主义是“世界各文明国家工人运动的理论和纲领”[③]。由于无产阶级是人类历史上最后一个受剥削、受压迫的阶级，它的解放也必然是全人类的最后解放，无产阶级的阶级利益同最广大人民群众的根本利益是一致的，因此，马克思、恩格斯在《共产党宣言》中说：“过去的一切运动都是少数人的或者为少数人谋利益的运动。无产阶级的运动是绝大多数人的、为绝大多数人谋利益的独立的运动。”[④] 中国共产党强调立党为公、执政为民、以人为本，强调自己既是中国工人阶级的先锋队，同时是中国人民和中华民族的先锋队，就是这一政治立场的具体体现。马克思主义理论的主题就是研究如何实现无产阶级和人类解放，中国共产党人的一切奋斗都是为了实现中国最广大人民的根本利益。这是马克思主义 160 多年一脉相承的政治立场之脉。离开了这一条，就是从根本上离开了马克思主义。胡锦涛指出：“马克思主义政党的一切理论和奋斗都应致力于实现最广大人民的根本利益，这是马克思主义最鲜明的政治立场。”[⑤]

二是马克思主义的世界观、方法论，即以科学实践观为基础的辩证唯物主义和历史唯物主义世界观、方法论。这是整个马克思主义理论的哲学基础。它的产生，是人类思想史上的伟大革命：它坚持实践的唯物主义，区别于唯心主义和直观唯物主义；坚持历史唯物主义，区别于历史唯心主义；坚持辩证唯物主义，区别于形而上学唯物主义，从而第一次在科学实践观的基础上实现了唯物主义自然观与历史观的统一、唯物主义与辩证法的统一，为无产阶级和广大人民群众认识世界、改造世界提供了科学的世界观、方法论。从马克思主义的产生来说，它以马克思主义哲学的产生为理论起点，有了马克思主义哲学、特别是唯物主义历史观，才有了马克思主义政治经济学、特别是剩余价值学说，从而才使社会主义由空想变为科学，产生了科学社会主义。从马克思主义的应用

---

① 《马克思恩格斯选集》第 3 卷，人民出版社 1995 年版，第 328 页。

② 《马克思恩格斯文集》第 1 卷，人民出版社 2009 年版，第 672 页。

③ 《列宁选集》第 3 卷，人民出版社 1995 年版，第 418 页。

④ 《马克思恩格斯选集》第 1 卷，人民出版社 1995 年版，第 283 页。

⑤ 胡锦涛：《在“三个代表”重要思想理论研讨会上的讲话》，《保持共产党员先进性教育读本》，党建读物出版社 2004 年版，第 249 页。

来说，一刻也离不开马克思主义哲学的指导；离开了马克思主义哲学的指导，即使是科学社会主义的理论和原则，在实践中也会变成空想的东西。马克思主义的具体观点会随着条件的改变而改变，而它的哲学世界观、方法论，是普遍管用、长期管用、根本管用的，它是贯穿于整个马克思主义的活的灵魂，其基本观点和基本方法，如唯物论和一切从实际出发的原则、实践论和实践标准、生产力最终决定论和生产力标准、人民群众主体论和人民利益标准、矛盾论和矛盾分析方法、在阶级社会和有阶级存在社会之阶级观点和阶级分析方法，等等，所有这些，在任何时候都是不能违背的，违背了，就会犯方向性、全局性错误。我们党历来重视从哲学高度总结经验、研究问题和解决问题，其根本原因就在这里。

三是马克思主义的崇高社会理想，即社会主义、共产主义理想。如前所述，马克思主义的产生，以哲学为理论起点。而其落脚点，则是科学社会主义。正如恩格斯所说："现代的唯物主义，它和过去相比，是以科学社会主义为其理论终结的。"① 马克思和恩格斯运用唯物主义历史观研究资本主义生产方式，揭示了资本主义生产方式的基本矛盾——生产资料的资本主义私有制同生产社会化的矛盾，以及这一基本矛盾的阶级表现——资产阶级同无产阶级的矛盾，得出"资产阶级的灭亡和无产阶级的胜利是同样不可避免的"历史结论，论证了社会主义、共产主义是人类历史发展的必由之路，论证了无产阶级的历史地位、历史使命以及实现历史使命的条件、手段和途径，论证了未来社会主义、共产主义社会的一般原则。马克思和恩格斯在《共产党宣言》中对未来社会做出了这样的概括："代替那存在着阶级和阶级对立的资产阶级旧社会的，将是这样一个联合体，在那里，每个人的自由发展是一切人的自由发展的条件。"② 胡锦涛根据马克思主义经典作家的一贯思想和国际共产主义运动的实践经验，进一步指出："实现物质财富极大丰富、人民精神境界极大提高、每个人自由而全面发展的共产主义社会，是马克思主义最崇高的社会理想。"③ 这是马克思主义 160 多年一脉相承的社会理想

---

① 《马克思恩格斯全集》第 20 卷，人民出版社 1965 年版，第 673 页。

② 《马克思恩格斯选集》第 1 卷，人民出版社 1995 年版，第 294 页。

③ 胡锦涛：《在"三个代表"重要思想理论研讨会上的讲话》，《保持共产党员先进性教育读本》，党建读物出版社 2004 年版，第 248 页。

之脉。尽管实现这一社会理想的道路是漫长而复杂的，会有曲折和挫折，乃至局部的倒退，但是，这个历史发展的总趋势是不可改变的。正是因为有这样一个崇高社会理想，无数的共产党人矢志不移，始终保持一种必胜的信念。当巴黎公社正在巷战的时候，马克思就指出："无论公社在巴黎的命运怎样，它必然将遍立于全世界。"当新生的俄国苏维埃政权受到 14 个帝国主义国家的包围而陷入十分危机的情况下，列宁坚定地说："无产阶级的最终胜利是不可避免的。"当中国革命十分弱小、处于低潮的时候，毛泽东高瞻远瞩地指出："星星之火，可以燎原。"当苏东剧变、世界社会主义遭受严重挫折的时候，邓小平坚定地说："不要惊慌失措，不要认为马克思主义就消失了，没用了，失败了。哪有这回事！""我坚信，世界上赞成马克思主义的人会多起来的，因为马克思主义是科学"，"社会主义经历一个长过程的发展必然代替资本主义"，"这是社会历史发展不可逆转的总趋势"①。

（三）怎样把握马克思主义科学原理

马克思主义作为一门科学，是由一系列相互联系的科学原理所构成的科学体系。列宁说："马克思主义的全部精神，它的整个体系，要求我们对每一个原理都要（α）历史地，（β）都要同其他原理联系起来，（γ）都要同具体的历史经验联系起来加以考察。"② 列宁提出的这三条原则，对于我们完整、准确理解和把握马克思主义科学原理具有十分重大的指导意义。

所谓"历史地"加以考察，就是说，要把每一个科学原理放在一定社会历史条件下加以考察，坚持真理的具体性。真理都是一定时间、地点、条件下的真理，没有抽象的真理。时间、地点、条件变了，人们的认识也必须随着改变。没有什么一成不变的东西。俄国十月革命以城市为中心夺取全国政权，实践证明是正确的，在中国，这条道路就走不通，必须走农村包围城市夺取全国政权的道路，因为两国的国情不同，道路也就不同，不能简单移用。在土地革命战争时期，我们党的农村政策是平分土地，到了抗日战争时期，则是减租减息，因为形势变了，社

① 《邓小平文选》第 3 卷，人民出版社 1993 年版，第 382—383 页。

② 《列宁选集》第 2 卷，人民出版社 1995 年版，第 785 页。

会主要矛盾变了，党的政策也必须随之改变，不能以不变应万变。在夺取全国政权以前，我们党的工作重心在农村，在夺取全国政权以后，我们党的工作重心转移到城市，这都是正确的。毛泽东说："真正的马克思主义是：当需要在乡村时，就在乡村；当需要转到城市时，就转到城市。"① 具体问题具体分析，是马克思主义活的灵魂。针对林彪、"四人帮"任意肢解毛泽东思想的荒谬做法，邓小平指出："把毛泽东同志在这个问题上讲的移到另外的问题上，在这个地点讲的移到另外的地点，在这个时间讲的移到另外的时间，在这个条件下讲的移到另外的条件下，这样做，不行嘛！"② 在这里，他表达的也是具体问题具体分析的马克思主义科学态度。

所谓"同其他原理联系起来"考察，就是说，要坚持真理的全面性。不能只知其一、不知其二，更不能为了主观的需要，只讲其一、不讲其二。马克思主义的某一原理是正确的，同它相联系的另一原理也是正确的，我们应当在统一中加以把握，既不能孤立地、片面地强调某一原理，也不能主观地、随意地抛弃另一原理。恩格斯在致约·布洛赫的信中曾就这一点批评一些所谓最新的"马克思主义者"，说："根据唯物史观，历史过程中的决定性因素归根到底是现实生活的生产和再生产。无论马克思或我都从来没有肯定过比这更多的东西。如果有人在这里加以歪曲，说经济因素是唯一决定性的因素，那么他就是把这个命题变成毫无内容的、抽象的、荒诞无稽的空话。经济状况是基础，但是对历史斗争的进程发生影响并且在许多情况下主要是决定着这一斗争的形式的，还有上层建筑的各种因素。"③ 就是说，既要讲经济的最终决定作用，又要讲上层建筑的反作用，缺了哪一句都不是唯物主义历史观。同样地，在今天，我们既要讲坚持马克思主义，又要讲发展马克思主义，缺了哪一句都不是马克思主义；既要讲反对平均主义，又要讲反对两极分化，缺了哪一句都不是社会主义；既要讲金山银山，又要讲绿水青山，缺了哪一句都不是科学发展观；既要讲立足中国国情，又要讲放眼世界，缺了哪一句都不是战略思维；如此等等。总之，真理是全面的，

① 《毛泽东文集》第3卷，人民出版社1996年版，第332页。
② 《邓小平文选》第2卷，人民出版社1994年版，第38页。
③ 《马克思恩格斯选集》第4卷，人民出版社1995年版，第695—696页。

我们要学会讲两句话，防止片面性、绝对化。这是我们多年来学习马克思主义的一条重要经验，绝不能抓住一两句话就片面进行宣传，绝不能刮风，“攻其一点、不及其余”。

所谓“同具体的历史经验联系起来加以考察”，就是说，要在实践中检验真理和发展真理。马克思说：“人的思维是否具有客观的[gegenständliche]真理性，这不是一个理论的问题，而是一个实践的问题。人应该在实践中证明自己思维的真理性，即自己思维的现实性和力量，自己思维的此岸性。”① 马克思主义之所以被称作真理，不但在于马克思、恩格斯科学构建它的时候，而且在于它为尔后的革命斗争实践所证实的时候。正是联系于各个历史时期的实践经验，使我们确信，马克思主义是科学，是颠扑不破的真理；也正是联系于各个历史时期的实践经验，使我们不断丰富和发展马克思主义。所以，我们历来强调，学习马克思主义，一定要联系实际，根据实际的经验思考它为什么是正确的，也根据实际的经验思考它还有哪些不够完善的地方。这样，马克思主义才能真正在我们的头脑中扎根，并且能够随着实际经验的积累而不断丰富和发展。马克思为什么提出“工人阶级不能简单地掌握现成的国家机器，并运用它来达到自己的目的”？这是考察1848年欧洲革命经验，特别是考察1871年巴黎公社革命经验的结果。列宁为什么提出新经济政策？这是考察1918—1920年实行战时共产主义政策遭受挫折教训的结果。毛泽东为什么提出“农村包围城市、最后夺取全国政权”的道路？这是考察大革命失败后夺取大城市遭受失败教训的结果。邓小平为什么能够提出中国特色社会主义理论？这是长期考察中国社会主义建设历史经验，特别是“文化大革命”历史教训的结果。所以，列宁提出“同具体的历史经验联系起来加以考察”，这是研究马克思主义的一个根本的方法，也是学习马克思主义的一个根本方针。

三、创造性地运用马克思主义

坚持马克思主义不是目的，目的是为了运用，以解决我们所面临的各种实际问题。这种运用又不是简单的理论推演，而是结合实际的创造

① 《马克思恩格斯选集》第1卷，人民出版社1995年版，第55页。

性运用。根据长期历史经验，创造性运用马克思主义，要坚持三个“结合”。

（一）理论和实际相结合

马克思主义为我们的实践提供了总的指导思想、基本原则和基本方法，但是，没有提供解决各种具体问题的具体方案。恩格斯在 1888 年为《共产党宣言》英文版所写的序言中说：“这些原理的实际运用，正如《宣言》中所说的，随时随地都要以当时的历史条件为转移。”① 列宁说，马克思的理论“提供的只是总的指导原理，而这些原理的应用具体地说，在英国不同于法国，在法国不同于德国，在德国又不同于俄国。”② 同样，在中国既不同于俄国，也不同于欧美，必须把马克思列宁主义的基本原理同中国革命和建设的具体实际相结合，使之中国化。这就是毛泽东所说的：“学会把马克思列宁主义的理论应用于中国的具体的环境”，“使马克思主义在中国具体化”，“使之在其每一表现中带着必须有的中国的特性”③。为此就要调查研究，真正了解实际、了解国情。毛泽东在 1941 年曾经谈到他自己对这个问题的体会，说：“记得我在 1920 年，第一次看了考茨基著的《阶级斗争》，陈望道翻译的《共产党宣言》，和一个英国人作的《社会主义史》，我才知道人类自有史以来就有阶级斗争，阶级斗争是社会发展的原动力，初步地得到认识问题的方法论。可是这些书上，并没有中国的湖南、湖北，也没有中国的蒋介石和陈独秀。我只取了它四个字：‘阶级斗争’，老老实实地来开始研究实际的阶级斗争。”④ 在大革命时期，他对湖南农民运动做了系统考察；在土地革命战争时期，他做了《宁冈调查》、《永新调查》、《寻乌调查》、《兴国调查》、《长岗乡调查》、《才溪乡调查》等等。有了这些调查，才真正取得了关于中国革命的发言权；没有这种调查，就没有关于中国革命的发言权。所以，理论同实际相结合，是以周密、系统的调查研究为基础的。

---

① 《马克思恩格斯选集》第 1 卷，人民出版社 1995 年版，第 258 页。

② 《列宁选集》第 1 卷，人民出版社 1995 年版，第 274—275 页。

③ 《毛泽东选集》第 2 卷，人民出版社 1991 年版，第 534 页。

④ 《毛泽东农村调查文集》，人民出版社 1982 年版，第 21—22 页。

在社会主义建设新时期，邓小平反复重申："要坚持马克思主义，坚持社会主义。但是，马克思主义必须是同中国实际相结合的马克思主义，社会主义必须是切合中国实际的有中国特色的社会主义。"① 他有两句著名的话，一句话是："老祖宗不能丢"，他说："我们搞改革开放，把工作重心放在经济建设上，没有丢马克思，没有丢列宁，也没有丢毛泽东。老祖宗不能丢啊！"另一句话是"独立思考"，他说："在中国建设社会主义这样的事，马克思的本本上找不出来，列宁的本本上也找不出来，每个国家都有自己的情况，各自的经历也不同，所以要独立思考。"② 这两句话的结合，就是马克思列宁主义普遍真理同当代中国具体实际相结合。胡锦涛在纪念党的十一届三中全会召开 30 周年大会上的讲话中总结中国改革开放以来 30 年基本经验的时候，一共讲了十条，最后做了一个总结："30 年的历史经验归结到一点，就是把马克思主义基本原理同中国具体实际相结合，走自己的道路，建设中国特色社会主义。"

（二）领导和群众相结合

理论是重要的，它的重要性在于一旦被群众所掌握就会变成改造世界的物质力量。理论同实际相结合，离不开领导和群众相结合。

按照马克思主义认识论，认识从实践中来，当然包括从个人的实践中来，但是，任何个人的实践，包括领导者个人的实践，同无比丰富、无比生动的群众的实践比较起来，总是狭隘的、片面的、有限的。人民群众是创造历史的主体，也是认识的主体。领导机关和领导人员要形成正确的思想，作出正确的决策，对工作实行正确的指导，就必须向群众的实践请教。中国共产党人创立了具有中国特色的群众路线，即一切为了群众，一切依靠群众，从群众中来到群众中去。这是马克思主义的政治路线、工作路线，也是马克思主义的认识路线。"实践—认识—实践"同"群众—领导—群众"，这两个公式是完全一致的。马克思主义普遍真理同具体实践的结合，是在亿万人民群众的奋斗中实现的。人民群众的实践需要是"结合"的动力之源；人民群众的实践经验是"结合"的

① 《邓小平文选》第 3 卷，人民出版社 1993 年版，第 63 页。

② 《邓小平文选》第 3 卷，人民出版社 1993 年版，第 369、260 页。

智慧之源；人民群众的实践结果是检验“结合”是否正确的根本标准。

邓小平反复强调：我个人做了一点事，但不能说都是我发明的。其实很多事是别人发明的，群众发明的，我只不过是把它们概括起来，提出了方针政策。这不是什么“伟大谦虚”，而是真正的实事求是。他说，农村搞家庭联产承包，这个发明权是农民的；乡镇企业异军突起，是基层创造的；办经济特区，是广东同志提出的，“我同意了他们的意见，我说名字叫经济特区”，如此等等。他强调，要把“人民拥护不拥护”、“人民赞成不赞成”、“人民高兴不高兴”、“人民答应不答应”作为考虑一切问题的出发点和落脚点，体现了马克思主义实践标准与价值标准的统一。中国特色社会主义理论是代表当代中国人民根本利益的理论，也是集中了全党全国人民集体智慧的理论。胡锦涛在庆祝中国共产党成立90周年大会上的讲话中强调：“每一个共产党员都要把人民放在心中最高位置。”所谓“最高位置”，一是把人民当主人，全心全意为人民服务；二是把人民当英雄，全心全意依靠人民；三是把人民当老师，全心全意向人民学习。

（三）学习借鉴外国和独立自主相结合

中国的革命和建设事业都离不开世界。必须重视研究和借鉴外国经验，必须争取一切可能争取的外援，必须重视吸取人类创造的一切文明成果。闭关自守、盲目排外，只能导致落后和失败。但是，这种学习、借鉴、借助都不能代替我们自己的努力和奋斗。独立自主、自力更生，是从实际出发、依靠群众进行革命和建设的必然结论。毛泽东历来强调，中国国情靠中国人民自己去认识，中国革命的胜利靠中国人民自己去争取，我们的方针要放在自己力量的基点上。他说：“我们的方针是，一切民族、一切国家的长处都要学，政治、经济、科学、技术、文学、艺术的一切真正好的东西都要学。但是，必须有分析有批判地学，不能盲目地学，不能一切照抄，机械搬运。”“如果每句话，包括马克思的话，都要照搬，那就不得了。我们的理论，是马克思列宁主义的普遍真理同中国革命的具体实践相结合。”① 没有独立自主，就没有毛泽东思想，就没有中国革命的胜利。

---

① 《毛泽东著作选读》下册，人民出版社1986年版，第740、742页。

在社会主义建设新时期，我们开辟了一条建设中国特色社会主义的成功之路。1982 年 9 月 1 日邓小平在党的十二大的开幕词，就是一篇中国共产党和中国人民独立自主建设社会主义的宣言书。他说："我们的现代化建设，必须从中国的实际出发。无论是革命还是建设，都要注意学习和借鉴外国经验。但是，照抄照搬别国经验、别国模式，从来不能得到成功。这方面我们有过不少教训。把马克思主义的普遍真理同我国的具体实际结合起来，走自己的道路，建设有中国特色的社会主义，这就是我们总结长期历史经验得出的基本结论。"他重申："中国的事情要按照中国的情况来办，要依靠中国人自己的力量来办。独立自主，自力更生，无论过去、现在和将来，都是我们的立足点。中国人民珍惜同其他国家和人民的友谊和合作，更加珍惜自己经过长期奋斗而得来的独立自主权利。任何外国不要指望中国做他们的附庸，不要指望中国会吞下损害我国利益的苦果。"① 这段气势磅礴的讲话，体现了中国人民高度的自尊心和自豪感，也体现了中国共产党人实事求是的科学态度。没有独立自主，就没有中国特色社会主义道路和理论体系。胡锦涛在纪念党的十一届三中全会召开 30 周年大会上的讲话中强调："必须把坚持独立自主同参与经济全球化结合起来。"这是我们党一贯坚持的独立自主方针在新的历史条件下的具体体现和新的发展，也是我们在改革开放中必须长期坚持的基本方针。

四、与时俱进地发展马克思主义

马克思主义是历史的产物，但是它没有成为只是留在人们记忆中的历史陈迹，原因就在于它是开放的、随着历史的发展而不断丰富和发展的科学。这是它的真正的生命力之所在。科学地对待马克思主义，必须与时俱进地发展马克思主义。

（一）与时俱进是马克思主义认识论的题中应有之义

毛泽东说："马克思列宁主义并没有结束真理，而是在实践中不断

① 《邓小平文选》第 3 卷，人民出版社 1993 年版，第 3 页。

地开辟认识真理的道路。”① 其所以如此，从认识论上说，是因为每一时代人们的认识总是不可避免地受到三个方面的限制。

一是受到客体状况的限制。客体具有无限的复杂性，它包括无限多的方面和无限多的层次。从宏观上说，宇宙无限大，地球之外有太阳系、银河系，银河系之外还有无数个“银河系”；从微观上说，宇宙无限小，分子可分，原子可分，原子核可分，“基本”粒子仍然可分。所以，每一真理性的认识只能大致地、近似地正确反映事物某一方面、某一次的本质，而不可能穷尽一切方面、一切层次的本质。列宁说：“人的思想由现象到本质，由所谓初级的本质到二级的本质，这样不断地加深下去，以至于无穷。”② 客体不仅具有无限的复杂性，而且具有发展的无限性。每一事物都是过程。作为过程，当它所包含的矛盾尚未充分暴露时，人们难以充分揭示其本质；当它从一个阶段转向另一阶段的时候，原有的认识又需要有新的发展，以适应变化了的情况。因此，光有马克思的《资本论》不行，还需要有列宁的《帝国主义论》；光有毛泽东的《新民主主义论》不行，还需要有邓小平的社会主义初级阶段论，如此等等。人们通过一个又一个的相对真理而走向绝对真理，这种走向是永无止境的，因为事物的发展是永无止境的。

二是受到主体状况的限制。从人的肉体状况说，人的生命有限，精力有限，实践范围有限，因而认识能力有限。恩格斯说，任何人在自己的专业之外都只能是个半通。从人的精神状况说，由于人们出身不同、教养不同、努力程度不同，人们的立场观点方法、思维方式、知识结构、经验储备、价值取向等等是很不相同的，这些不同都影响着人们的认识能力。但是，不论怎样不同，有一点是肯定的：任何人的精神状况都不可能是尽善尽美的，因而在认识上也就不可能达到尽善尽美的程度。所谓无所不知、无所不能、洞察一切等等，都只能是欺人之谈。

三是受到社会实践水平的限制。实践的广度和深度决定认识的广度和深度。实践经验越丰富，可供思维加工的材料也就越丰富，认识的结果也就越容易全面、深刻和正确。当没有经验或经验不足的时候，错误便难以避免。毛泽东说：“在民主革命时期，经过胜利、失败、再胜利、

① 《毛泽东选集》第1卷，人民出版社1991年版，第296页。

② 《列宁全集》第38卷，人民出版社1959年版，第278页。

再失败，两次比较，我们才认识了中国这个客观世界，……在以前不可能，因为没有经过大风大浪，没有两次胜利和两次失败的比较，还没有充分的经验。”① 这里所说的经验，主要不是说的哪一个个人的经验，而是全党的经验，这种经验不足是历史条件、历史实践的广度和深度所决定的。进入社会主义时期以后，一开始我们又面临经验不足的问题，在经验不足的情况下就容易照搬外国的经验（苏联的经验），或照搬过去的经验（战争时期的经验），或照搬书本上的条文，而这就必然导致主观与客观相脱离。这是社会主义建设初期我们所犯“左倾”错误的一个重要的客观原因。社会实践水平对人们认识的限制，不仅表现在一定历史条件下实践所积累的经验有限，而且表现在一定历史条件下实践所提供的认识工具有限。生产力和科学技术的发展不断为我们提供新的认识工具，从而不断开拓认识的新领域，提高人们的认识能力和水平；同时，这种提供在任何时候都不可能达到尽善尽美的程度，因而又总是限制着人们的认识水平和能力。

由于以上种种原因，决定人们的认识不是简单的、直线的、一次完成的，而是一个实践、认识、再实践、再认识的无限循环往复的过程。在这个过程中，出现某种错误或片面性，存在不够完善或不够深刻的情况，是合乎规律的现象。认识上的与时俱进，就是指的认识的过程性，即从不知到知、从知之不多到知之较多、从知之不够全面到知之比较全面、从知之不够深刻到知之比较深刻、从知之不够正确到知之比较正确的过程。我们应当记住恩格斯的话：“世界体系的每一思想映象，总是在客观上受到历史状况的限制，在主观上受到得出该思想映象的人的肉体状况和精神状况的限制”，因而每一时代人们的认识“所包括的需要改善的东西，无例外地总是要比不需要改善的或正确的东西多得多”②。

（二）马克思、恩格斯的与时俱进

马克思、恩格斯创立了马克思主义，深刻回答了什么是资本主义、资本主义为什么必然灭亡、社会主义为什么必然胜利以及社会主义怎样才能取得胜利这些重大的历史课题。这是人类思想史上最伟大的与时俱

① 《毛泽东文集》第8卷，人民出版社1999年版，第299页。

② 《马克思恩格斯选集》第3卷，人民出版社1995年版，第376、427页。

进。然而马克思主义的创立并不是马克思、恩格斯理论活动的终结，而是他们理论活动继续前进的新起点。他们反复强调："我们的理论是发展着的理论，而不是必须背得烂熟并机械地加以重复的教条。"① 在马克思主义问世以后的几十年间，他们总是自觉地根据新的实践和新的研究，不断修正、完善和发展自己的理论。例如：

（1）关于对阶级斗争的认识。《共产党宣言》中说："至今一切社会的历史都是阶级斗争的历史。"这个论断是不确切的。《宣言》问世后的40年，恩格斯在该书1888年英文版中就加了一个脚注："这是指有文字记载的全部历史。"② 这就确切了。因为在漫长的原始社会中并不存在阶级和阶级斗争。而马克思、恩格斯在写作《宣言》的时候，人们对原始社会几乎一无所知。后来西方的学者陆续发现了人类社会的原始状态，特别是美国学者莫尔根的《古代社会》系统地揭示了原始社会组织的典型状态，这才使马克思和恩格斯明确了"阶级的存在是同生产发展的一定阶段相联系的"，而不是从来就有的。这个实例说明，马克思主义是随着科学的发展而向前发展的，在这个过程中，马克思主义者可以而且应当从非马克思主义者那里吸收营养。

（2）关于《雇佣劳动与资本》的一个重要修改。《雇佣劳动与资本》是马克思的一部重要的政治经济学著作，原为1847年12月在布鲁塞尔德意志工人协会上的演说，曾以社论形式在《新莱茵报》上连载，1880年首次以单行本出版。11年后，1891年出了新的单行本。这时马克思已经去世。恩格斯根据《资本论》的论述，在新的单行本中作了必要的修改，指出："我所作的全部修改，都归结为一点。在原稿上是，工人为取得工资向资本家出卖自己的劳动，在现在这一版本中则是出卖自己的劳动力。"这"并不是单纯的咬文嚼字，而是牵涉到全部政治经济学中一个极重要的问题"③。因为只有区别劳动和劳动力这两个不同的概念，才能科学揭示资本家剥削的秘密，才能正确说明剩余价值的本质。

（3）关于19世纪中叶欧洲大陆资本主义灭亡是否具有现实性的问题。恩格斯在晚年坦率承认，他们当时对资本主义的发展潜力认识不

---

① 《马克思恩格斯选集》第4卷，人民出版社1995年版，第681页。

② 《马克思恩格斯选集》第1卷，人民出版社1995年版，第272页脚注。

③ 《马克思恩格斯文集》第1卷，人民出版社2009年版，第702页。

足，说："历史表明，我们以及所有和我们有同样想法的人，都是不对的。历史清楚地表明，当时欧洲大陆经济发展的状况还远没有成熟到可以铲除资本主义生产的程度；历史用经济革命证明了这一点，从1848年起经济革命席卷了整个欧洲大陆，在法国、奥地利、匈牙利、波兰以及最近在俄国刚刚真正确立了大工业，而德国简直就成了一个头等工业国，——这一切都是以资本主义为基础的，可见这个基础在1848年还具有很大的扩展能力。"①

（4）关于无产阶级夺取政权的方式问题。马克思恩格斯1848年在《共产党宣言》中说："共产党人不屑于隐瞒自己的观点和意图。他们公开宣布：他们的目的只有用暴力推翻全部现存的社会制度才能达到。"②1871年巴黎公社失败以后，革命进入低潮时期，马克思提出，夺取政权究竟采取哪种形式，要依具体情况而定，"有些国家，像美国、英国，……工人可能用和平手段达到自己的目的"，而"在大陆上的大多数国家中，暴力应当是我们革命的杠杆"③。形式服从内容，手段服从目的，不应当无条件地坚守某种固定模式，而应当具体问题具体分析，灵活地采取暴力的或和平的两种斗争形式，如恩格斯所说："我们的策略不是凭空臆造的，而是根据经常变化的条件制定的"④，"如果旧的东西足够理智，不加抵抗即行死亡，那就和平地代替；如果旧的东西抵抗这种必然性，那就通过暴力来代替。"⑤

（三）列宁的与时俱进

列宁说："我们决不把马克思的理论看作某种一成不变的和神圣不可侵犯的东西；恰恰相反，我们深信：它只是给一种科学奠定了基础，社会党人如果不愿落后于实际生活，就应当在各方面把这门科学推向前进。"⑥ 在帝国主义和无产阶级革命的新时代，在指导俄国革命的实践中，列宁坚持马克思主义，又以一系列新思想丰富和发展了马克思主

① 《马克思恩格斯选集》第4卷，人民出版社1995年版，第512页。
② 《马克思恩格斯选集》第1卷，人民出版社1995年版，第307页。
③ 《马克思恩格斯全集》第18卷，人民出版社1964年版，第179页。
④ 《马克思恩格斯全集》第38卷，人民出版社1972年版，第439页。
⑤ 《马克思恩格斯选集》第4卷，人民出版社1995年版，第216页。
⑥ 《列宁选集》第1卷，人民出版社1995年版，第274页。

义，深刻回答了什么是帝国主义、在帝国主义时代无产阶级怎样进行革命的重大历史课题，形成了列宁主义。例如：

（1）关于一国或数国首先胜利的问题。马克思、恩格斯一向认为，社会主义革命只能在欧洲主要资本主义国家同时发动才能取得胜利。1847年，恩格斯说："共产主义革命将不是仅仅一个国家的革命，而是将在一切文明国家里，至少在英国、美国、法国、德国同时发生的革命"。① 1872年，马克思在谈到巴黎公社失败的教训时，把没有"同时发动"作为重要教训之一，说："巴黎公社之所以失败，就是因为在一切主要中心，如柏林、马德里以及其他地方，没有同时爆发同巴黎无产阶级斗争的高水平相适应的伟大的革命运动。"② 恩格斯一直到晚年还是强调："无论是法国人，德国人或英国人，都不能单独赢得消灭资本主义的光荣。"③ 但是，列宁没有对这个观点采取教条主义态度。他根据帝国主义发展的不平衡规律，以及帝国主义战争有利于革命发生的客观形势，得出了不同以往的全新的结论："社会主义可能首先在少数甚至在单独一个资本主义国家内获得胜利。"④ "社会主义不能在所有国家内同时获得胜利。它将首先在一个或者几个国家内获得胜利，而其余的国家在一段时间内仍将是资产阶级的或资产阶级以前的国家。"⑤ 十月革命取得胜利以后，列宁进一步指出，剥削者在一国被打倒是"典型的情况"，而"几国同时发生革命是罕有的例外"⑥。在这个问题上，充分表明了列宁实事求是的科学态度和不拘泥于任何理论权威的创新勇气。

（2）关于"全世界无产者和被压迫民族联合起来"这一口号的看法问题。马克思、恩格斯在《共产党宣言》中提出了一个响亮的口号："全世界无产者，联合起来！"这一口号反映了资本的国际性和全世界无产者反抗资本统治的国际性，是完全正确的。当自由资本主义发展到帝国主义阶段以后，形成了世界范围内的压迫民族和被压迫民族，出现了民族殖民地和半殖民地国家。基于这种情况，列宁认为，应当使全世界

① 《马克思恩格斯选集》第1卷，人民出版社1995年版，第241页。

② 《马克思恩格斯全集》第18卷，人民出版社1964年版，第180页。

③ 《马克思恩格斯全集》第39卷，人民出版1974年版，第87页。

④ 《列宁选集》第2卷，人民出版社1995年版，第554页。

⑤ 《列宁选集》第2卷，人民出版社1995年版，第722页。

⑥ 《列宁选集》第3卷，人民出版社1995年版，第611—612页。

争取社会主义革命的斗争同殖民地半殖民地的民族解放斗争联合起来，共同反对帝国主义。根据列宁这一思想，1920 年共产国际的一个机关刊物《东方民族》提出："全世界无产者和被压迫民族联合起来！"当时有人质问："为什么做这种改动？"列宁解释说："当然，从《共产党宣言》的观点来看，这样的提法是不正确的，但是，《共产党宣言》是在完全不同的条件下写成的，而从现在的政治情况来看，这样的提法是正确的。"① 列宁的这个新思想反映了新的历史条件下民族解放运动同工人阶级社会主义运动之间的密切关系，具有十分重要的现实指导意义。

（3）关于新经济政策。十月革命胜利后，苏维埃俄国在 1918 年到 1920 年实行的是"军事共产主义"政策。其主要内容是：在农村实行余粮收集制；在城市把所有大中型企业和大部分小企业收归国有，国家对企业实行实物供给制，企业产品由国家直接调拨分配；禁止贸易自由，取消货币关系，国家负责产品采购、产品分配和供应。当时实行这个政策有客观原因，即在帝国主义武装干涉和国内战争爆发的条件下，实行这种高度集中的管理体制，以应对战争的需要，有一定的历史合理性；同时也有主观上的原因，即同对社会主义的误解有关。在马克思看来，社会主义社会已经消灭了商品、货币。列宁最初也持这种观点。可实践的结果证明，这种政策不利于发展社会主义社会的生产力，不利于提高人民的生活水平。后来列宁多次指出：十月革命后，我们为革命的热情浪潮所激励，"我们曾计划依靠这种热情直接实现与一般政治任务和军事任务同样伟大的经济任务。我们计划……用无产阶级国家直接下命令的办法在一个小农国家里按共产主义原则来调整国家的产品生产和分配。现实生活说明我们错了"②。"由于我们企图过渡到共产主义，到 1921 年春天我们就遭到了严重的失败，……这次失败表现在：我们上层制定的经济政策同下层脱节，它没有促成生产力的提高，而提高生产力本是我们党纲规定的迫切的基本任务。"③ 于是，在 1921 年 3 月召开的俄共（布）第十次代表大会上，根据列宁提议，大会决定立即废止"战时共产主义"，实行新经济政策，其主要内容是：用粮食税代替余粮

① 《列宁选集》第 4 卷，人民出版社 1995 年版，第 326 页。
② 《列宁选集》第 4 卷，人民出版社 1995 年版，第 569—570 页。
③ 《列宁选集》第 4 卷，人民出版社 1995 年版，第 575—576 页。

收集制；允许多种经济成分并存，允许私人经营企业，将部分国有化了的中小企业退还给原企业主，鼓励农民、手工业者发展私人小工业；发展商品经济，允许自由贸易；培植国家资本主义，利用资本主义建设社会主义。新经济政策实施后，收到明显效果，短短的一两年，苏俄的经济就得到了恢复，并有了较快的增长。这个新政策的实质是利用市场而不是行政命令建设社会主义。邓小平说："社会主义究竟是个什么样子，苏联搞了很多年，也并没有完全搞清楚。可能列宁的思路比较好，搞了个新经济政策。但是后来苏联的模式僵化了。"①

（四）毛泽东思想的与时俱进

毛泽东一贯主张把坚持和发展马克思主义结合起来。他说："马克思这些老祖宗的书，必须读，他们的基本原理必须遵守，这是第一。但是，任何国家的共产党，任何国家的思想界，都要创造新的理论，写出新的著作，产生自己的理论家，来为当前的政治服务，单靠老祖宗是不行的。"② 他领导全党确立了实事求是的思想路线，形成了适合中国国情的关于中国革命和建设的正确理论原则——毛泽东思想，深刻回答了什么是中国革命、在中国如何进行革命的重大历史课题，对中国如何建设社会主义也进行了初步探索，以一系列独创性的理论观点丰富和发展了马克思列宁主义。例如：

（1）关于"两步走"的中国革命发展战略。中国革命既不同于西方的资产阶级革命，也不同于俄国的十月社会主义革命。这是由中国半殖民地半封建社会的国情和无产阶级革命时代特点所决定的。从这个国情和时代特点出发，毛泽东领导我们党逐步形成了具有中国特色的"两步走"的中国革命发展战略，即第一步新民主主义革命，第二步社会主义革命。毛泽东说这是一篇文章的上下篇。一篇文章是说，这两次革命都是在中国共产党的统一领导下进行的。前篇是后篇的必要准备，后篇是前篇发展的必然结果，中间不能横插一个资产阶级共和国。上下篇是说，两次革命的性质是不同的，一次是民主革命，一次是社会主义革命，不能加以混淆。这个革命发展战略，既反对了右的"二次革命论"，

---

① 《邓小平文选》第3卷，人民出版社1993年版，第139页。

② 《毛泽东文集》第8卷，人民出版社1999年版，第109页。

又反对了“左”的“毕其功于一役”的“一次革命论”。实践证明是完全正确的。

（2）关于“农村包围城市”、武装夺取全国政权的道路。这条道路不同于巴黎公社城市武装起义道路和俄国十月革命由城市发展到农村的武装斗争道路。这也是由中国国情决定的。一是中国是一个农民占多数的国家，民主革命的基本问题是土地问题、农民问题，这就决定我们必须把主要的立足点放到农村。二是敌人统治力量在农村的薄弱和在城市的强大这种敌我力量对比的基本态势，决定我们在革命初期只能在农村寻求发展的余地。

（3）关于革命军队建设和军事战略。这方面内容的丰富性和创造性，在马克思主义思想史上是无与伦比的。这是由我们党长期武装斗争的实践所决定的。毛泽东创立了人民军队的理论，规定全心全意为人民服务是人民军队的唯一宗旨；坚持党指挥枪而不是枪指挥党的建军原则；实行政治、经济、军事三大民主；实行官兵一致、军民一致和瓦解敌军的原则。毛泽东创立了人民战争的理论，即在党的领导下，以人民军队为骨干广泛动员人民直接间接参与战争，开展以人民武装斗争和其他各种斗争形式相结合的全民战争。毛泽东创立了实行人民战争的一系列战略战术原则：把游击战争提高到战略地位，认为中国革命战争在长时期内的主要作战形式是游击战和带游击性的运动战；制定了敌强我弱形势下实行战略的持久战和战役、战斗的速决战，集中优势兵力、各个歼灭敌人等一系列人民战争的战略战术。

（4）关于党的建设的理论。毛泽东创造性地解决了在中国这样一个无产阶级人数很少而战斗力很强、农民和其他小资产阶级占人口大多数的国家里，怎样建设一个具有广大群众性的、马克思主义的无产阶级政党的问题。他强调党的建设是一项“伟大的工程”，要密切联系党的政治路线，加强党的建设；要着重于从思想上建设党，把思想建设放在党的建设的首位；要加强党的组织建设，坚持民主集中制，加强党的团结；要加强党的作风建设，发扬理论联系实际、密切联系群众、批评与自我批评的作风，等等。

毛泽东对社会主义建设问题也进行了艰辛的探索，取得许多重要成果。他的《论十大关系》和《关于正确处理人民内部矛盾的问题》是其中最重要的理论成果。但是，由于全党经验不足和毛泽东晚年的主观主义错误，导致一系列重大决策失误，特别是犯了“文化大革命”那样持续10年之久的全局性的“左”的错误，使中国的社会主义建设遭受严重挫折。

（五）中国特色社会主义理论体系的与时俱进

邓小平深刻总结“文化大革命”的历史教训，领导全党重新确立解放思想、实事求是的思想路线，强调必须以新的思想、观点丰富和发展马列主义、毛泽东思想。他指出：“世界形势日新月异，特别是现代科学技术发展很快。现在的一年抵得上过去古老社会几十年、上百年甚至更长的时间。不以新的思想、观点去继承、发展马克思主义，不是真正的马克思主义者。”① 在和平与发展成为时代主题的新的历史条件下，他深刻总结中国社会主义的历史经验，借鉴其他国家社会主义兴衰成败的历史经验，总结中国改革开放以来的新鲜经验，以及当代世界各国发展的经验与教训，第一次系统地初步地回答了“什么是社会主义、怎样建设社会主义”这个当代中国所面临的首要的基本问题，把对社会主义的认识提高到新的科学水平，创立了中国特色社会主义理论。以江泽民为核心的党中央高举邓小平理论伟大旗帜，面对世纪之交世界的新变化和中国的新发展，回答新问题，总结新经验，形成了“三个代表”重要思想，进一步回答了“什么是社会主义、怎样建设社会主义”的问题，创造性地回答了“建设什么样的党、怎样建设党”的问题，以一系列新的思想丰富和发展了中国特色社会主义理论。党的十六大以后，以胡锦涛为总书记的党中央坚持以邓小平理论和“三个代表”重要思想为指导，适应新世纪新阶段全面建设小康社会的新要求，提出树立和落实科学发展观等一系列重大战略思想，进一步丰富和发展了中国特色社会主义理论。中国特色社会主义理论体系是一个科学的思想体系，它包括邓小平理论、“三个代表”重要思想和科学发展观，是在新的历史条件下对马列主义、毛泽东思想的继承和发展。其中有许多新的思想、观点，例如：

（1）关于中国社会主义初级阶段的理论。在国际共产主义运动中，超阶段是一个带有普遍性的倾向。中国过去超阶段的主要表现是发展生

① 《邓小平文选》第3卷，人民出版社1993年版，第291—292页。

产力急于求成，调整生产关系盲目求纯，意识形态建设只讲先进性而忽视广泛性。确认我国现在处于并将长期处于社会主义初级阶段即不发达阶段，这是我们对国情认识的一个重大飞跃。据此确立了社会主义初级阶段的基本路线，即以经济建设为中心、坚持改革开放、坚持四项基本原则的“一个中心，两个基本点”的基本路线；确立了社会主义初级阶段的基本经济制度，即以公有制为主体、多种所有制共同发展的经济制度；确立了“分三步”走基本实现现代化的基本发展战略，等等。强调社会主义初级阶段是一个很长的历史阶段，从上个世纪中叶起，至少要经历上百年的时间，我们想问题、办事情都要从这个实际出发，绝不能脱离这个实际。

（2）关于社会主义市场经济理论。这是十一届三中全会以来我们党在社会主义观念上的一个重大更新，突破了长期以来认为计划经济是社会主义、市场经济是资本主义的思想框框。邓小平提出，计划和市场都是手段，社会主义也可以搞市场经济；党的十四大明确地把我国经济体制改革的目标确立为建立社会主义市场经济体制。

（3）关于科学技术是第一生产力的理论。马克思说：“生产力中也包括科学。”[①] 邓小平说对，但是现在看来还不够，科学技术是第一生产力。这是一个重大的新判断。据此他强调，发展经济必须依靠科技和教育，四个现代化关键是科学技术现代化。江泽民根据邓小平理论，领导全党作出科教兴国的战略决策。胡锦涛领导全党作出建设创新型国家的战略决策。

（4）关于科学发展的理论。党的十六大以来，以胡锦涛为总书记的党中央，针对新世纪新阶段我国经济社会发展中存在的突出问题，提出树立和落实以人为本、全面协调可持续的科学发展观。这一科学发展观既是对毛泽东思想、邓小平理论和“三个代表”重要思想关于科学发展一系列论述的继承，也是立足新的实践所作出的理论创新，同时也借鉴了其他国家发展的经验教训。正如胡锦涛所说：“坚持以人为本，全面、协调、可持续的发展观，是我们以邓小平理论和‘三个代表’重要思想为指导，从新世纪新阶段党和国家事业发展全局出发提出的重大战略思想。科学发展观总结了二十多年来我国改革开放和现代化建设的成功经

---

① 《马克思恩格斯全集》第46卷（下），人民出版社1980年版，第211页。

验，吸取了世界上其他国家在发展进程中的经验教训，概括了战胜非典疫情给我们的重要启示，揭示了经济社会发展的客观规律，反映了我们党对发展问题的新认识。”①

（5）关于社会和谐的理论。针对新世纪新阶段我国社会矛盾的新变化，以胡锦涛为总书记的党中央强调，社会和谐是中国特色社会主义的本质属性，必须把社会建设同经济建设、政治建设、文化建设一道，纳入中国特色社会主义事业的总体布局；必须把发展社会事业和解决民生问题作为社会建设的重点，把积极扩大就业、完善社会保障体系、理顺分配关系、加快社会事业发展作为现阶段构建社会主义和谐社会的着力点，千方百计解决好人民群众最关心、最直接、最现实的利益问题；必须创新社会管理方式，整合社会管理资源，提高社会管理水平，健全党委领导、政府负责、社会协同、公众参与的社会管理格局，实现社会管理方式的与时俱进。所有这些，都是对我们党关于正确处理人民内部矛盾、“统筹兼顾、适当安排”、保持社会活力与社会稳定等战略思想的继承和发展。

（6）关于党的建设的理论。强调加强党的领导必须改善党的领导，以改革创新的精神全面加强党的建设，包括思想建设、组织建设、作风建设、制度建设。适应党的地位、任务、环境的变化，提出按“三个代表”重要思想的要求建设党，这是党的建设指导思想的重大与时俱进。

总之，马克思主义不但需要结合具体实践使之具体化、中国化，而且需要结合实践的发展使之时代化。历史之河川流不息，新的问题层出不穷，特别是在历史大变动时期，迫切要求我们在理论上不断与时俱进。解放思想是发展马克思主义、发展社会主义的一大法宝，既不应当把别人的本本和经验当作教条，也不应当把自己以往的经验和做法当作桎梏，一切以时间、地点、条件为转移。只有思想解放了，才能提出新问题、作出新判断、找出新办法、走出新路子、形成新理论，也才能在发展了的马克思主义基础上使人们的认识和行动统一起来，去开创新的局面，夺取新的胜利。正如胡锦涛在庆祝中国共产党成立 90 周年大会

① 胡锦涛：《树立和落实科学发展观》，《保持共产党员先进性教育读本》，党建读物出版社 2004 年版，第 280 页。

上的讲话所说："面对风云变幻的国际形势，面对艰巨繁重的国内改革发展稳定任务，我们要团结带领人民继续前进，开创工作新局面，赢得事业新胜利，最根本的就是要高举中国特色社会主义伟大旗帜，坚持和拓展中国特色社会主义道路，坚持和丰富中国特色社会主义理论体系，坚持和完善中国特色社会主义制度。"

第一部分

学习马克思主义哲学

马克思主义哲学学习引言*

按照教学计划的安排，开学后首先上哲学课。今天我想就学习马克思主义哲学的一般问题讲几点意见，作为哲学课的引言，供大家参考。

一、马克思主义哲学是无产阶级科学的世界观和方法论

恩格斯说："我们党有个很大的优点，就是有一个新的科学的世界观作为理论的基础。"① 这个科学的世界观，就是马克思主义哲学——辩证唯物主义与历史唯物主义。它是整个马克思主义学说的理论基础，是我们党制定正确的路线、方针、政策的理论基础，也是我们党的全部实践活动的理论基础。离开了这个基础，我们就会迷失方向，就要犯"左"的或右的错误，就要招致革命和建设的失败。因此，它是我们每个共产党员、特别是党的领导干部终身的必修课。

为了提高学习马克思主义哲学的自觉性，我们首先应当对马克思主义哲学的特点、特别是它的科学性有一个深刻的理解。

大家知道，哲学是理论化、系统化的世界观。在古希腊，哲学被人

---

* 本稿系 1990 年 9 月 4 日在中央党校学员开始学习哲学课时所作的引言报告。

① 《马克思恩格斯选集》第 2 卷，人民出版社 1995 年版，第 39—40 页。

们看作是智慧之学；在中国古代，把具有高度智慧的人称之为“哲人”。但事实上并不是所有的哲学都是科学的哲学，并不是所有的哲学都能给人以智慧，有些哲学，不但不能给人以智慧，相反，足以使人变得愚蠢。在今天，只有马克思主义哲学才是真正的科学的哲学，才能真正给人以智慧。当然，这不是说，在马克思主义哲学产生之前几千年的哲学史就是一连串错误的堆积，其中毫无科学价值可言。历史上各种形式的唯物主义哲学都在不同程度上正确概括和总结了当时的实践经验和科学成果，尽管有这样那样的局限性，但是在基本方向上都是正确的，因而在推动历史发展上起过积极的进步作用。唯心主义哲学在基本方向上是错误的，是一种颠倒的世界观，但是也不能说任何唯心主义哲学中都不具有任何合理成分和真理性颗粒。譬如在黑格尔的唯心主义哲学中就包含有非常丰富的辩证法思想，它第一个自觉地叙述了辩证法的一般形式。不过从总体上看，马克思以前的哲学都不是完全科学的哲学。下面，我们就从四个方面的比较中说明马克思主义哲学的科学性，说明它在哲学发展中所实现的革命变革。

（一）从哲学研究的对象看

以往的哲学，不论是唯心论还是唯物论，都企图回答所有的具体问题，建立一种包罗万象的、最终的“绝对真理”体系，充当所谓“科学之科学”，即站在科学之上，包容一切具体科学的内容。在古代，它直接表现为“知识总汇”。那时，哲学与具体科学还没有分家，是一种混合的知识体系。在近代，随着生产力的发展，某些自然科学逐步成熟起来，开始从“知识总汇”中分化出去，哲学也逐渐地把研究的重点放在探讨世界的一般本质和一般规律上。但是，这时自然科学的发展还很不充分，社会科学更处在萌芽状态中，依靠这些科学成果还远远不足以为世界发展的全貌描画出一幅完整的图画。哲学家们在努力概括当时具体科学成果的同时，不得不借助于逻辑推演和主观臆想去填补那些未知领域的空白。这样，在他们的哲学体系中不但充斥许多具体科学的内容，而且不能不带有许多经不起实践检验的错误观点，甚至是十分荒唐的东西。马克思主义哲学不同，它不要求自己提供解决一切具体问题的现成答案，而只是依靠具体科学成果从中概括出世界的一般本质和发展的一般规律。这种概括，如果说在过去科学发展较低阶段还不具备条件，那么，到了19世纪40年代则完全具备了条件。首先，自然科学的巨大进步，特别是自然科学的三大发现——细胞学说、能量守恒与转化定律、生物进化论的创立，充分暴露了自然界普遍联系和永恒发展的本性，依靠这些成果，“我们现在不仅能够说明自然界中各个领域内的过程之间的联系，而且总的说来也能说明各个领域之间的联系了，这样，我们就能够依靠经验自然科学本身所提供的事实，以近乎系统的形式描绘出一幅自然界联系的清晰的图画。”① 其次，资本主义大工业的发展，使得阶级关系日益明朗化、简单化，阶级斗争的作用及其经济根源明显地暴露出来；随着商业贸易的发展和国际交往的扩大，人们的视野也愈来愈开阔，使得人们有可能从各个民族、各个国家的发展中概括出社会发展的一般规律。这样，哲学研究的对象就发生了根本的变化：关于世界各个领域中具体规律的研究，让位于各门具体科学，不需要哲学越俎代庖了，哲学就从具体科学中彻底分化出来。马克思主义哲学就只是依靠具体科学所提供的成果来概括世界的一般本质和发展的一般规律，就不再是站在具体科学之上并企图代替具体科学的所谓“科学之科学”，而是真正科学的哲学。

（二）从哲学的内容看

以往的哲学，除古代朴素唯物主义与自发辩证法有某种程度的结合外，唯物主义与辩证法在总体上都是分离的，而且唯物主义是不彻底的，自然观上的唯物主义者在历史观上都是唯心的。因而，就哲学内容的总体说，都不是完全科学的哲学。马克思主义哲学继承和发展了人类一切优秀思想文化成果，继承和发展了哲学史上唯物主义和辩证法的优秀传统，特别是吸收和改造了18世纪末19世纪初德国古典哲学中黑格尔辩证法的“合理内核”和费尔巴哈唯物主义的“基本内核”，第一次在科学的基础上把唯物主义与辩证法统一起来，把自然观的唯物主义与历史观的唯物主义统一起来，创立了完备的唯物主义——辩证的、历史的唯物主义。这样，就全面地、科学地反映了世界本来的面目，使哲学的内容发生了革命性的变化。

---

① 《马克思恩格斯选集》第4卷，人民出版社1995年版，第246页。

（三）从哲学的使命看

以往的哲学，只是以各种方式说明世界，不了解革命的实践活动在认识和历史发展中的决定作用。马克思主义哲学把实践的观点引入了唯物主义，认为社会生活在本质上是实践的，实践是认识的基础，也是社会存在和发展的基础。哲学的使命不但在于说明世界，更重要的是改造世界，而且只有在改造世界中才能认识世界。马克思和恩格斯说："对实践的唯物主义者即共产主义者来说，全部问题都在于使现存世界革命化，实际地反对并改变现存的事物。"① 因此，它不是远离生活、脱离实践的纯粹思辨的哲学，而是深深地植根于生活的土壤、来自实践、服务于实践、在实践中发展的活生生的现实的哲学。它在指导无产阶级革命实践的过程中实现无产阶级解放全人类的伟大使命，又在这种实践的过程中使自身不断经受检验，获得丰富和发展。这种实践性的特点，决定它既是一种崭新的科学理论体系，又是最具有创造性的活生生发展着的理论体系。

（四）从哲学的阶级性看

以往的哲学，绝大多数都是为剥削阶级服务的哲学。处于革命时期、上升时期的剥削阶级要求变革社会、发展生产力，同社会进步的要求相一致，因而能够这样或那样地提出和坚持唯物主义路线。但是，即使在这个时期，由于其剥削阶级地位的限制，也不可能把唯物主义贯彻到底，特别是在历史观上无一例外的都是唯心主义。而一旦他们取得政权、丧失革命性之后，便立即转向唯心主义。历史上也有一些哲学是代表劳动人民利益的哲学，他们一般能够坚持唯物主义路线。但由于其小生产者地位的局限，不可能通观客观过程的全体，不能把握社会发展的客观规律，因而也不能坚持彻底的唯物主义。马克思主义哲学是无产阶级世界观，是代表无产阶级利益、适应无产阶级革命斗争需要而产生的。无产阶级是同社会化大生产相联系的最大公无私、彻底革命的阶级，它不但要求消灭资本主义私有制，而且要求消灭一切私有制，无产阶级只有解放全人类它才能最后解放自己。这种彻底革命的阶级本性，

---

① 《马克思恩格斯选集》第1卷，人民出版社1995年版，第75页。

决定它要求采取彻底唯物主义的态度。恩格斯说："科学越是毫无顾忌和大公无私，它就越符合工人的利益和愿望。"[①] 同时，由于无产阶级的利益同最广大人民群众利益的一致性，马克思主义哲学的阶级性与群众性也是一致的。因而它不像资产阶级那样总是千方百计掩盖自己哲学的阶级性，宣扬虚伪的"超阶级"的哲学，而是公然申明自己哲学的阶级性。马克思明确地提出："哲学把无产阶级当作自己的物质武器，同样，无产阶级也把哲学当作自己的精神武器。"[②] 马克思哲学的这种阶级性的特点，说明它不是任何人都可以掌握的单纯的"技术"或技巧，而是一种革命的武器，只有站在无产阶级的立场上才能掌握它。它的科学性与革命性是一种内在的统一。革命性决定它的科学性，而科学性又保证它的革命性。

从以上分析中可以看到，马克思主义哲学的产生是哲学发展史上的伟大革命。科学性、实践性、阶级性是它的基本特点，它是革命性与科学性高度统一、理论与实践密切结合的无产阶级科学世界观与方法论。

前些年，有的人对马克思主义哲学的科学性表示怀疑，说它产生于140多年以前，是"蒸汽机时代"的理论，现在已经到了"计算机时代"，没有必要再来学习了。方励之说："马克思主义三个部分均已过时"，"它象一件穿旧的衣服一样，必须把它脱掉"。这就涉及到马克思主义哲学在今天是否仍然有强大生命力的问题，以及如何对待坚持和发展马克思主义哲学的问题。

首先，我们应当看到，马克思主义哲学的产生，实现了哲学上的伟大革命，但是它并没有结束哲学的发展，并不是某种哲学体系的最终完成，而是在新的更高的基础上为哲学的发展开辟了广阔的道路。马克思和恩格斯在19世纪中叶创立自己的哲学之后，又依据新的实践经验和科学发展成果写出了一系列新的哲学著作，如《资本论》、《反杜林论》、《自然辩证法》、《家庭、私有制与国家的起源》、《费尔巴哈论》等著作和关于历史唯物主义的许多书信，以许多新的思想和资料进一步丰富和发展了自己的哲学。列宁在帝国主义和无产阶级革命时代，适应新的斗争需要，又写了《什么是"人民之友"以及他们如何攻击社会民主主义

---

① 《马克思恩格斯选集》第4卷，人民出版社1995年版，第258页。

② 《马克思恩格斯选集》第1卷，人民出版社1995年版，第15页。

者》、《唯物主义和经验批判主义》、《哲学笔记》、《帝国主义论》、《国家与革命》、《论战斗唯物主义的意义》等著作，在许多方面，特别是在认识论与辩证法方面丰富和发展了马克思主义哲学。以毛泽东为主要代表的中国共产党人，在将马克思主义普遍真理与中国革命具体实践相结合的过程中，应用和发展马克思主义哲学，形成了具有中国共产党人特色的哲学思想——毛泽东哲学思想，提供了在实践中运用和发展马克思主义认识论与辩证法的典范。我们今天所说的马克思主义哲学，是指的由马克思、恩格斯奠基而为列宁和毛泽东以及一切革命的共产党人所丰富和发展了的马克思主义哲学。它自身不断发展的历史，表明它是生气勃勃、有强大生命力的哲学，认为它还停留在140多年以前、在今天已经过时的看法，是不符合实际的，因而是错误的。

其次，我们说马克思主义没有过时，并不是说它在今天不需要进一步发展了。任何真理都需要发展，因为对于人类认识发展的长河来说，它们的真理性都只具有相对的意义。马克思主义哲学当然也需要发展。1960年初，毛泽东在读苏联《政治经济学教科书》的谈话中说："我们在第二次国内革命战争末期和抗战初期写了《实践论》和《矛盾论》，这些都是适合于当时需要不能不写的。现在我们已经进入社会主义时代，出现了新的一系列的问题，如果不适应新的需要，写出新的著作，形成新的理论，也是不行的。"① 现在我们面临的这个"发展"的任务是异常繁重的。十一届三中全会以来，我们一向强调，要解放思想，研究新问题、解决新问题。直到前不久，邓小平还说：时代不同了，任何一种僵化的思想和僵化的模式都不能解决问题。但是，在如何发展的问题上，历来存在两种根本对立的观点和做法。一种是把发展与坚持统一起来，在坚持的基础上发展，在发展中坚持，即坚持马克思主义的基本理论，而以新的材料和观点去丰富它、深化它、发展它，像列宁、毛泽东和十一届三中全会以来我们党所做的那样。另一种是以"发展"为名，行否定之实，企图用资产阶级哲学或者其他什么哲学取代马克思主义哲学。第二国际修正主义者攻击马克思"没有自己的认识论"，主张"回到康德那里去"；俄国党内修正主义者鼓吹要把马克思主义同马赫主

① 龚育之等：《毛泽东的读书生活》，生活·读书·新知三联书店1986年版，第36页。

义结合起来，就是这种所谓“发展”的典型。所以，毛泽东在上述谈话中首先指出：“马克思、恩格斯、列宁的书，必须读，这是第一。”然后才讲到还要发展。列宁在批判俄国党内修正主义者的时候也指出：“沿着马克思的理论的道路前进，我们将愈来愈接近客观真理（但决不会穷尽它）；而沿着任何其他的道路前进，除了混乱和谬误之外，我们什么也得不到。”① 现在某些人对马克思主义哲学的所谓“发展”，正是企图离开“马克思的理论的道路”。例如，有的人否定哲学基本问题和哲学的党性原则，说什么“唯物论与唯心论只是哲学发展一定阶段上形成的对立派别，它们并不代表哲学争论的永恒本质”。有的人公开否定物质世界的客观实在性，说什么“月亮在无人看它时确实不存在!”有的人说马克思、恩格斯讲的“实践的唯物主义”，这个“唯物主义”的后缀应当去掉。有的人用主体选择论否定唯物主义的反映论，说认识的本质不是反映，而是主体的选择，没有选择事物无任何秩序和规律可言，如此等等。在前几年哲学界的主体热中，确有一股否定唯物主义、宣扬主观唯心主义的倾向。这是很值得我们注意的。事情就是这样的复杂：一方面，鉴于多年来的思想僵化，我们很需要强调解放思想，大力研究新问题，在新的条件下发展马克思主义；另一方面，又总是有人在解放思想、发展马克思主义的旗号下采取各种手法否定马克思主义，造成鱼目混珠，把人们的思想搞的很乱。所以，我们必须在两条战线上展开斗争，既要反对“左”的思想，又要反对右的思想，把坚持和发展马克思主义统一起来。

二、当前学习马克思主义哲学的意义

马克思主义哲学作为无产阶级科学的世界观和方法论，作为我们党的全部理论和实践活动的理论基础，是每一个共产党员、特别是党的领导干部在任何时候都需要认真学习和掌握的。而在当前，则有着特别重大的现实意义。

现在，马克思主义在世界面临新的挑战，社会主义国家面临新的考验，我国社会主义事业的发展处在一个关键的历史时期。在国际国内复

① 《列宁选集》第2卷，人民出版社1995年版，第103—104页。

杂的斗争形势面前，我们要坚定社会主义、共产主义信念，战胜国际反动势力“和平演变”的阴谋和国内资产阶级自由化思潮；要增强我们党的领导的科学性、预见性和创造性，克服各种困难，胜利地推进社会主义建设与改革事业；要培养成千上万德才兼备的社会主义接班人，特别是培养和造就一大批有马克思主义理论根底、有远见卓识、能够在任何风浪中经得起考验的跨世纪的各级领导干部，马克思主义基本理论的学习任务就显得十分必要和迫切。正如江泽民在庆祝中华人民共和国成立四十周年大会上的讲话所说：“鉴于世界和中国的许多新情况、新问题，鉴于我们党在中国社会主义建设中担负的重大责任和在国际共产主义运动中所处的重要地位，有必要把学习和研究马克思主义基本理论，在马克思主义指导下研究和探讨当代重大的政治、经济、社会理论问题，作为一项紧迫任务，提到全党面前。在党内首先是党的高级干部中，要提倡认真学习和研究马克思列宁主义、毛泽东思想基本理论，特别是学习和研究马克思主义哲学，掌握科学的世界观、方法论。一个缺乏马克思主义理论素养，不善于运用正确的立场、观点、方法分析和解决问题的共产党员，不可能发挥应有的作用，更不可能成为合格的领导干部。”① 在这里，江泽民把是否具有马克思主义理论素养、特别是哲学素养，提高到党员能否发挥应有的作用、领导干部是否合格的高度，是值得我们每个同志认真思索和深刻领会的。

那么，具体地说，在当前学习马克思主义哲学有一些什么重要意义呢？

（一）只有认真学习马克思主义哲学，才能树立坚定的社会主义信念

当前一些社会主义国家出现的严重局面，把有关社会主义的一系列问题尖锐地提到人们的面前：社会主义代替资本主义是不是历史的必然？如果是历史的必然，为什么那么多的社会主义国家发生那么严重的问题？这种情况的发生，是一种暂时历史曲折，还是像国外某些敌对势力所说的是什么“社会主义国家的世纪末”、“共产主义的大失败”？以上这些问题，说到底，是一个社会主义还灵不灵的问题，对于共产党员

① 《十三大以来重要文献选编》（中），人民出版社 1991 年版，第 630 页。

和革命人民来说，就是一个社会主义信念的问题。这个问题不解决，我们的一切工作都无从谈起。而要解决这个问题，从根本上说是一个世界观和方法论的问题。下面我们对此做几点具体分析。

1. 关于社会主义代替资本主义的历史必然性问题

社会主义代替资本主义，不是什么人单纯的主观愿望，也不是像空想社会主义者所说的“人类理性的复归”，而是一种客观的历史必然性，是现代世界历史发展的总趋势。这个历史必然性或总趋势的揭示，依靠的正是马克思主义哲学，特别是它的唯物主义历史观。

唯物主义历史观的产生，是人类思想史上的伟大革命。它破天荒地指出，不是人们的社会意识决定社会存在，而是人们的社会存在决定社会意识。社会存在，即社会的物质资料生产方式是人类社会发展的决定力量。按照这个基本思想，我们要想了解社会变迁和政治变革的原因，就不能到人们的头脑中去寻找，而应当到社会存在即到生产方式的变革中去寻找；消除社会弊端的手段，就不应当从人们的头脑中发明出来，而应当通过人的头脑从物质事实中、从生产方式的矛盾分析中发现出来。马克思正是运用这种科学的历史观和方法论，具体分析了资本主义生产方式的基本矛盾——生产的社会化与生产资料资本主义私人占有制的矛盾，揭露了资本主义剥削的秘密，创立了剩余价值学说，从而得出社会主义代替资本主义的科学结论。马克思和恩格斯在《共产党宣言》中指出：“资产阶级在它的不到一百年的阶级统治中所创造的生产力，比过去一切世代创造的全部生产力还要多，还要大。”① 正是生产力这个强大的武器，使资产阶级彻底战胜了封建制度。但是，生产力的充分发展，它的高度社会化，在新的条件下，又同资本主义私人占有制之间发生了尖锐的矛盾和冲突。这种矛盾和冲突的经济表现，就是资本主义生产周期性地发生经济危机，阶级表现就是无产阶级和资产阶级之间的对立和斗争。经济危机的周期性爆发，表明资本主义的生产关系已经由原来促进生产力发展的形式变成了阻碍生产力发展的桎梏，表明社会化的生产力在强烈地要求与它相适应的社会主义公有制生产关系。也就是说，生产力在过去是资产阶级战胜封建阶级的武器，现在这个武器又反过来对准资产阶级自己了。这就是资本主义必然灭亡的物质基础。资本

① 《马克思恩格斯选集》第1卷，人民出版社1995年版，第277页。

主义的发展不但造成了使自己灭亡的物质基础——社会化的生产力，而且造就了使它灭亡的主体力量——现代无产阶级。这就是马克思所说的："资产阶级不仅锻造了置自身于死地的武器；它还产生了将要运用这种武器的人——现代的工人，即无产者。"① 这样，马克思便以唯物史观为指导，科学地说明了资本主义生产方式的本质、它的历史地位和必然灭亡的历史命运；通过这种分析，又进一步指明了实现社会主义的现实道路和依靠力量——通过无产阶级革命斗争，剥夺资本家，建立社会主义制度，解放和发展生产力，最后向共产主义社会过渡。因此，科学社会主义理论的产生，是以马克思主义哲学为起点和方法，以对资本主义经济关系的研究为基础的。这就是马克思主义三个组成部分之间的内在联系。正是在这个意义上，恩格斯说："现代的唯物主义，它和过去相比，是以科学社会主义为其理论终结的。"② 我们要做一个自觉的、坚定的社会主义者，而不了解马克思主义哲学，那是完全不可思议的。一切忠实于社会主义、共产主义伟大事业的人们，所以能在各种政治风波中始终保持清醒的头脑和坚定的信念，不为任何艰难困苦所吓倒，不因暂时挫折和失利而动摇，根本的原因，就在于他们有一个科学的马克思主义哲学世界观和方法论，能够透过各种纷繁复杂的现象和历史迷雾而始终牢牢把握历史发展的总趋势。

2. 关于如何看待当代资本主义的变化问题

观察这个问题，也需要有一个科学的世界观和方法论。二次世界大战之后，资本主义确实发生了许多新的变化。例如，发生了意义重大的新的科学技术革命；资本主义国家加强了对经济生活的干预，实行了某些社会福利政策。这些变化，使资本主义对于经济危机和阶级冲突有了某种缓冲能力，因而使生产力有了相当程度的发展，出现一个资本主义较长时间稳定发展的时期。但是，这种变化并没有改变资本主义必然灭亡、社会主义必然胜利这个历史发展的总趋势。因为它的社会基本矛盾——生产社会化与资本主义私人占有制之间的矛盾——只是有了某种程度的缓和，并没有从根本上得到解决。新的科学技术的广泛采用，一方面，造成生产力的巨大增长和生产能力的急剧膨胀；另一方面，也意

① 《马克思恩格斯选集》第1卷，人民出版社1995年版，第278页。

② 《马克思恩格斯全集》第20卷，人民出版社1971年版，第673页。

味着对工人剥削程度的加强，使生产与消费的矛盾加剧起来。国家对经济干预的加强虽然可以暂时缓解经济危机，同时也使造成生产过剩的各种因素进一步积累起来，经济危机的根源并没有消除。1973 年以来，西方国家已经发生两次严重的世界性经济危机，并且进入了低速增长时期。1973 年至 1983 年，美、英、法、西德、日本 5 国年平均经济增长率，从 50—60 年代的 5.3%下降到 2.9%。社会福利政策的推行，以及生产力的发展，使工人的生活水平有了相当程度的改善；但是，工人作为雇佣劳动者的地位并没有改变，社会贫富差别不但没有缩小，反而进一步扩大。据美国国情普查局的统计，美国最富裕的 1/5 家庭的收入在全国所占的份额，从 1970 年的 40.9%提高到现在的 43.5%，而最贫困的 1/5 家庭的收入在全国所占的份额，则由 5.4%下降到 4.6%。正如马克思所说，在资本主义条件下，工人生活某种程度的改善，不过是在人头做的酒杯里添加一些甜美的酒浆而已。资本主义制度作为人剥削人、人压迫人的制度的实质并没有改变。所以，我们看问题，要透过现象看它的实质。只有抓住它的实质，才能不被各种表面现象所迷惑。

3. 关于如何看待当前社会主义发展中的曲折问题

这个问题，同样需要站在哲学的高度，用正确的观点和方法给予分析。按照唯物辩证法的观点，事物的发展都是前进性与曲折性的统一——其趋势是前进的、上升的，而道路则是迂回的、曲折的。世界上从来就没有直线前进的事物。自然界如此，社会生活同样如此。每一种新的社会制度的产生和发展，都走过了相当艰难曲折的道路。英国资本主义制度取代封建制度，经历了 48 年复辟和反复辟的斗争，法国则经历了 86 年的反复较量。就整个资本主义制度来说，从建立到成熟，大约经历了二三百年的时间，其间不断发生经济危机和政治危机。这还是以一种剥削制度代替另一种剥削制度。社会主义取代资本主义是消灭一切剥削制度的斗争，指望这种斗争不会出现任何曲折而总是一帆风顺，那是根本不现实的。

社会主义在发展中出现曲折，至少有三个方面的原因：第一，国内外阶级斗争的长期存在。“树欲静而风不止。”斗争总会有起伏、有波浪，有时出现暂时的失利也是可能的。第二，社会主义制度是人类历史上崭新的社会制度，它的建设和发展需要经历一个从没有经验到取得经验、从不太完善到比较完善、从不太成熟到比较成熟的过程。在这个过程中，由于缺乏经验而犯一些错误、走过一些弯路、遭受一些挫折，是难以完全避免的。我们只能遵循“实践、认识、再实践、再认识”的认识道路，不断地总结经验，逐步地从必然走向自由。第三，社会主义国家党和政府的领导，如果发生严重的腐败现象，或者在路线上、在重大决策上发生严重失误，就会使问题变得复杂起来，就会发生大的曲折，甚至出现历史性的倒退。前两条是客观原因，后一条是主观原因。只要主观上不发生大的问题，曲折虽然不可避免，大的曲折、尤其是历史大倒退那样的曲折却可以避免。但是，不论发生什么样的曲折，它们都不过是构成历史发展总趋势的一个个具体环节，没有也不可能改变历史发展的总趋势。正如黄河九曲十八弯，大江东去这个总趋势是不会改变的。重要的是，第一，不要把暂时的曲折看成历史发展的结局，而应当站在历史发展的宏观角度上，如实地把曲折看成是一种暂时的现象，在任何曲折和困难面前不丧失信心，始终牢牢把握历史发展的总趋势。第二，善于总结经验和教训，尽量避免那些可以避免的曲折，把曲折和损失减少到最低限度。这里的关键是搞好党的自身建设，保持党的领导的正确性。第三，即使像某些社会主义国家那样发生了历史性的大倒退，我们也坚信，那里的广大人民和真正的共产党员在经过实践的教训和反思之后，最终也会重新选择社会主义道路——这个过程可能是长期的、痛苦的，但最终走到这一步则是没有疑问的。道理很简单：历史发展的客观规律不可改变，最后的胜利只是时间问题。对于无产阶级和革命人民来说，“前途光明，道路曲折”，这不是一句套话，而是铁的法则。我们从革命开始那一天起，就一直走着曲折前进的道路。当巴黎公社起义正在进行的时候，马克思说：“无论公社在巴黎的命运怎样，它必然将遍立于全世界。”[①] 40多年以后，俄国十月革命的胜利证实了马克思的科学预见。当世界上第一个社会主义国家受到14个帝国主义国家的武装干涉而处于十分危急的情况下，列宁坚定地指出：“不论革命有什么样的困难，可能遭到什么样的暂时失利，不论反革命掀起什么浪潮，无产阶级的最终胜利是不可避免的。”[②] 历史的发展同样证明了列宁论断的正确。中国人民所走过的革命道路更是百般艰难曲折。民主革命28

① 《马克思恩格斯选集》第3卷，人民出版社1995年版，第94页。

② 《列宁选集》第3卷，人民出版社1995年版，第735页。

年历程中，几经挫折和失败。1927年蒋介石的“4·12”叛变，把中国人民打入血泊之中。但是，中国人民和中国共产党没有被杀绝、没有被吓倒，他们擦干身上的血迹、掩埋好同伴的尸体，又起来战斗了，并且学会了用武装的革命反对武装的反革命，到农村去开辟革命根据地。根据地建立之初，敌人力量十分强大，有人怀疑：“红旗到底能够打多久?”毛泽东高瞻远瞩地指出：“星星之火，可以燎原。”而这燎原之火也是几起几落。特别是土地革命战争后期，由于王明“左”倾错误指导，根据地党和革命的力量损失90%，白区党的力量几乎损失殆尽。但是，长征到达陕北之后，我们总结经验教训，最后终于战胜了国内外一切敌人而赢得了民主革命的最后胜利。进入社会主义时期以后，小的曲折不算，大的就有两次：一次是1958年以后的三年大跃进，一次是十年“文化大革命”。这些错误给我们造成了严重的困难。但是，十一届三中全会以后我们总结了这些经验教训，从纠正错误中进一步成熟起来，终于开辟了社会主义建设的新局面。历史是一面镜子，它告诉我们：革命无论如何困难，无论遭受什么样的挫折，它最后总是要胜利的。因为它符合历史发展的客观规律，代表历史前进的方向。

（二）只有认真学习马克思主义哲学，才能自觉走建设有中国特色社会主义道路

科学社会主义理论的产生，离不开马克思主义哲学的指导；而这个科学理论的实现，同样离不开马克思主义哲学的指导。因为任何一种科学理论都是一种科学抽象，当把它们付诸实践的时候，都需要同一定的具体条件相结合，使之带有由这些具体条件所决定的具体特点。普遍性的东西只有通过一定的特殊性才能表现出来。列宁说：社会主义一般原理的应用，“具体地说，在英国不同于法国，在法国不同于德国，在德国又不同于俄国。”① 尤其是在原来经济文化比较落后的国家建设社会主义，是更加复杂而困难的任务。要完成这个任务，必须有一条正确的思想路线，从国情出发，把科学社会主义的一般原理同本国的具体实践结合起来，独立自主地、创造性地解决本国建设社会主义的具体道路。

当前一些社会主义国家出现的严重问题，原因是多方面的，而且不

---

① 《列宁选集》第1卷，人民出版社1995年版，第274—275页。

同的国家也有不同的情况，需要进行深入、具体的分析。但是，说到底，是一个思想路线的问题、哲学问题。长期以来，在不少的国家里，教条主义盛行，简单照搬外国经验和具体做法，没有坚持马克思主义普遍真理同本国具体实践相结合的原则，没有独立自主解决问题的能力，经济模式、政治模式、内外政策，甚至人事安排，都听命于苏联，对苏联亦步亦趋。有人形象地说："莫斯科下雨，索菲亚、布拉格打伞。"这样，势必脱离实际，脱离群众，使社会主义制度的优越性不能得到充分发挥，生产力不能得到应有的发展，人民生活不能得到应有的改善。现在被迫起来纠正错误，又走上另一个极端，根本否定社会主义而追求资本主义模式。例如，在政治上，过去跟着斯大林搞阶级斗争扩大化，现在则否认一切阶级斗争，搞所谓民主的、人道的社会主义；过去忽视民主建设，搞得权力过分集中，现在则在抽象民主的旗号下否定一切必要的集中，许多党成了争论不休的俱乐部，各种反动言行泛滥成灾。在经济上，过去搞纯而又纯的公有制，现在则完全不要公有制，实行全面私有化。在思想上，过去把马克思主义教条化，现在则在"真理多元化"的旗号下，根本否定马克思主义的指导地位，如此等等。"形而上学猖獗"那句话用在今天某些国家是再恰当不过的了。这种情况表明，政治路线的错误根源于思想路线的错误，正如毛泽东所说："一切大的政治错误没有不是离开辩证唯物论的。"①

我国社会主义建设的历史经验也充分地证明了这一点。1985 年，邓小平指出："中国搞社会主义走了相当曲折的道路。二十年的历史教训告诉我们一条最重要的原则：搞社会主义一定要遵循马克思主义的辩证唯物主义和历史唯物主义，也就是毛泽东同志概括的实事求是，或者说一切从实际出发。"② 这可以说是对我国社会主义历史经验的一个根本性的总结。马克思以辩证唯物主义和历史唯物主义为指导，把社会主义由空想变成科学，但是，这个科学的理论在实践中一旦脱离了辩证唯物主义和历史唯物主义的指导，它便会重新染上空想的色彩。例如，过去我们不顾生产力发展的实际水平，在生产关系上"急于过渡"，追求又公又纯的社会主义；不顾国力民力可能的负担，在经济

① 《毛泽东哲学批注集》，中央文献出版社 1988 年版，第 311—312 页。

② 《邓小平文选》第 3 卷，人民出版社 1993 年版，第 118 页。

发展战略上“急于求成”，追求不切实际的高速度，等等，都是由于思想路线的错误导致重大决策的失误，使我们在相当大的程度上陷入了主观主义空想。

十一届三中全会以来，我国社会主义事业实现了伟大的历史性转折。这个转折，首先是从端正思想路线开始的。没有真理标准的那一场大讨论，没有实事求是思想路线的重新确立，我们就不可能从根本上纠正过去“左”的错误，就不可能把工作的重心转移到经济建设上来，就不可能提出一系列改革开放的政策，就不可能提出建设有中国特色社会主义的任务以及为了实现这个任务所必需的基本路线和方针政策。这再一次说明，思想路线正确与否，对于革命和建设事业的成败具有决定性的意义。当然，我们今天对于建设有中国特色社会主义的认识还在发展之中，我们的许多理论、方针、政策还有待于在实践中进一步完善，我们在实际工作中也还存在这样或那样的缺点和问题。要保证我国始终沿着有中国特色的社会主义道路前进，要真正纠正我们工作中的缺点和错误，一个重要的条件，就是要努力提高广大党员、首先是各级领导干部的马克思主义理论水平，自觉地坚持辩证唯物主义和历史唯物主义的思想路线，反对任何一种主观主义和形而上学思想。

（三）只有认真学习马克思主义哲学，才能改进思想方法、工作方法，提高领导艺术和领导水平

毛泽东说：“我们不但要提出任务，而且要解决完成任务的方法问题。……不解决方法问题，任务也只是瞎说一顿。”①

我们的任务是建设有中国特色的社会主义，我们的基本路线是一个中心、两个基本点。而要把这个基本任务和基本路线在实际工作中得到落实，还需要我们各级干部努力改进思想方法和工作方法，提高领导艺术和领导水平。

中央文献研究室编辑了一本《思想方法工作方法文选》，汇集了毛、周、刘、朱、邓、陈的有关论述。这是我们党的一份极其宝贵的精神财富，值得我们每一个领导干部认真学习。

下面我想就这个问题讲三点意见。

① 《毛泽东选集》第1卷，人民出版社1991年版，第139页。

1. 坚持世界观与方法论的统一，自觉改进思想方法、工作方法

恩格斯在他逝世前不久写的一封信中指出："马克思的整个世界观不是教义，而是方法。"[①] 1937 年，毛泽东在一个讲课提纲中说："辩证法唯物论是无产阶级的宇宙观，同时又是无产阶级认识周围世界的方法和革命行动的方法，它是宇宙观和方法论的一致体。""世界本来是发展的物质世界，这是世界观；拿了这样的世界观去看世界，去研究世界上的问题，去指导革命，去做工作，去从事生产，去指挥作战，去议论人家长短，这就是方法论，此外并没有什么别的单独的方法论。"[②] 过去哲学界有人把唯物论说成是世界观，把辩证法说成是方法论，这是不对的。唯物论、辩证法、历史唯物论，都是世界观，也都是方法论，是二者的统一。学了哲学而不把它当作方法来运用，就是理论和实践相脱离，就失去了学习哲学的意义。所以，我们党一向强调学习哲学要注重改造思想方法、工作方法。1941 年，毛泽东在一封信中谈到理论学习的时候指出："关于理论方面，暂时以研究思想方法论为主"。[③] 正是在他的倡导下，当时编辑出版了《思想方法论》一书。1958 年 3 月在成都会议上，他又说，方法问题，第一是唯物论，第二是辩证法。1959 年 4 月在八届七中全会上，他又说：所谓方法，无非就是思想方法和工作方法。思想方法和工作方法是互相结合的，思想方法不对头，工作方法也就不对头。在这里，毛泽东科学地说明了思想方法与工作方法的关系。所谓思想方法就是认识世界的方法，所谓工作方法就是改造世界的方法，思想方法决定工作方法，工作方法是思想方法在实践活动中的表现。二者在表现形态上有所区别，而在实质上都是世界观的体现。

2. 全面掌握我们党的一系列科学的思想方法和工作方法

在长期的革命实践中，我们党运用马克思主义哲学总结历史经验，创造了一系列内容极其丰富、具有中国共产党人特色的思想方法和工作方法，对马克思主义哲学作出了重大贡献。这方面著作之多，是前所未有的，仅收入《思想方法工作方法文选》一书中的，就有 70 多篇。就其内容的丰富性、系统性和新颖性来说，也是此前无与伦比的。例如，

---

① 《马克思恩格斯选集》第 4 卷，人民出版社 1995 年版，第 742 页。

② 《毛泽东著作专题摘编》（上），中央文献出版社 2003 年版，第 30 页。

③ 《毛泽东书信选集》，人民出版社 1983 年版，第 189 页。

一切从实际出发，实事求是，调查研究；两分法，重点论；从群众中来，到群众中去；独立自主，自力更生；理论和实际相结合，一般号召和个别指导相结合，领导和群众相结合；解剖麻雀，一切经过试验和试点；具体问题具体分析，承认差别，区别对待，分类指导；抓好典型，带动一般，统筹兼顾，“弹钢琴”；要“胸中有数”，做基本的数量分析；波浪式发展，自觉走曲折前进的道路，以及阶级分析的方法，等等，可以说把马克思主义哲学从方法论的角度作了全面的发挥，形成了一个完整、系统的科学方法论的理论体系。全面地掌握这些方法，对于我们正确地制定和执行党的路线、方针、政策，对于改进领导作风，提高领导艺术，卓有成效地开展各项工作，具有十分重大的意义。

3. 在当前，改进思想方法和工作方法有着特殊的迫切性

一方面，这是由于我们面临的形势十分复杂、任务十分艰巨，很需要我们加强领导工作的原则性、系统性和预见性；另一方面，是由于我们干部队伍的现状很不适应当前形势与任务的要求。早在1981年，邓小平就指出：“现在我们的干部中很多人不懂哲学，很需要从思想方法、工作方法上提高一步。”① 讲这个话到现在已经9年了。可是由于我们前些年忽视对干部进行马克思主义基本理论的教育，这个重要的意见并没有得到认真的贯彻和落实。“很多人不懂哲学”的状况不但没有得到根本的改变，在一些同志那里反而变得更加严重。有的同志对马克思主义哲学不那么感兴趣，而对资本主义的管理科学一类东西却表现出很大的兴趣。特别是10年来我们的干部队伍发生了很大的变化，一大批原来在基层或技术岗位上工作的同志陆续走上各级领导岗位，这些同志比较年轻，一般地说有较高的文化素养和较强的开拓进取精神，这是一种优势。但是，毋庸讳言，在许多同志身上也存在理论功底不足的弱点，他们对我们党的那些传统的领导方法、工作方法不那么熟悉，这在一定程度上限制了他们领导作用的发挥。应当说，有较高的文化水平、懂得专业知识是重要的，是从事现代化建设所必需的，但是，对于担负领导工作的干部来说，这又是远远不够的。由于工作对象、范围、条件的变化，原有的专业知识只有经过哲学提炼，上升为一般性的东西，专业知识才有助于对全面工作的领导，才能提高驾驭全局工作的能力。因此，

---

① 《邓小平文选》第2卷，人民出版社1994年版，第303页。

对于走上领导工作岗位不久的同志来说，学习马克思主义哲学，提高自己的领导水平和领导艺术，是一项更加迫切的任务。

三、理论联系实际是学习马克思主义哲学的基本方法

理论联系实际是马克思主义的一个基本原则。它既是我们学习马克思主义的目的，又是学习马克思主义的基本方法。

理论联系实际，前提是认真读书，弄通理论。没有理论，脑子里是一张白纸，你用什么去联系实际？过去在干部理论学习中有过一种倾向，对于读书不怎么重视，名曰理论联系实际，讨论起来却只是从实际到实际，或者简直就是海阔天空地漫谈，或者变成变相的研究工作，结果在理论素质上并无多大提高。这种情况应当防止。现在大家从繁忙的工作岗位上抽出来，是认真读书的极好机会，希望大家抓紧时间，系统地读几本马克思主义哲学著作，做一点读书笔记，真正打下一些马克思主义理论根底。这将是终生受益的东西。在下功夫研究哲学这一点上，我们应当向毛泽东学习。大家看到现在出版的那本《毛泽东哲学批注集》，上面圈圈点点、勾勾画画，读的是何等认真、何等刻苦，有的书不止读一遍，而是几遍，上面还写了密密麻麻的许多批语，有一条批语竟长达1200字，简直就是一篇短文。要真正掌握马克思主义哲学，没有这种老老实实、勤奋刻苦的读书精神是根本不可能的。

读书重要，但读书不是目的，目的是应用，而且只有在应用中才能真正把书读懂。所以，在读书的过程中要注意联系实际。联系实际，包括多方面的内容，就其基本方面说，主要有：

第一，总结实际工作中的经验，特别是改革开放以来的经验，把它们提到哲学世界观和方法论的高度去加以分析，搞清做对了的为什么对，做错了的为什么错，“不吃糊涂亏，不占糊涂便宜”，努力从实际工作的具体经验教训中引出必要的哲学结论，以作为今后工作的向导。毛泽东在这方面又是一个楷模。他十分重视并善于把实际工作中的经验教训上升到哲学上去加以分析。大家知道，第二次国内革命战争遭到严重挫折之后，全党面临总结经验的任务。毛泽东不但分别从政治路线、军事路线、组织路线上总结经验，而且特别重视从思想路线上总结经验，

这项工作从1935年起，一直搞到1945年党的七大，大约用了10年的时间，通过对主观主义、特别是教条主义的批判，终于在全党确立起一条实事求是的思想路线，为中国民主革命的胜利奠定了坚实的思想基础。现在，社会主义发展到今天，也面临总结经验的任务，要使这种总结是全面的而不是片面的，系统的而不是零碎的，深刻的而不是肤浅的，就只能借助于马克思主义哲学这个“伟大的认识工具”。

第二，把学习哲学同改进工作结合起来，自觉地用马克思主义立场、观点、方法研究新情况，解决新问题，以加强工作的原则性、系统性、预见性和创造性。包括正确地分析形势与任务，确定方针与政策，恰当地处理各种社会矛盾、经济工作中的各种复杂关系等等。如一个中心与两个基本点的关系，两个基本点之间的关系，物质文明建设与精神文明建设的关系，治理整顿与深化改革的关系，稳定与发展的关系，速度与效益的关系，诸如此类的各种关系，都需要在掌握材料的基础上辩证地加以把握。有了哲学头脑，我们就会站得高些，看得远些，看得深些，就会从各种纷繁复杂的现象中理出一些头绪，抓住根本，从而做到高屋建瓴、势如破竹。否则，就会如堕烟海，事倍而功半。

第三，批判唯心论和形而上学，在斗争中学习。正确与错误是相比较而存在、相斗争而发展的。不了解和批判唯心论与形而上学，就不能深刻理解和掌握唯物论与辩证法。前些年，各种资产阶级世界观、人生观、价值观，抽象的民主、自由、人权，以及前面提到的主体热当中的各种唯心主义倾向，把人们的思想搞得很乱。在学习中，我们应当用马克思主义哲学这个思想武器给以科学的分析和批判。为此，我们在哲学教学中，为各种班次分别安排了有关的讲座和辅导课，希望大家能够给予重视。

第四，联系自己的思想实际，自觉改造主观世界，增强党性修养。毛泽东说：“无产阶级和革命人民改造世界的斗争，包括实现下述的任务：改造客观世界，也改造自己的主观世界——改造自己的认识能力，改造主观世界同客观世界的关系。”① 我们到党校来学习，加强党性锻炼要贯穿于学习的全过程。共产党员的党性，作为无产阶级阶级性的集中表现，它体现在各个方面。在哲学学习中，我想特别应当强调两

① 《毛泽东选集》第1卷，人民出版社1991年版，第296页。

个方面：

第一，是正确处理主观与客观、理论与实践的关系，坚持实事求是的思想路线，反对主观主义的思想路线。思想路线问题不是一个小问题，而是一个原则的问题，是一个共产党员有没有党性、党性纯不纯的问题。毛泽东说："主观主义的方法，是共产党的大敌，是工人阶级的大敌，是人民的大敌，是民族的大敌，是党性不纯的一种表现。……只有打倒了主观主义，马克思列宁主义的真理才会抬头，党性才会巩固，革命才会胜利。"① 因此，我们在学习中，要认真对照自己的思想实际，自觉清除主观主义和形而上学的影响。要很好地回顾我们在什么情况下常常犯主观主义的错误，为什么会犯这种错误？怎样才能自觉地坚持一切从实际出发，理论和实际相统一、主观和客观相符合的实事求是的思想路线？

第二，是正确处理个人与群众、个人与组织的关系，坚持群众路线和民主集中制，反对官僚主义和违背民主集中制的各种行为。全心全意为人民服务、一切依靠群众、"从群众中来，到群众中去"的群众路线，是我们党的根本的政治路线、组织路线和工作路线，是我们党的三大作风之一。坚持群众路线，就是党性的表现，而脱离群众、压制群众，搞官僚主义，甚至以权谋私，就是缺乏党性或没有党性的表现。党的民主集中制是党的群众路线在党的组织内部的贯彻。正确处理个人与组织的关系，坚持民主集中制和集体领导原则，就是党性的表现，而个人专断，或无组织无纪律，都是缺乏党性或没有党性的表现。正确处理个人与群众、个人与组织之间的关系，就是历史唯物主义关于群众观点与群众路线的基本原理所要求的。在学习历史唯物主义的时候，我们要把它当作一个重点问题来加以学习，希望大家联系思想实际，总结经验教训，使我们的思想作风有一个明显的提高。

邓小平说："毛泽东同志倡导的作风，群众路线和实事求是这两条是最根本的东西。"② 在哲学课的学习中，如果我们在这两方面有所收获，从而今后工作中在思想方法、思想作风上有明显的改进，那么我们的党性修养就算有了成绩。

---

① 《毛泽东选集》第3卷，人民出版社1991年版，第800页。

② 《邓小平文选》第2卷，人民出版社1994年版，第45页。

马克思主义哲学串讲*

按照教学计划的安排，在哲学课结束的时候有一个串讲。所谓串讲，就是把学习过的内容归纳一下，系统化一下，把马克思主义哲学的基本原理勾画一个大体的轮廓。

准备讲四个问题：一是学习唯物主义，正确发挥主体能动性；二是学习辩证法，提高辩证思维能力；三是学习认识论，在实践中不断开辟认识真理的道路；四是学习历史唯物主义，正确认识和处理社会主义社会矛盾。

一、学习唯物主义，正确发挥主体能动性

（一）唯物主义的一般原理

恩格斯在《路德维希·费尔巴哈和德国古典哲学的终结》一书中指出，哲学的基本问题是思维与存在的关系问题。这个问题包括两个方面的内容：第一，“什么是本原的，是精神，还是自然界?”这就是通常所说的本体论的问题，根据对这个问题的不同回答，把哲学区别为唯物主义和唯心主义。第二，“我们的思维能不能认识现实世界?”这就是通常

---

* 本稿系1989年10月30日在中共中央党校对学员学习马克思主义哲学课所作的一个小结。

所说的世界是否可知的问题。根据对这个问题的不同回答，把哲学区别为可知论与不可知论。

对于本体论问题的回答，马克思主义哲学与以往的一切唯物主义哲学在基本方向上是一致的，即都主张物质（存在）本体论，认为物质是第一性的、本原的，而意识是第二性的、派生的。

那么，什么是物质呢？学习唯物论，首先应当对“物”这个概念有一个准确的把握。古代唯物主义所说的“物”是指的某种或某些具体事物，如金、木、水、火、土等等。这是唯物主义，但这是朴素的唯物主义，严格来说是不科学的。近代唯物主义把“物”理解为构成事物的所谓最小单位——原子，认为原子是“宇宙之砖”，原子的属性就是物质的属性。这也是唯物主义，但它对物质概念的这种理解是形而上学的，也是不科学的。马克思主义哲学的物质概念与这些看法不同，列宁说：“物质是标志客观实在的哲学范畴，这种客观实在是人通过感觉感知的，它不依赖于我们的感觉而存在，为我们的感觉所复写、摄影、反映。”① 这个定义，可以简要地表述如下：物质是不依赖于我们的意识而可以为我们的意识所反映的客观实在。或者再简单一点说，物质就是客观实在。客观实在性是物质的唯一特性。凡是具有客观实在性的东西，都是物质性的东西。世界上的各种事物和现象，都是物质的具体形态。世界的统一性就在于它的物质性。由此可以理解，不仅自然界的客观实在的东西是物质性的东西，而且社会生活中的生产方式也是物质性的东西，我们称之为社会存在。因为它也是不依赖于社会意识而存在的。这样，就把唯物主义贯彻到底了。

那么，意识是什么东西呢？意识是物质的派生物，是被物质所决定的。这一点，可以从三个方面去理解：第一，从意识的起源看，意识是物质世界长期发展的产物，是社会的产物。早在有人和人的意识以前，物质世界早已存在。科学研究证明，人类的历史只有大约300万年，而地球的历史已有45亿年，太阳系的历史已有60亿年。自然界长期进化的结果，从无机物到有机物，从低等生物到高等生物，最后产生了人，才有了人的意识。第二，从意识的物质承担物来说，它是特殊组织起来的物质——人脑的机能，意识活动伴随着人脑中一系列物理、化学、生

① 《列宁选集》第2卷，人民出版社1995年版，第89页。

物运动的过程。没有人脑，便没有意识。第三，从意识的内容来说，它是物质的反映，是客观世界的主观映象。没有被反映者，便没有反映。

通过以上分析，可以得出一个结论：物质是第一性的，本原的；意识是第二性的，派生的，物质决定意识。这就是唯物主义的一般原理。这是我们党的实事求是思想路线最根本的理论基础。它要求我们，必须尊重客观事实和客观规律，如实地反映客观世界的本来面目，不能依个人的好恶而对客观事实任意加以歪曲。所谓做老实人、说老实话、办老实事，从根本上说，就是要有唯物主义的态度。这就叫一切从实际出发。

（二）马克思主义唯物主义与旧唯物主义的一个根本区别

所有的唯物主义都主张物质本体论，都主张物质的第一性、意识的第二性。这是共性的东西。但是，马克思主义唯物主义同以往的唯物主义又有一个根本的区别，这就是它在一般唯物主义的基础上，进一步强调了主体的能动性。这集中表现在它把实践的观点引入了唯物主义，是实践的唯物主义，而以往的唯物主义都不了解实践在认识和历史发展中的决定作用，不了解主体的能动性，是消极的、直观的唯物主义。

大家读了马克思 1845 年写的《关于费尔巴哈的提纲》，恩格斯称这个提纲是“包含新世界观天才萌芽的第一个文件”。那里讲了十一条，从头到尾贯串了一个基本观点——实践的观点。其中第一条说：“从前的一切唯物主义……的主要缺点是：对对象、现实、感性，只是从客体的或者直观的形式去理解，而不是把它们当作人的感性活动，当作实践去理解，不是从主体方面去理解。因此，结果竟是这样，和唯物主义相反，唯心主义却发展了能动的方面，但只是抽象地发展了，因为唯心主义当然是不知道现实的、感性的活动本身的。”① 这就是说，唯心主义是强调主体能动性的，但是它是在否认物质本体论的前提下强调的，是所谓精神万能、精神创造一切。这当然是荒谬的。旧唯物主义坚持物质本体论，是正确的，但是，它不了解在物质世界面前主体的能动性，它把客观世界仅仅看作是人们消极直观反映的对象，而没有首先把它看作是主体能动改造的对象，是实践活动的对象。

---

① 《马克思恩格斯选集》第 1 卷，人民出版社 1995 年版，第 58 页。

马克思主义唯物主义克服了旧唯物主义的这个根本缺点，它不仅从客体方面去理解存在，坚持物质本体论原则，而且从主体方面去理解存在，把存在首先看作是主体实践的对象、改造的对象，这样便在唯物主义的基础上充分肯定了主体的能动性，唯物而且辩证地回答了思维和存在的关系问题。

（三）主体和客体的关系

物质与意识的关系，是在实践的基础上发生的。没有实践活动，物质既不能转化为意识，意识也不能转化为物质。所以，解决物质与意识的矛盾，不能不研究实践活动。

实践活动的两极是主体与客体。所谓主体，就是具有思维能力并运用一定物质和精神手段去改造和认识世界的人。所谓客体，就是主体活动所指向的对象。主体与客体的关系大体包括三个方面的内容：

1. 改造关系

主体的活动首先是改造客体的活动。没有这种活动，人类及其社会就不能存在和发展。这是不言自明的。这种改造活动，不但包括改造自然界，也包括改造社会、改造人们之间的关系，这二者是不可分离的统一过程。

2. 认识关系

主体要改造客体，必须认识客体，正确地反映客体，否则不能达到改造客体的预期目的。而认识客体又是在改造客体的过程中实现的，没有改造便没有认识。所以，认识关系是在改造关系的基础上发生的，反过来又指导改造关系。改造客体与改造主体也是一个不可分离的统一过程。

3. 价值关系

不论改造客体还是认识客体，都是为了满足主体的某种需要，是主体有目的、有计划的一种活动。主体不但认识客体“是什么”（即认识事物的本质和规律），而且评价客体“应当是什么”（即评价事物的善恶、美丑），还应当根据这种认识和价值判断进一步决定自己“做什么”（即确定实践活动的目标）和“应当怎么做”（即选择实现目标的手段），以满足主体自身的需要。

在这三个方面的关系中，主体和客体所处的地位是不同的。简单地说，主体处于主导的地位，客体处于基础的地位。换一句话说，主体是能动方面，客体是受动方面。主体能动地改造、认识、评价客体，而这种能动的主体活动又是以客体的存在和状况为基础的。

那么，主体的能动性具体表现在什么地方呢？毛泽东的《论持久战》中有一节“能动性在战争中”，大家可以拿来读一读。那里说：“一切事情是要人做的，持久战和最后胜利没有人做就不会出现。做就必须先有人根据客观事实，引出思想、道理、意见，提出计划、方针、政策、战略、战术，方能做得好。思想等等是主观的东西，做或行动是主观见之于客观的东西，都是人类特殊的能动性。这种能动性，我们名之曰‘自觉的能动性’，是人之所以区别于物的特点。”① 这里实际上把主体的能动性归结为三个方面：第一，从事实引出思想、道理、意见，即认识事物的本质和规律性，我们称之为认识理性。认识理性的形成是主体能动活动的结果：首先，它是在实践的基础上形成的，没有实践就没有认识。其次，主体对于客体所提供的信息，要根据主体活动的目的加以选择，而不是被动地无选择的吸收（如一个医生和一个组织部长在认识某一个人的时候，他们选择的着眼点显然是不同的）。再次，主体对于它所选择的信息，要进行思维加工，经过去粗取精、去伪存真、由此及彼、由表及里的改造制作，由感性认识上升为理性认识，达到对于客体之本质的认识。第二，根据认识理性所获得的关于事物本质的认识，加上主体根据一定价值观念的选择，决定主体对待客体的态度，确定主体“应当做什么”和“应当怎样做”，这就是提出行动的计划、方针，政策、战略、战术等等。我们把这些称之为“实践理性”。实践理性更加充分地表明了主体的能动性——预见性和创造性。它要解决的已经不是确认事物是什么，而是确定事物应当怎么样，以及如何变革事物，以满足主体自身的需要。第三，“使主观见之于客观”，即做或行动。通过做或行动，把实践理性变为现实，达到改造客体的预期目的。马克思和恩格斯说：“思想本身根本不能实现什么东西。思想要得到实现，就要有使用实践力量的人。”② 所谓批判的武器不能代替武器的批判，物质的力量只能用物质的力量去摧毁，便是这个意思。上述三个方面——认

① 《毛泽东选集》第 2 卷，人民出版社 1991 年版，第 477 页。

② 《马克思恩格斯文集》第 1 卷，人民出版社 2009 年版，第 320 页。

识理性、实践理性、实践活动，是主体能动性三个互相联系、缺一不可的重要环节。

正因为主体具有能动性，所以主体自身状况如何，对于人们正确认识客体和改造客体，便具有十分重大的意义。例如，人们的政治立场是否正确，思维方式是否科学，文化水平高低，实践经验多寡，等等，都制约着人们的认识能力和实践能力。我们强调，在改造客观世界的同时要自觉地改造主观世界，道理就在于此。

那么，又怎样理解客体是主体能动性活动的物质基础呢？这主要表现在两个方面：第一，客体作为主体认识的对象，它提供主体认识的客观内容。没有被反映者，就没有反映。而且客体发展的程度制约主体认识的水平；当客体的矛盾尚未暴露或者暴露得尚不充分时，主体的认识水平就受到极大的限制。第二，客体作为主体改造的对象，它的客观规律性和客观条件制约着人们实践的方向和实践的水平。人们只能顺应客体的规律性，而不能违背客体的规律性；只能按客观条件办事，而不能无视客观条件。主体能动性的发挥不是任意的，不是不受制约的，不是无限的、绝对的。作为一个唯物主义者不能离开客体的制约去抽象地发挥能动性。所以，我们强调发挥主体的能动性，并不是说一切能动性都是正确的和应当加以提倡的。主体的能动性有正确与错误之分，界限就在于它是否符合实际。毛泽东说："一切根据和符合于客观事实的思想是正确的思想，一切根据于正确思想的做或行动是正确的行动。我们必须发扬这样的思想和行动，必须发扬这种自觉的能动性。"① 而一切违背客观实际的思想和行动，都是错误的能动性或者叫做主观盲目性。这种能动性发挥得愈充分、愈彻底，在实践中所遭受的挫折和失败也就愈加严重。

回顾我们党的历史，忽视主体的能动性，在困难和问题面前消极悲观、无所作为的思想固然存在过，今天也不能说没有；但是，更多的并且反复造成巨大损失的，主要还是那种夸大主体能动性、急躁冒进、急于求成的"左"倾错误思想。民主革命时期王明"左"倾冒险主义是这样，社会主义时期在经济建设中夸大主观努力和主观意志的作用，同样是这样。十一届三中全会以来我们批评了各种主观主义错误，思想比较

---

① 《毛泽东选集》第2卷，人民出版社1991年版，第477页。

符合于客观实际了，但是，主观主义思想在不同程度上仍然时有表现。近几年的经济过热、基本建设规模过大、改革急于求成等等，都是夸大主体能动性的表现。

在学习中，有的同志提出，为什么我们老是容易犯急于求成的错误呢？这是一个需要全党认真总结经验、深入进行探讨的问题。从建国以来的情况看，至少有思想上、理论上、体制上的各种原因。

从思想上说，全党上下都有一种强烈的“赶超”意识，希望尽快改变国家的落后面貌，但是，对于改变面貌的长期性认识不足，往往过多地强调需要，而较少地考虑可能。从道理上说，社会主义制度优越于资本主义制度，它能够创造比资本主义更高的劳动生产率。可是，由于我们是在原来十分落后的半殖民地半封建社会的基础上建设社会主义的，这种赶超只能是一个过程，在相当长的时间内还不可能赶上和超过发达的资本主义国家。我们只能循序渐进，逐步地积小胜为大胜。要赶超，这是对的，是我们对社会主义制度优越性具有自信心的表现，是一种民族自信心的表现。但是，如果对于自己落后的国情缺乏足够的认识，掌握不好，失去控制，就会要求过急。所以，从国情出发，树立持久战的思想，是我们的建设和改革事业取得胜利的重要保证。

从理论上说，我们长期没有正确认识和处理主体能动性与客观条件的关系，片面夸大主观努力和主观意志的作用。1958 年大批“条件论”，鼓吹“人有多大胆，地有多大产”，“不怕做不到，就怕想不到，只要想得到，一定做得到”。后来退了一步，说条件还是要的，但是，“没有条件，创造条件也要上”。这后一个口号，到粉碎“四人帮”以后还争论了一段时间。可见，理论上是很混乱的。一切以时间、地点、条件为转移。创造条件也需要一定的条件。所以，搞建设，搞改革，一定要牢固树立“条件论”的思想，必须在客观条件允许的范围内去发挥主体的能动性。

从体制上说，我们缺乏一套有效的宏观控制机制。我们长期形成的大锅饭的公有制体制，使基本建设的规模很难得到有效地控制。资金和物资是大家的，各地区、各部门、各单位都去争，争到手有好处，可以加快生产发展的速度，可以增加地方财政收入，可以扩大就业，可以提高职工福利，何乐而不为？不争白不争，不要白不要。这样，由于局部利益的驱使，宏观上就很难控制。争到手以后，盈利了，对自己固然有好处；亏损了，也没有关系，有国家补贴，由国家包下来，领导人没有责任，换一个地方“照样干革命”，决不会像资本家那样由于破产而去跳楼。这样，基本建设规模不断膨胀，而生产效益往往很低，投入多、产出少，生产力并不能得到很好地发展。

最近几年，在哲学界、文艺界形成一股主体热。这种研究，对于丰富和发展马克思主义哲学，对于提高人们的主体意识、自觉改善主体自身的素质、从而更好地发挥主体能动性，无疑是有积极意义的。但是，其中有些观点明显脱离了唯物主义的基本原则，在思想理论上造成了相当严重的混乱。例如，有人用选择论否定反映论，说什么认识“不是客体的结构和性质在人脑中的反映”，“认识是主体对客体进行改造与选择的结果”。这种把选择与反映完全对立起来并用后者否定前者的观点，是根本错误的。前面我们已经说到，认识是有选择的，应当重视研究选择在认识中的作用。但是，选择是对于对象本身所提供的信息的选择，选择的结果是否正确还要看你是否同客体的结构和性质相符合。选择不是对反映的否定，而恰恰是有选择的反映。在认识论中，“反映”是高层次概念，“选择”是较低层次的概念，选择回答的是如何反映，而不是否定反映。否定反映的选择论，只能导致主观唯心论。有人用重构论否定反映论，认为重构是认识的本质。这也是不正确的。认识当然有重构的过程。马克思早就说过：“观念的东西不外是移入人的头脑并在人的头脑中改造过的物质的东西而已。”① 所谓“改造过的”就是重构过的。但是，重构首先得有原材料，没有客体提供的原材料，你重构什么？而且你重构的结果也要与客体本来面目相符合，怎么可以用重构论去否定反映论呢？有人用建构论否定马克思主义认识论。他们认为建构论是能动的认识论，而反映论都是消极的——包括辩证唯物主义的反映论。这种观点也是不正确的。反映论有消极的和能动的区别，不作这种区别，把马克思主义的反映论与旧唯物主义的反映论混同起来，然后加以攻击，这种学风是一种很不正派的学风。建构论是瑞士哲学家皮亚杰的理论，它认为认识是主、客体相互作用的结果，所谓建构包括内化与外化的双重建构，内化的过程是指客体的物质性动作协调转化为主体内部大脑的认识结构；外化的过程，是指主体以原有的认识图式去组织客

① 《马克思恩格斯选集》第2卷，人民出版社1995年版，第112页。

体经验，建立客体的知识结构。这一学说，显然有其合理因素，其基本思想相当于我们所说的改造客观世界的同时改造主观世界。而主观世界的改造又反过来指导改造客观世界。怎么能用这种理论来反对马克思主义认识论，怎么能说马克思主义认识论不了解主体在认识中的能动性呢?

在文艺界也有人大讲主体性而否定唯物主义反映论。说什么文艺创作是主体的“自我表现”，是“绝对的个体心灵的再现”，是“个人精神的漫游”，主张要全力去开发“内宇宙”。这就从根本上否定了生活是文学艺术的源泉的唯物主义思想。如果真是这样“表现”下去，“漫游”下去，“开发”下去，除了闭门造车、无病呻吟、胡编乱造，还能有什么结果呢?他们反对反映论，所以提出“淡化生活”的口号。在淡化生活的同时，提出“强化主体意识”，而在主体意识中，他们又强调“淡化理论”，“淡化政治”；这样，剩下来的，就只有强化非理性、强化感觉这一类东西了，那还不走上纯粹的主观唯心主义吗?

二、学习辩证法，提高辩证思维能力

在马克思主义哲学中，唯物主义和辩证法是不可分割地统一在一起的。世界是物质的，这是唯物主义；物质世界是普遍联系、永恒发展的，这是辩证法。前者回答世界“是什么”的问题，后者回答世界“是怎么样”的问题。二者的统一，才是对世界本来面目完整正确的反映。

前面讲了唯物主义，这里讲辩证法。辩证法的内容很多，只能讲几个最重要的基本观点。学习辩证法的目的是提高主体的辩证思维能力，以便正确地认识和改造客体。这里实际上是进一步讲如何正确发挥主体能动性的问题。

（一）矛盾的观点和思维的全面性

矛盾的观点，是唯物辩证法的最根本的观点。不懂得矛盾，可以说就不懂得辩证法。

事物都是作为矛盾而存在的。就是说，任何事物或现象，都包含既对立又统一的两个方面。正是这两个方面的又斗争、又统一，才推动事物的发展和变化。

客观事物的矛盾本性，要求思维的全面性。列宁说："要真正地认识事物，就必须把握住、研究清楚它的一切方面、一切联系和'中介'。我们永远也不会完全做到这一点，但是，全面性这一要求可以使我们防止犯错误和防止僵化。"① 当我们强调和处理任何一个问题时，都不要忘记，它是两点当中的一点，与它相对应的，肯定还有另一点，哪怕另一点现在暴露得还不明显，甚至根本没有发现，但是，由此及彼地去寻找，肯定可以找到另一点。有没有这种辩证思维的自觉性，其结果是大不相同的。有了这种自觉性，我们看问题的视野就会开阔，肯定什么或否定什么就不会把话说满，处理问题就会留有余地。多年来我们工作中出现的失误，一个重要原因就是思想方法上的片面性、绝对化，当我们强调某个问题的重要性的时候，往往把它无限夸大，使另一个方面失去存在的余地，结果走向反面，左右摇摆，来回折腾。例如，强调政治的重要性的时候，就夸大为政治可以冲击一切，大批所谓"唯生产力论"；强调经济的重要性的时候，又认为有了经济就有了一切，把生产力标准说成是衡量一切工作的唯一标准。又例如，强调公有制优越性的时候，就否定现阶段发展一定数量个体经济、私营经济、中外合资合作经济的必要性，大砍所谓资本主义"尾巴"；强调发展多种经济成分的必要性的时候，又忽视公有制经济的主体地位，甚至公然鼓吹只有私有制才能救中国。再例如，强调资本主义腐朽性的时候，就把它说的一无是处，什么东西都不能学，否则就是"崇洋媚外"；强调资本主义还有一定的生命力、还有可以学习的东西的时候，又把它说成是人间天堂，一切都要照搬，甚至主张"全盘西化"，如此等等。这种情况的发生，原因是多方面的。但是，缺少马克思主义哲学理论的根底，缺乏辩证思维能力，不能不说是一个重要原因。早在80年代初，邓小平就说："现在我们的干部中很多人不懂哲学，很需要从思想方法、工作方法上提高一步。"又说："现在，有些人发议论，往往只看现象，原因是理论和实践都没有根底。只有打下根底，才能真正纠正错误，包括纠正'左'的和右的错误。"这里所说的理论根底，最主要的是马克思主义哲学的理论根底。如果我们的干部，至少是高中级干部，都有了坚实的马克思主义哲学的根底，那种片面性、绝对化、"刮风"的现象就会大大减少，即

① 《列宁选集》第4卷，人民出版社1995年版，第419页。

使出现了，也会受到及时、有力的抵制而不会造成太大的损失。当然，这也需要政治上和理论上的勇气，需要敢于实事求是的大无畏的革命精神和革命胆略。

（二）系统的观点和思维的系统性

事物不但作为矛盾而存在，而且作为系统而存在。矛盾本身就是一个系统，它包含许多方面的对立统一，而且矛盾之间又互相联系，构成更大的系统。所以，分析矛盾、解决矛盾，必须具有系统的观点，采取系统的方法。

所谓系统，就是由各种要素所组成的统一整体。系统有四个基本特征：一是整体性；二是结构性；三是层次性；四是开放性。其中最主要的特征是整体性。研究系统的结构性、层次性、开放性，最终的目的是为了达到系统整体的最佳效益。这一点，对于从事领导工作的人来说，尤其重要。领导工作，从一定意义上说，就是管全局、管战略的工作。所谓全局问题、战略问题，就是要正确处理各个局部之间的相互关系、各个发展阶段之间的相互关系。简单地说，一是统筹兼顾；二是瞻前顾后。顾此失彼，或顾近失远、顾远失近，都是缺乏全局观点、缺少战略眼光的表现。可以说，具有战略头脑、掌握驾驭全局的能力，是领导工作的一项基本功。我们应当努力使自己成为善于驾驭全局的战略家，而不应当成为鼠目寸光的庸俗的事务主义者。当然，对于许多同志来说，既是领导者，又是被领导者。作为被领导者，也要有战略观点、全局观点，自觉地把自己所领导的工作看成是全局、系统、战略工作的一部分，努力使自己的工作既有利于局部的发展，又能适合于全局的需要。当全局与局部发生矛盾的时候，要自觉地服从全局，甚至为了全局的利益在必要的时候主动牺牲自己局部的利益。在当前治理整顿工作中，这一点尤其重要。

（三）过程的观点和思维的创造性、现实性

事物不但作为矛盾而存在，作为系统而存在，而且作为过程而存在。由于矛盾双方的又斗争、又统一，使矛盾和系统处于永恒的运动和发展之中。恩格斯在《路德维希·费尔巴哈和德国古典哲学的终结》一书中说，世界不是一成不变的事物的集合体，而是过程的集合体，说的

就是这个意思。世界上没有一成不变的、永恒的、绝对神圣的东西，一切事物都处于发生、发展、灭亡的过程之中，凡在历史上产生的东西，最终都要在历史上灭亡。这是唯物辩证法的一个伟大的基本思想，是它的革命的批判本质的集中表现。

事物永恒发展的本性，要求我们的思维应当具有创造性。所谓创造性，就是要不断地研究新情况，认识新事物，开创新局面。创造性的反面是僵化，教条主义和经验主义都是僵化的表现。邓小平说："一个党，一个国家，一个民族，如果一切从本本出发，思想僵化，迷信盛行，那它就不能前进，它的生机就停止了，就要亡党亡国。"① 问题提得如此之高，是很值得我们深思的。创造性还表现为预见性，就是不但要看到事物的历史和现状，而且要努力预见事物发展的趋势。毛泽东说："战略指导者当其处在一个战略阶段时，应该计算到往后多数阶段，至少也应计算到下一个阶段。尽管往后变化难测，愈远看愈渺茫，然而大体的计算是可能的估计前途的远景是必要的。那种走一步看一步的指导方式，对于政治是不利的，对于战争也是不利的。"② 我们要重视总结历史经验，重视研究现状，并且在这个基础上努力预见未来。科学地预见未来，不但可以使我们的工作有一个长远的奋斗目标，避免各种短期行为，增强工作的正效应；而且可以使我们预防可能发生的各种负效应。例如，当前的治理整顿工作，我们所采取的一切措施，不但要着眼于解决当前的经济过热，秩序混乱、通货膨胀等急迫问题，而且要为未来经济的发展准备足够的后劲，打好进一步发展的基础，尽可能防止由于紧缩而导致滞胀。这就要在调整产业结构上下功夫。我们的指导思想应当是在稳定中求发展，稳定是需要的，但稳定本身不是目的，目的是为了更好地发展。任何一项改革措施，都可能同时带来两种效应，当正效应是主要方面的时候，我们坚决去干，但也要尽量减少负效应。所以，有没有预见性，工作的结果是大不相同的。

事物在发展过程中，总要经过量变到质变两个阶段。量变是质变的必要准备，质变是量变的必然结果。没有一定的量变的积累，质变不会突然到来。在事物处于量变阶段的时候，事物处于相对稳定的状态，我

---

① 《邓小平文选》第2卷，人民出版社1994年版，第143页。

② 《毛泽东选集》第1卷，人民出版社1991年版，第221—222页。

们的认识，我们的方针、政策都要有相对的稳定性，不可超越阶段勉强去做那些现实还做不到的事情。这就要求我们的思维具有现实性。急躁冒进、急于求成，企图在一个早上把所有的事情都做好，是非现实性思维的表现。我们要从现实可能性出发，努力做好那些经过努力可能做到的事情，善于做艰苦的量变准备工作，逐步地积小胜为大胜。

事物发展的过程，又总表现为前进性与曲折性的统一，用哲学的语言来说，叫否定之否定，即肯定、否定、否定之否定。用通俗的语言来说，叫波浪式发展、螺旋式上升。有没有直线前进的事物呢？没有。因为事物都是在矛盾中前进。什么人打仗都不可能进攻、进攻、再进攻，而是进攻、防御（退却）、再进攻；什么人也不可能工作、工作、再工作，而是工作、休息、再工作；什么人也不可能开会、开会、再开会，而是开会、散会、再开会。所有事物都是肯定、否定、否定之否定。水有水波，热有热浪，太阳发射的是光波，无线电传来的叫电波，都是曲折前进。数学中所说的直线，在解析几何中被定义为曲度无限小的曲线。所以，我们要自觉走曲折前进的道路，当进则进，当退则退，这是原则性与灵活性的统一，也是思维现实性的表现。切不可把复杂的发展过程理想化、简单化。

三、学习认识论，在实践中不断开辟认识真理的道路

辩证唯物主义是科学的世界观，也是科学的方法论，用这个科学的世界观指导我们去认识世界时，它就成为认识的方法。所以，唯物辩证法与认识论是统一的。既然是统一的，为什么还要单独讲认识论呢？这是因为把辩证唯物主义运用于认识领域时，还有其特殊的表现形式，这就是认识过程的唯物论与辩证法。

（一）认识与实践的辩证关系

马克思主义认识论是能动的革命的反映论，即以实践为基础的反映论，它特别强调实践在认识中的决定作用。因此，毛泽东把他的认识论的专著标明为《实践论》。

那么，认识与实践的关系是怎样的呢？这个问题可以从两个方

面去理解：

1. 实践是认识的基础

具体表现在：（1）实践是认识的来源，没有实践便没有认识。学习书本也可以取得认识，但书本知识本身也来源于实践，所以，归根结底，认识都只能来源于实践。（2）实践是认识发展的动力，它为认识提供新的课题，提供新鲜的经验资料，提供新的认识手段。（3）实践是检验认识是否具有真理性的唯一标准。（4）实践是认识的目的，认识必须回到实践中去，以实践为归宿。总之，认识以实践始，以实践终，实践贯彻认识的全过程，认识的每一步都离不开实践。

2. 认识反作用于实践

认识一旦从实践中产生出来，它就成为实践的向导。正确的认识可以引导实践达到预期的目的；错误的认识则引导实践走向失败。所以，正确的认识、尤其是正确的理论，对于保证实践的成功、推动实践的发展，有巨大的指导作用。这种指导作用表现在：（1）科学方法的作用。任何一种科学理论，当把它付诸实践的时候都成为方法。这就是观点和方法的统一。（2）科学预见的作用。科学理论揭示事物的本质和规律，而一旦掌握了事物的本质和规律，就可以预见事物发展的趋势，从而为实践活动指明方向、确定目标。（3）动员和组织群众的作用。有了科学理论，就可以使群众统一思想、统一行动，使实践活动以广大的规模和深刻的程度向前发展。

（二）认识的辩证过程

实践是认识的基础。那么，在实践的基础上，认识是怎样发生、发展的呢？这就涉及到认识过程的辩证法。

这里有两个方面的问题：

1. 对于某一具体事物的认识来说，要经历由实践到认识、又由认识到实践这样两个过程，而且这两个过程往往不是一次完成的，而是需要多次反复

关于这两个过程的道理，大家都比较熟悉，在这里就不重复了。问题是为什么这两个过程不是一次完成的、而需要多次反复？这里想多说几句。可以从三个方面去理解：（1）从认识的客体看，人们的认识受到客观过程及其表现程度的限制。恩格斯说，世界不是一成不变的事物的

集合体，而是过程的集合体。事物都是作为过程而存在。当客观过程的本质尚未充分暴露时，要揭示其本质，是困难的。例如，资本主义制度早在17世纪就开始出现，可是直到19世纪中叶才有了马克思的《资本论》这一深刻揭示资本主义社会发展规律的巨著。为什么呢？因为，在此之前资本主义虽然产生了近200年，但无产阶级和资产阶级的矛盾，生产的社会化和生产资料的私人占有制的矛盾还没有达到尖锐化的程度，也就是说，资本主义固有的矛盾暴露得还不十分充分。在这样的情况下，人们无法取得关于这一客观事物的十分丰富的感性材料，因而也就不可能完全认识它的本质。(2) 从认识的客观历史条件看，人们的认识受到生产力和科学技术发展的实际水平的限制。恩格斯说："我们只能在我们时代的条件下进行认识，而且这些条件达到什么程度，我们便认识到什么程度。"① 例如，在没有望远镜的时候，我们认识天体就有很大局限性；在没有显微镜的时候，认识细菌几乎是不可能的；在造出高能加速器以前，人们便无法探索原子核的奥秘。所以，生产力和科学技术的发展，一方面不断提高人们的认识能力，不断增加认识的新手段，不断开辟认识的新领域；另一方面，这种发展在任何时候都不可能达到尽善尽美的境界，因而也总是在一定程度上限制着人们的认识水平。(3) 从认识的主体看，人们的认识受到"肉体状况和精神状况的限制。"人作为认识的主体，包括物质和精神两个方面。作为物质实体，个人的生命是有限的，精力是有限的，实践的范围是有限的。以个人有限之生命、精力和实践能力，不可能穷尽一切事物，而且这种物质实体如果发生了毛病，像健康状况不佳、年老体衰导致大脑软化等等，都会影响到正常的感知力和判断力。主体不但具有物质方面，而且有精神方面，人在认识事物之前，大脑并不是一块白板，其中储存着一定的经验、理论、知识、价值观念等等。如果人们观察问题的立场不正确，观点错误，方法不科学，知识贫乏，也不可能取得正确的认识。

总之，由于认识的对象、认识的客观历史条件，以及认识主体的局限性，使得人们在对某一事物的认识中出现某些不够完善、不够深刻乃至失误的情况，是完全不可避免的。因此，在实践中不断地进行再认识，就是绝对必要的。

---

① 《马克思恩格斯选集》第3卷，人民出版社1972年版，第562页。

2. 从对于整个世界的认识来说，要经历由相对真理到绝对真理的无限发展过程

经过实践和认识的多次反复，我们取得了关于某一事物的正确认识，这个认识过程大致是完成了，但人们的认识运动并没有终结，还需再发展、再认识。这里有两方面的原因：第一，客观事物本身具有无限的复杂性和层次性。任何真理性的认识，都只能是对客观事物大致的、近似的正确反映，不可能穷尽事物的所有内容、细节和所有层次上的本质。列宁说："在资本主义的世界经济中，即使有70个马克思也不能够把握住所有这些错综复杂的变化的总和；至多是发现这些变化的规律，在主要的基本的方面指出这些变化及其历史发展的客观的逻辑。"① 因此，人们对事物的认识，总有一个不断深化、不断丰富的过程。第二，客观事物本身处于绝对的运动、变化、发展之中，不断地由一个阶段转变到另一个阶段，由一个过程转变到另一个过程，因而认识也必须随之向前发展、推移和转变，要不断地去认识新事物，研究新问题。上述这两个方面在认识上的丰富、深化、发展的过程，就是由相对真理走向绝对真理的过程。由于事物本身的无限复杂性、层次性和发展的无限性，这个"走向"也是无限的。如恩格斯所说："真理是在认识过程本身中，在科学的长期的历史发展中，而科学从认识的较低阶段向越来越高的阶段上升，但是永远不能通过所谓绝对真理的发现而达到这样一点，在这一点上它再也不能前进一步，除了袖手一旁惊愕地望着这个已经获得的绝对真理，就再也无事可做了。"②

总之，不论是对某一具体事物的认识，还是对整个物质世界的认识，都不是一次完成的。"实践、认识，再实践、再认识，这种形式，循环往复以至无穷，而实践和认识之每一循环的内容，都比较地进到了高一级的程度。"③ 这就是认识过程的辩证法，人类认识发展的普遍规律。这个规律要求我们，应当把认识看作是在实践的基础上连续的和不断更新的过程，把每一个具体的认识既看作是过去认识的结果，又看作是今后认识的起点，从而发扬正确的认识，纠正错误的认识，增加新的

① 《列宁选集》第2卷，人民出版社1995年版，第220页。

② 《马克思恩格斯选集》第4卷，人民出版社1995年版，第216页。

③ 《毛泽东选集》第1卷，人民出版社1991年版，第296—297页。

认识，不断向认识的深度和广度进军。这就是我们所说的“再认识”的基本含义。

正是依据“再认识”这个基本原理，毛泽东说：“马克思列宁主义并没有结束真理，而是在实践中不断地开辟认识真理的道路。”[①] 10年来，我们在对社会主义的再认识中取得了巨大成果，在哲学、政治经济学、科学社会主义等方面发挥和发展了一系列科学理论观点，形成了建设有中国特色的社会主义的理论轮廓，规划了我们前进的科学轨道。但是，在我们的工作中也还有许多失误，特别是由于资产阶级自由化的泛滥，在思想理论上出现了许多混乱，因此，摆在我们面前的“再认识”的任务仍然相当艰巨。我们应当自觉地把目前已经取得的认识成果进一步在实践中经受检验，加以修正、丰富和发展。

四、学习历史唯物主义，正确认识和处理社会矛盾

马克思主义哲学是彻底唯物主义的哲学。它不但克服了旧唯物主义的直观性、消极性，而且克服了它的不彻底性。所谓旧唯物主义的不彻底性，就是它们在自然观上是唯物主义的，而在社会历史观上仍然是唯心主义的。它不是用社会存在解释社会意识，而是用社会意识解释社会存在。例如，18世纪法国唯物主义者爱尔维修有一个著名的命题：“人是环境的产物。”这个命题含有唯物主义因素。但是，他所说的环境不是指的社会物质资料的生产方式，而是指的政治法律制度，而政治法律制度又是依靠人的理性所制定的。这样，他就陷入了一个怪圈：公民的美德靠的是法律的完善，而法律的完善靠的是人类理性的进步。最终还是回到了“意见支配世界”这个唯心主义的老路上去了。其所以如此，根本原因在于他们不了解生产斗争实践在社会生活中的决定作用。马克思以生产实践为基础，对社会存在和社会意识的关系问题作出了唯物主义的回答，第一次提出：不是人们的社会意识决定社会存在，而是社会存在决定社会意识，尽管社会意识对社会存在有巨大的能动作用，但是，归根到底，它还是被社会存在所决定的，即被生产方式所决定的。社会的各种现象及其变化，都能在社会物质生活条件的变化中找到最终

---

① 《毛泽东选集》第1卷，人民出版社1991年版，第296页。

的根源。这样，人们对于历史的理解，就如同对自然界的理解一样，建立在唯物主义的基础之上，从而发现了社会历史发展的客观规律。列宁说，这“是科学思想中的最大成果”。①

历史唯物主义的内容很多，今天我们只能简要地介绍其中几个最基本的观点。

（一）生产观点

生产活动是人类最基本的实践活动。人类为了生存，必须能够生活；为了生活，必须进行物质资料的生产。没有生产活动，人类就不能存在和发展，也就谈不上从事政治活动、文化活动和其他一切社会活动。而生产活动不能单个人孤立地进行，为了生产，人们之间必须结成一定的生产关系，形成一定的社会经济结构，即经济基础；在经济基础上，产生一定的政治法律制度和社会意识形态，即社会的上层建筑。这样，在人类社会这个大系统中，便存在由三个基本方面所组成的两对基本矛盾——生产力与生产关系的矛盾，经济基础与上层建筑的矛盾。正是这两对基本矛盾的运动，成为社会发展的基本动力。

这里应当强调的是，在两对社会基本矛盾中，它们的地位是不相同的。前者决定后者，后者在前者的基础上产生并反作用于前者。生产力与生产关系的统一，构成社会物质资料的生产方式，它是社会发展的决定力量。而在生产方式中，生产力又是最活跃、最革命的因素，生产力决定生产关系，生产关系反作用于生产力。所以，生产力又是人类社会发展的最终的决定力量，是人类“全部历史的基础”。正是因为这样，衡量某种生产关系、某种上层建筑是进步的还是反动的，就看它们是否有利于生产力的发展。这就是我们提出生产力标准的理论根据。

（二）阶级观点

社会基本矛盾并不是脱离人的活动的空洞抽象，它总是通过人的活动和人际关系表现出来。生产力是人的本质力量的表现，生产关系实质上是人们之间的物质利益关系，上层建筑则是人们之间的政治和思想关系。所以，在研究社会基本矛盾的基础上，我们还要进一步研究这种基

① 《列宁选集》第2卷，人民出版社1995年版，第311页。

本矛盾在人与人之间关系上的具体表现。

在阶级社会，社会基本矛盾集中地表现为阶级矛盾和阶级斗争。因为阶级社会的生产关系，从根本上说，是一种剥削关系；阶级社会的上层建筑，从根本上说，是阶级压迫和奴役关系。我们要认识阶级社会及其人际关系的本质，就必须进行阶级分析，研究人们在生产关系、上层建筑中处于一种什么样的阶级地位和采取一种什么样的政治态度。我们要改造旧社会，打破旧的生产关系和上层建筑，就必须进行革命的阶级斗争，为生产力的发展创造必要的前提。不进行这种阶级斗争，旧的生产关系和上层建筑就不会被破除，生产力就不可能获得解放。正是在这个意义上，我们说，阶级斗争是阶级社会发展的直接动力。

所谓“直接动力”，既表明了阶级斗争在阶级社会发展中的重要作用，同时也说明了，阶级斗争本身并不是目的。进行革命的阶级斗争，最终的目的是为了解放生产力。所以，在基本解决阶级矛盾之后，在消灭了剥削制度之后，就要把工作的重点直接放到发展生产力上来。

那么，在社会主义条件下，社会基本矛盾在人际关系上又怎样表现出来呢？应当说，这时主要和大量表现为人民内部的矛盾。社会主义的生产关系（在目前我国已居于主体地位）不再是一种阶级剥削关系，但是，仍然体现着人们之间的物质利益关系，在这种生产关系下，人们之间仍然存在物质利益矛盾，其中包括国家、集体、个人之间的利益矛盾，个人之间、不同群体之间的利益矛盾。在上层建筑领域，人们之间仍然存在权力矛盾和思想矛盾。因此，正确处理人民内部的利益矛盾、权力矛盾和思想矛盾，就成为发展生产力不可缺少的必要条件。由于人民内部这些矛盾在根本上是一致的，不具有对抗的性质，因此，不能采取过去那种阶级斗争的办法，而只能采取调整各方面关系的改革的办法。经济体制改革，就是调整人民内部的物质利益矛盾；政治体制改革，就是调整人民内部的权力矛盾，而这两项改革，又都离不开正确解决人民内部的思想矛盾。正是在这个意义上，党的十三大报告说，改革是社会主义社会发展的重要动力。这里用“重要动力”，而没有用“直接动力”，是有道理的。在阶级社会，阶级斗争是社会发展的直接动力，因而是直接的任务，是现实的中心任务。而在社会主义社会，直接的任务是发展生产力，这就是社会主义社会发展的直接动力。而发展生产力，需要一个重要的保证，就是改革生产关系和上层建筑。这个重要保证，也就是重要动力。

在社会主义条件下，社会基本矛盾主要不是表现为阶级斗争，而是表现为人民内部矛盾。但这并不是说，阶级斗争已经不再存在了。由于历史的原因和国际环境的影响，阶级斗争在一定范围内仍长期存在。正确处理这种阶级斗争，虽然不是社会主义社会发展的主要动力，但仍然是动力之一。因为只有正确处理好阶级斗争问题，才能有一个稳定的社会环境，才能有利于改革的顺利进行，才能保护和发展生产力，否则，将严重妨碍改革和建设的顺利进行。因此，在社会主义条件下，阶级斗争的观点并没有过时，对于各种阶级斗争现象仍然必须进行阶级分析。

（三）群众观点

既然生产活动是人类社会存在和发展的基础，生产力是人类社会发展的最终决定力量，那么就逻辑地引出一个结论：从事生产活动的劳动群众，以及代表生产力发展要求的各个阶级和阶层的人民群众便是历史的真正创造者、推动历史发展的决定力量。

这个论断是否抹杀了个人在历史上的作用呢？没有。人民群众是由一个一个的个人组成的。人民群众积极性的发挥，不是排斥个人的作用，相反，正是由无数个人的积极性汇成的。特别是群众中的杰出人物，在历史发展中所起的作用更加巨大，他们能够局部地改变历史面貌，加速历史发展的进程。中国革命若没有毛泽东的正确领导，中国人民很可能需要在更长的时间内在黑暗中苦斗。但是，不能夸大个人的作用。个人毕竟是群众的一分子，杰出人物也是群众的一分子。离开了群众的活动，任何个人都不能充分发挥其创造历史的作用。

学术界有人不同意“人民群众是历史的创造者”这一命题，认为“历史是整个人类创造的”，“是所有阶级共同创造的”。这里可能在概念上有些混淆。创造历史与参与历史活动不是同义的。就参与历史活动来说，当然是所有的人，所有的阶级，所有的阶层和集团，是整个人类。但是，我们说的“创造历史”，是指的推动历史前进，为历史的发展做出贡献。这就不是所有的人都能起这种作用的了。有的人，有的阶级，在一定历史时期的历史活动不但不能创造历史、推动历史前进，反而阻碍历史前进，不但不是历史发展的动力，反而是历史发展的阻力。不加分析地把所有的人都说成是历史的创造者，是不恰当的。

我们党把唯物史观关于群众的观点创造性地运用于实际工作，形成了完整的群众路线的理论，这一理论的基本点是：一切为了群众，一切依靠群众，“从群众中来，到群众中去”。这是我们党的根本的政治路线、组织路线和工作路线，是我们在一切工作中克敌制胜的传家法宝。

以上是关于历史唯物主义几个基本观点的简要介绍。我们学习历史唯物主义，是为了用以分析社会矛盾，提出解决社会矛盾的方针和方法，达到改造社会的目的。在当代中国，特别要把它运用于分析社会主义社会的矛盾，提高执政党在现阶段基本路线的自觉性，为建设有中国特色的社会主义服务。这里我想就党的基本路线与社会主义社会矛盾的关系，谈一点我个人的理解。

（一）关于现阶段我国社会的主要矛盾和党的基本路线的“一个中心”

关于现阶段我国社会主要矛盾问题，应当说，在 1956 年党的八大已经基本上解决了。但是，八大的认识没有坚持多久，很快就被“阶级斗争为纲”的错误思想否定了。直到 20 年以后，1978 年十一届三中全会才在更深刻的程度上恢复了八大的正确思想。党的十三大报告在这个基础上，进一步作了理论上的发挥，指出：“我国从五十年代生产资料私有制的社会主义改造基本完成，到社会主义现代化的基本实现，至少需要上百年时间，都属于社会主义初级阶段。这个阶段，既不同于社会主义经济基础尚未奠定的过渡时期，又不同于已经实现社会主义现代化的阶段。我们在现阶段所面临的主要矛盾，是人民日益增长的物质文化需要同落后的社会生产之间的矛盾。”① 这个阐述，不但以更准确的语言恢复和发展了八大关于主要矛盾的思想，而且明确指出了这个主要矛盾在时间上的上限和下限，明确提出所谓“现阶段”我国社会的主要矛盾，就是社会主义初级阶段的主要矛盾。这样，就为我们坚定不移地贯彻“一个中心”即以经济建设为中心，奠定了坚实的理论基础。邓小平说：“现在要横下心来，除了爆发大规模战争外，就要始终如一地、贯

① 《十三大以来重要文献选编》（上），人民出版社 1991 年版，第 12 页。

彻始终地搞这件事，一切围绕着这件事，不受任何干扰。"① 阶级斗争还将长期存在，并且在某种条件下还可能激化，忽视这一点是不正确的。但是，必须看到，就整个社会主义初级阶段来说，阶级斗争已经不是主要矛盾。不能把某种范围内发生的阶级斗争现象夸大为全局性的现象，不能把某段时间内阶级斗争的激化夸大为长期的阶级斗争尖锐化。在恰当地处理这类阶级斗争问题的同时，切不可模糊、动摇和干扰我们发展生产力这个长期的中心任务。

（二）关于社会主义社会的基本矛盾和党的基本路线的"两个基本点"

发展生产力，解决现阶段我国社会的主要矛盾，离不开正确认识和处理我国社会的基本矛盾。

早在 1957 年，毛泽东在《关于正确处理人民内部矛盾的问题》中就指出："在社会主义社会中，基本的矛盾仍然是生产关系和生产力之间的矛盾，上层建筑和经济基础之间的矛盾。"② 1979 年，邓小平在《坚持四项基本原则》的讲话中，再次肯定了这个论断，认为这个提法比较好。同时他又强调，"当然，指出这些基本矛盾，并不就完全解决了问题，还需要就此作深入的具体的研究。"③ 这就需要研究这些基本矛盾的特点、表现，以及由此引出必要的结论。

（1）社会主义的生产关系、上层建筑同生产力发展的要求是相适应的。居于主体地位的生产资料公有制、按劳分配；居于指导地位的马克思列宁主义意识形态，以及共产党的领导和人民民主专政的国家政权，这些生产关系、上层建筑中的根本部分，都是有利于社会生产力的发展的。这不单是理论上的论断，而且为建国 40 年来的事实所证明。尽管我们曾经遭受多次挫折，但是我国经济发展的速度仍然是很高的，就国民生产总值和国民收入来说，1983 年已经达到 1949 年的 19.8 倍和 18 倍；随着生产的发展，全国居民实际消费水平由 1952 年的每人每年 76 元，提高到 1988 年的 639 元，扣除物价上涨因素，平均每年增长

① 《邓小平文选》第 2 卷，人民出版社 1994 年版，第 249 页。

② 《毛泽东著作选读》下册，人民出版社 1986 年版，第 767 页。

③ 《邓小平文选》第 2 卷，人民出版社 1994 年版，第 182 页。

3.7%。这是在过去的剥削制度下根本不可想象的。只有社会主义才能救中国、才能发展中国，这是历史的结论。因此，我们必须坚定不移地坚持社会主义的基本经济制度和政治制度，坚持四项基本原则，反对资产阶级自由化。

（2）我们也应当看到，在我国过去几十年形成的生产关系和上层建筑中，也存在与生产力发展要求不相适应的部分，例如在生产关系方面，所有制形式单一、分配中平均主义严重、忽视商品生产、价值规律和市场的作用等等；在上层建筑方面，权力过分集中、官僚主义严重、封建主义思想影响远未肃清，等等。这些，又是束缚生产力发展的。因此，我们在坚持四项基本原则、坚持社会主义基本经济政治制度的同时，又必须不断地进行社会主义改革，使社会主义制度的优越性更充分地发挥出来。

这样，我们就可以看到，党的基本路线的两个基本点，是基于对社会主义社会基本矛盾的正确分析而制定出来的。因为基本“适合”，所以必须坚持四项基本原则；因为还有不适合的部分，所以必须改革开放。两个基本点统一于社会主义实践中，都是为了实现发展生产力这个中心任务。资产阶级自由化和思想僵化，都是对社会主义社会基本矛盾的片面的理解或曲解，都是不利于我国的社会主义现代化建设事业的。

关于毛泽东哲学思想的几个问题*

培训部的领导同志要我和大家谈谈有关毛泽东哲学思想的一些问题。我想，在大家学习了中共党史这门课程以后，对于中国革命和建设的指导思想——马克思主义普遍真理同中国具体实际相结合的思想，毛泽东思想，特别是它的哲学基础毛泽东哲学思想，作一段专题学习，是很有必要的。邓小平在党的十二大开幕词中说："把马克思主义的普遍真理同我国的具体实际结合起来，走自己的道路，建设有中国特色的社会主义，这就是我们总结长期历史经验得出的基本结论。"① 深刻理解并牢牢掌握这个"基本结论"，不仅需要学习党的历史经验，还需要了解这个基本结论所赖以建立的哲学基础。这个哲学基础，就是毛泽东哲学思想。毛泽东哲学思想，作为马克思主义哲学在中国的运用和发展，它的核心内容，就是对马克思主义普遍真理同中国具体实际相结合的必要性作了充分的哲学论证；对否认这个"结合"的必要性的主观主义、特别是教条主义，作了深刻的哲学批判；对如何实现这个"结合"，在方法论上作出了系统的概括和总结。因此，可以说，它是中国革命基本经验的哲学升华。只有努力学习毛泽东哲学思想，才能深刻理解党的历史经验，才能自觉地走建设有中国特色的社会主义道路，才能有效地防

* 本稿系 1987 年 4 月 20 日为中共中央党校培训部学员讲课的讲稿。

① 《邓小平文选》第 3 卷，人民出版社 1993 年版，第 3 页。

止和克服各种“左”的和右的错误。在总结党的历史经验、起草《关于建国以来党的若干历史问题的决议》的过程中，邓小平和陈云多次强调要学习毛泽东哲学思想，他们明确地提出“建议中央提倡学习，主要是学习马克思主义哲学，重点是学习毛泽东同志的哲学著作。”① 应当说，这个建议高瞻远瞩，具有十分重要的战略意义，值得我们很好地深入领会。

鉴于同志们已经系统地学习过马克思主义哲学的一般原理，而这次时间安排又比较紧，我们这一段毛泽东哲学思想的教学，主要想重点研究几个问题：一是毛泽东哲学思想的基本特点和理论贡献。这个问题带有概论的性质，目的是对毛泽东哲学思想有一个总体的把握；二是毛泽东哲学思想关于反对主观主义的理论。这个问题主要是研究党的思想路线问题。这是毛泽东哲学思想在民主革命时期对于马克思主义哲学的一个非常突出的重大贡献；三是毛泽东哲学思想关于社会主义社会人民内部矛盾的学说。这是毛泽东哲学思想在进入社会主义时期以后的一个新的重大发展。下面，我分别就这三个问题谈一点个人学习的初步体会。

一、毛泽东哲学思想的基本特点和理论贡献

（一）关于毛泽东哲学思想的基本特点

为什么首先要研究这个问题？我考虑，只有弄清楚这个问题，才能正确掌握毛泽东哲学思想的科学体系，才能准确把握毛泽东哲学思想的精髓，才能深刻理解毛泽东哲学思想的重要历史地位和它对中国革命与建设的重要指导作用，从而提高我们学习毛泽东哲学思想的自觉性。

大家知道，毛泽东哲学思想是马克思主义哲学在中国的运用和发展。就思想体系来说，马克思、恩格斯的哲学思想，列宁的哲学思想，毛泽东哲学思想，都是辩证唯物主义与历史唯物主义，同属于一个思想体系——马克思主义哲学体系。因而，毛泽东哲学思想也就必然具有马克思主义哲学区别于一切非马克思主义哲学的一般特点，如实践性、科

① 《邓小平文选》第2卷，人民出版社1994年版，第303页。

学性、无产阶级的阶级性等等。离开这样一些特点，在这些特点之外，去找毛泽东哲学思想不同于马克思主义哲学的所谓“特点”，从而把毛泽东哲学思想同马克思主义哲学对立起来，这种观点是完全错误的。国外某些资产阶级学者正是持这样一种观点。他们把毛泽东思想说成是马克思主义的“异端”，认为在阶级属性上它是所谓“农民马克思主义”，在哲学上“背离”了唯物史观，是所谓“唯意志论”。这种看法表明他们既不懂得什么是马克思主义，也不懂得什么是毛泽东思想，完全是一种资产阶级的偏见。早在40多年以前刘少奇就指出：“毛泽东思想，就是马克思列宁主义的理论与中国革命的实践之统一的思想，就是中国的共产主义，中国的马克思主义。”① 个别中包括一般，毛泽东哲学思想体现着马克思主义哲学的一般特点，这是首先必须肯定的。

但是，这并不是说，我们研究毛泽东哲学思想的特点，仅仅指出它所具有的马克思主义哲学的一般特点就完全足够了。因为按照辩证法的观点，任何个别尽管体现一般，并不完全进入一般。马克思主义哲学作为活生生的发展的体系，在不同的历史时期和不同的国家里，它所面临的主要历史任务是不同的，它所遇到的主要思想论敌是不同的，因而它所强调和发挥的侧重点也是不同的。正如列宁所说：“既然马克思主义具有丰富多彩的思想内容，那么在俄国和在其他国家一样，不同的历史时期使马克思主义的某一方面更加突出，就没有什么奇怪了。”② 这样，马克思主义哲学在其发展的不同历史时期和不同的国家里，也就必然表现出相对不同的特点。例如，马克思和恩格斯在19世纪中叶，主要任务是创立科学的哲学以适应作为独立政治力量登上历史舞台的无产阶级革命斗争的需要。而这个哲学“是从费尔巴哈那里产生出来的”，因此，“在他们的著作中特别强调的是**辩证**唯物主义，而不是辩证**唯物主义**，特别强调的是**历史**唯物主义，而不是历史**唯物主义**。”③ 也就是说，马克思和恩格斯在创立自己哲学的时候，突出强调的是辩证法和唯物史观，用辩证法去丰富唯物主义，并把唯物主义彻底地运用于历史，从而把唯物主义发展到一个崭新的阶段。到了19世纪末、20世纪初，情况

---

① 《刘少奇选集》上卷，人民出版社1981年版，第333页。
② 《列宁全集》第17卷，人民出版社1956年版，第59页。
③ 《列宁选集》第2卷，人民出版社1995年版，第225页。

有了新的变化。随着帝国主义阶段的到来，资产阶级哲学愈加走向腐朽和没落，特别是在认识论领域，他们集中保护“下半截”的唯心主义，露骨地反对唯物主义。第二国际修正主义的头面人物，也跟在资产阶级教授的屁股后面，攻击马克思“没有自己的认识论”，叫嚷要“回到康德那里去”，俄国党内的修正主义者则鼓吹要把马克思主义同马赫主义“结合”起来。在这种情况下，为了保卫马克思主义哲学，列宁写了《唯物主义和经验批判主义》，强调和发挥了辩证唯物主义认识论，对发展马克思主义认识论作出了重大贡献。第一次世界大战爆发以后，第二国际修正主义者纷纷堕落为社会沙文主义，极力用矛盾调和论和诡辩论为他们的叛卖行为作辩护，于是，列宁又集中研究了辩证法，特别是它的核心——对立统一规律，从而又对马克思主义辩证法作出了重大贡献。

以毛泽东为主要代表的中国共产党人，在领导中国革命的实践中，所面临的主要任务和遇到的主要思想论敌又有了新的特点。在马克思主义已经在全世界得到广泛传播并在俄国已经取得实践上的伟大胜利以后，特别是在中国五四运动以后，马克思主义在中国得到广泛传播的情况下，中国共产党人的主要任务是如何把马克思主义普遍真理同中国革命的具体实践结合起来，在实践中加以创造性运用和发展。然而，恰恰在这个时候，中国党内的主观主义、特别是教条主义思潮泛滥起来，几度在党内占据统治地位，使中国革命遭到惨重损失。这样，毛泽东的哲学活动就不能不以扫清主观主义为主要目标，以实现马克思主义普遍真理同中国革命具体实践相结合为主要任务。从而在新的历史条件下产生的毛泽东哲学思想，相对于马克思、恩格斯、列宁的哲学思想来说，就不能不具有某些新的特点。这主要表现在两个方面：

第一，毛泽东哲学思想是中国革命的基本经验即马克思主义普遍真理同中国革命具体实践相结合的经验的哲学概括和总结，其中心内容是运用辩证唯物主义和历史唯物主义，对“结合”的必要性作出了充分的哲学论证；对“结合”的方法作出了科学的总结。

大家知道，我们党从成立的那一天起，就宣布以马克思列宁主义作为自己的指导思想。但是，马克思列宁主义的一般原理不能对任何一个国家的革命提供现成的公式。列宁说：“这些原理的应用**具体地**说，在英国不同于法国，在法国不同于德国，在德国又不同于俄国。”[①] 同样，我们也可以说，这些一般原理的应用，在中国既不同于西欧、也不同于俄国。因为旧中国不是一个独立的资本主义国家，而是一个半殖民地半封建国家；革命的直接任务不是反对一般的资本主义，而是反对帝国主义、封建主义和官僚资本主义，即革命的性质在第一阶段上不是社会主义革命，而是资产阶级民主革命；民主革命的动力不但包括工人阶级、农民阶级和其他小资产阶级，而且包括民族资产阶级；旧中国又是一个政治经济发展极端不平衡的大国，敌人统治力量在城市的强大和在农村的薄弱，决定中国革命不可能像俄国革命那样首先在城市取得胜利，而必须走农村包围城市的道路。总之，中国国情的特殊性，决定了中国革命的极端复杂性和特殊性。这是“全世界共产党人所没有遇到过的一个任务”，解决这些任务的方法，“无论在哪一部共产主义书本里都是找不到的”[②]。因此，指导中国革命，是不能靠背诵马克思主义的一般原理和照搬任何一个国家现成的革命经验所能奏效的。它要求我们只能把马列主义一般原理同中国的具体实际结合起来，独立地、创造性地走出一条符合中国国情的中国人民争取民族独立和人民解放的具体道路。

实践证明，探索这样一条道路，是相当艰难困苦的。它不但需要经验的积累，而且需要正确哲学理论的指导。恩格斯曾经说过：“唯物主义历史观及其在现代的无产阶级和资产阶级之间的阶级斗争上的特别应用，只有借助于辩证法才有可能。”[③] 这里讲唯物史观的创立和应用离不开辩证法，实际上，整个马克思主义的应用都离不开辩证法，离不开科学的认识论。对于像马克思主义为什么一定要同中国的实际相结合这样复杂的理论问题和实践问题，如果不从哲学世界观的高度、从思想路线的高度作出科学的、有说服力的回答和论证，全党的思想就不可能真正统一到正确的政治路线上来。民主革命时期，我们党曾经犯过陈独秀右倾错误，纠正了这个错误之后，又走上另一个极端，犯了瞿秋白“左”倾错误，随后又犯了李立三“左”倾错误、王明“左”倾错误，而且三次“左”倾一次比一次更为严重。根本原因是没有从思想路线上

① 《列宁选集》第1卷，人民出版社1995年版，第274—275页。

② 《列宁选集》第4卷，人民出版社1995年版，第79、80页。

③ 《马克思恩格斯选集》第3卷，人民出版社1995年版，第691—692页。

解决问题，没有从哲学世界观的高度找出犯错误的原因。因此，在遵义会议及其之后，毛泽东在解决当时最为紧迫的军事路线、组织路线、政治路线的同时，十分重视从哲学上总结中国革命的经验和教训，运用马克思主义哲学的基本原理，对马克思主义普遍真理同中国革命具体实践相结合的必要性作出了充分的哲学论证。《实践论》和《矛盾论》便是这种哲学论证的代表性著作。《实践论》作为一篇认识论著作，它不是如同一般哲学教科书那样把所有的认识论问题都拿来重复一遍，而是根据“结合”的需要，突出地阐明了认识与实践之具体、历史统一的科学原理，引导我们在中国革命的实践中去取得对于中国革命规律的认识，在实践中坚持和发展马克思主义，在实践中检验我们对于中国革命规律的认识是否正确。如同后来他所指明的：“一个马克思主义者如果不懂得从改造世界中去认识世界，又从认识世界中去改造世界，就不是一个好的马克思主义者。一个中国的马克思主义者，如果不懂得从改造中国中去认识中国，又从认识中国中去改造中国，就不是一个好的中国的马克思主义者。”① 同样，《矛盾论》作为一篇辩证法的著作，它也不是把辩证法的所有原理都拿来简单重复一遍，而是根据“结合”的需要，突出地阐明了矛盾的普遍性与特殊性互相联结的原理，并在这个基础上着重阐明了矛盾特殊性的原理。因为不懂得矛盾普遍性和特殊性的联结，就不能从根本上了解马克思主义一般原理为什么必须同中国的实际相结合；不懂得矛盾特殊性的原理，也就不能自觉地从中国的特殊国情出发去开拓中国革命的特殊的新道路。

毛泽东哲学思想不但从哲学上论证了马克思主义一般原理同中国革命具体实践相结合的必要性，而且根据中国革命的经验，对如何实现这种“结合”，在方法论上作出了概括和总结，指明了实现“结合”所必须遵循的基本原则，这就是《关于建国以来党的若干历史问题的决议》所指出的：实事求是、群众路线、独立自主。这是贯穿毛泽东思想的活的灵魂，是具有中国共产党人特色的立场、观点、方法。没有这些基本立场、基本原则和基本方法，就不能实现马克思主义普遍真理同中国革命的具体实践相结合。而这些基本原则和基本方法，不论其中的任何一个方面，都不是马克思主义哲学某一原理的简单运用，而是为了实现

① 《毛泽东著作选读》下册，人民出版社 1986 年版，第 485—486 页。

“结合”的任务，综合马克思主义哲学的许多原理在方法论上所作的创造性发挥和运用。实事求是，是唯物论的原则，体现了一切从实际出发、尊重客观规律的要求；同时也是辩证法的原则，体现了注重矛盾的特殊性、具体问题具体分析的要求；它还是个认识论的原则，体现了在实践中发现真理、检验真理、发展真理的要求。群众路线，既是历史唯物主义关于人民群众是历史创造者原理的运用，又是马克思主义认识论在领导方法上的体现。独立自主，是唯物辩证法关于事物内部矛盾是事物发展根本动力原理在革命实践中的运用，又体现了本国情况要靠本国人民去了解、本国革命的胜利要靠本国人民去争取的认识论和唯物史观的原则。总之，这些基本原则和基本方法，概括了中国革命的丰富经验，是中国共产党人灵活运用马克思主义哲学，在解决马克思主义普遍真理同中国革命具体实践相结合这个历史任务中在方法论上的伟大创造。它不但在过去，而且在今天和今后的实践中，都有普遍的指导意义，舍此则不能实现“结合”的任务，也就不可能建设有中国特色的社会主义。

第二，毛泽东哲学思想主要是同中国党内的主观主义、特别是教条主义思想的斗争中形成和发展起来的。哲学上唯物主义同唯心主义、辩证法同形而上学的斗争，在中国党内突出地表现为实事求是与主观主义两条思想路线的斗争。毛泽东哲学思想对于主观主义的批判和斗争，是马克思主义哲学党性原则在中国的重要表观。

马克思、恩格斯和列宁当时在哲学上面临的主要思想论敌，是以理论形态出现的唯心论和形而上学思想体系。在19世纪40年代，马克思和恩格斯如果不清算黑格尔的唯心主义和费尔巴哈的形而上学，辩证唯物主义和历史唯物主义便不可能创立。此后，如果不批判蒲鲁东、拉萨尔、杜林等人的唯心论和形而上学，不批判哲学界和自然科学界的庸俗唯物论、庸俗进化论和新康德主义，已经创立的马克思主义哲学，便不能站稳脚跟，不能为自己在工人运动中的广泛传播开辟道路。在20世纪初，列宁若不批判俄国的主观社会学、马赫主义、第二国际修正主义的庸俗进化论和诡辩论，就不能有力地捍卫马克思主义哲学，俄国革命要取得胜利也是不可能的。

马克思主义哲学在中国传播的过程中，它所遇到的主要思想论敌有了不同以往的特点。五四运动以后，经过问题与主义的论战，经过关于社会主义的论战和关于反对无政府主义的论战，马克思主义世界观在中国广泛地传播开来，尽管中国人民仍然需要在思想上继续开展反对地主资产阶级世界观的斗争，但是，从党内来说，实事求是和主观主义两条思想路线的斗争日益突出起来。能否正确开展这种斗争，成为决定革命成败的关键之所在。党内滋长起来的主观主义、特别是教条主义思潮，成为实现马克思主义普遍真理同中国革命具体实践相结合这个历史任务的主要思想障碍。这种主观主义思潮不是赤裸裸的、以哲学理论形态出现的唯心主义和形而上学，而是在口头上承认马克思主义、在实际工作中却表现出唯心主义和形而上学倾向。例如，在 20 年代后期和 30 年代初期给中国革命造成严重损失的“左”倾冒险主义者，把马列主义教条化、把苏联经验神圣化，指导中国革命不是从中国的实际出发，而是唯上、唯书。在中国革命性质问题上，他们照搬一般资本主义国家革命的经验，企图在民主革命的同时实现社会主义；在中国革命道路问题上，照搬俄国十月革命的经验，主张城市中心论；在军事战略战术上，不顾敌强我弱的基本事实，照搬外国军事条令，实行军事冒险主义，等等。总之，“凡是马恩列斯的话必须遵守，凡是共产国际的指示必须照办”（博古在延安整风运动中的检讨）——这种“两个凡是”的思想就是他们的思想路线。

这样，为了实现马列主义同中国革命实践相结合的任务，毛泽东就不能不同这种否认“结合”必要性的“左”倾教条主义进行坚决斗争。从《反对本本主义》、《论反对日本帝国主义的策略》、《中国革命战争的战略问题》、《实践论》、《矛盾论》，到《改造我们的学习》、《整顿党的作风》、《反对党八股》等等，毛泽东在哲学上批判的主要锋芒，都是针对主观主义的。他系统地揭露了主观主义的表现、实质、危害、根源，全面地阐述了克服主观主义的方法，从而为我们党确立了一条实事求是、一切从实际出发、理论同实际相结合的思想路线。在马克思主义哲学史上，像毛泽东这样对主观主义思想路线作如此系统、深刻的分析和批判，对实事求是思想路线作如此明确和系统的论述，还是不曾有过的。这是毛泽东哲学思想一个十分显著的特点。正如日本马克思主义哲学家松村一人所说：“它创造了完全没有教条主义的理论”，“创造出了克服主观主义的伟大思想武器。”①

① 《论毛泽东哲学的意义（之一）》，载日本《思想》1952 年 9 月号。

当然，毛泽东哲学思想还有其他一些特点，如具有为中国人民所喜闻乐见的中国作风和中国气派；具有中华民族传统哲学思维那种简洁明快的风格；具有通俗化、大众化的特点，等等。但是，这些毕竟主要是形式方面的特点，而形式是被内容所决定的；就其思想内容来说，我以为上述两个方面，则是毛泽东哲学思想的最基本的特点。

（二）关于毛泽东哲学思想对马克思主义哲学的贡献

这个问题，同正确理解毛泽东哲学思想的基本特点是有密切关系的。

前面我们谈到，毛泽东哲学思想是马克思主义哲学在中国的运用和发展。在这里，首先是运用。它所运用的基本原理是由马克思、恩格斯、列宁所创立和发挥的。过去那种认为处处都是新发展、新贡献的任意拔高的说法，是不恰当的。但是，以毛泽东为主要代表的中国共产党人在运用中确有发展。因为这种运用不是在一些简单问题上的运用，而是在指导一个几亿人口大国的革命实践中的创造性的运用，在运用的过程中积累了丰富的经验，同时又对这些经验做出了许多富有新意的哲学概括。这就是发展。因此，那种认为毛泽东哲学思想只是简单运用、在理论上没有什么创见的任意贬低的说法，也是错误的。

那么，毛泽东哲学思想在马克思主义哲学理论上有哪一些主要贡献呢？我想从三个方面谈一点初步的看法。

第一，关于认识论。《关于建国以来党的若干历史问题的决议》指出："毛泽东同志着重阐明辩证唯物主义认识论是能动的革命的反映论，特别强调充分发扬根据和符合客观实际的自觉的能动性。"这就是说，毛泽东对认识论的研究和阐发，不是像哲学教科书那样一般地论述可知论与不可知论、反映论与先验论、辩证法与形而上学的区别，而是针对教条主义者否认实践在认识中决定作用的错误思想，特别强调认识是一个在实践的基础上能动的反映过程。从这个意义上说，马克思主义的认识论就是实践论。因此，他对马克思主义认识论的主要贡献是：

（1）全面、系统地阐明了实践在认识中的地位和作用。马克思主义经典作家都十分强调实践在认识中的决定作用。马克思和恩格斯甚至把自己的哲学直接称之为"实践的唯物主义"。列宁把实践的观点看作是辩证唯物主义认识论之“首要的和基本的观点。”毛泽东的贡献在于，他把马列在不同场合、针对不同问题所作的这些论述加以集中和系统化，以社会实践为基础，全面地论述了辩证唯物主义认识论关于认识的来源、认识发展的动力、认识的目的、检验认识的标准，形成了一个完整的以实践为基础的认识论的理论系统。其中的许多思想尽管前人大都已经提到；但是，毛泽东把它们作为一个个具体环节纳入认识的全过程，说明认识产生和发展的每一步都离不开实践，这在理论上就大大前进了一步。例如，实践是检验真理的标准，这个思想在马克思、恩格斯、列宁的著作中都有论述。而毛泽东在《实践论》中是把它放在以实践为基础的认识全过程当中一个环节来加以考察的，实践作为检验真理的标准，同时是认识发展诸环节中的一个环节，指明在实践中产生的认识又只有通过实践的检验，才能进一步得到发展。这说明，毛泽东对认识论中各种问题的考察都是动态的，而不是静态的，从而完整地再现了认识与实践之具体、历史统一的辩证过程，为马克思主义普遍真理与具体实践相结合的原则奠定了坚实的理论基础。

（2）具体论述了一个正确的认识往往需要经过由物质到精神、由精神到物质，即由实践到认识、由认识到实践的多次反复的认识过程。这个问题，马恩已经有所涉及。恩格斯说：“一切真实的、穷尽的认识都只在于：我们在思想中把个别的东西从个别性提高到特殊性，然后再从特殊性提高到普遍性。”① 列宁进一步作了完整的论述。他说：“从生动的直观到抽象的思维，并从抽象的思维到实践，这就是认识真理、认识客观实在的辩证的途径。”② 毛泽东继承和发展了这些思想，把一个具体的认识过程明确地概括为“两个飞跃”，以及每一个飞跃所需要经历的阶段及条件，并且特别强调，这两个飞跃往往需要经过多次反复。这就更加充分展示了认识过程的辩证法。在这里，显然凝结了中国共产党人经历多次成功和失败、经历正反两个方面的经验反复比较才逐步认识中国革命客观规律这样一条宝贵的历史经验。

（3）提出了真理同谬误相比较而存在、相斗争而发展、真理是不可

① 《马克思恩格斯选集》第4卷，人民出版社1995年版，第341页。

② 《列宁全集》第38卷，人民出版社1959年版，第181页。

穷尽的真理发展规律。尽管类似的思想在马列著作中已经提到，但是，把这些作为真理发展的规律明确加以论述，显然是毛泽东的一个贡献。特别是运用这些规律自觉地提出发展社会主义意识形态、繁荣社会主义科学文化的指导方针——“百花齐放，百家争鸣”的方针，更是把辩证法运用于马克思主义认识论的创造性发挥和发展，对于人们自觉地坚持真理、修正错误、防止思想僵化以及坚持马克思主义的党性原则，都有十分重要的现实意义。

（4）把马克思主义认识论与党的群众路线统一起来，科学地阐明“从实践中来，到实践中去”同“从群众中来，到群众中去”这两个过程的一致性。毛泽东在《关于领导方法的若干问题》中指出：“在我党的一切实际工作中，凡属正确的领导，必须是从群众中来，到群众中去。这就是说，将群众的意见（分散的无系统的意见）集中起来（经过研究，化为集中的系统的意见），又到群众中去作宣传解释，化为群众的意见，使群众坚持下去，见之于行动，并在群众行动中考验这些意见是否正确。然后再从群众中集中起来，再到群众中坚持下去。如此无限循环，一次比一次地更正确、更生动、更丰富。这就是马克思主义的认识论。”① 这是马克思主义认识论、辩证法和唯物史观在领导方法上的综合运用和创造性发展，是毛泽东哲学思想对于马克思主义哲学的一个独创造性贡献。

（5）创立了完整、系统的关于调查研究的理论和方法。毛泽东从坚持正确的思想路线和政治路线的高度，强调调查研究的极端重要性，指出：只有“努力作实际调查，才能洗刷唯心精神”，“防止一切机会主义盲动主义错误”；从辩证法的理论高度，强调调查研究的长期性，指出“事物是运动的，变化着的，进步着的。因此，我们的调查也是长期的”。他不但论述了调查研究的必要性和长期性，提出“没有调查，没有发言权”的口号，而且系统地阐明了调查研究的正确态度和方法，强调“不做正确的调查同样没有发言权。”关于调查研究的态度，他指出：必须有甘当小学生的精神，虚心向群众学习，“没有满腔的热忱，没有眼睛向下的决心，没有求知的渴望，没有放下臭架子、甘当小学生的精神，是一定不能做，也一定做不好的。”关于调查研究的方法，他论述

① 《毛泽东选集》第3卷，人民出版社1991年版，第899页。

了矛盾分析的方法、阶级分析的方法，以及从现象入手深入本质的方法等等，还论述了一系列调查研究的技术和具体方法。[①] 像这样完整和系统地论述调查研究的理论和方法，在马克思主义哲学史上确实是空前的创举。

第二，关于辩证法。毛泽东突出地阐述和发挥了马克思主义辩证法的核心——对立统一规律。

（1）他第一次明确提出和论证了关于矛盾普遍性和特殊性的关系问题是矛盾问题精髓的思想。马克思和恩格斯在创立唯物辩证法的时候，着重论述了辩证法各个基本规律——对立统一规律、质量互变规律、否定之否定规律——的客观性和普遍性。虽然他们也有一些关于对立统一规律在辩证法体系中重要地位的思想[②]，但是，总的说来，还没有来得及“深入地考察这些规律之间的内部联系。”[③] 列宁继承和发挥了马克思、恩格斯的思想，明确地指出：对立统一规律是唯物辩证法的核心和实质。在《辩证法的要素》一文的结尾，他做了这样一个总结性的概括：“可以把辩证法简要地规定为关于对立面的统一的学说。这样就会抓住辩证法的核心，可是这需要说明和发挥。”[④] 在《谈谈辩证法问题》一文的开头，他又说：“统一物之分为两个部分以及对它的矛盾着的部分的认识……是辩证法的实质。”[⑤] 接着，在这篇短文中对这个“实质”和“核心”作了初步的说明和发挥。毛泽东继承和发挥了列宁的这一思想，全面地展开了对立统一规律的各个方面（如矛盾的普遍性和特殊性，矛盾的同一性和斗争性，矛盾的主要方面和非主要方面，主要矛盾和非主要矛盾，矛盾的对抗性与非对抗性等等），特别是突出地强调了矛盾的普遍性和特殊性即矛盾的绝对性与相对性的关系问题是矛盾问题

---

① 《毛泽东农村调查文集》，人民出版社 1982 年版，第 5、21、13、16—17、23—27 页。

② 见《马克思恩格斯选集》第 1 卷，人民出版社 1972 年版，第 111 页：“两个相互矛盾方面的共存、斗争以及融合成一个新范畴，就是辩证运动的实质。”（马克思）又见《马克思恩格斯选集》第 3 卷，人民出版社 1995 年版，第 352 页：关于对立统一“这样的一种认识，构成辩证自然观的核心。”（恩格斯）

③ 《马克思恩格斯选集》第 4 卷，人民出版社 1995 年版，第 311 页。

④ 《列宁选集》第 2 卷，人民出版社 1995 年版，第 412 页。

⑤ 《列宁选集》第 2 卷，人民出版社 1995 年版，第 556 页。

的精髓，指出："不懂得它，就等于抛弃了辩证法。"① 如果说列宁以对立统一规律为核心提挈了全部唯物辩证法，揭示了辩证法诸规律和范畴之间的内部联系；那么，毛泽东则是在更深的层次上深化了对立统一学说，以矛盾问题的精髓为中心，提挈了矛盾问题的各个方面的原理，形成了一个完整系统的关于矛盾问题的理论系统。这个关于矛盾问题精髓的思想，显然是对中国革命基本经验在哲学上的升华，从而为坚持马列主义普遍真理同中国革命具体实践相结合的原则奠定了坚实的哲学基础。

（2）对矛盾特殊性问题作了详尽的阐述和发挥，为马克思主义辩证法的理论宝库增添了许多光辉的新思想。马克思、恩格斯、列宁是很重视矛盾特殊性的分析的。《资本论》和《帝国主义是资本主义的最高阶段》就是这种分析的卓越典范。列宁甚至提出"马克思主义的精髓，马克思主义的活的灵魂：对具体情况作具体分析。"② 但是，怎样具体分析现实生活中各种矛盾的特殊性？他们还没有从逻辑上作出抽象，没有形成系统的理论。毛泽东在具体分析我国特殊国情、寻找具有中国特色的革命道路的实践过程中，对于这个问题从理论上作了全面的分析和论证。他指出：各种物质运动形式的矛盾都带有特殊性；每一物质运动形式在其发展的不同过程中矛盾带有特殊性；同一过程中矛盾双方各有特殊性；同一过程中不同发展阶段上矛盾带有特殊性；同一发展阶段上矛盾双方各有特殊性，如此等等。这样，就形成了一个具体分析复杂现实矛盾的逻辑体系，为我们在实践中科学分析和正确处理各种具体矛盾提供了方法论上的指导。正如《关于建国以来党的若干历史问题的决议》所指出的：毛泽东认为："不仅要研究客观事物的矛盾的普遍性，尤其重要的是要研究它的特殊性，对于不同性质的矛盾，要用不同的方法去解决。因此，不能把辩证法看作是可以死背硬套的公式，而必须把它同实践、同调查研究密切结合，加以灵活运用。"③ 在这一点上，日本哲学家松村一人同样作出中肯的评价。他说："毛泽东的《矛盾论》的最

---

① 《毛泽东选集》第1卷，人民出版社1991年版，第320页。

② 《列宁选集》第4卷，人民出版社1995年版，第213页。

③ 《〈关于建国以来党的若干历史问题的决议〉注释本》，人民出版社1983年版，第56页。

大特征，在于它彻底打破了对辩证法的教条主义理解，……在理论上创造了克服一切公式主义并符合于复杂的客观世界的辩证法。”①

（3）系统地阐明了关于矛盾发展不平衡性的理论，即关于主次矛盾和矛盾主次方面的理论。这是关于矛盾特殊性问题的进一步深化。马克思和恩格斯在分析复杂的理论问题和实际问题时，总是十分善于区别主要的东西和次要的东西、决定性的因素和从属的因素，有主有从、辩证地处理各方面的相互关系。但是，到目前为止，我们还没有发现他们使用过主要矛盾和次要矛盾、矛盾的主要方面和次要方面这样一些概念。列宁提出了链与环的概念，他多次把历史进程、政治事件比作一条链子，说“你要抓住整条链子，就必须抓住主要环节”他还认为，主要环节并非一成不变，我们应当根据客观情况的变化，从一个主要环节“过渡到下一个环节”。他还强调，主要环节和非主要环节的区别是有客观标准的，“不能你想抓哪个环节就挑哪个环节。”② 苏联上个世纪 30 年代的一些哲学教科书提出了主次矛盾和矛盾主次方面的概念，但是，这些论述分散于教科书的各章之中，没有把它们作为辩证法的基本原理集中地、系统化地加以论述。毛泽东的贡献在于，他提出了一个完整的关于矛盾不平衡问题的理论体系。首先，他的这个理论是建立在矛盾特殊性理论的基础上的，认为这是矛盾特殊性在矛盾地位上的表现。他说：“在矛盾特殊性的问题中，还有两种情形必须特别地提出来加以分析，这就是主要的矛盾和主要的矛盾方面。”③ 这种矛盾地位的特殊性，在毛泽东看来，就是矛盾力量的不平衡性，是各种矛盾以及矛盾各方面在事物发展中所处地位和所起作用的差别性。而世界上只有相对平衡的东西，没有绝对平衡的东西，矛盾力量总是有差别的。这样，就有力地论证了主次矛盾和矛盾主次方面理论的普遍性和客观性。其次，毛泽东对主次矛盾和矛盾主次方面的概念作了明确的界说和规定，论证了主要和次要之间既互相区别、又互相联系、互相作用的辩证关系。他指出，主要矛盾就是在众多矛盾中“起着领导的、决定的作用”的矛盾，非主要矛盾则是“处于次要和服从地位”的矛盾；矛盾主要方面是“矛盾起主

---

① 《论毛泽东哲学的意义（之一）》，载日本《思想》1952 年 9 月号。

② 《列宁选集》第 4 卷，人民出版社 1995 年版，第 692 页。

③ 《毛泽东选集》第 1 卷，人民出版社 1991 年版，第 320 页。

导作用的方面”，非主要方面则是起非主导作用的方面。因此，他强调要善于捕捉主要矛盾、认清矛盾的主要方面，同时也要给次要矛盾和次要方面以一定的地位，要坚持两点论基础上的重点论，既反对平均使用力量的无重点论和不分主次方面的均衡论，又反对攻其一点、不及其余的形而上学一点论。再次，毛泽东认为，主要矛盾与非主要矛盾、主要方面与非主要方面的区别是相对的，不是绝对的。即是说，在一定条件下，二者是可以互相转化的。矛盾主要方面与非主要方面的转化，使事物发生性质的变化；主要矛盾与非主要矛盾的转化，使事物的发展显出阶段性的差别。在这个问题上，要反对思想僵化。最后，毛泽东把关于矛盾发展不平衡性原理用于指导实际工作，创造了一系列具有中国共产党人特色的思想方法、工作方法和领导方法。例如，在对敌斗争策略上，要反对“四面树敌”、“打倒一切”，主张利用矛盾、分化瓦解、各个击破，集中主要力量反对当前最主要的敌人；在指挥作战上，要反对“全线出击”、“六路分兵”、“两个拳头打人”的军事平均主义，主张在战术上“以十当一”、“集中主力于一个方向”，集中优势兵力、各个歼灭敌人；在领导方法上，强调要学会“弹钢琴”、“统筹兼顾、适当安排”而又突出中心、抓住重点等等。所有这些，都创造性地发展了马克思主义辩证法。如同霍勒布尼奇所说：这些思想，“对恩格斯以后的辩证法和中国的辩证法来说，都是特别新颖、别具一格的。”

第三，关于马克思主义哲学在实践中的创造性应用。《关于建国以来党的若干历史问题的决议》说，毛泽东“使哲学真正成为无产阶级和人民群众认识世界和改造世界的锐利武器。”他不但毕生致力于哲学的解放，大力提倡哲学同生活紧密结合起来，而且身体力行，把马克思主义哲学创造性地运用于许多新领域，开辟了哲学同实践相结合的新天地，特别是关于军事辩证法，关于政策和策略的辩证法，关于社会主义社会矛盾学说，关于思想方法、工作方法、领导方法的理论，提供了在实践中运用和发展马克思主义认识论和辩证法的光辉范例。

1. 关于军事辩证法

我们党是富有长期武装斗争经验的党。它所领导的军事斗争时间之长、规模之大、经验之丰富，在国际共产主义运动史上是无与伦比的。在这个过程中，以毛泽东为主要代表的中国共产党人把马克思主义哲学的各个原理综合运用于指导战争实践，创造性地提出人民战争、人民军队和实行人民战争的战略战术等一系列光辉理论，极大地丰富了马克思主义哲学。特别是关于依靠人民群众进行战争，关于战争的一般规律和特殊规律，关于在战争中发扬根据和符合客观实际的自觉能动性，关于防御与进攻、持久与速决、内线与外线辩证关系的战略战术原则，关于军事战略转变等论述，都具有极为深刻的哲理性，在今天建设中国特色社会主义的实践中，我们仍然可以从中感受到巨大的智慧和力量，从中学习到许多具有普遍意义的方法论原则。毛泽东的《中国革命战争的战略问题》、《论持久战》、《战争和战略问题》、《抗日游击战争的战略问题》等军事著作，可以说处处闪耀着马克思主义认识论和辩证法的光辉，成为我们学习哲学的生动教材。

2. 关于政策和策略的辩证法

由于中国社会阶级矛盾的极端复杂性、敌人营垒的四分五裂和各个革命时期阶级关系的不断分化与改组，毛泽东强调，必须根据政治形势、阶级关系和实际情况及其变化制定党的政策，把原则性和灵活性结合起来。在对敌斗争和统一战线方面，他提出了许多重要的政策和策略思想。其中包括：弱小的革命力量在变化着的主客观条件下能够最终战胜强大的反动力量；战略上要藐视敌人，战术上要重视敌人；要掌握斗争的主要方向，不可“四面出击”；对敌人要区别对待、分化瓦解、利用矛盾、争取多数、反对少数、各个击破；在敌人统治区，把合法斗争与非法斗争结合起来；如此等等，都生动地体现了唯物辩证法的全面性和灵活性。

3. 关于社会主义社会矛盾学说

毛泽东继承和发挥了列宁关于“在社会主义下，对抗消灭了，矛盾存在着”的思想，批评了国内外某些人否认社会主义社会仍然存在矛盾的错误思想，明确提出：社会主义社会也充满矛盾，一万年以后仍然有矛盾；并明确地把生产力与生产关系的矛盾、经济基础与上层建筑的矛盾概括为社会基本矛盾，区别了这个基本矛盾在社会主义社会与旧的阶级社会所具有的不同性质和情况。特别是创立了社会主义社会敌我矛盾和人民内部矛盾两类不同性质矛盾的学说，把正确处理人民内部矛盾确定为社会主义时期党和国家政治生活的主题，等等。所有这些，都以崭新的科学思想开拓了辩证法理论研究的新领域，在新的历史条件下发展了马克思主义辩证法。

4. 关于思想方法、工作方法和领导方法的理论

在各个历史时期，毛泽东都十分强调，为了完成革命和建设任务，必须注意思想方法、工作方法和领导方法。这方面著作之多，在马克思主义哲学史上是罕见的，充分体现了毛泽东哲学思想注重应用的特点。例如，第二次国内革命战争时期的《关心群众生活，注意工作方法》、抗日战争时期的《关于领导方法的若干问题》、解放战争时期的《党委会的工作方法》、建国后的《工作方法六十条》，等等，就其内容来说，非常丰富和系统；就其形式来说，具有鲜明的民族性和群众性。如实事求是、调查研究、一切从实际出发、理论同实际相结合、一般号召和个别指导相结合，两分法、具体问题具体分析，承认差别、区别对待、分类指导，“弹钢琴”、抓中心带一般，抓好典型、“解剖麻雀”，要“胸中有数”，自觉走“之”字形道路等等，可以说把马克思主义哲学的基本原理从方法论的角度作了全面的发挥，形成了一个完整、系统的科学方法论的理论体系。

毛泽东哲学思想对马克思主义哲学的贡献当然不止上述诸点。比如毛泽东关于哲学解放的理论，关于经济和思想文化工作中的辩证法，关于自然科学中的哲学问题等方面的论述，都有许多新思想、新贡献。以上不过是择其要者作了一点初步归纳。

总之，毛泽东哲学思想是马克思主义哲学在中国的创造性运用和发展，是具有中国共产党人特色的科学的世界观和方法论，是被长期实践证明了的客观真理。在建设有中国特色社会主义的实践中，我们必须针对新的实际，努力掌握马列主义、毛泽东哲学思想。当然，毛泽东哲学思想如同整个马克思主义哲学一样，也是需要随着实践的发展而不断丰富和发展的。我们应当不断地总结社会主义现代化建设和改革开放的新经验，概括自然科学发展的新成果，吸收人类一切优秀的思想文化财富，努力丰富和发展毛泽东哲学思想。然而，发展又只能是在坚持的基础上的发展。如同列宁所说：“沿着马克思的理论的道路前进，我们将愈来愈接近客观真理（但决不会穷尽它）；而沿着任何其他的道路前进，除了混乱和谬误之外，我们什么也得不到。”① 毛泽东哲学思想是指引我们在实践中探索真理、加强工作中原则性、系统性、预见性的思想武器。任何

① 《列宁选集》第2卷，人民出版社1995年版，第103—104页。

对毛泽东哲学思想的怀疑和否定的态度，都是完全错误的。

二、毛泽东哲学思想关于反对主观主义的理论

对主观主义进行系统的理论批判，是毛泽东哲学思想的一个重要内容和显著特点，是我们党对马克思主义哲学宝库的一个重大贡献。认真学习毛泽东思想关于反对主观主义的理论，深刻认识主观主义的危害，充分揭露主观主义的各种表现及其产生根源，掌握防止和克服主观主义的方法，对于我们自觉坚持党的实事求是的思想路线，实现党在社会主义建设新时期的总任务，推进改革开放和现代化建设，都有重要的现实意义。

（一）主观主义和实事求是是两种根本对立的思想方法

什么是主观主义？

“主观主义”一词，在马克思主义经典作家的著作中，大体上有两种含义：

一种含义是，主观主义即主观唯心主义。列宁在批判马赫主义的时候曾经说过：“波格丹诺夫对客观真理的否定，就是不可知论和主观主义。”① 又说：“如果世界上只存在着感觉（1876 年阿芬那留斯是这样说的），如果物体是感觉的复合（马赫在《感觉的分析》中是这样说的），那么就很明显，在我们面前的就是哲学主观主义，它不可避免地会导致对客观真理的否定。”② 在这里，“主观主义”一词，显然指的是主观唯心主义哲学。

另一种含义是，在更多的情况下，指的是一种错误的思想方法。列宁说：“民粹派和取消派以及各种知识分子集团，如‘前进派’、普列汉诺夫派、托洛茨基派，它们的一个主要缺点，甚至可说是最主要的缺点（或者说对工人阶级所犯的罪孽）就是主观主义。他们处处都把自己的愿望、自己的‘意见’、自己的估计、自己的‘希望’当作工人的意志，

① 《列宁选集》第 2 卷，人民出版社 1995 年版，第 82 页。

② 《列宁选集》第 2 卷，人民出版社 1995 年版，第 85 页。

当作工人运动的要求。"[①] 这里说的"主观主义"，显然不是说的一种哲学理论，而是指在实践活动中夸大主观愿望、主观意见、主观力量等而忽视客观实际、客观规律的一种错误的思想方法。在《谈谈辩证法问题》一文中，列宁说："直线性和片面性，死板和僵化，主观主义和主观盲目性就是唯心主义的认识论根源。"[②] 这里把"主观主义"说成是唯心主义的认识论根源，即不是唯心主义本身，而是导致唯心主义的错误的思想方法。在马克思和恩格斯的著作中，也有许多对于夸大主观力量、轻率估计形势以及把他们的学说教条化的错误思想和行动的批判，虽然没有使用"主观主义"一词，但意思很明确，指的也是一种主观、片面地看问题的错误的思想方法。

毛泽东基本上是在后一种意义上使用"主观主义"一词的。他明确地说："在人们的思想方法方面，实事求是和主观主义是对立的。"[③] 作为思想方法的主观主义，和作为哲学理论的主观唯心主义，二者既有联系，又有区别。主观主义，就其实质来说，是属于唯心主义性质的东西，因为它的基本特征是主观和客观相分裂，理论和实践相脱离，违背了物质第一性、意识第二性的唯物主义原则。但是，就其表现形态来说，它同唯心主义又有所区别。唯心主义是一种哲学理论体系，它以抽象的理论思维形式鼓吹和论证"精神第一性、物质第二性"的思想。主观主义则是在实际工作中表现出来的唯心主义倾向，是在处理各种现实问题时使用的一种从主观出发、忽视客观现实的思想方法，它并不直接地表现为一种系统的哲学理论。使用这种思想方法的人有些根本就不是哲学家。如果说哲学上唯物主义和唯心主义的斗争，主要是在哲学家们当中进行的，而实事求是和主观主义两种思想方法的斗争则远远超出这个范围，在一切实践的领域中广泛地进行着。不论什么人，哲学家也好，非哲学家也好，甚至根本不懂哲学为何物的人，在实践中都在自觉或不自觉地处理主观同客观的关系问题——不是正确的思想方法，就是错误的思想方法，不是从客观实际出发，就是从主观头脑出发，只要你颠倒了主观和客观的关系，都必然要犯主观主义的错误。因此，毛泽东

① 《列宁全集》第20卷，人民出版社1958年版，第385页。

② 《列宁选集》第2卷，人民出版社1995年版，第560页。

③ 《毛泽东选集》第5卷，人民出版社1977年版，第352页。

在思想方法方面鲜明地提出实事求是和主观主义根本对立的思想，在理论上、特别是在实践上有十分重大的意义，是对马克思、恩格斯、列宁关于哲学上唯物主义和唯心主义两大派别斗争的思想在实际工作中的创造性运用，是对马克思主义哲学的丰富和发展；对于人们的实践活动，有着更广泛、更直接的现实指导作用。

对于无产阶级革命政党来说，能否有效地防止和克服主观主义，是一个至关重要甚至可以说关系到革命和建设事业兴衰成败的问题。因为"对于政治形势的主观主义的分析和对于工作的主观主义的指导，其必然的结果，不是机会主义，就是盲动主义。"① 即主观主义是导致政治上"左"、右错误的思想基础。在我们党的历史上，主观主义的每一次泛滥，都曾经使革命和建设事业遭受严重挫折乃至失败。陈独秀抱着"书生式的革命观"，以欧美资产阶级民主革命为样板来对待我国的新民主主义革命，放弃无产阶级对于革命的领导权，推行右倾机会主义路线，导致第一次国内革命战争的失败。王明等人死守"凡是马恩列斯的话必须遵守，凡是共产国际的指示必须照办"的公式，在第二次国内革命战争中推行"左"倾冒险主义路线，使当时的革命根据地和红军损失90%，白区的党组织和革命组织几乎丧失殆尽。他们在政治路线上有右和"左"的区别，但是，就其思想方法、思想路线来说却是共同的，都是脱离中国国情的主观主义。特别是王明"左"倾教条主义，在党内统治时间最为长久，危害最为严重，影响最为恶劣，成为我党实现马列主义普遍真理同我国具体实际相结合这个历史任务的主要思想障碍。鉴于这种深刻的历史教训，毛泽东在每一个历史时期，特别是在革命转变的重大历史关头，总是把解决思想方法、思想路线问题突出地提到全党面前。早在1929年，他在《关于纠正党内的错误思想》一文中，就明确提出反对主观主义问题。1930年，他专门写了《调查工作》（即《反对本本主义》）一文，第一次鲜明地提出思想路线问题，强调"没有调查，就没有发言权"、必须反对本本主义、坚持"共产党人从斗争中创造新局面的思想路线。"1935年，他在《论反对日本帝国主义的策略》一文中，结合对"左"倾教条主义政治策略的批判，批评了"圣经上载了的才是对的"这种把"本本"当"圣经"的错误思想。1936年，在《中

① 《毛泽东选集》第1卷，人民出版社1991年版，第91页。

国革命战争的战略问题》这篇军事著作中，他首先提出的是如何研究战争，即研究战争的方法论问题，强调必须反对“战争问题上的机械论。”1937 年，他的两篇哲学名著《实践论》和《矛盾论》，更是明确地以扫清主观主义、特别是教条主义为主要目标，为解决党的思想路线奠定了理论基础。1941 年，他提出，学习理论应“以研究思想方法论为主”，并发表了《改造我们的学习》一文，把主观主义和实事求是这两种态度、两种思想方法、两条思想路线作了鲜明对比，指出，主观主义“就是对周围环境不作系统的周密的研究，单凭主观热情去工作”，“就是抽象地无目的地去研究马克思列宁主义的理论”；实事求是“就是应用马克思列宁主义的理论和方法，对周围环境作系统的周密的调查和研究”，“使马克思列宁主义的理论和中国革命的实际运动结合起来”。他说：“‘实事’就是客观存在着的一切事物，‘是’就是客观事物的内部联系，即规律性，‘求’就是我们去研究。我们要从国内外、省内外、县内外、区内外的实际情况出发，从其中引出其固有的而不是臆造的规律性，即找出周围事变的内部联系，作为我们行动的向导。而要这样做，就须不凭主观想象，不凭一时的热情，不凭死的书本，而凭客观存在的事实，详细地占有材料，在马克思列宁主义一般原理的指导下，从这些材料中引出正确的结论。”① 随后，在 1942 年，毛泽东又发动和领导了以反对主观主义、整顿学风为中心内容的整风运动，到 1945 年党的七大，才在全党的范围内把思想真正统一到实事求是的思想路线上来，从而为抗日战争和解放战争的胜利准备了思想上的条件。

但是，反对主观主义的斗争不可能一劳永逸。它是一项长期的历史任务。只要存在主观和客观的矛盾，主观主义就不可能绝迹。如毛泽东所说，是“扫了又发生，发生了又要扫。”②

如果说“认清中国的国情，乃是认清一切革命问题的基本的根据”③，因而指导中国革命必须从中国的国情出发，在马克思列宁主义的指导下，走出一条具有中国特色的革命道路；那么，指导中国的建设，同样必须从中国的国情出发，在马克思列宁主义的指导下，走出一

---

① 《毛泽东著作选读》上册，人民出版社 1986 年版，第 475—478 页。

② 《毛泽东文集》第 7 卷，人民出版社 1999 年版，第 89 页。

③ 《毛泽东选集》第 2 卷，人民出版社 1991 年版，第 633 页。

条具有中国特色的建设社会主义的道路。这就仍然需要坚持实事求是的思想路线，反对主观主义的思想路线。建国初期的几年，我们大体上还是坚持了在延安时期确立的思想路线，比较实事求是地解决了民主革命的遗留任务，在社会主义改造问题上也较好地解决了马克思列宁主义同我国实际相结合的问题，因而取得了社会主义改造的伟大胜利。但是，在社会主义建设问题上，我们走过的道路却是曲折的。一方面，我们本着实事求是的精神，开始探索自己建设社会主义的道路，注意到并努力摆脱苏联那种僵化的模式的影响，这主要表现在《论十大关系》、八大决议、《关于正确处理人民内部矛盾的问题》等著作和文献当中；另一方面，主观主义的错误也开始有了发展，从反右派扩大化、大跃进、反右倾，到八届十中全会继续强调以阶级斗争为纲，最后到了“文化大革命”，主观主义愈来愈严重。林彪、康生、“四人帮”更把它推向极端，把民主革命时期的“本本主义”发展到对毛泽东搞“句句主义”，什么“句句是真理”、“一句顶一万句”，以至到粉碎“四人帮”以后，有人又提出“两个凡是”，即凡是毛主席作出的决策，我们都坚决维护，凡是毛主席的指示，我们都始终不渝地遵循，企图维护并继续坚持毛泽东晚年的“左”倾错误。党的十一届三中全会最伟大的历史功绩，就是通过对“两个凡是”错误思想的批判，重新恢复和确立了党的实事求是的思想路线，继而实现了指导思想和各条战线上的拨乱反正。如果说，延安时期毛泽东领导全党端正了思想路线，才有了中国革命的伟大胜利；那么，十一届三中全会以后，邓小平领导全党又一次端正党的思想路线，才开辟了建设中国特色社会主义的新道路。

中国共产党 60 多年的历史经验表明：“不反掉主观主义，革命和建设就不会成功。”① 我们坚持四项基本原则，坚持改革开放，建设有中国特色的社会主义，必须坚持实事求是的思想路线，坚持理论与实践相统一的原则，既要反对把马列主义教条化，把苏联经验神圣化，把我们自己一时一地的经验绝对化的“左”的错误倾向；又要反对把西方哲学社会科学理论、西方政治制度神圣化、盲目崇拜、一切照搬的右的错误倾向。邓小平说：“过去我们搞革命所取得的一切胜利，是靠实事求是；

① 《毛泽东选集》第 5 卷，人民出版社 1977 年版，第 95 页。

现在我们要实现四个现代化，同样要靠实事求是。”[①] 他又说：“现在，有些人发议论，往往只看现象，原因是理论和实践都没有根底。只有打好这个根底，才能真正纠正错误，包括纠正‘左’的和右的错误。”[②] 所谓根底，就是马列主义、毛泽东思想的基本理论，特别是它的哲学理论基础。因此，只有努力学习马克思主义，自觉坚持实事求是的思想路线，克服各种形式的主观主义，才能保证十一届三中全会以来路线的贯彻执行，夺取社会主义改革和建设事业的胜利。

（二）主观主义的表现形式

主观和客观相分裂、理论和实践相脱离，是主观主义的根本特征。但是，主观主义的具体表现又是多种多样的。只有具体分析主观主义的各种表现形式，才能针锋相对、有效地同它进行斗争。

所谓主观，包括经验、理论、感情、意志等许多因素。夸大其中任何一个方面，使之脱离客观，都会导致主观主义。

教条主义是主观主义的一种表现形式。它的特点是夸大理论的作用，轻视实践的作用。具体说来，第一，它认为凡是本本上讲过的东西都是真理，凡是本本上没有讲过的东西都是谬误。所谓“山沟里没有马克思主义”、“圣经上载了的才是对的”、讨论问题动不动“拿本本来”等等，就是这种思想的表现。这就从根本上否定了实践是检验真理的唯一标准，把主观的东西——本本，当作检验真理的标准。第二，它认为理论是包医百病的灵丹妙药，解决一切问题的现成公式，既不需要根据具体情况把它具体化，也不需要根据实践的发展而发展，“忘记了自己认识新鲜事物和创造新鲜事物的责任。”[③] 这样，理论便成了脱离实践的僵死教条。第三，教条主义者只是热衷于空洞的“理论”研究，对于实际情况则毫无兴趣，即所谓“为理论而理论”，完全不注意理论的应用，如毛泽东所说：“这样的人就是古董鉴赏家，几乎和革命不发生关系。”[④] 总之，理论和实践相脱离，这是教条主义的特征。刘少奇在批

---

① 《邓小平文选》第2卷，人民出版社1994年版，第143页。
② 《邓小平文选》第2卷，人民出版社1994年版，第337页。
③ 《毛泽东选集》第3卷，人民出版社1991年版，第798页。
④ 《毛泽东选集》第3卷，人民出版社1991年版，第820页。

判民主革命时期“左”倾教条主义的时候，有一段话，可以说给教条主义者勾画出了一幅生动的形象。他说：“他们在做工作的时候，总是拿书本子做根据，拿马克思、恩格斯、列宁、斯大林的个别语句，拿什么决议上的条文来做根据，即是拿一般的概念、一般的理论来做根据，而不拿实践中的经验和对于实际工作的计算来做根据。他们在解决问题、决定方针的时候，总不是从实际出发，不是从调查研究周围的实际情况出发，而是从书本上的公式出发，从历史上的类比出发，或者从苏联、从西欧各国、从其他什么相象的事情出发。他们在实践中是唯心论者。”① 一切教条主义者，包括前几年出现的主张“两个凡是”和最近几年出现的盲目崇拜西方、主张“全盘西化”的人，都具有这样的思想特征。

经验主义是主观主义的又一种表现形式。它的特点是夸大个人感性经验的作用，使之脱离了客观实际。一方面，它满足于感性经验，“沾沾自喜于一得之功和一孔之见”，不善于从这些具体的感性经验中概括出能够指导一般的结论、上升为具有普遍意义的理论，因而就不能洞察客观事物的本质，通观客观过程的全体，在复杂的环境中便不免迷失方向，陷入主观盲目性；另一方面，它只承认个人一时一地经验的可靠性，否认别人别时别地经验的可靠性，把个人经验绝对化，当作包医百病的公式去解决所有各个不同的特殊问题，这样也就必然要犯以偏概全的主观主义错误。毛泽东说：“经验对于干部是必需的，失败确是成功之母。但是虚心接受别人的经验也属必需，如果样样要待自己经验，否则固执己见拒不接受，这就是十足的‘狭隘经验论’。”② 所以，我们重视经验，又必须反对经验主义。

在延安整风运动中，毛泽东说：“我们党内的主观主义有两种：一种是教条主义，一种是经验主义。”③ 这种分析，在当时是完全切中要害的。不着重反对当时成为主要危险的王明“左”倾教条主义及其思想俘虏——经验主义，就不能实现把马列主义普遍真理同中国革命具体实践相结合的历史任务。而且在今天，继续强调反对教条主义（包括把马

① 《刘少奇选集》上卷，人民出版社 1981 年版，第 298 页。

② 《毛泽东选集》第 1 卷，人民出版社 1991 年版，第 213—214 页。

③ 《毛泽东选集》第 3 卷，人民出版社 1991 年版，第 819 页。

列主义教条化和把西方政治学说教条化）和经验主义，仍然具有十分重要的现实意义。这是坚持四项基本原则，坚持改革开放，建设有中国特色社会主义的思想保证。

但是，不能由此得出结论，说主观主义只有这两种形式，而没有其他表现形式。这样的理解，完全不符合客观实际，也不符合毛泽东思想的本义。

毛泽东说："延安整风的时候，集中反了教条主义，附带反了经验主义，二者都是主观主义。……现在是社会主义革命时期，也有主观主义。急躁冒进或保守，都是不按实际情况办事，都是主观主义。"① 这种分析是符合实际情况的。如果说教条主义和经验主义主要是在处理理论和实践关系问题上表现出来的主观主义（两个极端），那么，急躁冒进和保守主义，则主要是在主观能动性和客观规律关系问题上表现出来的主观主义（两个极端）。在客观规律和客观条件面前，消极悲观，无所作为，认为这也不可能，那也办不到，本来经过主观努力可以做到的事情也不去做，本来可以争取到的胜利也不去争取，这种落后于客观形势发展、坐失良机的保守思想，毫无疑问是使自己的主观指导脱离了客观实际，因此是主观主义。而无视客观规律，不顾客观条件，单凭主观愿望、热情、意志办事，超越客观可能性所允许的范围，勉强去做那些根本不可能做到的事情，也是主观主义。特别是这后一种形式的主观主义，在民主革命和社会主义革命与建设时期，给我们造成的损失尤其严重。因此我们党同它进行了长期的斗争。例如，早在1928年，毛泽东就批评过那种"分兵冒进"、"不顾主观力量的可能"的主观主义②。1930年，他又指出："犯着革命急性病的同志们不切当地看大了革命的主观力量，而看小了反革命力量。这种估量，多半是从主观主义出发。其结果，无疑地是要走上盲动主义的道路。"③ 1936年，毛泽东在批判王明"左"倾冒险主义军事路线时指出，他们不顾敌强我弱的客观事实，主张："以一当十，以十当百"，"全线出击"，"夺取中心城市"，"两个拳头打人"；敌人进攻时，对付的办法是"御敌于国门之外"，"不

① 《毛泽东选集》第5卷，人民出版社1977年版，第94—95页。
② 《毛泽东选集》第1卷，人民出版社1991年版，第58页。
③ 《毛泽东选集》第1卷，人民出版社1991年版，第99页。

打烂坛坛罐罐”，“不丧失寸土”，“六路分兵”，是“革命道路和殖民地道路的决战”，等等，等等。毛泽东说：“无疑地，这全部的理论和实际都是错了的。这是主观主义。”① 在白区工作中，王明等人同样推行一条冒险主义路线。他们在敌我力量十分悬殊的情况下，反对一切必要的退却与防御。刘少奇在《关于过去白区工作给中央的一封信》中说：这些人“在斗争中总是不估计当时、当地力量的对比”，“只是盲目的要‘斗争’！‘斗争！’”，而且“有一套机械的观念——小斗争发展成大斗争，大斗争发展成暴动”。他们甚至可笑到这种地步：不管在什么条件下，只要是纪念节，就同敌人作战。刘少奇说：“纪念节在过去几乎成了我党冒险主义‘教徒’的‘礼拜日’。在这一天，照例要发宣言、发传单、出特刊、关车、罢工，到马路上示威、喊口号、开会等。在严重白色恐怖下不管当时的条件和环境，不管自己的力量和群众的情绪，不管敌人的戒备和阴谋，我们是照例要做这些事的。甚至完全没有群众，仅仅只有我们的干部，也要到马路上喊口号、散传单、打石头——示威。……他们认为这是‘礼拜日’，不管天晴落雨总是要作‘礼拜’的。结果在这些纪念节的损失，是难以计算的。”② 这就充分表明了王明一伙人在思想路线上完全是主观主义的。新中国建立以后，我们在经济建设中所犯的“左”倾错误，例如高指标、瞎指挥、浮夸风、“共产风”等等，从思想根源上说，也是急躁冒进的错误，如《关于建国以来党的若干历史问题的决议》所说，“夸大主观意志和主观努力的作用”，使我们的思想和行动脱离了中国国情的客观实际，因而受到自然规律和经济规律的惩罚。鉴于历史的经验和教训，我们在现代化建设和改革开放的实践中，一定要把主观能动性和客观规律性很好地统一起来，发扬根据和符合于客观实际的自觉能动性，既反对否认主观努力、无所作为的消极保守思想，也反对夸大主观努力作用、乱撞乱碰的鲁莽思想，反对任何一种形式的主观主义。这是指导我国社会主义建设事业的一条重要经验，也是保证当前大好形势继续发展、搞好改革开放、胜利实现党的十二大确定的发展国民经济战略目标的一个基本条件。

以上所说，是主观主义的基本表现形式。这些基本形式在实际工作

---

① 《毛泽东选集》第1卷，人民出版社1991年版，第205—206页。

② 《刘少奇选集》上卷，人民出版社1981年版，第26页。

中又往往表现为许多更为具体的形式。例如：对上级指示“不根据实际情况进行讨论和审察，一味盲目执行”，这种形式主义的思想和作风，就是教条主义思想在领导方法上的一种表现。又例如：在运用典型经验指导面上工作的时候，不区别其中的普遍性意义和特殊表现形式，简单照搬照套，不许“走样”，不许“掺假”，不许有任何创造性，这就是经验主义的一种具体表现。再例如：既不认真学习党的方针政策，又不注意对实际情况的调查研究，往往单凭热情，把感想当政策，这是唯意志倾向在实际工作中的表现，如此等等。总之，我们同主观主义作斗争，也必须从实际出发，有什么样的主观主义就反对什么样的主观主义，不放过任何一种形式的主观主义，更不可因为反对一种形式的主观主义而跳到另一种形式的主观主义。

（三）主观主义产生的根源

主观主义之所以“扫了又发生”，需要我们同它进行长期的斗争，是因为主观主义的产生有着深刻的社会历史根源和认识根源。只有充分揭露这些根源，才能采取切实有效的措施，防止和克服主观主义。

1. 从社会历史根源说

人们的立场、观点、方法是统一的。在阶级社会和有阶级存在的社会里，人们的思想方法不能不受到他们的经济地位、政治立场和社会传统势力的制约和影响。腐朽没落阶级反动的政治立场和唯心主义世界观，决定他们的思想方法不能不是彻头彻尾的主观主义。即使在一定历史阶段上有某种进步作用的剥削阶级，由于他们阶级私利的限制，也不可避免地要常常犯主观主义的错误。这里的道理是极其显然的，无须多论。现在需要研究的是，在党内和人民内部产生主观主义的社会历史根源是什么。

在民主革命时期，毛泽东指出：我们“党的组织基础的最大部分是由农民和其他小资产阶级出身的成分所构成的”①，“小资产阶级革命分子的狂热性和片面性，如果不加以节制，不加以改造，就很容易产生主观主义、宗派主义”②。因为小资产阶级在经济地位上是小私有者，在

---

① 《毛泽东选集》第1卷，人民出版社1991年版，第85页。

② 《毛泽东选集》第3卷，人民出版社1991年版，第833页。

政治上有革命性和动摇性两个方面，因而容易忽“左”忽右，在思想方法上便表现出片面性、绝对化，好走极端多；又由于其生产规模的狭小，限制了自己的眼界，往往“沾沾自喜于一得之功和一孔之见”，便容易犯经验主义的错误。毛泽东又说：“知识分子在其未和群众的革命斗争打成一片，在其未下决心为群众利益服务并与群众相结合的时候，往往带有主观主义和个人主义的倾向，他们的思想往往是空虚的，他们的行动往往是动摇的。”① 这些人在思想方法上往往片面强调书本知识的作用而轻视实践的作用，而导致教条主义错误。

在社会主义改造完成以后，剥削阶级已经被消灭，小生产得到了改造，知识分子的政治面貌也发生了根本变化。但是，这并不意味着产生主观主义的社会历史根源已经不再存在。特别是像我们这样一个原来曾经是半殖民地半封建的国家，封建主义和小生产思想源远流长，资产阶级思想也有相当广泛的影响，这些非无产阶级思想传统在一个很长的时间内都会在我国社会生活的各个方面继续起作用，成为滋生主观主义的土壤和温床。例如，我国领导体制方面存在的种种弊端——官僚主义、权力过分集中、家长制、干部领导职务的终身制等等，都“同我国历史上封建专制主义的影响有关”②。由封建主义影响所带来的这些领导体制上的弊端，必然在领导机关、领导人员中产生脱离实际、脱离群众、脱离集体领导的主观主义。又例如，在我国，资产阶级虽然作为一个阶级已经被消灭，但是，资产阶级思想的影响仍将长期存在，特别是随着对外交往的扩大，国外资产阶级世界观、人生观、价值观必然会通过各种渠道传入国内，使一些立场不坚定的人成为资产阶级思想的俘虏，自觉不自觉地用资产阶级世界观观察我国政治生活和社会生活，这样，他们在思想方法上就不能不陷入主观主义的错误。目前，一些人主张“全盘西化”、搞资产阶级自由化，就是一个有力的证明。至于个人主义思想，在本质上是私有制的产物，在社会主义初级阶段也将会长期存在。而个人主义又同主观主义之间有着不解之缘。个人主义思想对待人和事，就会自以为是，甚至弄虚作假，不可能如实反映客观事物的本来面貌；就会“一叶障目，不见泰山”，看不到事物的全

---

① 《毛泽东选集》第2卷，人民出版社1991年版，第641—642页。

② 《邓小平文选》第2卷，人民出版社1994年版，第329页。

貌；就会惧怕艰苦，贪图安逸，不肯真正深入实际进行调查研究；就会一切以个人利益为转移，不可能自觉地坚持真理、修正错误。至于小团体主义、本位主义，不过是放大了的个人主义，其思想方法都必然是主观主义的。“无私才能无畏”，私字当头，是不可能有大无畏的彻底唯物主义态度的。

2. 主观主义的产生，还有认识论上的根源

毛泽东说：“主观主义永远都会有，一万年，一万万年，只要人类不毁灭，总是有的。”① 原因就在于，主观主义的发生不但有社会历史的根源，而且有认识论上的根源。

思想方法上的片面性、绝对化，是产生主观主义的最重要的认识论根源。从认识过程来说，感性认识和理性认识是统一的，不可分割的。“理性认识依赖于感性认识，感性认识有待于发展到理性认识，这就是辩证唯物论的认识论。”② 如果片面认为，“只有理性靠得住，而感觉的经验是靠不住的”，便会导致教条主义；反过来，如果片面认为，“只有感性认识可靠，而理性认识是靠不住的”，便会导致经验主义。二者都只看到片面，没有看到全面，从不同的两个极端将统一的两个认识过程形而上学地加以割裂，殊途而同归，一起陷入主观主义。从客观事物本身来说，物质世界是充满矛盾、普遍联系、永恒运动的过程。“要真正地认识事物，就必须把握住、研究清楚它的一切方面、一切联系和‘中介’。”③ 而片面看问题的人，只见其一、不见其二，只见树木、不见森林，只见静止、不见运动，把事物的一个方面、一个部分或者外部表现，夸大为事物的全体、事物的本质。这样也就必然歪曲事物的本来面目，使自己的主观脱离了客观。比如分析形势，只看到成绩和顺利的一面，看不到问题和困难的一面，便会头脑发热，忘乎所以，犯急躁冒进的“左”倾错误；只看到问题和困难的一面，看不到成绩和顺利的一面，便会悲观失望，丧失信心，犯消极保守的右倾错误。二者都是片面的，主观主义的。

---

① 《毛泽东文集》第7卷，人民出版社1999年版，第90页。

② 《毛泽东选集》第1卷，人民出版社1991年版，第290、291页。

③ 《列宁选集》第4卷，人民出版社1995年版，第419页。

（四）克服主观主义的方法

毛泽东哲学思想不但揭露了主观主义实质、表现和根源，而且系统地提出了防止和克服主观主义的方法。

（1）“我们要反对主观主义，就要宣传唯物主义，就要宣传辩证法。”① 没有科学的辩证唯物主义和历史唯物主义世界观，不可能有彻底的实事求是的科学的思想方法。以反对主观主义为中心内容的延安整风运动所以收到巨大成效，根本原因就在于它“是一个普遍的马克思主义教育运动”，不是就事论事，不是仅仅在枝节上解决问题，而是从根本上解决问题，即把主观主义形形色色的具体表现提到世界观的高度，指出其唯心主义和形而上学本质，从而使广大干部真正从认识论上吸取教训，自觉学习唯物主义和辩证法，用以分析和处理各种实际问题。强调这一点，在今天仍然有重要的现实意义。现在有些人发议论往往只看现象、不看本质，理论和实践都没有根底，针对这种情况，邓小平曾经指出：“现在我们的干部中许多人不懂哲学，很需要从思想方法、工作方法上提高一步。”② 在建设有中国特色社会主义的实践中，我们需要学习的东西很多，要学习自然科学、社会科学、管理科学等等，但是，对所有从事各行各业的人们来说，学习马克思主义哲学则是共同的任务，只有学好哲学，搞通思想方法，才能真正同中央在政治上保持一致，坚持以经济建设为中心，坚持四项基本原则，坚持改革开放，才能做好各项实际工作。

（2）“在全党推行调查研究的计划，是转变党的作风的基础一环。”③ 只有对实际情况作周密系统的调查研究，才能克服本本主义、形式主义，把理论同实践结合起来，把上级指示同本单位的实际结合起来；才能克服自以为是、想当然，做到情况明、决心大、方法对，把革命热情和科学态度结合起来；才能克服简单化、“一刀切”，做到具体问题具体分析；才能克服思想僵化，不断发现新问题、研究新问题，使自己的思想适应变化了的新情况。毛泽东说：“今天需要我们调查，将来

---

① 《毛泽东选集》第3卷，人民出版社1991年版，第827页。

② 《邓小平文选》第2卷，人民出版社1994年版，第303页。

③ 《毛泽东选集》第3卷，人民出版社1991年版，第802页。

我们的儿子、孙子，也要作调查，然后，才能不断地认识新的事物，获得新的知识。”① 在我们今天的改革和建设中，在这场极其复杂的、群众性的探索和创新的事业中，我们要避免主观主义，少犯错误，不犯大的原则性错误，不发生大的折腾，尤其必须时时处处注意对实际情况的调查，向实际学习，向群众学习，用我们自己的实践经验回答我们在实践中遇到的种种新问题。

（3）坚持群众路线和民主集中制。马克思主义认识论与党的群众路线是统一的。实践是认识的基础，而实践的主体是群众。群众的实践极为丰富、生动；任何个人的实践，相比之下，总是比较狭隘、比较片面、比较有限。因此，对于领导机关和领导人员来说，坚持马克思主义认识论，必须坚持“从群众中来，到群众中去”的群众路线，依靠群众的经验和智慧，克服领导者个人在实践和认识上的局限性。如果不尊重群众在实践中的创造，不倾听群众实践的呼声，只是少数人关起门来出主意、想办法，是肯定出不了什么好主意、好办法的，是一定要犯主观主义错误的。毛泽东说：“凡属正确的任务、政策和工作作风，都是和当时当地的群众要求相适合，都是联系群众的；凡属错误的任务、政策和工作作风，都是和当时当地的群众要求不相适合，都是脱离群众的。教条主义、经验主义、命令主义、尾巴主义、宗派主义、官僚主义、骄傲自大的工作态度等项弊病之所以一定不好，一定要不得，如果什么人有了这类弊病一定要改正，就是因为它们脱离群众。”②

民主集中制和集体领导原则，是党的群众路线在党的组织、领导集体内部的运用和贯彻。实行民主集中制，依靠党的组织和领导一班人的集体智慧，对重大问题进行集体讨论，共同作出决定，这是防止主观主义、实现正确领导的组织保证。毛泽东说：“只有依靠集体的政治经验和集体的智慧，才能保证党和国家的正确领导，保证党的队伍的不可动摇的团结一致。”③ 因此，必须反对脱离集体领导的个人专断、家长制、一言堂，必须进行领导体制和干部制度的改革，加强民主与法制建设，克服权力过分集中的弊端，从思想上、制度上保证党的实事求是思想路

---

① 《毛泽东农村调查文集》，人民出版社 1982 年版，第 21 页。

② 《毛泽东选集》第 3 卷，人民出版社 1991 年版，第 1095 页。

③ 《毛泽东选集》第 5 卷，人民出版社 1977 年版，第 96 页。

线的贯彻。

（4）增强党性，树立全心全意为人民服务的思想。没有正确的立场，不可能有正确的思想方法。阶级性、党性和科学性是完全一致的。一切闹名誉、闹地位、追权逐利的个人主义者，一切为了局部利益而损害整体利益的小团体主义者、宗派主义者，都不可能按照科学态度办事，都不可能做老实人、说老实话、办老实事。只有大公无私，全心全意为人民服务，一切从人民的利益出发，一切对人民负责的人，即“没有对职位、牟利，对上司的恩典，没有任何考虑”（恩格斯语）的人，才能敢于实事求是，一切从实际出发，才能敢于随时准备坚持真理、随时准备修正错误。因此，树立全心全意为人民服务的思想，克服形形色色个人主义和宗派思想，是克服主观主义的思想前提和思想保证。

从上面的初步归纳，我们可以看到，毛泽东哲学思想关于反对主观主义的理论，内容极为丰富、深刻和系统，是我们党长期历史经验的科学总结，在今天仍然是我们同主观主义进行斗争的锐利武器。在对社会主义的“再认识”中，在社会主义改革的实践中，在全面开创社会主义现代化建设的斗争中，认真学习这一科学理论，必将极大地增强我们识别和克服形形色色主观主义的能力，提高我们坚持党的实事求是思想路线的自觉性。

三、毛泽东哲学思想关于社会主义社会人民内部矛盾的学说

人民内部矛盾学说的创立，是我党对马克思主义理论宝库的一个重大贡献。它以崭新的思想内容丰富了唯物辩证法和科学社会主义理论，是我们进行社会主义改革和建设的强大思想武器。

毛泽东是这一学说的主要创立者和阐发者，他的《关于正确处理人民内部矛盾的问题》是这一学说最主要的代表作。同时，我党其他许多老一辈革命家对这一学说的形成、丰富和发展，也都做出了重大贡献。它是全党多年来在实践中不断总结经验和进行理论探索的一个科学成果，是全党集体智慧的结晶。

下面，我根据个人学习的初步体会，讲两个问题：一是人民内部矛盾思想的提出；二是人民内部矛盾学说的形成和基本思想。

(一) 人民内部矛盾思想的提出

早在正式提出人民内部矛盾这个概念以前，在国际共产主义运动和中国共产党内部，实际上已经在经常处理各种各样的人民内部矛盾问题。马克思、恩格斯、列宁、斯大林在他们的许多著作中都谈到如何处理党内矛盾，领导与群众的矛盾，工农之间的矛盾，统一战线内部各阶级、阶层之间的矛盾等等，并论述了社会主义和共产主义社会城乡之间、工农之间、体力劳动和脑力劳动之间的矛盾及其解决的途径。所有这些，都为我党创立人民内部矛盾学说提供了正确的指导思想、丰富的历史经验和理论资料。

在我们党的历史上，自从 1927 年在南方建立革命军队和革命根据地开始，特别是在抗日战争时期的抗日根据地里，如何处理党群关系、军民关系、官兵关系、几部分军队之间的关系，几部分干部之间的关系以及其他人民内部关系，都积累了丰富的历史经验。在 1942 年延安整风运动中，我们把解决党内是非矛盾的方法明确地概括为一个公式，叫“团结—批评—团结”的方法，或者说“惩前毖后，治病救人”的方法，从而使得用民主的方法解决人民内部矛盾建立在更加自觉的基础之上。新中国成立前夕，在我们党的许多文件和党的许多负责人的讲话里，又进一步要求在全社会范围内普遍实行用民主的方法解决各种人民内部的是非矛盾。1949 年 6 月，毛泽东在《论人民民主专政》一文中说：“对人民内部的民主方面和对反动派的专政方面，互相结合起来，就是人民民主专政”，解决人民内部的问题，“使用的方法，是民主的即说服的方法，而不是强迫的方法。”①

1950 年 6 月，毛泽东在全国政协一届二次会议上的讲话中再一次强调，对于人民只能“用民主的方法向他们进行教育和说服工作。这种教育工作是人民内部的自我教育工作，批评和自我批评的方法就是自我教育的基本方法。”②

明确提出人民内部矛盾这个概念并且对这个问题从理论上加以论证，是在新中国成立以后。1951 年 5、6 月间，刘少奇在《国营工厂内

① 《毛泽东著作选读》下册，人民出版社 1986 年版，第 682、683 页。

② 《毛泽东文集》第 6 卷，人民出版社 1999 年版，第 81—82 页。

部的矛盾和工会的基本任务》一文中，在这方面作了初步的论述。当时党内发生一场争论：国营工厂内部是否存在矛盾？1950年7月，当时任中共中央中南局第三书记的邓子恢《在中南总工会筹委扩大会上的报告》中，针对当时有些国营工厂的工会在处理工人群众与行政管理人员之间矛盾问题上脱离群众的现象，提出了工会工作者的立场问题，认为工会工作者同企业行政管理人员的基本立场是一致的，但彼此岗位不同，因而具体立场也应该有所不同。在厂方与工人利益完全一致的时候，当然彼此和谐合作；如果厂方某些规定、措施对工人不利时，则工会必须根据工人的意见，同厂方商量修改。同样，工会与政府人员立场基本上是一致的，但应该估计到，在政府人员中不可避免地会发生主观主义与官僚主义的毛病。因此，工会工作者与政府人员的阶级立场是一致的，同时又应该有所区别，这样，工会才为工人所需要，才有群众基础，也才能发挥其作用。文章发表后，当时任中共中央东北局第一书记的高岗表示不同意邓文的观点，1951年4月，他组织人写了一篇《论公营企业中行政与工会立场的一致性》一文，上送党中央、毛泽东。文中指出，邓文模糊了工人阶级的领导思想及其在国家政权中的领导地位，模糊了国营企业的社会主义性质，认为，在国营企业中没有阶级矛盾，工人与管理机关只有利益上的一致性，工会与行政在一切问题上都必须立场“完全一致”，不应该有任何不同。争论是尖锐的。当时，刘少奇在中央分工主管工会工作，又是中华全国总工会的名誉主席，为了使问题妥善解决，他建议高文暂不发表，留待即将召开的七届四中全会上加以讨论（后因全会改期，问题被搁置起来）。为此，他详细研究了双方的观点，在1951年5、6月间写下了一篇长达8000多字的《读邓子恢和高岗两篇文章的笔记》，这就是收入《刘少奇选集》下卷中的《国营工厂内部的矛盾和工会工作的基本任务》一文。这篇“笔记”不但肯定了邓子恢关于工会工作的正确意见，而且从哲学高度分析了双方争论的实质，提出和初步阐发了关于社会主义社会人民内部矛盾的思想。这些思想主要有：

第一，从矛盾普遍性的理论高度，论证了国营工厂内部仍然存在着矛盾。他说：“一切事物的构成都是矛盾的构成”[①]。当工厂为资本家所

---

① 《刘少奇选集》下卷，人民出版社1985年版，第93页。

占有的时候，在工厂内部人与人的关系是劳资之间的阶级矛盾关系，当工厂收归国有之后，国营工厂内部便不再存在阶级对抗和剥削的关系，工厂管理机关与工人们的关系就从根本上变为一种同志的关系。但是，既然一切事物的构成都是矛盾的构成，“国营工厂的内部结构当然也是矛盾的结构。”① 其中的基本矛盾“就是国营工厂管理机关与工人群众之间的矛盾，就是国营工厂内部的公私矛盾”，这是“一种不容否认的、客观存在的、真正的矛盾，是在长期内要我们来认真地加以调整和处理的矛盾。”② 这个论断以彻底辩证法的思想，科学地回答了已经建立起社会主义经济制度的国营工厂内部是否存在矛盾的争论，对国际共产主义运动中长期流行的传统观点，即认为社会主义社会只有政治上和道义上的一致而没有矛盾的观点来说，这种见解显然也是一个重大的突破。虽然这里只是就国营工厂这个范围来谈的，但是，其研究问题的方法，无疑具有普遍的意义，可以说，它为人们全面研究社会主义社会矛盾问题打开了一条新鲜的思路，在新的历史条件下恢复和发展了列宁关于“在社会主义下，对抗消灭了，矛盾存在着”的科学思想。

第二，创造性地提出了人民内部矛盾的概念。他指出，国营工厂内部的这种矛盾和关系“是工人阶级和人民内部的矛盾和关系”③。这种矛盾的性质和特点“与资本家工厂中阶级对抗完全不同，它是一种在根本上非敌对的、可以和解也应该调和的矛盾”④。在马克思主义发展史上，经典作家们虽然经常谈到诸如党内矛盾、工农矛盾、体力劳动者与脑力劳动者的矛盾等等，但是，像刘少奇这样把这些矛盾上升为一个普遍性概念——人民内部的矛盾，并且对这种矛盾的性质和特点、它的内涵作出如此准确的揭示，显然是极富新意的，这里所说的根本上非敌对、可以和解、可以调和的矛盾，当然不能理解为排除任何斗争的意思，只是说这种矛盾不同于阶级对抗那样一种矛盾，是“在整个的或基本的利益相同的前提之下，又有个别的或部分的利益矛盾”⑤，因而可

① 《刘少奇选集》下卷，人民出版社 1985 年版，第 93 页。
② 《刘少奇选集》下卷，人民出版社 1985 年版，第 93 页。
③ 《刘少奇选集》下卷，人民出版社 1985 年版，第 94 页。
④ 《刘少奇选集》下卷，人民出版社 1985 年版，第 93 页。
⑤ 《刘少奇选集》下卷，人民出版社 1985 年版，第 96 页。

以通过调整和兼顾双方的利益而使矛盾得到解决。这就是后来毛泽东所说的，人民内部矛盾，一般地说，不具有对抗的性质。

第三，作出了关于两类不同性质社会矛盾的理论概括。在分析了国营工厂内部矛盾的性质和特点以后，刘少奇又进一步作出了这样的概括："矛盾大体上可以分为两类：一类是在根本上敌对的不能和解的矛盾；另一类是在根本上非敌对的可以和解的矛盾。"① "例如，国营工厂管理机关与工人群众个别部分之间的矛盾，就是属于后一类矛盾。"②从引文中我们可以看到，在这里，刘少奇关于两类不同性质矛盾的思想已经不限于工厂的范围，而是在更广大的范围内，在整个社会范围内的一种概括，而国营工厂内部的矛盾不过是作为后一类矛盾的实例而已。早在1949年7月4日，他在《中国新民主主义的国家性质和政权性质》的报告中，就提出了"外部矛盾"与"内部矛盾"的概念。他说，所谓外部矛盾，就是人民民主专政"与帝国主义、封建主义、官僚资本主义及国民党残余势力的矛盾"；所谓内部矛盾，就是"人民民主专政内部各阶级同各党派间的矛盾"。这是刘少奇在新中国成立前夕关于两类不同性质矛盾的最初用语，而现在的提法则是这种思想的进一步发展，是一种更加具有普遍意义的哲学概念，为我党形成完整、系统的两类矛盾学说开了先河，作出了贡献。

第四，提出解决人民内部矛盾有"两种相反的立场"，两种相反的"方针和政策"。一种是人民的敌人、反革命分子，他们站在反人民的立场上，"利用矛盾的斗争性及双方的一切弱点，进行挑拨，来推动与促进这个矛盾的斗争和破裂，以达到他们反革命的破坏的目的"③。另一种是工人阶级和人民中的觉悟分子、共产党人，他们站在工人阶级和人民的立场上，"利用矛盾的统一性及双方的一切优点，来推动和促进这个矛盾的和解和妥协（经过适当的斗争）以达到双方团结一致，共同努力进行生产的目的"④。这种区分，在理论上和实践上都有重大的意义。按照刘少奇的观点，正确处理人民内部矛盾，首先，必须站在工人阶级

① 《刘少奇选集》下卷，人民出版社1985年版，第94页。
② 《刘少奇选集》下卷，人民出版社1985年版，第94页。
③ 《刘少奇选集》下卷，人民出版社1985年版，第94页。
④ 《刘少奇选集》下卷，人民出版社1985年版，第94页。

和人民的立场上，“利用矛盾的统一性和双方的一切优点”。这种统一性，就是人民内部在根本利益上的一致性，以及矛盾双方符合这一根本利益的各种优点。这是人民内部矛盾得以正确解决的基本前提，忘记了或者违背了这个基本前提，就必然破坏人民内部团结的基础。其次，在处理人民内部局部和暂时利益的矛盾上，要采取“和解和妥协”的方针。所谓“和解和妥协”，就是说，必须兼顾矛盾各方的利益，不能采取牺牲、剥夺一方利益而满足另一方利益的办法。他说：“毛泽东同志提出的在国营工厂中实行公私兼顾的方针，正是这样一种方针。”① 再次，“和解和妥协”需要“经过适当的斗争”。也就是说，和解和妥协是有原则的，而不是无原则的。当整体利益同个人、局部利益发生冲突时，“后一种利益是要服从前一种利益的”②。这就需要通过物质利益的调整和思想上的批评教育使矛盾得到正确的解决。最后，在处理人民内部矛盾的过程中，要防止敌人利用我们内部的矛盾进行挑拨离间、制造事端，破坏人民内部的团结。这一点，不但在新中国成立初期十分重要，即使在今天剥削阶级已经基本消灭、但阶级斗争仍将长期存在的情况下，仍然是不能忽视的。这已为国内外长期经验所证明。因此，坚持正确处理人民内部矛盾的方针，不但要防止和克服来自革命队伍内部的各种错误，而且要防止和揭露来自敌人方面的干扰和破坏。

第五，关于防止人民内部矛盾激化的思想。刘少奇非常尖锐地预见到，在人民内部“是可能发生磨擦、冲突的，甚至可能发生工人罢工、怠工等事件”③。他并且从哲学上对发生这种情况的原因作了分析。他说：“任何矛盾的合作和和解都是相互的、有条件的，而促进矛盾的斗争则是只要一方面就可以的，是无条件的、绝对的”④。因此，“如果任何一方面处理不当，也可以发生一时的敌对现象”⑤。这就是说，正确处理人民内部矛盾，需要矛盾双方的共同努力。就国营工厂来说，如果

---

① 《刘少奇选集》下卷，人民出版社 1985 年版，第 94—95 页。
② 《刘少奇选集》下卷，人民出版社 1985 年版，第 96 页。
③ 《刘少奇选集》下卷，人民出版社 1985 年版，第 95 页。
④ 《刘少奇选集》下卷，人民出版社 1985 年版，第 96 页。
⑤ 《刘少奇选集》下卷，人民出版社 1985 年版，第 95 页。

行政管理人员与工人发生了冲突，就要实事求是地妥善加以解决，“一方面满足群众合理的可以满足的要求，另一方面在政治上说服工人群众”①，忽视任何一个方面，矛盾都不可能得到正确解决。他还进一步指出，如果在这种冲突中有敌人插手，“有人接受了反革命分子和破坏分子的挑拨”，这种冲突“就可能发展到严重的程度”②。因此，在处理人民内部矛盾过程中不可以忽视对敌人破坏的警惕性。一旦发现这种情形，就要坚决予以揭露和打击。刘少奇的这些思想，在今天无疑仍然具有现实的意义。

（二）人民内部矛盾学说的完整形成和基本思想

从刘少奇的上述论述，我们可以看到，我党关于社会主义社会人民内部矛盾的思想雏形已经提出来了。但这毕竟是初步的，而且主要是就国营工厂这个范围来提问题的，还不是把它作为社会主义社会中的一个全面性的问题来加以论述。

逻辑总是同历史相一致的。在我国，由于民主革命的胜利，剥夺了官僚资产阶级而建立起国营工厂，于是，社会主义经济制度首先在这里建立起来，人民内部矛盾也便首先在这里变得突出起来。随着生产资料资本主义私有制社会主义改造的基本完成，社会主义经济制度在全国范围内普遍建立起来，人民内部矛盾也就成为全社会范围内突出的问题了。于是，人们的认识也就逐步地有了发展。1956 年 4 月 25 日，毛泽东《论十大关系》的讲话，有许多内容都涉及到人民内部矛盾问题。1956 年 12 月 4 日，毛泽东致黄炎培先生的信中进一步明确指出：“我们国家内部的阶级矛盾已经基本上解决了。……但是人民内部的问题仍将层出不穷”。③

国际共产主义运动中发生的问题也促进了我们党对人民内部矛盾的研究和思考。1956 年苏共二十大批判斯大林以后，在国际共产主义运动中引起极大的思想混乱和激烈动荡，特别是在波兰和匈牙利发生了全国性动乱。我们党密切注视这个动向，1956 年 12 月 29 日《人民日报》

① 《刘少奇选集》下卷，人民出版社 1985 年版，第 95 页。

② 《刘少奇选集》下卷，人民出版社 1985 年版，第 95 页。

③ 《毛泽东书信选集》，人民出版社 1983 年版，第 514—515 页。

编辑部根据中共中央政治局扩大会议的讨论，写成《再论无产阶级专政的历史经验》一文，从国际范围的角度提出："在我们面前有两种性质不同的矛盾"：第一种是敌我之间的矛盾，即帝国主义阵营和社会主义阵营之间，帝国主义同全世界人民和被压迫民族之间，帝国主义国家内部资产阶级同无产阶级之间的矛盾等等，这是根本的矛盾，它的基础是敌对阶级之间的利害冲突。第二种是人民内部的矛盾，即这部分人民和那一部分人民之间、共产党内这一部分同志和那一部分同志之间、社会主义国家的政府和人民之间、社会主义国家相互之间、共产党和共产党之间的矛盾等等。这是非根本的矛盾，它的发生不是由于阶级利害的根本冲突，而是由于正确意见和错误意见的矛盾，或者由于局部利害的矛盾。人民内部的矛盾可以而且应该从团结的愿望出发，经过批评或者斗争获得解决，从而在新的条件下得到新的团结。

1956 年冬到 1957 年春，国际共产主义运动中的动荡波及到国内，在一些人中引起许多思想混乱；加之我国社会主义制度刚刚建立，新的社会矛盾不断产生，如分配问题、生活待遇问题、住房问题、物价问题、学生升学问题、就业问题以及国家机关中的官僚主义问题等等，矛盾很多，于是，这一期间连续发生了一些人闹事事件，大约有10000名工人罢工、10000名学生罢课。国际国内的这样一些情况，把如何正确处理敌我矛盾和人民内部矛盾的问题，鲜明地提到全党面前。正如毛泽东 1957 年 1 月 27 日《在省市自治区党委书记会议上的讲话》中所说："怎样处理社会主义社会的敌我矛盾和人民内部矛盾，这是一门科学，值得好好研究。"随后，在 1957 年 2 月 27 日，他作了《关于正确处理人民内部矛盾的问题》的重要讲话，对这个问题进行了全面、系统的阐述。这篇讲话是我党关于人民内部矛盾学说完整形成的主要标志。1957 年 4 月 27 日，刘少奇作了《如何处理人民内部矛盾》的讲话，进一步发挥了毛泽东的思想。

我党关于人民内部矛盾学说，大体上包括这样一些主要内容：

1. 运用对立统一规律观察社会主义社会，创立了关于社会主义社会两类不同性质矛盾的学说

毛泽东说："对立统一规律是宇宙的根本规律。这个规律，不论在自然界、人类社会和人们的思想中，都是普遍存在的。……但是，对于许多人说来，承认这个规律是一回事，应用这个规律去观察问题和处理

问题又是一回事。”[①] 这句话是有针对性的。

在国际上，斯大林在一个很长的时期里不承认社会主义社会还存在矛盾，不承认生产关系和生产力、上层建筑和经济基础之间还存在矛盾，认为二者之间完全适合。完全适合，当然就没有矛盾。只是到了晚年，在《苏联社会主义经济问题》一书中，他才吞吞吐吐承认这个矛盾，说如果政策不对，调节得不好，是要出问题的。可是仍然没有把这些矛盾当作全面性的问题提出来。因而也就不承认这种矛盾在人与人之间的表现，只是强调社会主义社会在政治上道义上的一致是社会主义社会发展的动力，没有看到这种一致只是相对的一致，一致当中存在矛盾，正是矛盾的存在和正确解决，才使这种一致得到保持和发展，从而推动着社会的进步。既然国内不存在矛盾，所以一旦发生了问题，就到国外去找原因。这是斯大林在辩证法问题上不彻底的一个很重要的表现。这种思想也影响到国际共产主义运动。毛泽东在莫斯科共产党和工人党代表会议上说：“有些人似乎以为，一进了共产党都是圣人，没有分歧，没有误会，不能分析，……好象一进了共产党，就要是百分之百的马克思主义才行。”[②] 因而发现谁犯了错误，就要一棍子打死，这就是不承认共产党内也存在矛盾。

在国内，许多人只承认国家的统一、人民的团结、国内各民族的团结是我们事业必定胜利的保证，而不承认社会主义社会还有矛盾，或者不敢承认社会主义社会还有矛盾，仿佛矛盾这个东西总不是个吉祥之物，因而在矛盾面前缩手缩脚，处于被动地位，不懂得只有在不断正确处理和解决矛盾的过程中，社会主义社会内部的统一和团结才能得到巩固和发展。

毛泽东把唯物辩证法特别是对立统一规律贯彻到底，运用于分析社会主义社会，指出：“社会主义社会也是对立统一的”，那种认为社会主义社会“没有矛盾的想法是不符合客观实际的天真的想法。”[③] 那种认为社会主义社会可以“找到”矛盾的想法也是不对的。他说：“不是什么找到或者找不到矛盾，而是充满着矛盾。没有一处不存在矛盾，没有

---

① 《毛泽东著作选读》下册，人民出版社 1986 年版，第 766 页。

② 《毛泽东文集》第 7 卷，人民出版社 1999 年版，第 331 页。

③ 《毛泽东著作选读》下册，人民出版社 1986 年版，第 757 页。

一个人是不可以加以分析的。”①

仅仅承认社会主义社会存在着矛盾，这是不够的，还需要运用矛盾特殊性的理论对这些矛盾进一步做具体分析，区别各种矛盾的不同性质。毛泽东说：“在我们的面前有两类社会矛盾，这就是敌我之间的矛盾和人民内部的矛盾。这是性质完全不同的两类矛盾。”② 对这两类矛盾的区别和在一定条件下的互相转化，对解决这两类矛盾的方针、方法，毛泽东进一步做了系统的论述，从而创立了完整的关于社会主义社会两类矛盾学说，极大地丰富了马克思主义哲学。

2. 对人民内部矛盾的内容、性质和人民内部矛盾在社会主义社会中的地位作了科学的论述

首先，对什么是人民、什么是敌人作了科学的界说。这两个概念是具体的、历史的概念，就是说，在不同的国家里和各个国家的不同的历史时期，内容是不同的。毛泽东在具体分析了我国抗日战争时期和解放战争时期人民和敌人所包含的内容和范围以后，明确指出：“在现阶段，在建设社会主义的时期，一切赞成、拥护和参加社会主义建设事业的阶级、阶层和社会集团，都属于人民的范围；一切反抗社会主义革命和敌视、破坏社会主义建设的社会势力和社会集团，都是人民的敌人。”③ 具体地说，社会主义时期人民内部矛盾包括：（1）人民内部各阶级、各阶层之间的矛盾以及各阶级和阶层内部人和人之间的矛盾；（2）人民政府同人民群众之间的矛盾，其中包括国家、集体、个人之间利益上的矛盾，民主与集中的矛盾，领导和被领导的矛盾，等等。（3）此外，还包括党与非党的矛盾，民族之间的矛盾，等等。

其次，论述了人民内部矛盾与敌我矛盾在性质上的不同。“敌我矛盾是对抗性的矛盾”，就是说，它们之间在根本利益上是对立的、互相冲突的，如同水火之不能相容，其中任何一方利益的实现，都必定以牺牲另一方利益为必要条件。人民内部矛盾的性质则与此不同。“一般地说，人民内部的矛盾，是在人民根本利益一致的基础上的矛盾。”也就是说，它们之间在根本利益上是一致的，存在着的只是局部和暂时利益

---

① 《毛泽东文集》第7卷，人民出版社1999年版，第331页。

② 《毛泽东著作选读》下册，人民出版社1986年版，第757页。

③ 《毛泽东著作选读》下册，人民出版社1986年版，第757—758页。

的矛盾，而这种矛盾按其本性来讲是互相依赖、互相渗透、互相转化的，其中任何一方利益的实现都可能促进另一方利益的实现，或者为另一方利益的实现准备必要的条件。然而，这种对抗和非对抗的区别是相对的，不是绝对的，二者之间没有不可逾越的鸿沟，在一定的条件下，比如"如果处理不适当，或者失去警觉，麻痹大意"，或者由于受到敌人的挑拨，人民内部矛盾也可以发生对抗的现象，尽管这只是局部和暂时的现象，但也是不可忽略的。

最后，论述了社会主义社会人民内部矛盾的地位。有人曾经提出问题：在社会主义社会，主要矛盾是什么？是敌我矛盾，还是人民内部矛盾？对于这个问题，刘少奇作了十分明确的回答。他说："中华人民共和国成立以前，中国人民与帝国主义、封建主义、官僚资本主义的矛盾是主要矛盾。中华人民共和国成立以后，特别是在土地改革以后，主要矛盾就转了，……变成无产阶级与资产阶级的矛盾。公私合营以后，无产阶级与资产阶级的矛盾也基本上解决了。……现在人民内部的矛盾已成为主要矛盾。"① 毛泽东也曾表达过类似的意思，1957 年 3 月，他在全国宣传工作会议上的讲话中说：现在有好些同志一定要讲是以人民内部的斗争为主，还是阶级斗争为主。他们的意思就是讲个阶级斗争为主才舒服一点，讲人民内部的斗争为主似乎就不大妙了。而我恰好要换个位。因此，他在《关于正确处理人民内部矛盾的问题》中强调地把人民内部矛盾作为"一个总题目"提出来。可是，这篇讲话在公开发表时，由于对当时形势作了过于严重的估计，加进了阶级斗争仍然很激烈、社会主义和资本主义谁胜谁负的问题还没有真正解决这样一些与原讲话精神不协调的内容。后来更逐步偏离了人民内部矛盾是主要矛盾的思想，提出"以阶级斗争为纲"，一直发展到"文化大革命"，造成全国性内乱。这个教训是很深刻的，说明基本理论上的失误在实践中会造成何等严重的后果。

3. 提出了解决人民内部矛盾的一系列正确方针和方法

首先，对于人民内部思想上的矛盾，是和非的矛盾，一定要通过民主的方法去解决。

这一点，是毛泽东反复加以强调的。他说："凡属于思想性质的问

---

① 《刘少奇选集》下卷，人民出版社 1985 年版，第 296 页。

题，凡属于人民内部争论的问题，只能用民主的方法去解决，只能用讨论的方法、批评的方法、说服教育的方法去解决，而不能用强制的方法、压服的方法去解决。”企图用行政命令的方法，用强制的方法去解决思想问题，是非问题，不但没有效力，而且十分有害。例如，我们不能用行政命令去消灭宗教，强迫人们不信教；不能强制人们放弃唯心主义，也不能强制人们相信马克思主义。在思想问题上采取强制的办法，其结果，错误的东西并没有真正克服，思想上并没有真正统一；而有时被认为是错误的东西反倒可能是正确的东西而受到打击和压制。这样，只能导致堵塞言路、窒息真理和思想僵化。毛泽东把解决人民内部思想问题的方法即民主的方法，讨论的方法，说服教育和疏导的方法，概括为一个公式，叫“团结—批评—团结”的方法，这是对国际共产主义运动和我们党正确处理人民内部矛盾历史经验的科学总结，是对马克思主义理论的一个重大贡献，在实践上有十分重大的指导意义。

用民主的方法解决人民内部思想上的矛盾，包括不包括政治思想上的是非矛盾呢？我想是应当包括的。所谓人民民主权利，首先应当是政治上的民主权利，即人民对于国家的大政方针有发言权、决策权、监督权和批评权。这是社会主义民主的主要标志。人民内部在政治立场根本一致的前提下，在坚持四项基本原则的基础上，对于政治生活中的某些问题总会有这样那样一些不同的看法，其中包括一些错误的看法。这完全是正常的现象。解决这些政治思想上的矛盾，必须采取“团结—批评—团结”的方法。事实上，毛泽东最初在延安提出这个公式的时候，直接的目的就是为了解决“教条主义者和广大党员群众之间的矛盾，教条主义思想和马克思主义思想之间的矛盾。”① 而大家知道，当时这个矛盾首先便是政治路线上的矛盾。邓小平也说：“在党内和人民内部的政治生活中，只能采取民主手段，不能采取压制、打击的手段。”② 可见，用民主的方法解决人民内部的思想矛盾，不但包括工作上、认识上、学术上的是非矛盾，而且也包括政治思想上的是非矛盾。只有牢固树立这个根本观点，才能造成生动活泼的政治局面，才能实现建立高度社会主义民主的战略目标。

---

① 《毛泽东著作选读》下册，人民出版社 1986 年版，第 763 页。

② 《邓小平文选》第 2 卷，人民出版社 1994 年版，第 144 页。

用民主的方法解决人民内部的是非矛盾，要不要坚持在真理面前人人平等的原则？这也是需要明确的一个问题。“有权就有理，权大真理多”，这种荒谬现象在我国曾经一度泛滥成灾。“在真理面前人人平等”的口号被说成是资产阶级口号而大张挞伐。其实，职务和权力的大小，属于政治范畴，而真理属于认识论范畴，二者之间并无必然联系。职务可以给人以权力，但是不能保证给人以智慧。“在真理面前人人平等”，它的本义无非是说，不论何人，职务高低也好，权力大小也好，他说的话是不是真理，都应当在实践面前得到检验，在探求真理的道路上，大家都应当进行自由的平等的讨论和磋商，不能以权势压人。毛泽东在处理一些学术争论问题时，就曾经表现得相当慎重。例如：上个世纪 50 年代我国学术界曾经就辩证法与形式逻辑的关系问题进行辩论。1958 年争论当中的一方周谷城写信给毛泽东，请他为即将出版的《形式逻辑与辩证法问题》一书写序。毛泽东在复信中说：“我对逻辑无多研究，不能有所论列，问题还在争论中，由我插一手，似乎也不适宜；作序的事，拟不应命”。又例如：1955 年底，一位苏联学者在与我方陪同人员的谈话中表示不同意毛泽东关于孙中山世界观的论点，当时有人认为这种谈论影响“我党负责同志的威信”，提出要向苏联方面反映。毛泽东在一封信中说：“这种自由谈论，不应当去禁止。这是对学术思想的不同意见，什么人都可以谈论，无所谓损害威信。”这些都表明，毛泽东是主张在人民内部进行自由探讨和平等讨论的。可惜，这种正确主张在他的晚年没有得到贯彻。我们应当把这个原则很好地恢复起来。

其次，对于人民内部物质利益上的矛盾，主要应当采取经济的手段去解决。

在一个很长的时间内，许多人对于人民内部矛盾存在一种简单化的理解，似乎人民内部矛盾就是人民内部的是非矛盾，因而解决人民内部矛盾的方法只是“团结—批评—团结”的方法，即民主的方法。

这种理解，既不符合毛泽东著作的本义，也不符合客观事实。

在《关于正确处理人民内部矛盾的问题》这篇讲话中，毛泽东除着重谈到人民内部是非矛盾以外，还谈到了人民内部许多其他方面的矛盾，特别是谈到人民内部物质利益上的矛盾。例如他说：“在国家同合作社之间，在合作社内部，在合作社同合作社相互之间，都有一些矛盾需要解决”，“我们必须经常注意从生产问题和分配问题上处理上述矛盾。”① 这里讲的就是人民内部物质利益的矛盾，并且强调要用经济的方法正确处理这些矛盾。刘少奇对于这个问题作了更为详细的论述，他在《如何正确处理人民内部矛盾》一文中指出：人民内部矛盾“大量地表现在分配问题上”。他举例说：农民说工人分多了；小学教员说青年工人分多了；你房子住多了，我没有房子，评你升了级，不评我升级，这都是分配问题，“建议同志们要好好研究这个分配问题。”②

解决人民内部物质利益的矛盾，首先和主要应当通过正确的经济手段，包括正确的经济政策和经济立法去加以解决。例如，对于城乡各阶层和国家、集体、个人利益上的矛盾，必须实行“统筹兼顾，适当安排”的方针，“不论只顾那一头，都是不利于社会主义，不利于无产阶级专政的。”③ 就国家和工人的关系来说，“我们历来提倡艰苦奋斗，反对把个人物质利益看得高于一切，同时我们也历来提倡关心群众生活，反对不关心群众痛痒的官僚主义。随着整个国民经济的发展，工资也需要适当调整。”④ 就国家和农民的关系来说，“工农业品的交换，我们是采取缩小剪刀差，等价交换或者近乎等价交换的政策”。不像苏联那样，“采取所谓义务交售制等项办法”，“把农民控得很苦”⑤。就国家和工厂的关系来说，“把什么东西都统统集中在中央或省市，不给工厂一点权力，一点机动的余地，一点利益，恐怕不妥”，“各生产单位都要有一个与统一性相联系的独立性，才会发展得更加活泼。”⑥ 就合作社和农民的关系来说，“公积金公益金也要有个控制，不能希望一年把好事都做完”，“除了遇到特大自然灾害以外，我们必须在增加农业生产的基础上，争取百分之九十的社员每年的收入比前一年有所增加，百分之十的社员的收入能够不增不减，如有减少，也要及早想办法加以解决。”⑦ 在个人消费品的分配上，必须实行“按劳取酬，公平合理”的原则。针

---

① 《毛泽东著作选读》下册，人民出版社 1986 年版，第 775 页。
② 《刘少奇选集》下卷，人民出版社 1985 年版，第 303 页。
③ 《毛泽东著作选读》下册，人民出版社 1986 年版，第 729 页。
④ 《毛泽东著作选读》下册，人民出版社 1986 年版，第 726 页。
⑤ 《毛泽东著作选读》下册，人民出版社 1986 年版，第 727—728 页。
⑥ 《毛泽东著作选读》下册，人民出版社 1986 年版，第 727 页。
⑦ 《毛泽东著作选读》下册，人民出版社 1986 年版，第 728—729 页。

对当时一些人都想在全民所有制中多分一点的思想，刘少奇说："如果是不应该分的你分多了，谁看了也反对。"① 他特别指出，在分配问题上，要防止和克服一部分领导干部特殊化作风和特权思想：有的人生活待遇太高、房子住得太好，有的人利用职权多记劳动日、多拿奖金、为亲属安排工作，等等，都严重脱离群众，引起群众不满。有的地方甚至"开始萌芽了一种等级制度"。他警告说："那些生活待遇上要求很高的人我看是危险的，将来会跌交子。"② 以上关于处理人民内部物质利益矛盾的思想、原则、方针、政策，尽管在当时还不够具体、完善，但是，在指导思想和方向上都是正确的。

当然，解决人民内部物质利益的矛盾，也需要进行必要的思想政治工作。因为物质利益的矛盾必然要在人们的思想上反映出来，有些人能够正确处理，有些人不能正确处理，于是产生认识上、思想上是与非的矛盾。比如，有的人为了个人和局部利益而损害他人、集体和国家的利益；有的人不讲条件，不计贡献，不论经济效益，在工资和奖金问题上一律向高的攀比；有的人借口全局利益而向所属单位、个人乱伸手、乱摊派，加重企业和农民不合理负担，等等。这种错误思想和行为，都应当通过切实的思想政治工作去加以解决，使人们正确认识国家和个人利益的关系，长远利益和目前利益的关系，全局利益和局部利益的关系，从而自觉地执行国家正确的经济政策。这说明，必要的思想政治工作和实行正确的经济政策，是相辅相成的。而前提和基础，是实行正确的经济政策。解决思想问题可以为解决物质利益问题创造必要条件，却不可能完全代替物质利益本身的解决。归根到底，人民内部物质利益的矛盾只能通过经济手段去解决。离开正确的经济政策，思想教育就没有判断是非的标准，从而也就不会发生任何效力。

再次，对于人民内部其他各种矛盾，也要具体问题具体分析，采取不同的方法去加以解决。

人民内部矛盾是一个复杂的矛盾系统，其中既有思想上是与非的矛盾，又有物质利益上得与失的矛盾，还有科学、艺术中不同流派和风格的矛盾，以及实际工作中许多具体的矛盾。因而解决这些各个特殊的矛

---

① 《刘少奇选集》下卷，人民出版社 1985 年版，第 304 页。

② 《刘少奇选集》下卷，人民出版社 1985 年版，第 305 页。

盾所应采取的方法也必然是多种多样的。在这里，没有一成不变的公式，没有包医百病的灵丹妙药，绝对需要的倒是其反面：具体问题具体分析。例如，在党与民主党派的关系上，实行“长期共存，互相监督”的方针；在科学文化工作中，实行“百花齐放，百家争鸣”的方针，如此等等。

特别应当指出，有些人民内部矛盾，由于产生的原因比较复杂，往往不是单靠某一种方法所能完全解决的，而应当通过多种方法综合加以解决。

例如，人民内部矛盾“大量地表现在人民群众同领导者之间的矛盾问题上。更确切地讲，是表现在领导上的官僚主义与人民群众的矛盾这个问题上。”① 所以大量表现在这个问题上，是因为，第一，许多重大的人民内部矛盾，像物质利益上国家、集体、个人的矛盾，政治上民主与集中、自由与纪律的矛盾，都直接表现为领导与群众的矛盾；第二，有些人民内部矛盾虽然并不直接表现为领导与群众的矛盾，像工人阶级的内部矛盾、农民阶级的内部矛盾、工农之间的矛盾、工农与知识分子的矛盾等。但是，这些矛盾都要通过我们的各级领导去加以调节和处理，如果处理不当，最终也会表现为领导与群众的矛盾。总之，在社会主义国家里，我们党是执政党，我们的各级干部在国家政治经济文化生活中处于领导者的地位，整个国家的一切胜利和成就固然都与我们的领导有关，而一切问题和失误也都与我们的领导有关，“社会上一切不合理的现象，一切没有办好的事情，领导上都有责任。人民会来责问我们国家、党、经济机关的领导人，而我们对这些问题应该负责任。”② 能否处理好这个矛盾，决定于我们能否有效地克服官僚主义。因为官僚主义脱离群众、脱离实际，使本来可以合理解决的人民内部矛盾也会尖锐起来；即使矛盾产生的原因不在领导方面，而是由于群众中间有的人有不合理要求，有错误思想，“领导上如果没有官僚主义，也可以而且应当解释清楚，矛盾就不会尖锐起来”③。那么，怎样才能克服官僚主义呢？由于官僚主义产生的原因比较复杂，就需要多方面地进行工作。首

① 《刘少奇选集》下卷，人民出版社 1985 年版，第 303 页。
② 《刘少奇选集》下卷，人民出版社 1985 年版，第 303 页。
③ 《刘少奇选集》下卷，人民出版社 1985 年版，第 303 页。

先，要加强思想教育，使各级领导干部牢固树立全心全意为人民服务的思想，抵制和肃清封建主义、资产阶级思想影响，克服某些人当官做老爷、以权谋私的不正之风和种种特权思想。其次，要努力消除产生官僚主义的土壤——领导体制上的种种弊端。邓小平说："我们过去发生的各种错误，固然与某些领导人的思想、作风有关，但是组织制度、工作制度方面的问题更重要。这些方面的制度好可以使坏人无法任意横行，制度不好可以使好人无法充分做好事，甚至会走向反面。"① 这就需要进行领导体制改革，消除权力过分集中、机构臃肿、人浮于事等弊端，并逐步健全领导干部的选聘制度、考核制度、监督制度、奖惩制度、罢免制度等等。再次，领导方法不科学也是产生官僚主义的一个原因。譬如有集体领导而无个人负责，大家都在那里画圈、搞公文旅行，具体事情无人负责，许多事情久拖不决，甚至拖得无影无踪；或者违背集体领导原则，个人决定重大问题，都是造成官僚主义的原因，所以邓小平说："克服官僚主义，……工作方法不改也不行。"总之，反对官僚主义也要综合治理，才能真正收到实效。

又例如，有些学术领域中比较复杂的是非问题，往往也不是单靠"团结—批评—团结"这样一种方法所能完全解决的。譬如有些学术上的分歧，常常是由于争论双方占有的材料都还不够充分，彼此在短时间内很难使对方信服。在这种情况下，单靠批评、争鸣、讨论，一味地打笔墨官司，是很难奏效的。这就需要人们继续进行实践和实验，更广泛地去搜集资料，作更深入的研究、探索、论证。毛泽东在《关于正确处理人民内部矛盾的问题》一文中说："艺术和科学中的是非问题，应当通过艺术界科学界的自由讨论去解决，通过艺术和科学的实践去解决。"② 这里讲的就是解决认识中是与非矛盾的两种方法——讨论的方法，实践的方法，而不是一种方法。现在，在基本粒子物理学、天体物理学、生命科学等许多学术领域，人们都有许多不同的看法，甚至是针锋相对的看法。这种认识上的矛盾显然是人民内部矛盾。解决这些矛盾当然需要经过学术批评、学术讨论，实行"双百"方针，但是，归根到底，这些矛盾最终还是要靠人们在新的实践、新的实验中通过更深入的研究去解决。

---

① 《邓小平文选》第 2 卷，人民出版社 1994 年版，第 333 页。

② 《毛泽东著作选读》下册，人民出版社 1986 年版，第 784 页。

总之，人民内部矛盾所包含的内容十分广泛，其中各种矛盾又都各有其特殊性和复杂性。面对这些复杂的矛盾，我们的头脑不能简单化、死板和僵化，而应当本着具体问题具体分析的原则，实事求是地、全面地和灵活地加以处理。

以上我们谈了人民内部矛盾思想的提出、人民内部矛盾学说的形成和人民内部矛盾学说的基本思想。应当说，这个思想和学说本身是非常正确的，尽管它也需要在实践中不断丰富和发展。但是，由于众所周知的原因，在这个学说提出后的 20 年间我们在实际工作中并没有很好贯彻，甚至发生了像“文化大革命”那样长时间的、全局性的混淆两类不同性质矛盾的严重错误。党的十一届三中全会以后，我们才全面地恢复了这一学说，在实践中平反了大量冤假错案，并把正确处理人民内部矛盾同实行政治体制、经济体制的改革结合起来，从而在理论上又对这一学说作了进一步的丰富和发展。《关于建国以来党的若干历史问题的决议》指出：“必须正确认识我国社会内部大量存在的不属于阶级斗争范围的各种社会矛盾，采取不同于阶级斗争的方法来正确地加以解决。”这是一个长期的历史任务。我们应当把它作为一个“总题目”，坚持下去做好这篇大文章。

学习毛泽东哲学思想*

重视并善于从哲学高度提出问题和解决问题，是毛泽东理论与实践活动的一个显著特点。在漫长的革命生涯中，毛泽东与哲学结下了不解之缘。他不但写下了一系列杰出的哲学著作，而且在他的政治、军事、经济、文化、外交等著作中也充满哲学的智慧。他的伟大英明，同他高深的哲学素养是分不开的。正是由于他的大力倡导，使马克思主义哲学成为指导中国革命与建设的伟大认识工具，“变为群众手里的尖锐武器”。我们学习毛泽东思想，应当着重学习他的哲学思想，学习他运用马克思主义哲学解决实际问题的立场、观点、方法。这是最普遍、最长久、最根本管用的东西。《关于建国以来党的若干历史问题的决议》在讲了毛泽东思想的六个方面的基本内容之后，作了一个总结，说：“毛泽东思想的活的灵魂，是贯串于上述各个组成部分的立场、观点、方法，它们有三个基本方面，即实事求是，群众路线，独立自主。”这一部分，实际上讲的就是毛泽东哲学思想。

下面，我想概括地谈谈学习毛泽东哲学思想的一些体会，供同志们在学习和研究中参考。

---

* 本稿系 2000 年 9 月 24 日在中共中央党校省部级干部进修班的讲稿。

一、青年毛泽东的哲学追求

早在青年时代，毛泽东在寻求救国救民真理的道路上，就深感哲学之重要。

第一，他认为改造哲学是改造中国的思想先导。他痛感“国人积弊甚深，思想太旧，道德太坏”，“非有大力不易摧陷廓清。”① 而当时的改良维新者，“俱从枝节入手，如议会、宪法、总统、内阁、军事、实业、教育，一切皆枝节也。枝节亦不可少，惟此等枝节，必有本源。本源未得，则此等枝节为赘疣，为不贯气，为支离灭裂，幸则与本源略近，不幸则背道而驰。”② 他认为：“本源者，宇宙之真理”，“以大本大源为号召，天下之心其有不动者乎？天下之心皆动，天下之事有不能为者乎？天下之事可为，国家有不富强幸福者乎？”因此，他呼吁：“当今之世，宜有大气量人，从哲学、伦理学入手，改造哲学，改造伦理学，根本上变换全国之思想。如此大纛一张，万夫走集；雷电一震，阴曀皆开，则沛乎不可御矣！”③ 在这里，表明了他对哲学批判功能之认同。哲学革命历来是政治变革的前导。当时的中国迫切需要一场荡涤封建主义旧思想、旧道德的伟大思想解放运动。毛泽东对哲学改造的呼唤，正是体现了这样一种时代精神的要求。

第二，毛泽东认为哲学是人生立志之本。人生立志，即树立人生的理想，确定主体所要追求的价值目标体系。它反映着主体对现实的否定性态度，凸现了主体超越现实的冲动，在人的精神世界中处于灵魂和支配地位。但是，立志应以对真理的把握为基础。“真欲立志……必先研究哲学、伦理学，以其所得真理，奉以为己身言动之准，立之为前途之鹄，再择其合于此鹄之事，尽力为之，以为达到之方，始谓之有志也。”在他看来，只有研究哲学，才能得到“宇宙之真理”，只有研究伦理学，才能了解人生之真谛，从而才能把握人类之前途、自身之命运，进而确定人生的理想，并在实践中努力为之奋斗。“十年未得真理，即十年无

① 《毛泽东早期文稿》，湖南人民出版社 1990 年版，第 86 页。

② 《毛泽东早期文稿》，湖南人民出版社 1990 年版，第 85 页。

③ 《毛泽东早期文稿》，湖南人民出版社 1990 年版，第 85—86 页。

志；终身未得，即终身无志。"① 这个认识是很深刻的。因为哲学理论地再现人与世界的总体性关系，揭示外部世界的本质联系和发展趋势，为人们解决自己与外部世界的矛盾提供原则和方法，同时它以批判性的眼光对人与世界的现实关系作出价值判断，内在地蕴含着对未来的追求与构想。只有诉诸于哲学的理性思考，获得宇宙人生的真理，才能使志向或理想有坚实的根基并矢志不移。

基于上述认识，毛泽东决心"只将全幅工夫，向大本大源处探讨"，开始大量钻研古今中外哲学著作。其视野所及，不仅遍于先秦哲学、宋明理学、明末清初哲学，而且远涉西方哲学：英国经验论、法国启蒙思想、德国古典哲学、达尔文进化论、生命哲学、新康德主义、唯意志主义、无政府主义等等。当然，不论是"国学"还是"西学"，对于中国来说都不是什么济世良方，最终都不能成为毛泽东救国救民理想的哲学基础。但是，这丝毫不意味着毛泽东的这种研究是无意义的。恩格斯说："理论思维无非是才能方面的一种生来就有的素质。这种才能需要发展和培养，而为了进行这种培养，除了学习以往的哲学，直到现在还没有别的办法。"② 毛泽东早年的哲学研究，不仅使他受到哲学的熏陶，经受了严格的哲学训练，锻炼了较高的哲学思维能力，而且正是通过对各种哲学流派是非曲直的比较之后，一旦选择了马克思主义，便矢志不移，坚定地沿着这条道路走下去。正如后来他自己所说："我一旦接受了马克思主义是对历史的正确解释以后，我对马克思主义的信仰就没有动摇过。"③ 在筹备建党的过程中，他十分明确地提出："唯物史观是吾党哲学的根据。"④

二、中国革命经验的哲学总结

从 1921 年中国共产党成立，到 1935 年毛泽东在全党领导地位的确立，中国革命经历了两起两落，即北伐战争的兴起和大革命的失败，土

① 《毛泽东早期文稿》，湖南人民出版社 1990 年版，第 86—87 页。

② 《马克思恩格斯选集》第 4 卷，人民出版社 1995 年版，第 284 页。

③ 〔美〕埃德加・斯诺：《西行漫记》，生活・读书・新知三联书店 1979 年版，第 131 页。

④ 《毛泽东书信选集》，人民出版社 1983 年版，第 15 页。

地革命战争的兴起和第五次反“围剿”的失败。为什么会有两起两落？基本的经验教训是什么？这是毛泽东也是全党同志经过长征到达陕北以后不能不认真加以思考的。在 1935 年和 1936 年，毛泽东发表了《论反对日本帝国主义的策略》和《中国革命战争的战略问题》两篇讲话，分别从政治路线、军事路线对第二次国内革命战争时期的经验教训作了总结，这对于在马克思主义基础上统一全党的思想、正确指导抗日战争，起了重大的作用。但是，在毛泽东看来，这仍然是不够的。他说：“一切大的政治错误没有不是离开辩证唯物论的。”① 要彻底纠正机会主义错误，必须把它提到哲学世界观、提到思想路线的高度去加以分析，必须在全党普及马克思主义认识论与辩证法。

中国革命在最初的十几年间屡遭挫折，固然有敌我力量悬殊的客观原因，但是，更重要的是主观原因。毛泽东说：“‘非战之罪，乃天亡我’的说法是错误的。五次〔反〕围剿失败，敌人的强大是原因，但战之罪，干部政策之罪，外交政策之策〈罪〉，军事冒险之罪，是主要原因。机会主义，是革命失败的主要原因。……外的力量，须通过内的规〔律〕性（机会主义等）才能曲折的即间接的发生影响。”② 革命主观指导上的失误，又同党在革命初期理论准备不足有直接的关系。大家知道，马克思主义是随着十月革命的炮声在中国开始传播的。当时人们学习和接受的主要是唯物史观、阶级斗争和社会革命的理论，通过这种学习，懂得了中国要革命；但是如何革命，如何结合中国革命的实际运用马克思主义，则知之不多。随后，很快投入了迅速高涨的革命实践活动，不久又转移到农村去开展武装斗争，没有可能从容地进行系统的马克思主义理论准备。尤其是对马克思主义的认识论与辩证法，了解更少。这就使得党内许多人在实践中缺少正确思想路线的指导。一些自称学得了马克思主义的人们，对马克思主义的理解却迂腐到了极点，在他们看来，马克思主义是在外国、在城市、在书本上，“山沟里是没有马克思主义的”。他们把以毛泽东为代表的从实际出发、调查研究、理论同实际相结合的正确思想路线诬为“狭隘经验论”，而加以批判和打击。这样，就把思想路线、思想方法问题尖锐地提到全

① 《毛泽东哲学批注集》，中央文献出版社 1988 年版，第 311—312 页。

② 《毛泽东哲学批注集》，中央文献出版社 1988 年版，第 106—107 页。

党面前。毛泽东说："我因此，到延安就发愤读书。"这里讲的"发愤读书"，主要指的是读哲学书，就是说，要通过研究哲学，从思想路线、从认识论上揭露机会主义的思想根源，解决应当如何正确对待和应用马克思主义的问题。《毛泽东哲学批注集》的绝大部分内容正是在这种情况下写出的。

在《批注集》中，毛泽东直接点到"中国的主观主义"即达十几处之多。所谓"中国的主观主义"，并非泛指一般中国人的主观主义，从内容上看，主要指的是王明那种以教条主义为主要特征的主观主义。此外，还多次点到陈独秀、李立三、张国焘等人的错误。他们的错误，从思想路线上说，就是"不从具体的现实出发，而从空虚的理论命题出发"①，"不注意具体特点，妄把主观构成的东西当作特点（抽象的特点、没有客观实在性的特点）"②，"脱离实践的提倡社会科学理论之重要性"③。这几段话概括起来，就是《实践论》中所说的：主观和客观相分裂，理论和实践相脱离。在王明那里，这种主观主义的思想路线集中地表现为他们所坚持的"两个凡是"的错误方针，即"凡是马恩列斯的话必须遵守，凡是共产国际的指示必须执行"（博古在延安整风中的检讨）。在这条唯书、唯上思想路线的指引下，就使得他们在中国革命一系列问题上犯了根本的方向路线的错误。例如，在中国革命性质问题上，他们不顾我国半殖民地半封建的具体国情，主张在民主革命的同时实现社会主义；在中国革命道路问题上，他们不顾敌人在城市力量的强大和在农村统治力量的薄弱，照搬俄国十月革命的经验，主张城市中心论；在军事斗争的战略战术上，他们不顾敌强我弱的客观事实，照搬外国军事条令，实行军事冒险主义。如此等等。这样，当然只能导致革命的失败。

正因为"一切大的政治错误没有不是离开辩证唯物论的"，所以在毛泽东看来，解决问题就不能就事论事，而必须从哲学高度总结出必要的经验教训，从根本上端正思想路线。否则，纠正了一种错误倾向，还会导致另外一种错误倾向。毛泽东在《毛泽东哲学批注集》中深刻地指

① 《毛泽东哲学批注集》，中央文献出版社 1988 年版，第 9 页。
② 《毛泽东哲学批注集》，中央文献出版社 1988 年版，第 432 页。
③ 《毛泽东哲学批注集》，中央文献出版社 1988 年版，第 442 页。

明了这一点。他说:“左的和右的相通,因为都离开过程之正确的了解,到达于不顾过程内容,不分析具体的阶段、条件、可能性等抽象的一般的空洞见解。因此,他们两极端就会于一点。”① 在毛泽东看来,端正思想路线,较之纠正错误的政治路线、军事路线、组织路线等等,具有更为根本的意义。正是通过对中国革命经验的哲学总结,毛泽东写出《实践论》、《矛盾论》等著作,论证了马克思列宁主义同中国革命具体实际相结合的必要性;批判了否认这种结合的主观主义特别是教条主义;指明了实现这种结合所必须遵循的基本原则和方法——实事求是、群众路线、独立自主。这就从根本上即世界观方法论上解决了马克思列宁主义同中国革命具体实践相结合这个重大原则问题。最后,通过延安整风运动,彻底清算理论同实践相脱离的主观主义特别是教条主义,在全党确立了实事求是的思想路线。

也正因为“一切大的政治错误没有不是离开辩证唯物论的”,所以毛泽东非常强调全党都要学习哲学。他在《批注集》中写道:辩证唯物论不但是马克思主义的一个不可分割的构成部分,“而且是一个基础”②,“只学个别科学,不学基础科学(唯物辩证法)是不对的。”③ 他不但身体力行,带头“发愤读书”,而且号召和组织大家一起读书。1937年7、8月,他亲自到抗大作《实践论》、《矛盾论》演讲。这一年底或1938年初,他又组织了一个哲学学习小组,每周在自己的办公室里召开一次哲学座谈会。1938年9月,在他的倡导下,延安成立了研究和普及马克思主义哲学的学术团体——延安新哲学会,组织翻译哲学著作,编辑哲学教材,召开哲学报告会、讨论会。1941年8月和9月,在党内高级干部中组织研究组,他在给中央研究组及高级研究组各同志的信中,提出要结合总结党的历史经验学习《新哲学大纲》、《辩证唯物论教程》等著作,并强调学习理论“以研究思想方法论为主”。1942年,他又发动和领导全党开展以反对主观主义为主要内容的延安整风运动。所有这些,都为统一全党思想、夺取中国民主革命的最后胜利做了充分的理论准备。这个经验对于我们今天仍然有重大的现实意义。十一

① 《毛泽东哲学批注集》,中央文献出版社1988年版,第112—113页。

② 《毛泽东哲学批注集》,中央文献出版社1988年版,第361页。

③ 《毛泽东哲学批注集》,中央文献出版社1988年版,第320页。

届三中全会以来关于实践标准和生产力标准的讨论所起到的解放思想的巨大作用，充分说明，在社会主义建设的新时期，马克思主义哲学仍然是我们每个党员、干部，尤其是各级领导干部的必修课。忽视了这一点，就不可能做一个自觉的、清醒的革命者，在复杂的斗争中就会犯“大的政治错误”。

三、马克思主义认识论与辩证法的系统阐述

在民主革命时期，毛泽东哲学思想的代表作是《实践论》、《矛盾论》。这两篇著作，是毛泽东哲学思想系统形成的主要标志。它们分别从认识论和辩证法两个方面对中国革命的历史经验作出了哲学总结，同时极大地丰富和发展了马克思主义认识论与辩证法。下面，我结合这两篇著作以及其他有关著作，对此作一初步归纳。

（一）关于认识论

马克思、恩格斯十分强调实践在认识中的决定作用，他们甚至把自己的哲学称之为“实践的唯物主义”；列宁则把实践的观点称之为辩证唯物主义认识论的“首要的和基本的观点”。毛泽东继承和发展了马克思列宁主义哲学。《实践论》作为一篇认识论著作，它的主题是理论与实践的统一，反对理论与实践相脱离的主观主义特别是教条主义。它全面系统地阐述了实践在认识中的地位和作用——实践是认识的源泉、是认识发展的动力、是检验认识是否正确的标准，也是认识的目的，从而以实践为基础形成了一个完整的认识论的理论体系。

毛泽东把马克思主义认识论与党的群众路线统一起来，科学地阐明了“从实践中来，到实践中去”同“从群众中来，到群众中去”这两个过程的一致性。他在《关于领导方法的若干问题》中指出：“在我党的一切实际工作中，凡属正确的领导，必须是从群众中来，到群众中去。这就是说，将群众的意见（分散的无系统的意见）集中起来（经过研究，化为集中的系统的意见），又到群众中去作宣传解释，化为群众的意见，使群众坚持下去，见之于行动，并在群众行动中考验这些意见是否正确。然后再从群众中集中起来，再到群众中坚持下去。如此无限循

环，一次比一次地更正确、更生动、更丰富。这就是马克思主义的认识论。”① 这是马克思主义认识论、辩证法和唯物史观在领导方法上的综合运用和创造性发展，是毛泽东哲学思想对于马克思主义哲学的一个独创性贡献。

毛泽东还创立了完整和系统的关于调查研究的理论和方法。他从坚持正确的思想路线和政治路线的高度，强调调查研究的极端重要性，指出：只有“努力作实际调查，才能洗刷唯心精神”，“防止一切机会主义盲动主义错误”；从辩证法的理论高度，强调调查研究的长期性，指出“事物是运动的、变化着的、进步着的。因此，我们的调查也是长期的。”他不但论述了调查研究的必要性和长期性，而且系统地阐明了调查研究的正确态度和方法。

毛泽东曾被王明一伙人讥笑为“狭隘经验论”，似乎他只重视实践而轻视理论。现在国内外也有一些人认为《实践论》具有经验主义倾向。这些说法不但毫无根据，相反，恰恰暴露出他们在理论与实践关系上的无知。争论的焦点，不在于是否重视理论，而是如何正确地对待理论：是把理论看成僵死的教条，还是把理论看作是实践的指南？也就是说，是坚持理论与实践的分离，还是坚持理论与实践的统一？

无数事实说明，毛泽东是极为重视理论学习和理论的指导作用的。早在1921年正在筹建中国共产党的时候，他就明确表示：“唯物史观是吾党哲学的根据。”② 1929年，他在给中共中央的信中，痛感“党员理论常识太低，须赶急进行教育”，说：“我们望得书报如饥如渴”。在艰苦的长征中，他丢弃了许多衣物，而《反杜林论》一书一直带在身边。长征到达陕北以后，条件比过去好多了，他更加刻苦读书，尤其是读哲学书，《批注集》本身，就证明他是何等地重视理论研究，当然，这种重视“不是为着满足好奇心，而是为改造世界”，“为着有效的指导实践”③。

与此相反，王明一伙人所谓重视理论，不过是把马克思主义书本上的某些词句当作灵丹妙药，似乎得到了它就可以毫不费力地包医百病。

---

① 《毛泽东选集》第3卷，人民出版社1991年版，第899页。

② 《毛泽东书信选集》，人民出版社1983年版，第15页。

③ 《毛泽东哲学批注集》，中央文献出版社1988年版，第152页。

至于中国的历史和现状如何，中国革命的经验教训在哪里，他们一概毫无兴趣，更谈不上从实际出发去创造新的理论。正如毛泽东在《批注集》中所说“不管事物内部情况，将马克思主义原理硬套在事物上，说该事物应如何如何。这就是‘全然从外面去应用马克思主义原理’”①，“中国的主观主义者在脱离实践的提倡社会科学理论之重要性”②。

鉴于王明等人的主观主义、教条主义的错误，毛泽东在《实践论》中着重强调了实践在认识中的基础地位和决定作用。他在《批注集》中也明确指出，在理论与实践这一对矛盾中，主导方面是实践，“实践贯串着我们认识的全路程”③。“认识以实践始以实践终”④，“实践是发展的，理论也应是发展的”⑤。他特别强调，认识或理论必须再回到实践中去得到检验和发展。李达在《社会学大纲》中讲到认识过程时说：“第一要阐明由物质到意识的推移的辩证法，第二要阐明由感觉到思维的推移的辩证法。”毛泽东在旁边做了一个极为重要的补充：“第三要阐明由思维到物质的推移的辩证法，即检验与再认识。”⑥ 因为认识只到思维为止，它的正确性还没有得到证明，也没有达到认识的目的。认识的完整过程不仅仅是由实践到认识这一次飞跃，更重要的还包括由认识到实践的第二次飞跃。这第二次飞跃就是“检验理论和发展理论的过程，是整个认识过程的继续”⑦。毛泽东的这一观点，显然是对马克思主义认识论的一个重大发展，也是对教条主义思想的一个有力批判。

毛泽东认为，马克思列宁主义并没有结束真理，而是在实践中不断开辟认识真理的道路。他在《实践论》中写道：“实践、认识、再实践、再认识，这种形式，循环往复以至无穷，而实践和认识之每一循环的内容，都比较地进到了高一级的程度。”⑧ 在《批注集》中他又写道：“将

---

① 《毛泽东哲学批注集》，中央文献出版社 1988 年版，第 312—313 页。
② 《毛泽东哲学批注集》，中央文献出版社 1988 年版，第 442 页。
③ 《毛泽东哲学批注集》，中央文献出版社 1988 年版，第 33 页。
④ 《毛泽东哲学批注集》，中央文献出版社 1988 年版，第 37 页。
⑤ 《毛泽东哲学批注集》，中央文献出版社 1988 年版，第 144 页。
⑥ 《毛泽东哲学批注集》，中央文献出版社 1988 年版，第 265—266 页。
⑦ 《毛泽东选集》第 1 卷，人民出版社 1991 年版，第 292 页。
⑧ 《毛泽东选集》第 1 卷，人民出版社 1991 年版，第 296—297 页。

来认识的，将是一个别有天地的世界。”[1] 他还认为，要发展理论，必须投身于革命斗争的实践，认真总结实践中的经验和教训，“书斋中不能发展理论”[2]。1941 年，当他重读《辩证法唯物论教程》（中译本第四版）时，曾经发出这样的感叹：“中国的斗争如此伟大丰富，却不出理论家!”[3] 这表明了他对中国党和中国理论界结合总结中国革命丰富历史经验去发展马克思主义理论的殷切期望。面对当今世界发生的巨大变化、人类文明的突飞猛进和我国现代化建设与改革开放的新形势，我们不是仍然可以强烈地感受到毛泽东这一殷切期望的巨大现实意义吗?!

（二）关于辩证法

《矛盾论》作为一篇辩证法著作，它的主题是论述矛盾的普遍性、特殊性及其二者的统一，反对割裂二者关系的主观主义特别是教条主义。它第一次明确提出了关于矛盾普遍性和特殊性的关系问题是矛盾问题精髓的思想。马克思和恩格斯在创立唯物辩证法的时候，着重论述了辩证法各个基本规律即对立统一规律、质量互变规律、否定之否定规律的客观性和普遍性。虽然他们也有一些关于对立统一规律在辩证法体系中重要地位的思想[4]，但是，总的说来，还没有来得及“深入地考察这些规律之间的内部联系。”[5] 列宁继承和发挥了马克思、恩格斯的思想，强调指出：对立统一规律是唯物辩证法的实质和核心，并在《谈谈辩证法问题》一文中对这个“实质”和“核心”作了初步的说明和发挥。毛泽东继承和发挥了列宁的这一思想，全面地展开了对立统一规律的各个方面（如矛盾的普遍性和特殊性，矛盾的同一性和斗争性，矛盾的主要方面和非主要方面，主要矛盾和非主要矛盾，矛盾的对抗性与非对抗性等等），特别是突出地强调了矛盾的普遍性和特殊性即矛盾的绝对性与

---

① 《毛泽东哲学批注集》，中央文献出版社 1988 年版，第 265 页。

② 《毛泽东哲学批注集》，中央文献出版社 1988 年版，第 421—422 页。

③ 《毛泽东哲学批注集》，中央文献出版社 1988 年版，第 445 页。

④ 见《马克思恩格斯选集》第 1 卷，人民出版社 1995 年版，第 144 页：“两个相互矛盾方面的共存、斗争以及融合成一个新范畴，就是辩证运动。”（马克思）又见《马克思恩格斯选集》第 3 卷，人民出版社 1995 年版，第 352 页：关于对立统一“这种认识构成辩证自然观的核心。”（恩格斯）

⑤ 《马克思恩格斯选集》第 4 卷，人民出版社 1995 年版，第 311 页。

相对性的关系问题是矛盾问题的精髓，指出："不懂得它，就等于抛弃了辩证法。"如果说列宁以对立统一规律为核心提挈了全部唯物辩证法，揭示了辩证法诸规律和范畴之间的内部联系；那么，毛泽东则是在更深的层次上深化了对立统一学说，以矛盾问题的精髓为中心，提挈了矛盾问题的各个方面的原理，形成了一个完整系统的关于矛盾问题的理论系统。这个关于矛盾问题精髓的思想，显然是对中国革命基本经验在哲学上的升华，从而为坚持马克思列宁主义普遍真理同中国革命具体实践相结合的原则奠定了坚实的哲学基础。

毛泽东在阐述了矛盾普遍性问题以后，对矛盾特殊性问题作了详尽的阐述和发挥。马克思、恩格斯、列宁都很重视矛盾特殊性的分析。《资本论》和《帝国主义是资本主义的最高阶段》就是这种分析的典范。列宁甚至提出"马克思主义的精髓，马克思主义的活的灵魂：对具体情况作具体分析"①。但是，怎样具体分析现实生活中各种矛盾的特殊性？他们还没有从逻辑上作出抽象，没有形成系统的理论。毛泽东在具体分析我国特殊国情、寻找中国特殊革命道路的过程中，对于这个问题，从理论上作了全面的分析和论证。他指出：各种物质运动形式的矛盾都带有特殊性；每一物质运动形式在其发展的不同过程中矛盾带有特殊性；同一过程中矛盾双方各有特殊性；同一过程中不同发展阶段上矛盾带有特殊性；同一发展阶段上矛盾双方各有特殊性，如此等等。这样，就形成了一个具体分析复杂现实矛盾的逻辑体系，为我们在实践中科学分析和正确处理各种具体矛盾提供了方法论上的指导。毛泽东不但在理论上论证了认识矛盾特殊性之重要，而且在实践中作了榜样。在《中国革命战争的战略问题》一书中，他强调，研究战争"应该着眼其特点和着眼其发展"，不但要研究一般战争的规律，还要研究特殊的革命战争的规律，还要研究更加特殊的中国革命战争的规律。他从中国革命战争四个主要特点的分析中，直接引出指导中国革命战争一系列正确的战略战术，批评了王明等人认为"只要研究一般战争规律就得了"，"只要研究俄国革命战争的经验就得了"，以及认为"北伐战争的经验是最好的"，应该"学北伐战争长驱直进和夺取大城市"等错误观点。在《批注集》中，他说："类推法的危险，中国人犯的太多了。类推须是真正的同类。

① 《列宁选集》第4卷，人民出版社1995年版，第213页。

若是形同类而实不同类，而妄用类推法，没有不错误的。如拿俄国革命与中国革命比，拿北伐战争与苏维埃战争比，拿第一大〈次〉大战与现在的大战比。”① 所有这些，都是否认矛盾特殊性的机械论。由此，他得出一个结论：“不了解中国革命战争的特点，就不能指导中国革命战争，就不能引导中国革命战争走上胜利的途径。”② 同此道理，我们在今天也可以说，不了解中国社会主义现代化建设的特点，就不能指导中国的社会主义现代化建设，就不能引导中国社会主义现代化建设走上胜利的途径。

毛泽东系统地阐明了关于矛盾发展不平衡性的理论，即关于主次矛盾和矛盾主次方面的理论。这是关于矛盾特殊性问题的进一步深化。马克思和恩格斯在分析复杂的理论问题和实际问题时，总是十分善于区别主要的东西和次要的东西、决定性的因素和从属的因素，有主有从、辩证地处理各方面的相互关系。但是，到目前为止，我们还没有发现他们使用过主要矛盾和次要矛盾、矛盾的主要方面和次要方面这样一些概念。列宁提出了链与环的概念，他多次把历史进程、政治事件比作一条链子，说“你要抓住整条链子，就必须抓住主要环节”③。他还认为，主要环节并非一成不变，我们应当根据客观情况的变化，从一个主要环节“过渡到下一个环节”。他还强调，主要环节和非主要环节的区别是有客观标准的，“不能你想抓哪个环节就挑哪个环节”④。苏联 20 世纪 30 年代的一些哲学教科书提出了主次矛盾和矛盾主次方面的概念，但是，这些论述分散于教科书的各章之中，没有把它们作为辩证法的基本原理集中地、系统地加以论述。毛泽东的贡献在于，他提出一个完整的关于矛盾发展不平衡理论体系。这当然不是偶然的。旧中国是一个半殖民地半封建国家。它的社会矛盾不像一般资本主义国家那样简单而鲜明，而是充满纵横交错的各种复杂矛盾。在内部，既有无产阶级同资产阶级的矛盾，又有农民阶级同地主阶级的矛盾，还有民族资产阶级同官僚资产阶级的矛盾；在外部，既有中华民族同帝国主义的矛盾，又有帝

① 《毛泽东哲学批注集》，中央文献出版社 1988 年版，第 316—317 页。

② 《毛泽东选集》第 1 卷，人民出版社 1991 年版，第 187 页。

③ 《列宁选集》第 4 卷，人民出版社 1995 年版，第 692 页。

④ 《列宁选集》第 4 卷，人民出版社 1995 年版，第 692 页。

国主义之间瓜分中国的矛盾，帝国主义之间这种瓜分中国的矛盾又造成中国统治阶级内部的四分五裂和重重矛盾。在这种复杂的内外环境中，要正确指导中国革命，如果不善于正确处理主要矛盾与次要矛盾的关系，是完全不可想象的。王明等人在政治上的“左”倾冒险错误，就在于他们不能对当时社会主要矛盾作出科学的分析。他们混淆民主革命与社会主义革命的界限，把反对资产阶级与反帝反封建并列，甚至把上层小资产阶级也列入打击的对象。他说：“现在阶段的中国资产阶级民主革命，只有在坚决进行反对资产阶级的斗争中，才能得到彻底胜利。”又说：“我们无论如何在革命现在阶段及形势之下，也绝不会和不能去与小商人及小企业主们去讲联合战线；……我们毫无犹豫地要站在雇佣劳动的利益上去反对他们资本主义的剥削，……坚决地、积极地去发动、组织和领导这种斗争!”这种关门主义的“左”倾政策，自然只能使革命势力在斗争中陷于孤立而遭到失败。特别是“九一八”事变以后，他们看不到中日民族矛盾已经上升为主要矛盾，国内阶级关系已经发生巨大变化，错误地把同国民党反动统治有矛盾而在当时积极活动起来的中间派断定为所谓“最危险的敌人”，拒绝与他们组成抗日民族统一战线。针对这一系列错误政策，毛泽东在《批注集》中写道：“不能区别矛盾之主要与次要、规定的矛盾与被规定的矛盾，便不能探出过程之最本质的东西出来。”① 又写道：“九一八后，中日矛盾成为主要矛盾。我们论证了民族统一战线的现实性，证明了民主共和国的可能，这样去解决这个主要矛盾。”② “目前斗争的正确口号是抗日民族统一战线，而首先的问题是国内和平即国共合作。”③ 这些思想在几乎与此同时写作的《论反对日本帝国主义的策略》一文中作了系统的发挥。

在《矛盾论》中，毛泽东指出：矛盾不平衡性理论是建立在矛盾特殊性理论的基础上的，认为这是矛盾特殊性在矛盾地位上的表现。他说：“在矛盾特殊性的问题中，还有两种情形必须特别地提出来加以分析。这就是主要的矛盾和主要的矛盾方面。”这种矛盾地位的特殊性，在毛泽东看来，就是矛盾力量的不平衡性，是各种矛盾以及矛盾各方面

① 《毛泽东哲学批注集》，中央文献出版社 1988 年版，第 87—88 页。
② 《毛泽东哲学批注集》，中央文献出版社 1988 年版，第 68—69 页。
③ 《毛泽东哲学批注集》，中央文献出版社 1988 年版，第 7—8 页。

在事物发展中所处地位和所起作用的差别性。而世界上只有相对平衡的东西，没有绝对平衡的东西，矛盾力量总是有差别的。这样，就有力地论证了主次矛盾和矛盾主次方面理论的普遍性和客观性。毛泽东对主次矛盾和矛盾主次方面的概念作了明确的界说和规定，论证了主要和次要之间既互相区别又互相联系、互相作用的辩证关系。他指出，主要矛盾就是在众多矛盾中“起着领导的、决定的作用”的矛盾，非主要矛盾则是“处于次要和服从地位的矛盾”；矛盾主要方面是“矛盾起主导作用的方面”，非主要方面则是起非主导作用的方面。因此，他强调要善于捕捉主要矛盾、认清矛盾的主要方面，同时也要给次要矛盾和次要方面以一定的地位，要坚持两点论基础上的重点论，既反对平均使用力量的无重点论和不分主次方面的均衡论，又反对攻其一点、不及其余的形而上学一点论。毛泽东还指出，主要矛盾与非主要矛盾、主要方面与非主要方面的区别是相对的，不是绝对的。即是说，在一定条件下，二者是可以互相转化的。矛盾主要方面与非主要方面的转化，使事物发生性质的变化；主要矛盾与非主要矛盾的转化，使事物的发展显出阶段性的差别。在这个问题上，要反对思想僵化。所有这些，都创造性地发展了马克思主义辩证法。这一理论有至关重要的实践意义，毛泽东在《矛盾论》中说：“对于主要的矛盾和非主要的矛盾、主要的矛盾方面和非主要的矛盾方面的研究，成为革命政党正确地决定其政治上和军事上的战略战术方针的重要方法之一，是一切共产党人都应当注意的。”①

四、马克思主义哲学在诸多领域的创造性运用和发展

《关于建国以来党的若干历史问题的决议》中说，毛泽东“使哲学真正成为无产阶级和人民群众认识世界和改造世界的锐利武器”。他不但大力倡导哲学同生活紧密结合，而且身体力行，把马克思主义哲学创造性地运用于许多新领域，开辟了哲学同实践相结合的许多新天地，提供了在实践中运用和发展马克思主义认识论与

① 《毛泽东选集》第1卷，人民出版社1991年版，第326—327页。

辩证法的光辉范例。

（一）关于军事辩证法

我们党是富有长期武装斗争经验的党。它所领导的军事斗争时间之长、规模之大、经验之丰富，在国际共产主义运动史上是无与伦比的。在这个过程中，以毛泽东为主要代表的中国共产党人把马克思主义哲学的各个原理综合运用于指导战争实践，创造性地提出人民战争、人民军队和实行人民战争的战略战术等一系列光辉理论，极大地丰富了马克思主义哲学。特别是关于依靠人民群众进行战争，关于战争的一般规律和特殊规律，关于在战争中发扬根据和符合客观实际的自觉能动性，关于防御与进攻、持久与速决、内线与外线辩证关系的战略战术原则，关于军事战略转变等论述，都具有极为深刻的哲理性，以至我们在今天仍然可以从中学习到许多具有普遍意义的方法论原则，毛泽东的《中国革命战争的战略问题》、《论持久战》、《战争和战略问题》、《抗日战争的战略问题》等军事著作，可以说处处闪耀着马克思主义认识论和辩证法的光辉，是我们学习活哲学的生动教材。

（二）关于政策和策略的辩证法

由于中国社会阶级矛盾的极端复杂性、敌人营垒的四分五裂和各个革命时期阶级关系的不断分化与改组，毛泽东强调，必须根据政治形势、阶级关系和实际情况及其变化制定党的政策，把原则性和灵活性结合起来。在对敌斗争和统一战线等方面，他提出了许多重要的政策和策略思想。其中包括：弱小的革命力量在变化着的主客观条件下能够最终战胜强大的反动力量；战略上要藐视敌人，战术上要重视敌人；要掌握斗争的主要方向，不可“四面出击”；对敌人要区别对待、分化瓦解、利用矛盾、争取多数、反对少数、各个击破；在反动统治区，要把合法斗争与非法斗争结合起来，如此等等，都生动地体现了唯物辩证法的全面性和灵活性。

（三）关于社会主义社会矛盾的学说

毛泽东继承和发挥了列宁关于“在社会主义下，对抗消灭了，矛盾存在着”的思想，批判了国内外某些人否认社会主义社会仍然存在矛盾的错误思想，明确提出：社会主义社会也充满矛盾，一万年以后仍然有矛盾，并明确地把生产力与生产关系的矛盾、经济基础与上层建筑的矛盾概括为社会基本矛盾，区别了这个基本矛盾在社会主义社会与旧的阶级社会所具有的不同性质和情况。特别是创立了社会主义社会敌我矛盾和人民内部矛盾两类不同性质矛盾的学说，把正确处理人民内部矛盾确定为社会主义时期党和国家政治生活的主题，等等。所有这些，都以崭新的科学思想开拓了辩证法理论研究的新领域，在新的历史条件下发展了马克思主义辩证法。

（四）关于领导方法和工作方法的理论

在各个历史时期，毛泽东都十分强调，为了完成革命和建设任务，必须注意领导方法和工作方法。这方面著作之多，在马克思主义哲学史上是罕见的，充分体现了毛泽东哲学思想注重应用的特点。例如，第二次国内革命战争时期的《关心群众生活，注意工作方法》、抗日战争时期的《关于领导方法的若干问题》、解放战争时期的《党委会的工作方法》、新中国成立后的《工作方法六十条》，等等。就其内容来说，非常丰富和系统；就其形式来说，具有鲜明的民族性和群众性。如实事求是、调查研究、一切从实际出发；理论同实际相结合、领导和群众相结合、一般号召和个别指导相结合；两分法、具体问题具体分析，承认差别、区别对待、分类指导，“弹钢琴”，抓中心带一般，抓好典型、“解剖麻雀”，要“胸中有数”，自觉走“之”字形道路等等，可以说把马克思主义哲学的基本原理从领导方法与工作方法的角度作了全面的发挥，形成了一个完整、系统的科学方法论的理论体系。这对于我们正确地制定和执行党的路线、方针、政策，对于改进领导作风，提高领导艺术，卓有成效地开展各项工作，具有十分重大的意义。

五、倡导既要坚持又要发展马克思主义哲学

毛泽东一贯坚持用辩证的观点对待马克思主义哲学，强调既要坚持它的基本原理，又要根据新的实践去加以补充、丰富和发展。他在1960年说：“马克思、恩格斯、列宁的书，必须读，这是第一。但是任

何国家的共产党人，任何国家的无产阶级的思想界，都要创造新的理论，写出新的著作，产生自己的理论家，来为当前的政治服务。”对待自己的哲学思想，毛泽东也完全采取这种科学的态度。他说：“我们在第二次国内革命战争末期和抗战初期写了《实践论》和《矛盾论》，这些都是适合于当时需要不能不写的。现在我们已经进入社会主义时代，出现了新的一系列的问题，如果不适应新的需要，写出新的著作，形成新的理论，也是不行的。”① 正是因为这样，新中国成立以后，毛泽东仍一如既往地钻研哲学，垂老而不倦，视野不断拓宽，研究不断深入。

在马列著作的学习中，他始终把哲学放在重要的地位，认为在马克思主义的三个组成部分中基础的东西是马克思主义哲学。1959 年底和 1960 年初，他在读苏联《政治经济学教科书》的谈话中说：没有哲学头脑的作家，要写出好的经济学来是不可能的。“马克思能够写出《资本论》，列宁能够写出《帝国主义论》，因为他们同时是哲学家，有哲学家的头脑，有辩证法这个武器。”② 在研究马列哲学著作的同时，他还广泛地阅读古今中外的各种哲学书，包括《六祖坛经》、《般若波罗蜜多心经》、《法华经》等宗教唯心主义的书。因为在他看来，“不懂得唯心主义和形而上学，没有同这些反面的东西作过斗争，你那个唯物主义和辩证法是不巩固的”③。此外，他还经常阅读《哲学研究》、《光明日报》、《新建设》、《文史哲》、《学术月刊》、《自然辩证法研究通讯》等报刊上的哲学论文，密切关注哲学研究动向，努力吸收哲学研究的新成果。

出于探讨社会主义社会矛盾的需要，他对矛盾理论不断进行新的探索。1958 年后，我国哲学界展开了矛盾同一性与斗争性、思维与存在是否具有同一性问题的讨论。毛泽东对此十分关注，凡属这方面的重要文章，几乎都要看。1958 年 6 月 24 日，他还专门邀集一些同志讨论《对矛盾的统一性的一点意见》一文。1960 年 11 月 12 日，他看到当天《人民日报》刊登的关于矛盾同一性和斗争性的讨论综述，当即要秘书把文中提到的分别刊登在各种报刊上的文章找来看。他对

① 《毛泽东的读书生活》，生活·读书·新知三联书店 1986 年版，第 35、36 页。

② 《毛泽东的读书生活》，生活·读书·新知三联书店 1986 年版，第 167 页。

③ 《毛泽东文集》第 7 卷，人民出版社 1999 年版，第 346 页。

苏联哲学界讨论社会主义社会矛盾也很关注，看了不少这方面的文章。

同毛泽东一贯重视哲学的方法论功能有关，逻辑学作为研究思维规律的科学，也一直为他所关注。新中国成立后，他看了不少这方面的著作。50年代我国哲学界关于逻辑学的讨论，引起他的很大兴趣。1957年4月1日，他邀请逻辑学界、哲学界人士到中南海颐年堂专门就讨论中提出的问题进行座谈。类似的座谈会后来还举行过多次。

鉴于科学技术在实现现代化建设中的重要地位，毛泽东的视野扩大到自然科学的许多领域，如天文、地质、生命、物理等学科，着力探讨自然科学中的哲学问题。特别是对物质结构问题发表过十分深刻的见解。早在1955年1月，毛泽东就提出了“质子、中子是由什么组成的”的问题，并认为：“质子、中子、电子还应该是可分的，一分为二，对立统一嘛！现在实验上虽然还没有证实，将来实验条件发展了，将会证明它们是可分的。”① 1963年《自然辩证法研究通讯》发表日本物理学家坂田昌一《基本粒子的新概念》一文，毛泽东看了很感兴趣，在1964年多次找哲学和自然科学工作者讨论坂田的文章，从微观世界谈到宏观世界，从基本粒子谈到天体起源，谈到人的认识的局限性，谈到宇宙的无穷大和物质无限可分。他强调，世界上一切都在变，物理学也在变，牛顿力学也在变。世界上从原来没有牛顿力学到有牛顿力学，以后又从牛顿力学到相对论，这本身就是辩证法。毛泽东这些独到的见解在国际物理学界引起很大反响。1964年，坂田曾说，可惜他原来不知道毛泽东曾经多次讲过这些意见，如果早知道，他的文章一定会引用的。1977年，在夏威夷举行的第七次国际粒子物理讨论会上，诺贝尔物理学奖获得者、美国物理学家格拉肖提议将构成物质的各种假设的组成部分命名为“毛粒子”，“以纪念已故的毛主席，因为他一贯主张自然界有更深的统一”②。

当然，新中国成立以后，毛泽东哲学研究最重大的新成果还是他关于社会主义社会矛盾的理论。这是在新的历史条件下对马克思主义哲学和科学社会主义理论的一个独创性的贡献。

---

① 《毛泽东和科学家》，《人民日报》1978年12月28日。

② 《毛泽东的读书生活》，生活·读书·新知三联书店1986年版，第106页。

六、重视对干部、群众进行哲学教育

毛泽东一向重视对广大干部、群众进行马克思主义哲学教育。早在1937年，他在一个讲课提纲中就指出：如果辩证法唯物论被中国无产阶级、共产党及一切愿意站在无产阶级立场的人们和广大革命分子所采取的话，那么，他们就得到了一种最正确和最革命的宇宙观和方法论，他们就能够正确地了解革命运动的发展变化，提出革命的任务，团结自己的同盟者的队伍，战胜反动的理论，采取正确的行动，避免工作的错误，达到解放中国与改造中国的目的。他尤其强调，“辩证法唯物论对于指导革命运动的干部人员，尤属必修的科目”。正是基于这样一种认识，在延安时期，他刻苦钻研哲学的同时，大力组织其他领导同志和干部一起学哲学。

新中国成立初期，为了确立马克思主义世界观在我国的指导地位，毛泽东提出，对知识分子，要团结使用他们，同时对他们进行教育和改造。要让他们学社会发展史、历史唯物论等几门课程。通过这种学习，宣传了劳动创造世界、阶级和阶级斗争、人民群众创造历史等历史唯物主义观点，使知识界受到一次普遍的马克思主义启蒙教育。随后，毛泽东又将《实践论》、《矛盾论》重新整理在《人民日报》上公开发表，推动了全国范围包括广大知识分子和工农兵在内的马克思主义认识论与辩证法的学习。他曾经提议，要在党的政治局会议和中央委员会以及各地方委员会上结合实际讲哲学，使马克思主义哲学真正成为无产阶级及其政党认识世界和改造世界的工具。1963年，他发出号召：“让哲学从哲学家的课堂上和书本里解放出来，变为群众手里的尖锐武器。”对于结合实际运用哲学的先进事例，毛泽东总是热情地给予鼓励。他看了徐寅生《关于如何打乒乓球》一文后，曾称赞“全文充满了辩证唯物论”，是一篇“好作品”。

为了在干部、群众中普及哲学，毛泽东很重视哲学通俗读物。他几次提到艾思奇的《大众哲学》。1936年10月22日，他给当时在西安的叶剑英、刘鼎去信，要他们“买一批通俗的社会科学自然科学及哲学书”，“例如艾思奇的《大众哲学》”，“作为学校与部队提高干部政治文化水平之用"[①]。解放后，他在给李达的信中一再强调，要"用通俗的言语宣传唯物论"，"这是广大工作干部和青年学生的迫切需要"；要写"通俗易懂"的哲学文章，"使一般干部能够看懂"，"使成百万的不懂哲学的党内外干部懂得一点马克思主义的哲学"[②]。

结束语　值得注意的历史经验

讲了上述内容之后，有的同志可能会问：毛泽东既然有那么高深的哲学素养，为什么晚年会犯那么大的错误呢？这是否意味着毛泽东哲学思想的学习不是那么重要呢？我认为，对这个问题应当正确地总结历史经验，作实事求是的具体分析，并得出必要的正确的结论。

首先，毛泽东晚年的错误既有客观方面的原因，也有主观方面的原因。作为认识的工具，哲学本身不能直接产生关于具体事物的具体结论；要获得关于具体事物的真理性认识，不但需要正确的哲学思想的指导，而且需要占有有关该事物的丰富而真实的感性材料，需要必要的实践经验和科学知识。在民主革命时期，毛泽东之所以正确，除了有正确的哲学指导外，还因为我们党经历了多次的成功和失败，积累了十分丰富的历史经验，而毛泽东本人又善于从这些经验中学习，注重对实际状况的调查研究。进入社会主义时期以后，情况不同了，如何建设社会主义，特别是在落后国家如何建设社会主义，全世界的经验都不足，我们自己的经验在开始的时候同样不足。这就难免犯错误。然而，经验不足只是造成犯错误的可能性，错误的发生还有主观方面的原因。在实践经验不足、对在我国建设社会主义还缺乏规律性认识的条件下，毛泽东产生了急于求成的心理，往往以良好的主观愿望代替对实际过程及其规律性的研究，因而导致对现实矛盾和客观形势的错误估计，造成重大失误。这就违背了毛泽东自己历来倡导的价值观和真理观相统一的主张。在真理观上，他一向坚持一切从客观实际出发，以实践为检验真理的标准；在价值观上，他一向坚持一切从人民的利益出发，一切言行必须以合乎最广大人民群众的最大利益为最高标准。而这二者必须统一起来。

① 《毛泽东书信选集》，人民出版社1983年版，第80页。

② 《毛泽东书信选集》，人民出版社1983年版，第407、487页。

只有坚持真理，才能符合人民的利益；只有坚持人民利益，才能有追求和坚持真理的勇气。我们学习哲学，要特别注意深刻领会和把握上述两个出发点、两个标准之间的关系，并十分重视总结在解决价值追求和真理追求关系方面的历史经验教训，从价值观和真理观统一的高度加深理解党的马克思主义思想路线。

其次，毛泽东晚年犯错误，从主观上说，还因为他晚年在相当程度上陷入了“三脱离”——脱离实际、脱离群众、脱离党的集体领导。这三脱离也就是“三违背”——违背实事求是、群众路线、民主集中制。而这些东西正是毛泽东本人一贯倡导的思想原则，是毛泽东哲学思想精髓之所在。所以，毛泽东晚年的错误不是毛泽东哲学思想不灵了，而恰恰说明毛泽东哲学思想是不能违背的，任何人都是不能违背的，包括它的主要创立者毛泽东本人在内，一旦违背了，也会造成历史的悲剧。这从反面证明，我们不但要重视毛泽东哲学思想的学习，而且要重视毛泽东哲学思想的实践，要做到言与行相一致、理论与实践相统一。

再次，毛泽东晚年在哲学思想上也确有某些失误。例如，他在过去是反对个人崇拜的，晚年却接受个人崇拜，并且在理论上提出有两种个人崇拜：一是错误的个人崇拜，一是正确的个人崇拜。这“两种个人崇拜”的理论是不能成立的。个人崇拜就是神化个人，哪里会有正确的个人崇拜？这种理论上的失误，必然在实践中造成严重的后果。毛泽东晚年缺乏对自我主体的审视和反思性批判，以致堵塞言路，这不能不说是一个重要的原因。再例如，毛泽东晚年过分夸大矛盾的斗争性而忽视矛盾的同一性，过分夸大阶级斗争的作用而忽视生产力在社会发展中的最终决定作用，过分夸大上层建筑的作用而忽视经济基础的决定作用，等等。所有这些，都是同毛泽东哲学思想的科学体系相矛盾的。

毛泽东思想作为一种科学体系，是被实践证明了的关于中国革命和建设的正确理论原则和经验总结，是中国共产党人集体智慧的结晶。我们应当把毛泽东晚年的错误同毛泽东思想的科学体系区别开来。《关于建国以来党的若干历史问题的决议》指出：“因为毛泽东同志晚年犯了错误，就企图否认毛泽东思想的科学价值，否认毛泽东思想对我国革命和建设的指导作用，这种态度是完全错误的。”同时又指出：“对毛泽东同志的言论采取教条主义态度，以为凡是毛泽东同志说过的话都是不可移易的真理，只能照抄照搬，甚至不愿实事求是地承认毛泽东同志晚年犯了错误，并且还企图在新的实践中坚持这些错误，这种态度也是完全错误的。”① 所以，我们决不能因为毛泽东晚年犯了错误而忽视毛泽东哲学思想的学习。

事实证明，毛泽东哲学思想是马克思主义普遍真理同我国具体实践相结合的经验总结。在民主革命时期，这个“结合”的实现正是伴随着毛泽东哲学思想的形成和发展而实现的；十一届三中全会以来，马克思主义普遍真理同我国社会主义实践相结合的实现，正是伴随毛泽东实事求是，哲学思想的重新确立而实现的。没有毛泽东为我们党确立的实事求是的思想路线的恢复，我们就不可能冲破长期“左”的思想束缚，就不可能提出改革开放的方针，就不可能形成“一个中心，两个基本点”的基本路线，也就不可能出现今天社会主义改革和建设的新局面。毛泽东哲学思想永远是指引我们胜利前进的旗帜。正是基于这样一种认识，中央和中央领导同志反复强调，要重视毛泽东哲学思想的学习。在起草《关于建国以来党的若干历史问题的决议》的过程中，陈云提出：“建议中央提倡学习，主要是学习马克思主义哲学，重点是学习毛泽东同志的哲学著作。”他联系自己的切身体会说，抗战初期，他从莫斯科回来，毛泽东给他讲过三次要学哲学，特别强调实事求是，陈云觉得受益很大。邓小平完全同意陈云的意见，指出：“现在我们的干部中很多人不懂哲学，很需要从思想方法、工作方法上提高一步。《实践论》、《矛盾论》、《论持久战》、《战争和战略问题》、《论联合政府》等著作选编一下。还要选一些马恩列斯的著作。总之，很需要学习马克思主义哲学就是了。”② 这些意见是非常富有远见的。我们应当响应这个号召，把毛泽东哲学思想的学习放在重要的位置上，学会从哲学高度正确分析和解决改革与发展中的各种问题，把建设有中国特色的社会主义事业胜利地推向前进！

---

① 《三中全会以来重要文献选编》(下)，人民出版社 1982 年版，第 836—837 页。

② 《邓小平文选》第 2 卷，人民出版社 1994 年版，第 303—304 页。

努力掌握马克思主义思想方法*

建设马克思主义学习型政党，需要学习的东西很多，概括起来，主要是四个方面：一是学习马克思主义；二是学习党的路线方针政策和国家的法律法规；三是学习党的历史；四是学习现代化建设所需要的相关知识。其中重点是学习马克思主义，特别是当代中国马克思主义——中国特色社会主义理论体系，这是管方向、管根本、管全局的东西。而在马克思主义理论的学习中，又应当重点学习马克思主义思想方法，这是整个马克思主义理论的灵魂。思想方法不同，对理论的理解就不同，对形势的判断就不同，解决问题的思路和办法就不同，思想作风、工作作风就不同，实践的结果也就不同。因此，思想方法是否正确，对于我们事业的兴衰成败具有决定性意义，我们应当高度重视马克思主义思想方法的学习。毛泽东说："在人们的思想方法方面，实事求是和主观主义是对立的。"① 这一高度概括，抓住了思想方法问题的总纲和实质。就是说，学习和掌握马克思主义思想方法，最根本的就是坚持实事求是，防止、克服、反对形形色色的主观主义，努力做到主观和客观相符合、理论和实践相统一。

---

* 本稿为2009年12月8日在中国马克思主义论坛上的主题演讲稿，2009年12月30日《光明日报》发表，经修改补充后于2012年9月7日作为讲稿印发中央党校分校学员。

① 《毛泽东选集》第5卷，人民出版社1977年版，第352页。

一、重视思想方法是毛泽东为我们开创的一个好传统

在中国民主革命时期，毛泽东作为中国共产党人的杰出代表，其理论与实践活动有一个显著特点，就是重视并且善于从世界观、方法论的高度总结经验、提出问题和解决问题。在中国革命的各个历史时期，他都把解决思想方法问题放在十分突出的地位。他的关于思想方法的专门著作之多，内容之丰富和系统，表达形式之简洁生动和富有特色，在马克思主义思想史上是罕见的。这是我们党极为宝贵的精神财富，值得我们倍加珍惜。我们应当结合新的实际，学习、运用和发展毛泽东关于思想方法的科学理论。下面按照历史和逻辑相统一的原则，对毛泽东思想方法理论的形成和发展，作一简要回顾。

（一）毛泽东在民主革命时期的农村调查和关于调查研究的科学理论

早在青年求学时期，毛泽东就深受湖湘文化经世致用学风的影响，主张既读“有字之书”，又读“无字之书”，要“踏着人生社会的实际说话”。1920 年，他在致友人的一封信中说：“吾人如果要在现今的世界稍为尽一点力，当然脱不开‘中国’这个地盘。关于这地盘内的情形，似不可不加以实地的调查，及研究。”① 他当年利用假期邀请一些同学到长沙附近各县进行“游学”，便是一种调查研究的初步尝试。

在大革命时期，为了回答党内外关于农民运动“好得很”还是“糟得很”的争论，他在 1927 年初，利用 32 天时间，对当时农民运动的中心湖南进行调查，走访五县，写出《湖南农民运动考察报告》，以大量事实说明农民运动“好得很”，而完全不是什么“糟得很”，批判了当时党内外一些人对于农民运动的种种责难。

在土地革命战争时期，毛泽东的调查研究更加深入和系统，其中包括 1928 年春天的《宁冈调查》、《永新调查》，1930 年 5 月的《寻乌调查》，1930 年 10 月的《兴国调查》，1930 年 11 月的《东塘等处调查》、

① 《毛泽东早期文稿》，湖南人民出版社 1990 年版，第 474 页。

《木口村调查》，1933 年 11 月的《长冈乡调查》、《才溪乡调查》，等等。通过这些调查，毛泽东对中国农村的状况有了比较深入的了解，从而对当时完善土地革命政策和阶级成分划分起到了重要作用。后来他曾经这样说："到井冈山之后，我作了寻乌调查，才弄清了富农与地主的问题"，"而贫农与雇农的问题，是在兴国调查之后才弄清楚的"，至于对整个中国农村的了解，"是经过了六七年的时间的"。①

在中国民主革命时期，毛泽东不仅做了大量富有成效的农村调查，而且创立了内容丰富的调查研究理论。1929 年 6 月 14 日，毛泽东在致林彪的信中第一次使用"思想路线"这一概念，提出反对"形式主义"问题。1929 年 12 月，在古田会议决议即《关于纠正党内的错误思想》中专门写了一节"关于主观主义"，指出："对于政治形势的主观主义的分析和对于工作的主观主义指导，其必然的结果，不是机会主义，就是盲动主义"；纠正主观主义的方法是："教育党员用马克思列宁主义的方法去作政治形势的分析和阶级势力的估量"，"注意社会经济的调查和研究"。1930 年 5 月，他写了《关于调查工作》一文。这篇文章曾在红四军和中央苏区根据地印成小册子，后来在反"围剿"中失传，直到 1957 年才失而复得。毛泽东说，这篇文章是为了反对红军中的教条主义（当时叫本本主义）而写的，1964 年 6 月收入《毛泽东著作选读（甲种本）》时改题为《反对本本主义》。在文章中，毛泽东提出："没有调查，没有发言权"，"一切结论产生于调查情况的末尾，而不是在它的先头"；"马克思主义的'本本'是要学习的，但是必须同我国的实际情况相结合"，"我们需要'本本'，但是一定要纠正脱离实际情况的本本主义"；"离开实际调查就要产生唯心的阶级估量和唯心的工作指导"，"它的结果，不是机会主义，便是盲动主义"；"共产党的正确而不动摇的斗争策略，决不是少数人坐在房子里能够产生的，它是要在群众的斗争过程中才能产生的"；"因此，我们需要时时了解社会情况，时时进行实际调查"，那种"以为现在的斗争策略已经是再好没有了，党的第六次全国代表大会的'本本'保障了永久的胜利，只要遵守既定办法就无往而不胜利"的想法，"是完全错误的，完全不是共产党人从斗争中创造新局面的思想路线，完全是一种保守路线"。在这里，毛泽东对党的

① 《毛泽东农村调查文集》，人民出版社 1982 年版，第 22、23 页。

思想路线作了深刻阐述。1931 年 4 月 2 日，毛泽东在《总政治部关于调查人口和土地状况的通知》中，进一步提出："我们的口号是：一、不做调查没有发言权。二、不做正确的调查同样没有发言权。"1941 年 3 月 17 日，毛泽东为《农村调查》一书写了一篇序言，指出："要了解情况，唯一的方法是向社会作调查"，"对于只懂得理论不懂得实际情况的人，这种调查工作尤有必要"；一些人"'下车伊始'，就哇喇哇喇地发议论，提意见，这也批评，那也指责"，"这种人十个有十个要失败"，"我们党吃所谓'钦差大臣'的亏，是不可胜数的"；强调"要做这件事，第一是眼睛向下，不要只是昂首望天。没有眼睛向下的兴趣和决心，是一辈子也不会真正懂得中国的事情的"，"第二是开调查会"，"必须有调查纲目，还必须自己口问手写，并同到会人展开讨论"。1941 年 9 月 13 日，毛泽东对中央妇委和中共中央西北局联合组成的妇女生活调查团发表讲话，强调了调查研究的长期性，指出："事物是运动的，变化着的，进步着的。因此，我们的调查，也是长期的。今天需要我们调查，将来我们的儿子、孙子，也要作调查，然后才能不断地认识新的事物，获得新的知识"。关于调查研究的方法，他说："对立统一，阶级斗争，是我们办事的两个出发点"；材料"搜集得愈多愈好，但一定要抓住要点"。他还对怎样抓典型、怎样收集和整理材料、怎样使对方说真话等，发表了具体意见。毛泽东关于调查研究的论述，不是零碎的而是系统的，不是肤浅的而是深刻的，不是纯学理的而是理论同实际相结合的，包括调查研究的必要性、长期性、态度、方法乃至技术等等，形成了一个相当完备的思想体系。正是在毛泽东的重视之下，1941 年 8 月 1 日，中共中央作出《关于调查研究的决定》，指出："系统的周密的社会调查是决定政策的基础"，"领导机关的基本任务就在于了解情况与掌握政策"，"二十年来我党对于中国历史、中国社会与国际情况的研究，虽然是逐步进步的"，但是，"粗枝大叶，不求甚解，自以为是，主观主义、形式主义的作风，仍然在党内严重地存在着"，"必须力戒空谈，力戒肤浅，扫除主观主义作风，采取具体办法，加重对于历史，对于环境，对于国内外、省内外、县内外具体情况的调查与研究"。毛泽东关于调查研究的一系列论述和党中央的这一《决定》，有力地推进了全党的调查研究工作。

（二）毛泽东对中国民主革命经验的哲学总结

中国民主革命走过了相当曲折的道路，从1921年建党到1935年遵义会议确立毛泽东在全党的领导地位，十几年间，革命两起两落，历史的沉浮把总结经验教训的任务鲜明地提到全党面前。总结经验教训，首先有一个方法问题，方法不同，结论不同。

在遵义会议上，共产国际派来的军事顾问、第五次反“围剿”失败的主要责任人之一李德有一个发言，他说：第五次反“围剿”失败，完全在于敌人力量过于强大。这是典型的外因论。毛泽东在《哲学批注集》中说：“‘非战之罪，乃天亡我’的说法是错误的。五次〔反〕围剿失败，敌人的强大是原因，但战之罪，干部政策之罪，外交政策之〈罪〉，军事冒险之罪，是主要原因。机会主义，是革命失败的主要原因。”① 而一切机会主义错误，包括“左”的和右的错误，都有其深刻的思想根源，这个思想根源就是唯上、唯书、不唯实，即把马克思主义教条化，把共产国际的指示神圣化，把苏联经验绝对化。如毛泽东所说：“一切大的政治错误没有不是离开辩证唯物论的。”② 尤其是王明“左”倾教条主义，危害最为严重。错误的思想路线使得他们在中国革命的一系列基本问题上犯了方向性、路线性错误，例如：在中国革命性质问题上，不顾我国半殖民地半封建社会的具体国情，主张在民主革命的同时解决资产阶级问题；在中国革命道路问题上，不顾敌人统治力量在城市的强大和在农村的薄弱，照搬俄国革命经验，主张“城市中心论”；在军事战略战术上，不顾敌强我弱的现实，照搬外国军事条令，实行军事冒险主义，如此等等。于是毛泽东在长征到达陕北之后，下大力气研究哲学，读了许多哲学书，认真做了大量读书笔记，同时发表一系列著作，对中国民主革命的经验教训做了深刻、系统的哲学总结。

1935年12月，毛泽东在《论反对日本帝国主义的策略》的演讲中，批评党内长期存在的“左”倾关门主义和对于革命的急性病的错误，指出其思想方法上的原因就在于他们认为“圣经上载了的才是对的”、“山沟里没有马克思主义”的教条主义思想和主张“革命的力量是

① 《毛泽东哲学批注集》，中央文献出版社1988年版，第106—107页。

② 《毛泽东哲学批注集》，中央文献出版社1988年版，第311—312页。

要纯粹又纯粹，革命的道路是要笔直又笔直”的形而上学思想，结果“把‘千千万万’和‘浩浩荡荡’都赶到敌人那一边去，只博得敌人的喝彩”。

1936年12月，毛泽东在《关于中国革命战争的战略问题》的演讲中，批评党内“左”倾教条主义的军事路线时，首先提出的是“如何研究战争”，即研究战争的方法问题，主张研究战争“应该着眼其特点和着眼其发展，反对战争问题上的机械论”，批评那种认为“只要研究一般战争的规律就得了”，“只要研究俄国革命战争的经验就得了”，或者认为“北伐战争的经验是最好的”，应该“学北伐战争的长驱直进和夺取大城市”等错误观点，强调“我们不但要研究一般战争的规律，还要研究特殊的革命战争的规律，还要研究更加特殊的中国革命战争的规律”。

1937年7、8月，毛泽东在《实践论》、《矛盾论》的演讲中，对中国民主革命经验进行了系统的哲学总结，以扫清党内教条主义为主要目标，深刻阐述了马克思主义认识论和辩证法。《实践论》的主题是认识与实践的统一，强调实践是认识的基础，即实践是认识的来源、认识发展的动力、检验认识的标准和认识的目的，人类的认识一刻也不能离开实践，“实践、认识、再实践、再认识，这种形式，循环往复以至无穷，而实践和认识之每一循环的内容，都比较地进到了高一级的程度。这就是马克思主义的全部认识论，这就是辩证唯物论的知行统一观”①。《矛盾论》的主题是矛盾普遍性与特殊性的统一，强调“矛盾的普遍性和矛盾的特殊性的关系，就是矛盾的共性和个性的关系。其共性是矛盾存在于一切过程中，并贯穿于一切过程的始终，……然而这一共性，即包含于一切个性之中，无个性即无共性”，“这一共性个性、绝对相对的道理，是关于事物矛盾的问题的精髓，不懂得它，就等于抛弃了辩证法”②。认识论和辩证法的这“两个统一”为马列主义普遍真理同中国革命的具体实践相结合奠定了坚实的哲学基础，为反对党内主观主义、特别是教条主义提供了锐利的思想武器。《实践论》、《矛盾论》的发表，标志着毛泽东哲学思想的系统形成。毛泽东哲学思想作为中国革命经验

① 《毛泽东选集》第1卷，人民出版社1991年版，第296—297页。

② 《毛泽东选集》第1卷，人民出版社1991年版，第319—320页。

的哲学总结，对马克思主义普遍真理同中国革命具体实践相结合的必要性做了充分的哲学论证，对否认这种“结合”的主观主义特别是教条主义做了深刻的哲学批判，对如何实现这种“结合”在方法论上做出了系统地阐述，从而为提出马克思主义中国化奠定了重要的哲学基础，于是有了1938年毛泽东在中国共产党第六届中央委员会扩大的第六次全体会议上所作的《论新阶段》的政治报告。这篇报告中第一次明确提出“马克思主义中国化”这一科学概念，指出：“马克思主义必须和我国的具体特点相结合并通过一定的民族形式才能实现。……离开中国特点来讲马克思主义，只是抽象的空洞的马克思主义。因此，使马克思主义在中国具体化，使之在其每一表现中带着必须有的中国特性，即是说，按照中国的特点去应用它，成为全党亟待了解并亟须解决的问题。洋八股必须废止，空洞抽象的调子必须少唱，教条主义必须休息，而代之以新鲜活泼的、为中国老百姓所喜闻乐见的中国作风和中国气派。”①

（三）毛泽东在延安整风运动中对主观主义、特别是教条主义的系统批判

从遵义会议到六届六中全会，毛泽东领导全党纠正了王明在土地革命战争后期的“左”倾错误和抗战初期的右倾错误，对中国革命的历史经验做了初步的哲学总结。但是，要真正把全党的思想统一到马列主义同中国革命具体实践相结合的道路上来，实现马克思主义中国化，还有大量的工作要做。这是因为当时在党的作风上还有些不正派的东西，即在学风、党风、文风上还存在相当严重的问题。“所谓学风有些不正，就是说有主观主义的毛病。所谓党风有些不正，就是说有宗派主义的毛病。所谓文风有些不正，就是说有党八股的毛病。……这三股歪风，有它们的历史根源，现在虽然不是占全党统治地位的东西，但是它们还在经常作怪，还在袭击我们，因此，有加以抵制之必要，有加以研究分析说明之必要。”“反对主观主义以整顿学风，反对宗派主义以整顿党风，反对党八股以整顿文风，这就是我们的任务。”② 于是，在毛泽东的领导下，发动了延安整风运动。

① 《毛泽东选集》第2卷，人民出版社1991年版，第534页。

② 《毛泽东选集》第3卷，人民出版社1991年版，第812页。

整顿三风的实质和中心是反对主观主义。因为宗派主义不过是主观主义在组织上的反映，党八股不过是主观主义在文风上的反映，关键是解决思想方法问题。因此，毛泽东1941年在给中央研究组和高级研究组诸同志的一封信中提出，总结历史经验，要学习理论，学习理论"暂时以研究思想方法论为主"，在他的倡议和指导下，当时选编和出版了《马恩列斯思想方法论》一书，作为整风中"干部必读"的十二本书之一。1941年和1942年，他又连续发表《改造我们的学习》、《整顿党的作风》、《反对党八股》等一系列讲话，对给中国革命造成严重危害的主观主义、特别是教条主义作了系统批判，对党的实事求是的思想作风作了系统阐述。

在《改造我们的学习》中，毛泽东鲜明地提出："我主张将我们全党的学习方法和学习制度改造一下。"他批评那种"不注重研究现状、不注重研究历史、不注重马克思列宁主义的应用"的"极坏的作风""害了我们的许多同志"。他把主观主义和实事求是这"两种互相对立的态度"做了对比分析，指出：主观主义的态度，"就是对周围环境不作系统的周密的研究，单凭主观热情去工作，对于中国今天的面目若明若暗"；"就是割断历史，只懂得希腊，不懂得中国，对于中国昨天和前天的面目漆黑一团"；"就是抽象地无目的地去研究马克思列宁主义的理论"，"这种反科学的反马克思列宁主义的主观主义的方法，是共产党的大敌，是工人阶级的大敌，是人民的大敌，是民族的大敌，是党性不纯的一种表现。大敌当前，我们有打倒它的必要。只有打倒了主观主义，马克思列宁主义的真理才会抬头，党性才会巩固，革命才会胜利"。与主观主义相对立的态度，是实事求是的态度，"'实事'就是客观存在着的一切事物，'是'就客观事物的内部联系，即规律性，'求'就是我们去研究。我们要从国内外、省内外、县内外、区内外的实际情况出发，从其中引出其固有的而不是臆造的规律性，即找出周围事变的内部联系，作为我们行动的向导。而要这样做，就须不凭主观想象，不凭一时热情，不凭死的书本，而凭客观存在的事实，详细地占有材料，在马克思列宁主义一般原理的指导下，从这些材料中引出正确的结论"。为了克服主观主义，毛泽东提出三点建议：一是"向全党提出系统地周密地研究周围环境的任务"，这是"转变党的作风的基础一环"。二是聚集人才，分工合作地研究近百年的中国史。三是"对于在职干部的教育和干部学校的教育，应确立以研究中国革命实际问题为中心，以马克思列宁主义基本原则为指导的方针，废除静止地孤立地研究马克思列宁主义的方法”。

在《整顿党的作风》中，毛泽东对主观主义做了进一步分析和批判。他说：“所谓学风，不但是学校的学风，而且是全党的学风。学风问题是领导机关、全体干部、全体党员的思想方法问题，是我们对待马克思列宁主义的态度问题，是全党同志的工作态度问题。既然是这样，学风问题就是一个非常重要的问题，就是第一个重要的问题。”他着重讲了什么是理论家、什么是知识分子、什么是理论联系实际三个问题，指出：只知背诵马克思主义而完全不能应用的人，是算不得理论家的，真正的理论家应该是“能够依据马克思列宁主义的立场、观点、方法，正确地解释历史中和革命中所发生的实际问题，能够在中国的经济、政治、军事、文化种种问题上给予科学的解释，给予理论的说明”。“对于马克思主义的理论，要能够精通它，应用它，精通的目的全在于应用。”在讲到所谓“知识分子”问题时，毛泽东说：一切比较完全的知识都是由两个阶段构成的，第一阶段是感性知识，第二阶段是理性知识。仅有书本知识而不懂得实际生活的人还不能算是名副其实的知识分子，他们应该向实际方面发展，然后才可以不停止在书本上，才可以不犯教条主义的错误。而有工作经验的人应该向理论方面学习，要认真读书，然后才可以不把局部经验误认为即是普遍真理，才可以不犯经验主义的错误。“教条主义、经验主义，两者都是主观主义，是从不同的两极发生的东西。”在谈到“理论和实际相联系”时，他指出，关键是做到“有的放矢”，即用马克思列宁主义之“箭”去射中国革命之的，“在各方面作出合乎中国需要的理论性的创造”。

在《反对党八股》中，毛泽东把党内流行的形式主义罗列了“八大罪状”：第一，“空话连篇，言之无物”。“懒婆娘的裹脚布，又臭又长”，“我们应该研究一下文章怎样写得短些，写得精粹些”，“演说也是一样，空话连篇言之无物的演说，是必须停止的”。第二，“装腔作势，借以吓人”。从前许多同志的文章和演说里面，常常有两个名词：一个叫做“残酷斗争”，一个叫做“无情打击”，这就是装腔作势、借以吓人。毛泽东说：“共产党不靠吓人吃饭，而是靠马克思列宁主义的真理吃饭，靠实事求是吃饭，靠科学吃饭。”第三，“无的放矢，不看对象”。

“做宣传工作的人，对于自己的宣传对象没有调查，没有研究，没有分析，乱讲一顿，是万万不行的。”第四，“语言无味，像个瘪三”。“一篇文章，一个演说，颠来倒去，总是那几个名词，一套‘学生腔’，没有一点生动活泼的语言。”第五，“甲乙丙丁，开中药铺”。“这种方法就是形式主义的方法”，它既不提出问题，也不分析问题、解决问题，只是一大堆互相没有内部联系的概念游戏。第六，“不负责任，到处害人”。第七，“流毒全党，妨害革命”。第八，“传播出去，祸国殃民”。因此，“必须抛弃党八股，采取生动活泼新鲜有力的马克思列宁主义的文风”。

(四) 毛泽东关于领导方法和工作方法的理论

思想方法，包括认识事物的方法、评价事物的方法、改变事物的方法。对于领导机关、领导人员、广大干部来说，集中表现为领导方法和工作方法。毛泽东在这方面写下了许多专门著作，提出了一系列具有中国共产党人特色的领导方法和工作方法。

1934年1月27日，毛泽东发表《关心群众生活，注意工作方法》的讲话，指出：“我们不但要提出任务，而且要解决完成任务的方法问题”，“不解决方法问题，任务也是瞎说一顿”。他提出了两条原则：“反对官僚主义的工作方法而采取切实的具体的工作方法”，“抛弃命令主义的工作方法而采取耐心说服的工作方法”。他特别强调，要正确处理发动群众参加革命战争这个“中心任务”同关心群众生活的关系问题，告诫各级干部，为了动员群众参加革命战争，就得关心群众痛痒，就得真心实意地为群众谋利益，解决群众的生产和生活问题，包括盐的问题、米的问题、房子问题、穿衣问题、生小孩问题，解决群众的一切问题，使广大群众认识到我们是代表他们的利益的，并由此出发了解我们提出的更高的任务、革命战争的任务，接受我们的政治号召，为革命的胜利斗争到底。

1943年6月1日，毛泽东为中共中央写了《关于领导方法的若干问题》，指出：“我们共产党人无论进行何项工作，有两个方法是必须采用的，一是一般和个别相结合，二是领导和群众相结合。”这二者是紧密相连的。“从群众中集中起来又到群众中坚持下去，以形成正确的领导意见，这是基本的领导方法。在集中和坚持的过程中，必须采取一般号召和个别指导相结合的方法，这是前一个方法的组成部分。”他还把群众路线同认识论统一起来，指出：“将群众的意见（分散的无系统的意见）集中起来（经过研究，化为集中的系统的意见），又到群众中去作宣传解释，化为群众的意见，使群众坚持下去，见之于行动，并在群众的行动中考验这些意见是否正确。然后再从群众中集中起来，再到群众中坚持下去。如此无限循环，一次比一次地更正确、更生动、更丰富。这就是马克思主义的认识论。”这些论述，体现了三个公式的统一，即“实践—认识—实践”、“个别——般—个别”、“群众—领导—群众”三者统一，这是毛泽东对马克思主义哲学理论与方法的一个独创性贡献。

1949 年 3 月 13 日，毛泽东在七届二中全会所作的结论报告中，专门讲了一篇《党委会的工作方法》。他说：“我们一定要讲究工作方法，把党委的领导工作提高一步。”他一共讲了十二条，包括：“党委书记要善于当‘班长’”；“要把问题摆到桌面上来”；要“互通情报”；要“学会‘弹钢琴’”；“要‘抓紧’”；“要胸中有‘数’”，要出“安民告示”；要“精兵简政”；要“注意团结那些和自己意见不同的同志一道工作”；要“力戒骄傲”；要“划清两种界限”。这些都是长期实践经验的总结，有很强的针对性和思想理论性，涉及领导工作中一系列重大关系，如个人与集体、上级与下级、中心工作与一般工作、质量与数量、成绩与缺点、敌我矛盾与人民内部矛盾等等，是马克思主义历史观、认识论、辩证法在领导方法上的创造性运用和发展。

在其他著作中，毛泽东还阐述了“一分为二”、“具体问题具体分析”、“在战略上藐视敌人，在战术上重视敌人”、“抓两头、带中间”、“一切经过试验和试点”、“波浪式发展”、“自觉走曲折前进的路”、“抓好典型、推动全盘”、“承认差别、分类指导”等许多科学的领导方法和工作方法。

综上所述，可以说毛泽东把马克思主义哲学从方法论角度作了全面发挥，形成了系统的科学思想方法的理论体系。这是对中国革命经验所作的世界观、方法论总结；这种总结，又反过来推动了中国革命实践的发展，推动了马列主义普遍真理同中国革命具体实践的结合，推动了毛泽东思想的形成和发展，推动了中国民主革命的胜利。

中国民主革命取得胜利以后，毛泽东领导我们党继续前进，在中国建立起社会主义制度，进而开始探索适合中国国情的社会主义道路。在中国这样一个原来是半殖民地半封建社会的经济文化十分落后的条件下建设社会主义，当然是一项极其特殊、极其复杂、极其困难的历史任务。我们完全没有经验，而没有经验就容易误用过去的经验。1957 年以后的阶级斗争扩大化错误、1958 年以后的三年“大跃进”错误、特别是十年“文化大革命”的错误，一个重要的原因就是误用了过去战争年代的经验，如《关于建国以来党的若干历史问题的决议》中所说：“在社会主义改造基本完成以后，在观察和处理社会主义社会发展进程中出现的政治、经济、文化等方面的新矛盾新问题时，容易把已经不属于阶级斗争的问题仍然看做是阶级斗争，并且面对新条件下的阶级斗争，又习惯于沿用过去熟悉而这时已不能照搬的进行大规模急风暴雨式群众性阶级斗争的旧方法和旧经验，从而导致阶级斗争的严重扩大化。同时，这种脱离现实生活的主观主义的思想和做法，由于把马克思、恩格斯、列宁、斯大林著作中的某些设想和论点加以误解和教条化，反而显得有‘理论根据’。”① 所以，缺少经验而又误用过去的老经验，这是建国以后我们几次犯重大错误的一个重要原因；这种经验主义，由于“言必称马列”的老习惯而又具有某种教条主义色彩。从毛泽东个人来说，在革命取得巨大成功以后，“他逐渐骄傲起来，逐渐脱离实际和脱离群众，主观主义和个人专断作风日益严重，日益凌驾于党中央之上，使党和国家政治生活中的集体领导原则和民主集中制受到削弱以至破坏”②。从制度的层面说，中国是一个封建历史很长的国家，专制主义思想影响根深蒂固，而我们在建国以后对它又没有给予应有的重视，没有把党内民主和人民民主制度化、法律化，或者虽然制定了法律，却没有应有的权威。这就提供了一种条件，使党和国家的权力过分集中，因而难以防止发生重大决策失误，发生失误以后也难以有效纠正。这就告诉我们，解决思想方法问题，既有认识问题，又有经验问题，还有制度问题，解决这一问题，我们应当从多方面作出努力。

---

① 《〈关于建国以来党的若干历史问题的决议〉注释本》，人民出版社 1983 年版，第 37、38—39 页。

② 《〈关于建国以来党的若干历史问题的决议〉注释本》，人民出版社 1983 年版，第 37、38—39 页。

二、改革开放以来我们每前进一步都得益于思想方法问题的科学解决

改革开放以来，我们在开创中国特色社会主义道路、形成和发展中国特色社会主义理论体系、发展中国特色社会主义事业的过程中，每前进一步都以解决思想方法为先导，并将其贯穿于建设中国特色社会主义实践的全过程。这个经验同样值得我们很好地加以总结并在今后实践中长期加以坚持。

“文化大革命”结束不久，在总结建国以来历史经验的时候，邓小平说：“现在我们的干部中很多人不懂哲学，很需要从思想方法、工作方法上提高一步。”① 1985 年，他在同外宾的一次谈话中又说：“中国搞社会主义走了相当曲折的道路。二十年的历史教训告诉我们一条最重要的原则：搞社会主义一定要遵循马克思主义的辩证唯物主义和历史唯物主义，也就是毛泽东同志概括的实事求是，或者说一切从实际出发。”②可以说，这是对我国社会主义建设历史经验的一个带有根本性质的总结。正是有鉴于此，改革开放以来，我们党总是把解决思想方法问题作为解放思想、统一思想的根本途径而贯穿于中国特色社会主义建设的全过程。

（一）破除“两个凡是”的思想禁锢，坚持解放思想、实事求是的思想路线

1. 邓小平对“两个凡是”的批判拉开了当代中国解放思想的序幕

粉碎“四人帮”以后，全党全国人民强烈要求进行拨乱反正，纠正“文化大革命”的错误。但是，遇到了阻力，这个阻力就是“两个凡是”——“凡是毛主席作出的决策，我们都坚决维护，凡是毛主席的指示，我们都始终不渝地遵循”。“两个凡是”的实质就是继续坚持毛泽东晚年的错误，坚持所谓无产阶级专政下继续革命的理论，坚持“文化大革命”的“左”的路线。这种情况严重禁锢了人们的思想，阻碍了拨乱反正的进行。在这个重大历史关头，面对“两个凡是”的错误思想，当

---

① 《邓小平文选》第 2 卷，人民出版社 1994 年版，第 303 页。

② 《邓小平文选》第 3 卷，人民出版社 1993 年版，第 118 页。

时还没有恢复工作的邓小平，立即敏锐地作出了反应。“两个凡是”是1977年2月7日中央两报一刊社论《学好文件抓住纲》正式提出的。《邓小平年谱1975—1997》记载：当月的某一天，邓小平同前来看望他的王震谈话，说：“两个凡是”不是马克思主义，不是毛泽东思想。4月10日，邓小平致信华国锋、叶剑英和中共中央，提出“必须世世代代地用准确的完整的毛泽东思想，来指导我们全党、全军和全国人民”。“准确完整”同“两个凡是”是对立的。4月10日后，邓小平同前来看望他的汪东兴、李鑫谈中共中央转发他4月10日和1976年10月10日致中共中央信的有关情况，在谈话中明确向他们表示：“两个凡是”不行。5月24日，邓小平同王震、邓力群谈话，这个谈话的一些内容分为两篇文章收入《邓小平文选》，即《“两个凡是”不符合马克思主义》和《尊重知识，尊重人才》。邓小平在批评“两个凡是”的时候所提出的主要论点是：第一，“一个人讲的每一句话都对，一个人绝对正确，没有这回事情”①。第二，即使正确的话，也有一定的适用范围，不能不顾条件的变化而搞“两个凡是”。“把毛泽东同志在这个问题上讲的移到另外的问题上，在这个地点讲的移到另外的地点，在这个时间讲的移到另外的时间，在这个条件下讲的移到另外的条件下，这样做，不行嘛！”② 第三，毛泽东思想是个科学体系，要完整准确理解，不能断章取义。“怎么能够抓住一两句话，一两个观点，就片面地进行宣传呢？”③ 这些论述，通俗而又深刻地表达了马克思主义认识论的一系列重要原理，如认识的矛盾性、真理的具体性、真理的全面性和真理的过程性等等。邓小平的这些谈话尽管当时没有公开发表，但已经在中央领导层和部分高级干部中开始传播，“完整准确”与“两个凡是”的对立已日趋明显，当代中国解放思想的序幕已经拉开。

2. 实践是检验真理唯一标准的大讨论吹响了当代中国解放思想的号角

在邓小平发表谈话批判“两个凡是”的同时，广大干部群众要求纠正“文化大革命”错误的呼声，也有力地冲击着“两个凡是”的错误方

---

① 《邓小平文选》第2卷，人民出版社1994年版，第38页。

② 《邓小平文选》第2卷，人民出版社1994年版，第38页。

③ 《邓小平文选》第2卷，人民出版社1994年版，第37页。

针。如平反冤假错案问题、许多中央领导人的是非功过问题、干部路线是非问题、教育战线的“两个估计”问题、“十七年”的评价问题、农村“三自一包”是不是走资本主义道路问题以及如何认识按劳分配和价值规律问题，等等，可以说在各个领域都发生了路线是非、理论是非、思想是非之争，而这些问题的解决，几乎都遇到了“两个凡是”的阻力。从这个意义上说，实践标准与“两个凡是”之争先于理论而在实际生活中已经广泛地在进行着。历史把解决真理标准问题鲜明地提到全党和全国人民面前。

实践的呼声得到了理论的回应。在理论界经过一段时间酝酿的基础上，由胡耀邦组织、指导并审阅定稿的《实践是检验真理的唯一标准》一文应运而生。其锋芒直指“两个凡是”，强调“实践不仅是检验真理的标准，而且是唯一的标准”，“革命政党的路线是否正确，同样必须由社会实践来检验”；强调“理论与实践的统一，是马克思主义的一个最基本的原则”，“坚持实践是检验真理的唯一标准，就是坚持马克思主义，坚持辩证唯物主义”；强调“马克思主义的理论宝库并不是一堆僵死不变的教条，它要在实践中不断增加新的观点，新的结论，抛弃那些不再适合新情况的个别旧观点、旧结论”，绝不能“躺在马列主义、毛泽东思想的现成条文上，甚至拿现成的公式去限制、宰割、剪裁无限丰富、飞速发展的革命实践”，而要“勇于研究生动的实际生活，研究现实的确切事实，研究新的实践中提出的新问题”。该文首刊于 1978 年 5 月 10 日出版的中共中央党校《理论动态》第 60 期，5 月 11 日《光明日报》以本报特约评论员名义在头版发表，新华社当天向全国转发，5 月 12 日《人民日报》、《解放军报》全文刊登。这篇文章本身的鲜明针对性和不同寻常的发表方式，使它产生了巨大而深远的影响，受到广大干部群众的热烈拥护，吹响了当代中国解放思想的号角。在邓小平等老一辈革命家的支持和领导下，冲破所谓“砍旗”、“丢刀子”、“方向性错误”等重重阻力，从理论界到实际工作部门，从高层到基层，从城市到农村，一场席卷全国的真理标准大讨论轰轰烈烈地开展起来，极大地促进了全国人民的思想大解放。

3. 以党的十一届三中全会为主要标志重新确立实事求是的思想路线

哲学的变革成了政治和社会变革的先导。真理标准大讨论，为成功召开具有划时代意义的党的十一届三中全会，为在这次全会上重新确立我们党的马克思主义思想路线、政治路线，为推进拨乱反正和改革开放，为开辟建设中国特色社会主义新道路，奠定了坚实的思想基础。邓小平1978年12月13日在中央工作会议上所作的重要讲话《解放思想，实事求是，团结一致向前看》高度评价了这场讨论的伟大历史意义。他指出："目前进行的关于实践是检验真理的唯一标准问题的讨论，实际上也是要不要解放思想的争论"，"很有必要，意义很大"，"是个思想路线问题，是个政治问题，是个关系到党和国家的前途和命运的问题"。他强调："一个党、一个国家，一个民族，如果一切从本本出发，思想僵化，迷信盛行，那它就不能前进，他的生机就停止了，就要亡党亡国。"他深刻论述了当前解放思想对拨乱反正、推进改革、实现社会主义现代化的重大现实意义，指出："只有思想解放了，我们才能正确地以马列主义、毛泽东思想为指导，解决过去遗留的问题，解决新出现的一系列问题，正确地改革同生产力迅速发展不相适应的生产关系和上层建筑，根据我国的实际情况，确定实现四个现代化的具体道路、方针、方法和措施。"他强调："实事求是，是无产阶级世界观的基础，是马克思主义的思想基础。过去我们搞革命所取得的一切胜利，是靠实事求是，现在我们要实现四个现代化，同样要靠实事求是。"① 这篇重要讲话实际上成为实现伟大历史转折的党的十一届三中全会的主题报告，成为重新确立党的实事求是思想路线的主要标志，成为开辟中国特色社会主义道路、探索中国特色社会主义理论的解放思想的宣言书。

（二）破除僵化的社会主义模式观念，坚持走中国特色社会主义道路

在国际共产主义运动中，长期以来形成一种僵化的社会主义模式观念。苏联在20世纪30年代建立起来的那种权力过分集中的社会主义体制被凝固化、神圣化，认为坚持那一套东西，就是坚持社会主义；违背了那一套东西，就是违背了社会主义，就是所谓"修正主义"、"民族主义"，就要批判、干预，甚至就要"开除"、镇压。这种状况，严重束缚了人们的思想，使社会主义制度的优越性不能得到充分发挥。对此，毛

① 《邓小平文选》第2卷，人民出版社1994年版，第141、143页。

泽东早有察觉。1956年，他在《论十大关系》一文中说："最近苏联方面暴露了他们在建设社会主义过程中的一些缺点和错误，他们走过的弯路，你还想走？过去我们就是鉴于他们的经验教训，少走了一些弯路，现在当然更要引以为戒。"① 但是，由于历史的局限和毛泽东晚年的错误，他提出了探索中国建设社会主义道路的问题，却没有能够解决这个问题。

在新的历史条件下，邓小平重新提出并正确地解决了这个问题。他指出，革命和建设都要走自己的路。我们过去的体制"是从苏联模式来的。看来这个模式在苏联也不是很成功的。即使苏联是百分之百的成功，但是它能够符合中国的实际情况吗"?② "在革命成功后，各国必须根据自己的条件建设社会主义。固定的模式是没有的，也不可能有。"③在党的十二大的开幕词中，他第一次明确地提出了"建设有中国特色社会主义"这个新概念，形成了邓小平理论的主题。他说："把马克思主义的普遍真理同我国的具体实际结合起来，走自己的道路，建设有中国特色的社会主义，这就是我们总结长期历史经验得出的基本结论。"④这个基本结论，是对我国、也是对世界社会主义历史经验的科学总结，表现出邓小平在实践中开辟中国社会主义建设新道路的巨大政治勇气和理论勇气。这个基本结论，也是在新的历史条件下对毛泽东思想，特别是它的活的灵魂——实事求是、群众路线、独立自主思想的继承和发展。它不是在枝节问题上，而是在一个根本问题上，即社会主义统一性与多样性的关系问题上，社会主义基本制度与具体体制的关系问题上，对社会主义观念的一个重大更新，使人们在探索建设社会主义道路上进一步获得思想上的大解放。他告诉我们："社会主义制度并不等于建设社会主义的具体做法。"⑤ 就是说，坚持社会主义，不等于坚持某种社会主义模式；抛弃某种社会主义模式，不等于抛弃社会主义；某种社会主义模式的失败，也不等于社会主义的失败。只有从实际出发，把马克

① 《毛泽东著作选读》下册，人民出版社1986年版，第720—721页。

② 《邓小平文选》第3卷，人民出版社1993年版，第178页。

③ 《邓小平文选》第3卷，人民出版社1993年版，第292页。

④ 《邓小平文选》第3卷，人民出版社1993年版，第2—3页。

⑤ 《邓小平文选》第2卷，人民出版社1994年版，第250页。

思主义的普遍真理同本国的特点结合起来，走出符合自己国情的建设社会主义道路，社会主义才能充满生机与活力，才能充分发挥出社会主义制度的优越性。

（三）破除超阶段的“左”的思想，坚持一切从中国社会主义初级阶段的实际出发

从实际出发，建设中国特色社会主义，首要的问题是必须对中国的国情有一个科学的认识。毛泽东说：“认清中国的国情，乃是认清一切革命问题的基本根据。”① 同样地，认清中国国情也是认清中国社会主义现代化建设一切问题的基本的根据。对国情的认识，一是我国社会的性质，二是这个性质的社会处于什么发展阶段。对第一个问题，我们的认识是清楚的，即我国已经是社会主义社会；对第二个问题，过去很长一段时间是不那么清楚的。不仅我国，其他许多社会主义国家在这个问题上也是不那么清楚的。总的说，都是估计过高。因此，制定的方针政策有许多是超阶段的。邓小平说，过去“左”的教训就在于“制定的政策超越了社会主义的初级阶段”。集中的表现是：发展生产力急于求成，调整生产关系盲目求纯。在社会主义初级阶段，本来应当允许存在的东西，却当作资本主义尾巴不断去割；本来商品经济就不发达，却执意要限制商品经济的发展；本来生产力很落后，却在生产关系上急于过渡，追求所谓“一大二公”；本来 100 多年造成的贫困落后，却急于在很短的时间内赶上和超过发达国家，如此等等。欲速则不达，想快反而慢，这是我们过去的一个严重教训。错误和挫折使我们的头脑逐步变得清醒起来，在总结长期历史经验的基础上，我们终于对国情获得了一个比较符合实际的科学认识，即我国现在处于并将长期处于社会主义初级阶段。这就为坚持以经济建设为中心、坚持改革开放、坚持四项基本原则的党的基本路线和各项基本的方针政策提供了根本的立足点；为反对超越社会主义初级阶段的“左”的思想，提供了锐利的思想武器。它使人们获得进一步的思想大解放：一切超阶段的东西，都必须加以革除。书本上写的也好，外国的经验也好，过去的传统做法也好，更不用说单纯的主观愿望，只要不符合社会主义初级阶段的实际，不管它们看起来是

---

① 《毛泽东选集》第 2 卷，人民出版社 1991 年版，第 633 页。

怎样的“革命”，怎样地合乎“理想”和“道义原则”，都必须加以抛弃。因为我们不是在天上建设社会主义，而是在地上建设社会主义，这个地又不是随便的一块地，而是中华大地。中华大地的特点就是一穷二白，这就是我们的国情。马克思主义者是唯物主义者，唯物主义要求我们不能用幻想的东西代替现实的东西。现实的国情乃是我们考虑一切问题、制定一切方针政策的最根本的依据。从这个基本国情出发，我们制定了中国特色社会主义初级阶段“一个中心、两个基本点”的基本路线，“公有制为主体、多种所有制共同发展”的基本经济制度，以及分“三步走”实现现代化的基本战略。实践证明，这些都是完全正确的。

（四）破除从概念出发抽象谈论姓“社”姓“资”的思维定式，坚持“三个有利于”的判断标准

随着改革开放的深入，常常发生的一个争论就是现行的路线和政策是姓“社”还是姓“资”？有些同志囿于传统观念，往往离开发展生产力、提高人民生活水平这个根本任务，从书本上的原则出发，从概念出发，抽象地讲姓“社”还是姓“资”。明明是有利于发展生产力、提高人民生活水平的政策和措施，他们硬说是资本主义的而加以反对；明明是束缚生产力、不利于提高人民生活水平的政策和措施，他们却硬说是社会主义的而加以坚持。从农村实行家庭承包责任制、发展乡镇企业、创办经济特区，到建立社会主义市场经济体制、吸收和借鉴当今世界各国包括资本主义发达国家一切反映现代化社会化生产规律的先进经营方式和管理方法，都有这种姓“社”还是姓“资”的争论。这种情况严重束缚了人们的思想，使改革开放步履维艰。针对这种历史唯心主义观念，邓小平说：“按照历史唯物主义的观点来讲，正确的政治领导的成果，归根结底要表现在社会生产力的发展上，人民物质文化生活的改善上”①，“对实现四个现代化是有利还是有害，应当成为衡量一切工作的最根本的是非标准”②。在 80 年代末、90 年代初国内发生政治风波和苏东发生剧变之后，“左”的思想又有所抬头，有些政治家、理论家拿大帽子吓唬人，认为多一份外资就多一份资本主义，“三资”企业多了，

---

① 《邓小平文选》第 2 卷，人民出版社 1994 年版，第 128 页。

② 《邓小平文选》第 2 卷，人民出版社 1994 年版，第 209 页。

就是资本主义的东西多了，就是发展了资本主义；认为经济体制改革的市场取向就是资本主义取向；认为证券、股市这些东西是资本主义独有的东西，社会主义不能采用，如此等等。针对这种情况，邓小平 1992 年春天在南方谈话中指出："要害是姓'资'还是姓'社'的问题。判断的标准，应该主要看是否有利于发展社会主义社会的生产力，是否有利于增强社会主义国家的综合国力，是否有利于提高人民的生活水平。"① 他明确肯定，"三资"企业受到我国整个政治、经济条件的制约，是社会主义经济的有益补充，归根到底是有利于社会主义的；计划多一点还是市场多一点，不是社会主义与资本主义的本质区别，"社会主义的本质，是解放生产力，发展生产力，消灭剥削，消除两极分化，最终达到共同富裕"②。"三个有利于"标准的确立，进一步促进了全党和全国人民的思想大解放，以邓小平南方谈话和党的十四大为标志，我国的改革开放和现代化建设进入了一个新的阶段。

（五）破除对马克思主义的教条化理解，坚持根据现在的情况认识、继承和发展马克思主义

马克思主义是我们党的指导思想，马克思主义的世界观、方法论，科学社会主义的基本原理、基本原则，共产主义的理想和信念，在任何情况下都不能丢。邓小平说："我们搞改革开放，把工作重心放在经济建设上，没有丢马克思，没有丢列宁，也没有丢毛泽东。老祖宗不能丢啊！"③ 同时，他又强调，马克思主义必须随着时代、实践和科学的发展而发展，要研究新情况，总结新经验，创造新理论，勇于讲符合实际的、老祖宗没有讲过的新话。他说："绝不能要求马克思为解决他去世之后上百年、几百年所产生的问题提供现成答案。列宁同样也不能承担为他去世以后五十年、一百年所产生的问题提供现成答案的任务。真正的马克思列宁主义者必须根据现在的情况，认识、继承和发展马克思列宁主义。"④ 江泽民指出，与时俱进是马克思主义的理论品质，学习马

① 《邓小平文选》第 3 卷，人民出版社 1993 年版，第 372 页。
② 《邓小平文选》第 3 卷，人民出版社 1993 年版，第 372 页。
③ 《邓小平文选》第 3 卷，人民出版社 1993 年版，第 369 页。
④ 《邓小平文选》第 3 卷，人民出版社 1993 年版，第 291 页。

克思主义要以我国改革开放和现代化建设的实际问题为中心、以我们正在做的事情为中心，着眼于马克思主义理论的应用，着眼于对实际问题的理论思考，着眼于新的实践和新的发展。他说，离开本国实际和时代发展来谈马克思主义，没有意义；把马克思主义同它在现实生活中的生动发展割裂开来、对立起来，没有出路。我们决不能停留在对马克思主义的某些原则、某些本本的教条式理解上，或者停留在对社会主义的一些不科学的甚至扭曲的认识上，或者停留在那些超越社会主义初级阶段的不正确的思想上，而必须用辩证唯物主义和历史唯物主义的世界观、方法论去分析和解决问题，使思想符合发展变化的新形势①。胡锦涛深刻总结我国和国际共产主义运动的历史经验，在党的十七大报告中指出："马克思主义只有与本国国情相结合、与时代发展同进步、与人民群众共命运，才能焕发出强大的生命力、创造力、感召力"，号召全党不断推进马克思主义中国化、时代化、大众化。十一届三中全会以来，我们党在领导改革开放和社会主义现代化建设的实践中，在总结我国社会主义胜利和挫折的历史经验并借鉴其他国家社会主义兴衰成败历史经验的基础上，把马克思主义同当代中国国情和时代特征相结合，讲了许多过去书本上没有讲过的新话，形成和发展了包括邓小平理论、"三个代表"重要思想和科学发展观在内的中国特色社会主义理论体系，不断开拓了马克思主义的新境界，从而使我国的社会主义事业充满了蓬勃的生机和活力。

三、关于当前改进思想方法的几个问题

以党的十一届三中全会为主要标志，我们党实现了思想路线的拨乱反正，30 多年以来，解放思想、实事求是、与时俱进成为当代中国的主旋律，广大党员、干部在学习和运用马克思主义思想方法解决改革开放和现代化建设实际问题的过程中取得了巨大成就和明显进步。但是，这并不意味着我们在思想方法方面就不存在任何问题了。首先，当代中国的新发展和世界的新变化，要求我们在思想方法方面不断有新的提

---

① 《江泽民论有中国特色社会主义（专题摘编）》，中央文献出版社 2002 年版，第 626、625 页。

高。我国的工业化、信息化、城镇化、市场化、国际化深入发展，呈现一系列新的阶段性特征，出现一系列新的情况和问题；世界处于大变动、大调整时期，综合国力的竞争和各种力量的较量更趋激烈，不确定不稳定因素增多。这种复杂的国内外形势，要求我们进一步提高处理复杂问题、驾驭复杂局面的能力。而我们队伍中所存在的各式各样的主观主义、形式主义、片面性、绝对化、简单化等不良的思想倾向，同这种要求是不相适应的。其次，随着干部队伍的不断更新，许多年轻同志对我们党的传统的科学思想方法、领导方法、工作方法，已经变得相当陌生，即使是改革开放初期那场决定党和国家前途命运的真理标准大讨论，对于我们的“70后”、“80后”，也是相当遥远的过去了，印象也逐渐淡漠。因此，在思想方法方面，就有一个重新学习的问题，这不仅是实际工作的需要，也是干部队伍成长的需要，是一件具有重大战略意义的事情。

（一）关于继续解放思想问题

胡锦涛说：“解放思想是发展中国特色社会主义的一大法宝。”[①] 这是对改革开放以来我国社会主义发展历史经验的一个深刻总结，具有长远的指导意义，我们应当紧紧抓住这个法宝，用好这个法宝，使我们的事业永远充满蓬勃的生机和活力。

解放思想应当成为我们思想的常态，贯穿于建设中国特色社会主义的全过程。什么时候思想僵化了，什么时候就要犯错误了；什么地方思想僵化了，什么地方就要落后了。以党的十一届三中全会为主要标志，推进党的指导思想和各条战线的拨乱反正，是一次思想大解放；以邓小平南方谈话和党的十四大为主要标志，推进以建立社会主义市场经济体制为目标的经济体制改革和相应的各个领域的改革，是一次思想大解放；以党的十七大为主要标志，推进全面协调可持续的科学发展，同样是一次思想大解放。当前，我国正处于深刻的社会转型期，即由传统的农业社会向现代工业社会、信息社会转变，由传统的计划经济体制向社

① 胡锦涛：《高举中国特色社会主义伟大旗帜，为夺取全面建设小康社会新胜利而奋斗》，《中国共产党第十七次全国代表大会文件汇编》，人民出版社2007年版，第1—2页。

会主义市场经济体制转变，由传统的封闭半封闭社会向全方位对外开放社会转变。这种深刻的社会转型期，既是我国社会发展的重大机遇期，也是我国社会的矛盾凸显期，新问题多，两难问题多，利益问题多，影响社会稳定问题多。许多老办法已经不灵，许多新办法还在探索之中，不尽完善、不尽合理、不尽协调之处所在多有。这就要求我们解放思想、更新观念、拓宽思路、勇于创新，以新的思想解放促进改革开放、科学发展和社会和谐。例如，在发展市场经济、提高效率的同时，要更加注重社会公平和改善民生；在扩大经济总量的同时，要更加注重优化经济结构，转变发展方式；在加速工业化的同时，要更加注重资源节约和环境保护；在扩大对外开放、吸收人类文明成果的同时，要更加注重提高国际竞争力和抵御风险能力，如此等等。这样，才能使我国的发展质量越来越高，发展空间越来越大，发展效益越来越好，发展道路越来越宽广。

解放思想的真实涵义，就是使我们的思想从那些错误的或过时的观念、做法和体制的束缚中解放出来，达到主观与客观的统一。因此，解放思想就是实事求是，它是有客观标准的。这个客观标准，就是认识论的实践标准、历史观的生产力标准、价值观的人民满意标准。所谓实践标准，就是要树立实践的权威：一切主观的东西，是否正确，归根到底，只能由实践来检验，只能由实践来作结论。不管什么本本，中国人写的也好，外国人写的也好；不管什么人说的话，小人物说的也好，大人物说的也好，都要经过实践的检验而后决定取舍，决不能盲从、迷信。所谓生产力标准，就是要树立生产力的权威：在社会生活中，一切理论、路线、方针、政策及其实践，是否正确，归根到底看它是解放生产力的还是束缚生产力的，一切解放生产力的东西，都是革命的或进步的，因而是正确的；一切束缚生产力的东西，都是反动的或保守的，因而是错误的，决不能离开发展生产力这个根本任务去抽象谈论什么姓“社”、姓“资”问题。所谓人民满意标准，就是要树立人民的权威：共产党人的一切言论和行动，必须以合乎最广大人民群众的最大利益、为最广大人民群众所拥护为最高标准，把“人民拥护不拥护”、“人民赞成不赞成”、“人民高兴不高兴”、“人民满意不满意”作为考虑一切问题的出发点和落脚点，切实实现好、维护好、发展好最广大人民群众的根本利益，决不能把对党负责和对人民负责对立起来。一切被实践证明是正确的东西、一切有利发展生产力的东西，都必然是符合人民群众的根本利益的。这就是马克思主义认识论、历史观、价值观的统一。坚持这三个判断标准，我们解放思想就有了正确方向，既要反对思想僵化，又要反对主观蛮干，还要反对把信口开河吹嘘为解放思想。这三个标准是解放思想的三大法宝。

解放思想又是一件很不容易的事情，是有阻力、有风险的。本来是真知灼见，有时不但不被认可，甚至可能被认为是异端邪说而受到压制。由于认识上的原因、意识形态上的原因和体制制度上的原因，这种情况是难以完全避免的。因此，解放思想需要勇气，包括政治勇气、实践勇气、创新勇气。在国际共产主义运动中，苏联模式曾经被神圣化，认为坚持那一套就是坚持社会主义；违背那一套就是违背社会主义，就是修正主义、民族主义，就要批判、干预，甚至出兵镇压，所以突破苏联模式是需要勇气的。在我国，冲破“两个凡是”也是冒了很大政治风险的，一篇讲马克思主义认识论 ABC 的文章竟好像犯了弥天大罪，被指为“砍旗”、“丢刀子”、“方向性错误”。在改革开放的进程中，每一次思想解放都遇到很大的阻力，从农村实行家庭联产承包责任制、创办乡镇企业，到兴办经济特区、引进外资，到建立社会主义市场经济体制和吸收借鉴西方国家反映现代化社会化生产规律的先进经营方式和管理方法，都受到过“走资本主义道路”的指责。但是，实践一次又一次地证明，这些都是完全正确的，解放思想的脚步是不可阻挡的。我们要鼓励人们解放思想、勇于创新，同时也要努力创造有利于解放思想的社会环境，保护创新，宽容失误，使我们的社会充满思想活力，其中最重要的是创造民主法治环境，从政治上保证人们的思想言论自由。

（二）关于照辩证法办事问题

“照辩证法办事”，这是邓小平的话。毛泽东十分欣赏，多次提到。1945 年 2 月 15 日，毛泽东在中央党校发表讲话，说：“邓小平同志讲：事情怎么样办？照辩证法办事。我赞成他的话。”隔了大约一页纸，又说：“我们党的历史上有这样的时候，只讲光明，讲不得黑暗，没有照邓小平同志的意见办事。”[1] 1957 年 1 月 27 日，毛泽东在省市自治区党

---

① 《毛泽东文集》第 3 卷，人民出版社 1996 年版，第 256、258 页。

委书记会议上的讲话，又一次提到邓小平的这句话，他说："要照辩证法办事。这是邓小平同志讲的，我看，全党都要学习辩证法，提倡照辩证法办事。"① 可见，毛泽东对邓小平这句话印象之深，在他的心里，这句话的分量之重。

照辩证法办事，最根本的就是照对立统一规律办事。列宁说，对立统一规律是辩证法的实质和核心。毛泽东说："辩证法的宇宙观，主要地就是教导人们要善于去观察和分析各种事物的矛盾的运动，并根据这种分析，指出解决矛盾的方法。"② 因此，不懂得矛盾规律即对立统一规律，就不懂得整个辩证法，不懂得整个马克思主义哲学。物质与精神、运动与静止、时间与空间、自然存在与社会存在、主体与客体、认识与实践、感性认识与理性认识、联系与发展、普遍与特殊、量与质、肯定与否定、本质与现象、原因与结果、必然与偶然、现实与可能、生产力与生产关系、上层建筑与经济基础、个别与一般、剥削阶级与被剥削阶级、真理与谬误、相对真理与绝对真理、价值与认知、自由与必然，等等，都是对立统一。自然观也好，历史观也好，认识论也好，价值论也好，都贯穿着对立统一。所以，对立统一，既是我们的世界观，也是我们的方法论。

坚持对立统一规律，最重要的是坚持两点论，反对一点论，学会在对立中把握统一、在统一中把握对立。形而上学的要害是一点论，即"在绝对不能相容的对立中思维；他们的说法是：'是就是，不是就不是；除此以外，都是鬼话。'"③。我们反对形而上学，主张照辩证法办事，用毛泽东的话说，叫"一分为二"，用邓小平的话说，叫学会讲两句话。分析形势，总结经验，制定政策，处理问题，看人看事，都要讲两句话，不要只知其一、不知其二，"攻其一点、不及其余"，不能肯定一切、否定一切。例如，既要坚持马克思主义，又要发展马克思主义，少了哪个都不是马克思主义；既要反对平均主义，又要反对两极分化，少了哪个都不是社会主义；既要金山银山，又要绿水青山，少了哪个都不是科学发展观；既要立足中国国情，又要顺应世界潮流，少了哪个都

① 《毛泽东文集》第 7 卷，人民出版社 1999 年版，第 200 页。

② 《毛泽东选集》第 1 卷，人民出版社 1991 年版，第 304 页。

③ 《马克思恩格斯选集》第 3 卷，人民出版社 1995 年版，第 360 页。

不是战略思维。所以，当我们强调某一点的时候，一定要注意，同这一点相联系的还有另一点，也许现在还没有发现另一点，但由此及彼地去找，肯定可以找到另一点。有了这种自觉性，说话、办事就会留有余地，不说过头话，不做过头事。片面性、绝对化、“非此即彼”，必定使自己陷入死胡同，从而走到事情的反面。“物极必反”，这是规律。

世界上的矛盾并不是孤立地存在的，而是相互联系、作为系统而存在的；也不是静止地存在的，而是发展变化、作为过程而存在的。这就是矛盾问题的复杂性，我们应当努力提高处理复杂矛盾的能力，即提高总揽全局的战略思维能力。

唯物辩证法告诉我们，事物作为系统，包括诸多要素；作为过程，包括诸多阶段。所谓全局，就是由诸多要素和诸多阶段所构成的有机整体。战略思维的本质就是通过正确处理各种要素之间的关系、各种阶段之间的关系，以及系统与环境之间的关系，达到全局即整体和长远的最佳效果。其基本原则是：一是着眼全局，即把全局作为观察和处理问题的出发点和落脚点，把全局利益作为最高价值追求。为此，对工作一是必须有全局谋划，不可陷入事物主义；必须以全局利益作为判断是非得失的根本标准，不可因小失大；必须自觉维护事关全局的根本利益，不可丧失原则、随波逐流。二是突出重点，即抓住对全局发展有决定意义的东西，不可平均地使用力量。要紧紧抓住主要矛盾和中心任务，明确战略主攻方向；要下大力气抓住重大矛盾，做好战略布局；要重视抓好突出的薄弱环节，把它作为工作的着力点。三是统筹兼顾，即统筹兼顾各方面工作、统筹兼顾各方面利益，不可顾此失彼、挂一漏万。在统筹兼顾中，最重要的是优化结构，包括优化比例、优化顺序、优化层次、优化形式。四是照应阶段，既注意阶段之间的区别，又注意阶段之间的联系和转化，立足当前，放眼长远，抓住机遇，与时俱进。五是心胸开阔、视野开阔，在系统与环境的联结中研究系统。既要熟悉国情，又要了解世界；既要熟悉本地，又要了解全国；既要熟悉自己，又要了解别人，把别国、别地、别人的一切好东西都拿过来为我所用。

（三）关于反对形式主义问题

这个问题是当前全党上下、干部群众广泛关注的一个问题。早在1992年邓小平就指出：“现在有一个问题，就是形式主义多”，“会议多，文章太长，讲话也太长，而且内容重复，新的语言并不很多”，“要腾出时间来多办实事，多做少说。”他郑重地提出：“我建议抓一下这个问题”①。现在看来，这个问题并没有得到根本解决，形式主义现象仍然大量存在，在某些方面甚至有愈演愈烈之势。所以，胡锦涛在党的十七大报告中再一次提出，要“改进学风和文风，精减会议和文件，反对形式主义、官僚主义，反对弄虚作假”。党的十七届四中全会《决定》要求：“从领导机关做起，大力整治文风会风，提倡开短会、讲短话、讲管用的话，力戒空话套话。”2010 年 5 月 12 日习近平在中央党校发表《努力克服不良文风，积极倡导优良文风》的讲话，许多学者、干部、群众也纷纷发表文章、谈话，呼吁切实抓一下文风会风、反对形式主义问题。在 2010 年全国政协大会上，广州市政协主席朱振中发言，建议狠抓形式主义，短短 8 分钟讲话竟引起 9 次热烈掌声，可见反对形式主义是人心所向。

当前形式主义表现在许多方面。一是理论学习中的形式主义。有的人喊得多、学得少，相逢尽道读书好，灯下可曾见几人？有的学了并不运用，说一套做一套，表里不一、言行不一。有的学习体会一篇接一篇，其实自己不但没写一个字，连个思路也不曾提供过，完全是秀才捉刀。所谓理论武装，在这些人那里不是武装头脑，而是武装嘴巴，装点门面。二是实际工作中的形式主义。有的贯彻上级指示满足于会议开过了，文件传达了，决心表过了，却没有具体思路和举措，更没有具体行动，从一般到一般，结果还是一般。有的乱提指标和口号，表面上轰轰烈烈，实际上是花架子，经不起实践检验。有的到外国外地参观考察，名曰取经，实际上是变相旅游，去的时候轰轰烈烈、热热闹闹，回来以后冷冷清清、依然故我。有的热衷于在传媒上抛头露面，不肯到第一线埋头苦干。三是文风上的形式主义。有些文章和讲话太长太空太重复，充满尽人皆知的大道理，缺少具体管用的内容。有的以引证代替论证，张三怎么说，李四怎么说，就是缺少自己怎么说，典型的“天下文章一大抄”。有的不在琢磨事儿上下功夫，专在琢磨词儿上下功夫，充满四六句、顺口溜，“好听”但不管用。有的既不摆事实、也不讲道理，开口“必须”，闭口“一定要”，居高临下、套话连篇，是十足的官样文

① 《邓小平文选》第 3 卷，人民出版社 1993 年版，第 381—382 页。

章。这些东西，一束缚自己的思想，二浪费别人的时间，三贻误我们的事业，四污染社会风气，五有损论者形象，实在是一大社会公害，我们必须下大决心，努力改变这种不良文风，从领导做起，从各级写作班子做起，从媒体做起。

形式主义的要害是理论同实际相脱离。它把一切正确的理论、原则、方针、政策都变成毫无内容的口号、程式和过场，只讲形式，不讲实效，既缺少求真之心，又缺少务实之意。其原因，有思想意识问题，有精神状态问题，有思想方法问题，还有体制机制问题。有的人搞形式主义是为了做给上级看的，为个人升官晋级创造所谓“业绩”，于是说大话、说假话，热衷于搞那些图虚名而招实祸的花架子。有的人搞形式主义是因为精神状态不佳，因循守旧、不思进取，既不认真读书、又不深入实际调查研究，只能讲一些不痛不痒的套话。有的人搞形式主义是因为思想方法不科学，不善于把一般性原理、原则具体化，不善于总结和概括实践中群众的新创造和新经验，不善于在错综复杂的矛盾中抓住主要矛盾和发展的难得机遇，所以，工作起来四平八稳、一般化。以上都是个体原因。如果说形式主义长期不能解决、而且相当普遍地存在并有愈演愈烈的趋势，那就不能不研究我们的领导体制和工作机制上的问题了。权力过分集中，必然导致许多人“一切向上看”，许多形式主义由此而生。鉴于形式主义表现的多样性和产生原因的复杂性，我们反对形式主义也要进行综合治理，既要重视党的宗旨教育，又要重视体制机制改革，还要重视马克思主义哲学世界观和方法论教育。

（四）关于学习马克思主义哲学问题

马克思主义哲学既是世界观，又是方法论，是认识事物的方法、评价事物的方法、改变事物的方法，因而也就是我们的领导方法、工作方法，概括起来，就是思想方法。毛泽东说：“世界本来是发展的物质世界，这是世界观；拿了这样的世界观转过来去看世界，去研究世界上的问题，去指导革命，去做工作，去从事生产，去指挥作战，去议论人家长短，这就是方法论，此外并没有别的什么单独的方法论。”[①] 对于党员、干部来说，各门科学的具体方法当然是需要学习的，但是，马克思

① 《毛泽东著作专题摘编》（上），中央文献出版社2003年版，第30页。

主义哲学方法是更加需要学习的，因为它所提供的方法具有普遍的根本的指导意义。一旦哲学方法出了问题，那就不是局部问题，而是全局问题；不是枝节问题，而是根本问题。我们党的历史上几次大的错误都证明了这一点。而延安整风运动和十一届三中全会以来的思想大解放，又从正面证明，端正思想路线、树立辩证唯物主义和历史唯物主义世界观、方法论，对于我们事业的胜利发展，具有何等重要的意义。

领导干部是我们事业的带头人，必须有坚定的社会主义信念。然而信念不是简单的誓言，它是一种理性的选择。科学社会主义以马克思主义哲学为基础。没有马克思主义哲学的创立，社会主义就不能从空想变为科学；离开马克思主义哲学的指导，科学社会主义在实践中仍然会重新陷入空想。只有认真学习和掌握马克思主义哲学，才能深刻地理解“两个必然”，才能正确对待社会主义发展中的曲折，才能自觉地立足中国国情走中国特色社会主义道路。

领导干部是管路线、管方针、管政策的。正确的路线、方针、政策，只能在马克思主义哲学的指导下，通过对实际情况的分析才能形成；它的贯彻执行，也只能在马克思主义哲学的指导下，结合各自的不同情况才能实现。这就需要把理论与实践、一般与个别、领导与群众结合起来。只有认真学习和掌握马克思主义哲学，才能正确制定和执行党的路线、方针、政策。

领导干部是领导群众干实事的。干实事，就要求真务实，就要统筹兼顾，就要高瞻远瞩。说空话不行，瞎指挥不行，片面性、绝对化、急功近利也不行。这就要正确处理主观和客观、全局和局部、当前和长远等各方面关系。只有认真学习和掌握马克思主义哲学，才能克服实际工作中的主观性、表面性、片面性，使工作真正收到实效、给人民真正带来实惠。

毛泽东一向重视在干部、群众中普及哲学，强调“让哲学从哲学家的课堂上和书本里解放出来，变为群众手里的尖锐武器”。1955 年 3 月，他在中国共产党全国代表会议上的讲话中说：“马克思主义有几门学问：马克思主义的哲学，马克思主义的经济学，马克思主义的社会主义——阶级斗争学说，但基础的东西是马克思主义哲学。这个东西没有学通，我们就没有共同的语言，没有共同的方法，扯了许多皮，还扯不清楚。有了辩证唯物论的思想，就省得许多事，也少犯许多错误。”因此，“我劝同志们要学哲学。”① 在总结建国以来党的历史经验的过程中，邓小平、陈云等也一再强调要重视学习哲学。邓小平对《关于建国以来党的若干历史问题的决议》起草小组的同志说：陈云“建议中央提倡学习，主要是学习马克思主义哲学，重点是学习毛泽东同志的哲学著作。陈云同志说，他学习毛泽东同志的哲学著作，受益很大。毛泽东同志亲自给他讲过三次要学哲学。他在延安的时候，把毛泽东同志的著作认真读了一遍，这对他后来的工作关系极大。现在我们的干部中很多人不懂哲学，很需要从思想方法、工作方法上提高一步。”② 陈云在1987年有一篇谈话，叫《身负重任和学习哲学》，其中说：“要把我们的党和国家领导好，最要紧的，是要把领导干部的思想方法搞对头，这就要学习马克思主义哲学。”③ 李瑞环在谈到自己成长的体会时说：“我这一生对我帮助最大的就是马克思主义哲学”，“哲学是明白学，智慧学，学懂了哲学，脑子就灵，眼睛就亮，办法就多；不管什么时候、干什么工作都给你方向、给你思路、给你办法”。我们读读他的《学哲学用哲学》和《辩证法随谈》两本书，就会体会到，这确是他的肺腑之言。“学好哲学，终身受用”，这是所有认真学过哲学的同志的共识。我们要发扬党的重视哲学的好传统，在新的历史条件下，在建设学习型政党的过程中，真正重视哲学的学习和应用，切实把我们的思想方法搞对头。这是我们事业兴旺发达的根本思想保证。

---

① 《毛泽东文集》第6卷，人民出版社1999年版，第396页。

② 《〈关于建国以来党的若干历史问题的决议〉注释本》，人民出版社1983年版，第88页。

③ 《毛泽东周恩来刘少奇朱德邓小平陈云思想方法工作方法文选》，中央文献出版社1990年版，第490页。

战略思维方法论[①]

我们党历来重视战略思维。江泽民在一次讲话中说，毛泽东、邓小平都是伟大的战略家，都很重视研究战略问题，当前，我们同样要加强对战略问题的研究。十六大以来，以胡锦涛为总书记的党中央在作出一系列重大战略决策的同时，也反复要求我们提高战略思维能力。这是正确分析国际国内形势，应对各种复杂局面和风险考验，把握工作大局，做好各项工作的一个重要条件，我们每一个领导干部都应当努力提高自己的战略思维能力。

一、战略思维是领导干部必备的一种素质和能力

"战略"一词起源于军事，指的是对战争全局的谋划和指导。中国古代又称庙算、韬略、权谋、方略等等。西方对战略的解释是"将军的艺术"、"在地图上进行战争的艺术"、"研究整个战争区的艺术"。

但战略不止于军事。即使在古代，它也常常跟治国理政相联系。我国战国时期出现的"合纵连横"，作为一种战略，就包括军事、外交、政

---

① 自1999年11月份以来，每个学期我都为中央党校学员讲授战略思维这个专题。本稿是在历次讲稿的基础上修改而成，2012年2月27日印发中央党校省部级干部进修班、厅局级干部进修班、市地党政主要领导干部任职培训班、县委书记任职培训班学员。

治等多方面内容。特别是到了近现代，随着社会生活的日益复杂化和社会交往的日益增多，战略一词被广泛地运用到许多实践领域，出现了诸如政治战略、经济战略、科技战略、文化战略、企业战略、国际战略等等。

现在研究战略问题的著作很多，可以说汗牛充栋，读不胜读。但应当用什么样的思想方法去研究战略问题，即关于战略思维方式的研究，则难得一见。真正高水平的科学论述，我认为还是毛泽东的《中国革命战争的战略问题》的第一章第三节，题目叫《战略问题是研究战争全局的规律的东西》，文字不长，只有两千多字，但非常精辟，值得认真一读。根据毛泽东的论述，我尝试着把战略思维定义如下：战略思维就是关于实践活动的全局性思维，它的基本任务就是通过正确处理实践活动中各方面、各阶段的关系，达到实践全局的最佳效果。

这一思维方式是由事物的本性所决定的。唯物辩证法告诉我们，事物不但作为矛盾而存在，而且作为系统和过程而存在。作为系统，它包含诸多要素；作为过程，它包含诸多阶段。事物的全局，就是由诸多要素和诸多阶段所构成的有机整体，相对于全局来说，各个要素、各个阶段都是局部。一切实践活动，由于其本身的复杂性和过程性，决定实践的主体必须具有总揽全局的战略思维能力。对于领导干部来说，这一点尤其重要。因为他们的实践活动同其他人比较起来，一般总是涉及的领域更广、方面更多、内外关系更为复杂、影响更加深远，因而更加需要有全局眼光，更加需要从战略高度去思考问题。只有具备较高的战略思维能力，才能正确处理战略目标问题、战略布局问题、战略步骤问题、战略转变问题等等，才能有正确的战略谋划和战略行动，从而有效地推动事业全局的发展。

有的同志可能会说，总揽全局是中央领导的事，是大领导的事，他们应当成为战略家；而我们在地方、基层或部门工作，处于局部地位，做的是具体的事，认真贯彻上级指示就是了，何以有必要要求我们提高战略思维能力呢？我们的回答是有必要的，因为：

（一）全局和局部的区别是相对的，不是绝对的，每一局部从一定意义上说也都是全局

毛泽东说：“世界可以是战争的一全局，一国可以是战争的一全局，一个独立的游击区、一个大的独立的作战方面，也可以是战争的一全

局。凡属带有要照顾各方面和各阶段的性质的，都是战争的全局。”① 相对于全党全国大局而言，你是局部，但相对于你所管辖的部分而言，你又是全局，作为相对而言的全局来说，你就有一个正确处理各方面、各阶段的关系问题。我们常说，“人无远虑，必有近忧”，“一着不慎，满盘皆输”。这些具有战略内涵的话，对每个人都是适用的。一个地方、一个部门、一个企业，乃至一个村镇，其领导人员、管理人员只有具备较高的战略思维能力，才能驾驭全局取得事业的成功和可持续发展。中国“天下第一村”华西村的老书记吴仁宝，就是一个具有战略头脑的人。他说：“作为一个单位的头头，头脑要清醒，要常思索，多考虑问题。”考虑什么问题？首先是大事、要事，如什么是社会主义、共产主义？他说：“人民幸福就是社会主义，全人类幸福就是共产主义。”什么是共同富裕？他说：“个人富了不算富，集体富了才算富；一村富了不算富，全国富了才算富。”什么叫富裕？他说：“不但要口袋富，还要脑袋富，两富一齐富才是真正富。”怎样处理国家、集体、个人的关系？他说：“国家一头，依法交足；集体一头，积累留足；村民一头，保持富足。”怎样抓管理？他说：“有统有分，大的管住，小的放活。”为什么应当重视人才？他说：“企业里没有人才，就像庙里没有和尚，什么也干不成；用人对了头，一步一层楼。”怎样抓工作？他说：“要始终做到‘两手抓’，一手抓同党中央保持一致，一手抓同华西村群众保持一致，两头一致，华西村就可以健康长寿了。”如此等等，你看，眼界是何等开阔，心胸是何等开阔，上下左右，四面八方，高瞻远瞩，了然于胸，言简意赅，富于哲理，体现了很高水平的总揽全局的战略思维能力。很显然，这样的基层干部越多，我们事业的发展就越有保证。美国学者马文曾做过专门调查。他向许多企业的高层管理者提出三个调查题目：“你每天花时间最多是哪些方面？”“你认为你每天最重要的事情是什么？”“你在履行你的职责时感到最困难的是什么？”调查结果表明：百分之九十以上的企业家的回答是：最占时间、最为重要、最为困难的事就是战略决策。美国通用电气公司的董事长威尔逊说：“我整天没有做几件事，但有一件做不完的工

---

① 《毛泽东选集》第1卷，人民出版社1991年版，第175页。

作，那就是计划未来。”①

（二）即使从个人所处的局部地位来说，也需要了解全局，增强全局意识，以便更好地服从和服务于全局

毛泽东说：“懂得了全局性的东西，就更会使用局部性的东西，因为局部性的东西是隶属于全局性的东西的。”② 在抗日战争时期，他经常给干部讲课，后来他回忆说，“那时我可讲得多，三天一小讲，五天一大讲”，讲政治、讲军事、讲哲学、讲历史，特别是讲战略，强调“提高战略空气”。他说：“只有了解大局的人才能合理而恰当地安置小东西。即使当个排长也应该有个全局的图画，也才有大的发展。”③ 1954 年 1 月 25 日，邓小平有一个讲话，讲地方财政应该怎样做，一开头就说：“毛泽东曾经指出，我们党历来是重视战略的，部队的战士、伙夫都关心战略，只要把战略形势讲清楚，问题就好办了，毛主席的话说得很对。例如粮食征购，只要把战略问题和全局问题摆开来，就可以得到解决。”“我们的一切工作都会涉及全局与局部的关系、中央与地方的关系、集中统一与因地制宜的关系。大道理与小道理必须讲清楚。”全局和局部缺一不可，但是，必须明确以什么为主导。邓小平说，如果把局部、地方、因地制宜为主导，那就要犯原则的错误，因为“地方是在中央领导下的地方，局部是在全体中的局部，因地制宜是在集中统一下的因地制宜，如果两者之间发生矛盾，地方应服从中央，局部应服从全体，因地制宜应服从集中统一”。然后他说：“财政工作的全局观点是什么呢？财政部门是集中体现国家政策的一个综合部门，和其他工作一样，它必须服从总路线，即必须保证党在过渡时期总路线、总任务的实现。”所以，“财政部门要看到大事，要有战略观念”④。1961 年 12 月 27 日，邓小平在谈到妇女工作时，也强调要有大局意识，说：“妇女工作一定要管本行、议大事。管事要管本行，议事要议大事，要把眼界搞

① 冯之浚：《论战略研究》（增补本），群言出版社 1995 年版，第 30 页。

② 《毛泽东选集》第 1 卷，人民出版社 1991 年版，第 175 页。

③ 金冲及主编：《毛泽东传（1893—1949）》，中央文献出版社 1996 年版，第 523 页。

④ 《邓小平文选》第 1 卷，人民出版社 1994 年版，第 198、199、200 页。

开阔些”，“只看到一个家，不看到国，那怎么行。妇女干部要看世界，农村妇女也要看世界”，“一定要议论大事，不要搞得狭窄得很。在培养妇女干部方面，要注意这个问题。以后订个章程，包括县在内，开妇联会，要议大事。”① 邓小平关于财政工作、妇女工作上述讲话的基本精神，具有普遍的指导意义。一切工作都有全局和局部的关系，都必须懂得全局高于局部、局部服从全局的道理。这样，就要求所有干部都必须具有战略意识和战略思维能力。

二、战略思维的基本要求是一切着眼全局

所谓一切着眼全局，就是坚持把全局作为我们考虑一切问题的出发点和落脚点，以全局利益作为最高的价值追求。这是战略思维的基本要求。其具体含义主要有以下三个方面：

（一）对工作一定要有全局的谋划，不可陷入事务主义

中国古人说，不谋全局者不足以谋一域，不谋长远者不足以谋一时。目无全局的军人，即使能征得一城一地乃至几城几地，最终难免全军覆没，就如同目无全局的棋手，纵然能谋得一子一目乃至几子几目，最终难免满盘皆输。所谓全局的谋划，就是要善于思考，特别是善于进行三个方面的思考：一是善于把具体问题上升到原则上去思考，不要就现象论现象。现象无穷无尽，一天到晚不睡觉也论不完、抓不完，而且就现象论现象很可能扶东倒西、挂一漏万。把现象上升到本质，上升到规律，上升到原则，情况就大不相同了。面对当代世界纷繁复杂的各种问题，邓小平说，无非是和平问题、发展问题。和平问题就是东西问题，发展问题就是南北问题，归结起来就是“东西南北”问题。你看，四个字就抓住了根本，抓住了全局。当前中国面对的问题也十分复杂，如资源环境问题，贫富差距问题，发展不平衡问题，反腐败问题，教育问题，医疗问题，社会保障问题，社会治安问题，诚信缺失问题，等等，以胡锦涛为总书记的党中央把这些问题上升到原则上加以分析，最后归结起来，无非是八个大字：“科学发展”、“社会和谐”问题。抓住

① 《邓小平文选》第1卷，人民出版社1994年版，第296页。

了这八个字，就抓住了根本、抓住了全局。所谓上升到原则上去思考，说到底就是对工作要进行规律性思考。二是善于把局部问题放在整体中加以思考，不要只见树木、不见森林。世界是普遍联系的，没有绝对孤立存在的东西。许多事情牵一发而动全身，不可孤立对待，要联系起来思考，系统加以解决，学会照顾左邻右舍。用规范的语言说，叫统筹兼顾。在社会经济成分、组织形式、利益分配、就业方式等等愈来愈多样化的今天，统筹兼顾就愈加显得重要。统筹兼顾才有科学发展，才有公平正义，才有社会和谐，才能最广泛地调动各方面的积极性。所谓整体性思考、系统性思考，说到底，就是要求我们既不要孤立地强调某一个东西，也不要随意地抛弃某一个东西，不要零敲碎打，不要“攻其一点、不及其余”。三是善于把当前的问题放在过程中加以思考，不要急功近利、鼠目寸光。事情要看得远一些。所谓“远见卓识”，远见才有卓识，没有远见哪里有卓识！马克思“两个必然”的结论，就是远见卓识；毛泽东“星星之火，可以燎原”的预见，就是远见卓识。邓小平说：“一些国家出现严重曲折，社会主义好像被削弱了，但人民经受锻炼，从中吸取教训，将促使社会主义向着更加健康的方向发展。因此，不要惊慌失措，不要认为马克思主义就消失了，没用了，失败了。哪有这回事!”这也是远见卓识。江泽民说：“不仅要安排好当前的发展，还要为子孙后代着想，决不能吃祖宗饭，断子孙路，走浪费资源和先污染后治理的路子。”胡锦涛说：“不能以牺牲环境为代价去换取一时的经济增长，不能以眼前的发展损害长远利益，不能用局部发展损害全局利益。”这都叫远见卓识。这种思考也就是前瞻性思考。总之，战略思维要求我们对工作一定要重视规律性、系统性、前瞻性思考，重视想大事、谋全局，努力做到高瞻远瞩。这样，就要反对事务主义。所谓事务主义，就是对工作缺少全局谋划，整天忙于具体事务，忙于文山会海，忙于送往迎来，工作不分轻重缓急，头疼医头、脚疼医脚，管了许多不该管、管不好、也管不了的事，结果捡了芝麻，丢了西瓜。这是难以成就大事的。现在流行一种说法，叫“细节决定成败”，对这个说法要有正确理解。我们当然应当重视细节，毛泽东说，要过细地做工作，不要粗枝大叶。但是，不能片面夸大细节的作用，不能无条件地说它就是决定一切的东西。如果战略上出了问题，细节没有意义，或者只有相反的意义，正所谓“南其辕而北其辙”，细节越细，结果越糟。我们不能不加分析地把人们的注意力引导到细节上去，对于领导人员、管理人员来说，第一重要的是战略。细节错误总是难以完全避免的，可以说几乎天天在犯；而战略错误一个都不应当犯，因为一个战略错误将导致全军覆没、企业的一败涂地和工作的全局失败。毛泽东说："指挥全局的人，最要紧的是把自己的注意力摆在照顾战争的全局上面，……如果丢了这个去忙一些次要的问题，那就难免要吃亏了。"① 邓小平说："不管对现在还是对未来，我讲的东西都不是从小角度讲的，而是从大局讲的。"② 陈云提倡"踱方步"，说："过去旧商人中，有一种头戴瓜皮帽、手拿水烟袋的，他们专门考虑战略性问题，比如缺什么货，应该什么时候进什么货。我们县商店的经理一天忙得要死，晚上还要算账到十二点，要货时，再开夜车临时凑。看来，我们的县商店，也应该有踱方步专门考虑'战略性问题'的人。"③ 所有这些，都是强调对工作一定要有全局的谋划。

（二）判断是非得失一定要以全局利益作为根本标准，不可因小失大

世界上的事情总是利弊相伴而生，有其利必有其弊。智者之智在于谋大利而避大害。中国古人说"有所得有所失"，"有所为有所不为"，"有所进有所退"，"将欲取之必先与之"，"小不忍则乱大谋"，等等，讲的都是着眼全局的大道理。在中国土地革命战争时期的第五次反"围剿"中，"左"倾冒险主义者不懂得这个着眼全局的大道理，主张"不丧失一寸土地"，反对一切必要的退却，认为退却丧失土地、危害人民（所谓打烂坛坛罐罐），结果造成全局的失败。毛泽东说：关于丧失土地的问题，常有这样的情形，就是只有丧失才能不丧失，这是"将欲取之必先与之"的原则。如果我们丧失的是土地，而取得的是战胜敌人，加恢复土地，再加扩大土地，这是赚钱的生意。他又说：危害人民的问题同此道理。不在一部分人民家中打烂坛坛罐罐，就要使全体人民长期地打烂坛坛罐罐。接着毛泽东作了一个总结，指出："他们看问题仅从一

① 《毛泽东选集》第1卷，人民出版社1991年版，第176页。

② 《邓小平年谱（1975—1997）》（下），中央文献出版社2004年版，第1362页。

③ 《陈云文选》第2卷，人民出版社1995年版，第334页。

局部出发，没有能力通观全局，不愿把今天的利益和明天的利益相联结，把部分利益和全体利益相联结，捉住一局部一时间的东西死也不放。”① 这就叫因小失大。第二次世界大战期间，在伦敦英美给养司令部的墙上，醒目地书写了一首 1620 年摇篮曲：“为了要得到一枚钉子，竟失去了一块蹄铁；为了要得到一块蹄铁，竟失去了一匹马；为了要得到一匹马，竟失去了一位骑手；为了要得到一位骑手，竟失去了一次战斗；为了要在一次战斗中取胜，竟连国王也失去了。”这里警示人们的也是不可因小失大。打仗如此，搞改革、搞建设，搞一切工作，均莫不如此。我们从战略上调整国有经济布局，“坚持有进有退，有所为有所不为”的方针，正是着眼全局，为了从根本上提高国有经济的整体素质和整体效益。我们实行可持续发展的战略方针，也是着眼全局，为了把今天的发展同明天的发展联结起来，避免由于今天的发展而使明天的发展丧失必要条件。邓小平说：“有些事从局部看可行，从大局看不可行。有些事从局部看不可行，从大局看可行。归根到底要顾全大局。”② 邓小平处理“傻子瓜子”一事，就是一个“典型案例”。有人反映“傻子”年广九雇了 100 多工人，赚了 100 多万，说他剥削致富，主张动他。邓小平说：“不能动，一动人们就说政策变了，得不偿失。”③ 这里讲的得失，指的是大局的得失。当时刚刚开始搞活，抓了一个“傻子”，成千上万的聪明人就不敢动了，大局得不偿失。邓小平说：“像这一类的问题还有不少，如果处理不当，就很容易动摇我们的方针，影响改革的全局。”④ 所以，有些事处理还是不处理，这样处理还是那样处理，马上处理还是放一放再处理，都不仅要考虑这个事情本身的是非得失，还要考虑对全局可能产生的影响。这是战略家的眼光。

（三）在事关全局的问题上必须旗帜鲜明，不可随波逐流

全局利益是根本利益，丢掉全局就是丢掉根本，在事关全局的问题上，一定要立场坚定，旗帜鲜明，这就是原则性、党性；而在事关全局

① 《毛泽东选集》第 1 卷，人民出版社 1991 年版，第 212 页。
② 《邓小平文选》第 2 卷，人民出版社 1994 年版，第 82 页。
③ 《邓小平文选》第 3 卷，人民出版社 1993 年版，第 371 页。
④ 《邓小平文选》第 3 卷，人民出版社 1993 年版，第 371 页。

问题上模棱两可、摇摆不定、随波逐流，甚至颠倒是非，就是丧失原则、丧失党性。前面我们所说的妥协、让步、退却等等，都是联系于全局需要所采取的策略和手段，是为了实现原则性而实行的必要的灵活性；如果离开了原则性，离开了全局的需要，甚至破坏了全局，那就不是灵活性，而是机会主义，不是策略和手段，而成了目的。这当然是不许可的。所谓大智若愚，并不是愚，而是真正的清醒，是大事不糊涂、小事不计较。如果大事糊涂，那就不可救药了。毛泽东说，邓小平绵里藏针，指的就是原则性强。粉碎“四人帮”以后，中央“两报一刊”提出“两个凡是”，当时邓小平还没有出来工作，他就旗帜鲜明地说：“两个凡是”不符合马克思主义。在原则性问题上毫不让步。因为“两个凡是”不破除，中国没希望。随着拨乱反正的深入开展，一些人又走上另一个极端，企图否定毛泽东的历史地位和毛泽东思想的指导意义，这时，邓小平又及时地指出：正确处理这个问题，“不是仅仅涉及毛泽东同志个人的问题，这同我们党、我们国家的整个历史是分不开的。要看到这个全局。……决议稿中阐述毛泽东思想的这一部分不能不要。这不只是个理论问题，尤其是个政治问题，是国际国内很大的政治问题。如果不写或写不好这个部分，整个决议都不如不做。”[①] 1989 年那场政治风波过后，针对有的人对十一届三中全会以来路线的怀疑，邓小平旗帜鲜明地说：“改革开放政策不变，几十年不变，一直要讲到底。国际国内都很关心这个问题。要继续贯彻执行十一届三中全会以来的路线、方针、政策，连语言都不变。十三大报告是经过党的代表大会通过的，一个字都不能动。”[②] 在反“左”反右的问题上，他从来都是旗帜鲜明的，全面又始终有重点，说：“右可以葬送社会主义，‘左’也可以葬送社会主义。中国要警惕右，但主要是防止‘左’。”他不点名地说：“有些理论家、政治家，拿大帽子吓唬人的，不是右而是‘左’。”[③] 在事关全局的问题上，共产党员、领导干部必须旗帜鲜明。细节问题可以讨论，非原则问题可以让步，但关系全局的大事、要事，决不能含糊和让步，在原则性问题上，要有一种咬定青山不放松、任尔东西南北风的

① 《邓小平文选》第 2 卷，人民出版社 1994 年版，第 299 页。

② 《邓小平文选》第 3 卷，人民出版社 1993 年版，第 296 页。

③ 《邓小平文选》第 3 卷，人民出版社 1993 年版，第 375 页。

坚定和清醒。

三、战略思维应当坚持的若干重要原则

为了实现“着眼全局”这个基本要求，需要正确处理要素与要素、系统与环境、阶段与阶段之间的关系。处理这些关系，应当坚持以下几个重要原则。

（一）把握重点

全局由局部构成，每一局部在全局中都有其一定的地位和作用。但是，它们的地位和作用是各不相同的，有的是一般性的，有的是比较重要的，有的是最重要、有决定意义的。我们对于各个局部不可以平均地使用力量，而应当把握重点，突出重点。荀子说：“主好要则百事详，主好详则百事荒”，“故明主好要，而暗主好详”。没有重点就没有政策，丢掉了重点就丢掉了全局。所谓“一着不慎，满盘皆输”，这里说的一着，不是任意的一着，不是每一着，而是那有全局意义的关键的重点的一着。所以，毛泽东说：“任何一级的首长，应当把自己注意的重心，放在那些对于他所指挥的全局说来最重要最有决定意义的问题或动作上，而不应当放在其他的问题或动作上。”[①] 那么，对于领导人员、管理人员来说，哪些问题应当成为重点问题呢？大体上有三类问题：

第一，主要矛盾和中心任务。它决定战略主攻方向，对全局的发展起主要的决定作用。抓住了主要矛盾和中心任务，就可以提纲挈领带动全盘，事半而功倍；不去抓主要矛盾和中心任务，平均使用力量，就会茫无头绪，事倍而功半；抓错了主要矛盾和中心任务，就会劳而无功，导致全局的失败。在我国，在今天，必须紧紧抓住经济建设这个中心任务，这是“兴国之要”。同样，企业必须坚持以效益为中心，学校必须坚持以教学为中心，科研院所必须坚持以出成果为中心，军队必须以打仗（训练）为中心，如此等等。陈云说：“工作要抓住中心”，“中心工作与经常工作要分清。不忘记经常工作，但必须抓住中心，防止事务主

---

① 《毛泽东选集》第1卷，人民出版社1991年版，第176页。

义，乱无头绪。……平均使用力量，瞎抓一气，必无成效。”① 李瑞环风趣地说，不分轻重缓急，眉毛胡子一把抓，核桃栗子一块数，那就好比螃蟹吃豆腐——吃的不多，抓的挺乱。

第二，重大矛盾和战略布局。主要矛盾规定了工作的战略主攻方向，它是至关紧要的，但不是唯一的。围绕主要矛盾还有一系列事关全局的重大矛盾，它们决定我们工作的战略布局。主要矛盾和重大矛盾相互联系、相互作用，共同推动全局的发展。毛泽东的《论十大关系》为我们提供了这种研究的范例。在我国社会主义现代化建设的今天，围绕经济建设这个中心，也有一系列事关全局的重大关系需要我们正确处理，例如，发展、改革、稳定之间的关系，经济建设、政治建设、文化建设、社会建设之间的关系，城乡之间、区域之间的关系，先富、后富、共同富裕之间的关系，公有制与非公有制之间的关系，经济建设与人口、资源、环境之间的关系，经济建设与国防建设之间的关系，中央与地方之间的关系，中国与世界之间的关系等等。中国特色社会主义理论体系就是正确处理这些重大关系的理论总结。全国如此，一个地区、一个部门、一个单位，也是如此，都要围绕自己的工作中心抓好自己事关全局的重大关系问题，例如，军队工作要正确处理战争与和平的关系，国防建设与经济建设的关系，革命化、现代化、正规化之间的关系，数量与质量之间的关系，常备军与国防后备力量之间的关系，继承优良传统与改革创新之间的关系，学习外军有益经验与保持我军特色之间的关系，等等。统一战线工作要正确处理各阶级、阶层之间的关系，各民族之间的关系，有神论者与无神论者之间的关系，各种宗教之间的关系，共产党与民主党派之间的关系，海内外华人华侨之间的关系，等等。文艺工作要正确处理文艺与生活的关系，文艺与群众的关系，文艺主旋律与多样性的关系，文艺的雅与俗的关系，等等。外交工作要正确处理韬光养晦与有所作为的关系，坚持原则与有理有利有节的关系，主要矛盾与次要矛盾的关系，真老虎与纸老虎的关系，接触与斗争的关系，等等。总之，凡有全局必有主要矛盾，围绕主要矛盾又有重大矛盾，在把握中心的同时做好战略布局，是总揽全局的一项重要领导艺术。

---

① 《陈云文选（1926—1949）》，人民出版社1984年版，第153、154页。

第三，关键环节和工作的着力点。构成全局的各个局部在发展中总是不平衡的，有的比较先进，有的比较薄弱。善于抓住最薄弱的环节，把它作为工作的着力点，可以有效地推动全局的发展。不论破坏旧世界还是建设新世界，这都是一个重要方法。所谓“木桶理论”说的就是这个道理。“文化大革命”结束以后，问题成堆成山，邓小平领导我们紧紧抓住思想路线拨乱反正这个关键环节，便势如破竹地推进了各条战线的拨乱反正和全面改革，从而开创了中国社会主义发展的新局面。中国的现代化包括工业现代化、农业现代化、科学技术现代化、国防现代化，邓小平说，关键是科学技术现代化，据此我们确立了科教兴国战略。各地的发展也是一样，上海的发展抓住了浦东就是抓住了关键，天津的发展抓住了滨海新区就是抓住了关键。“总之，一个原则，就是注意于那些有关全局的重要的关节。”①

（二）统筹兼顾

强调重点不是否定其他，而是为了更好地带动其他。这就要求在把握重点的同时，对构成全局的各个局部实行统筹兼顾。这是我们党历来的方针，也是一项重要的领导艺术。

从外延来说，统筹兼顾包括两个方面：一是对各方面工作要统筹兼顾，不可挂一漏万、顾此失彼，毛泽东形象地比喻为“弹钢琴”，说：“弹钢琴要十个指头都动作，不能有的动，有的不动。……党委要抓紧中心工作，又要围绕中心工作而同时开展其他方面的工作。我们现在管的方面很多，各地、各军、各部门的工作，都要照顾到，不能只注意一部分问题而把别的丢掉。凡是有问题的地方都要点一下，这个方法我们一定要学会。”② 二是对人民内部利益的各方面要统筹兼顾，不可只顾一部分人的利益而不顾其他人的利益，更不可不顾多数人的利益。在抗日战争时期，毛泽东说：“中国共产党提出的各项政策，都是为着团结一切抗日的人民，顾及一切抗日的阶级，而特别是顾及农民、城市小资产阶级以及其他中间阶级的”，“在土地关系上，我们一方面实行减租减息，使农民有饭吃；另一方面，又实行部分的交租交息，使地主也能过

---

① 《毛泽东选集》第1卷，人民出版社1991年版，第177页。

② 《毛泽东选集》第4卷，人民出版社1991年版，第1442页。

活。在劳资关系上，我们一方面扶助工人，使工人有工做，有饭吃；另一方面，又实行发展实业的政策，使资本家也有利可图”，“就是要为全国一切抗日的人民谋利益，而不是只为一部分人谋利益。”① 新中国建立前夕，毛泽东提出一个“四面八方”的方针：“公私兼顾，劳资两利，城乡互助，内外交流。”这是新中国新民主主义经济政策上的统筹兼顾。在社会主义建设时期，毛泽东把调动一切积极因素作为建设社会主义的一项基本方针，1957年1月他在《在省市自治区党委书记会议上的讲话》中说：“统筹兼顾，各得其所，这是我们历来的方针。”他强调处理所有问题，都要从对全体人民统筹兼顾这个观点出发。现在，我国进入全面建设小康社会的新的发展阶段。党的十六大提出的奋斗目标是一个全面的奋斗目标：“使经济更加发展、民主更加健全、科教更加进步、文化更加繁荣、社会更加和谐、人民生活更加殷实。”这就要求对各方面工作统筹兼顾。为了实现这个全面的奋斗目标，党的十六大提出：“妥善处理各方面的利益关系，把一切积极因素充分调动和凝聚起来，至关紧要。”“对为祖国富强贡献力量的社会各阶层人们都要团结，对他们的创业精神都要鼓励，对他们的合法权益都要保护，对他们中的优秀分子都要表彰，努力形成全体人民各尽所能、各得其所而又和谐相处的局面。”② 在党的十七大报告中，胡锦涛说，科学发展观的根本方法是统筹兼顾。其中包括三层意思：一是正确认识和处理各方面工作的关系，统筹城乡发展、区域发展、经济社会发展、人与自然和谐发展、国内发展和对外开放。二是正确认识和处理各方面利益关系，统筹中央和地方关系，统筹个人利益和集体利益、局部利益和整体利益、当前利益和长远利益。三是统筹国内国际两个大局，善于从国际形势发展变化中把握发展机遇、应对挑战，营造良好国际环境。

这里需要明确的是，什么叫统筹兼顾？统筹兼顾不是简单地一、二、三、四、五的排列，不是形式主义的甲乙丙丁开中药铺，而是要正确处理各方面之间的关系，其中最重要的是比例关系和顺序关系。所谓比例关系，就是何者为重、何者为轻的问题，要有一个优化的比例。例

① 《毛泽东选集》第3卷，人民出版社1991年版，第808页。

② 江泽民：《全国建设小康社会，开创中国特色社会主义事业新局面》，《中国共产党第十六次全国代表大会文件汇编》，人民出版社2002年版，第18、14、15页。

如，所有制结构、产业结构、经济增长动力结构、投资结构、分配结构、企业结构、产品结构等等，都有比例优化问题。人民代表大会中各阶级、各阶层、各党派、各民族、各地区各有多少代表，也是比例问题。领导班子的年龄结构、知识结构、智能结构，教育的层次结构、专业结构、人才结构等等，都是比例问题。比例不同，效能不同，优化的比例才能产生优化的效能。所以，毛泽东要求我们要“胸中有‘数’”。他在《党委会的工作方法》一文中说：“对情况和问题一定要注意到它们的数量方面，要有基本的数量的分析。任何质量都表现为一定的数量，没有数量也就没有质量。我们有许多同志至今不懂得事物的数量方面，不懂得注意基本的统计、主要的百分比，不懂得注意决定事物质量的数量界限，一切都是胸中无‘数’，结果就不能不犯错误。”① 所谓顺序关系，就是何者为先、何者为后的问题，要有一个优化的顺序。《史记》中“田忌赛马”的故事讲的就是如何以优化的顺序取胜的问题，华罗庚的运筹法也是讲的顺序优选法。中国的革命、中国的改革从农村到城市，中国的开放从沿海到内地，中国的发展从又快又好到又好又快，都是顺序问题，也都是事关全局的战略问题。中国解放战争后期在东北战场，毛泽东提出先打锦州、后打长春、沈阳，华北战场先取两头（天津、张家口和新保安），后取中间（北平），都是顺序优化的战略杰作。邓小平“两个大局”的思想是关于我国发展问题上的一个战略杰作。他在20世纪80年代说：“沿海地区要加快对外开放，使这个拥有两亿人口的广大地带较快地先发展起来，从而带动内地更好地发展，这是一个事关大局的问题。内地要顾全这个大局。”同时他又说：“发展到一定的时候，又要求沿海拿出更多力量来帮助内地发展，这也是个大局。那时沿海也要服从这个大局。”② 这个先后顺序都不是从局部考虑的，而是从全局考虑的。沿海率先发展，不仅仅是为了沿海，而是着眼全国，包括内地；到一定时候（后来他在“南方谈话”中讲，到20世纪末）帮助内地加快发展，也不仅仅是为了内地，同样是着眼全国，包含沿海（因为沿海的进一步发展需要内地更多的资源和更大的市场）。所以，事关全局的顺序问题是战略问题。

---

① 《毛泽东选集》第4卷，人民出版社1991年版，第1442页。

② 《邓小平文选》第3卷，人民出版社1993年版，第278页。

（三）开阔视野

系统作为整体，不但在内部存在诸多要素之间的联系，而且在外部存在与环境之间的联系。系统与环境之间不断进行物质、能量、信息的交换，一切事物的发展都不能不受到周围环境的影响。因此，做好全局工作，一定要有开阔的视野。邓小平说："眼界要非常开阔，胸襟要非常开阔"，"放眼世界，放眼未来，也放眼当前，放眼一切方面"①。

第一，要放眼世界。中国古人说："不审天下之势，难应天下之务。"现在的世界是开放的世界，中国的发展离不开世界。不了解中国国情，会脱离中国实际，固然办不好中国的事情；不了解世界，会落后于时代潮流，同样办不好中国的事情。中国特色社会主义理论体系之所以富有强大的生命力，在于它既深深植根于中华大地，又有开阔的世界眼光。我们正确分析时代特征，作出"和平与发展"是当今世界两大主题的科学判断，明确自己的任务就是抓住和平机遇、加快自己的发展；我们正确分析世界经济发展趋势，作出"经济全球化"的科学判断，实行对外开放的基本国策；我们正确分析世界科技革命形势，作出"科学技术是第一生产力"的科学判断，制定和实施科教兴国战略；我们正确分析国际共产主义运动的经验教训，作出"走自己的道路，建设有中国特色的社会主义"的战略决策；我们正确分析发达国家发展的态势和矛盾、成就和危机，实行独立自主的和平外交政策，在促进世界和平和国际合作中应对各种挑战和风险考验。这就是胡锦涛所说的："统筹国内国际两个大局，树立世界眼光，加强战略思维，善于从国际形势发展变化中把握发展机遇、应对风险挑战，营造良好国际环境。"② 在当代，一个国家的发展离不开世界，一个真正现代化的企业的发展也离不开世界。美国的一些大企业，为了制定自身的发展战略，组织专门力量研究国际国内经济环境对自身经营发展的影响。例如：美国 IBM 公司曾聘请 30 名经济学家与系统分析学家，从事对美国经济、世界经济与 IBM

---

① 《邓小平文选》第 3 卷，人民出版社 1993 年版，第 299、300 页。

② 胡锦涛：《高举中国特色社会主义伟大旗帜，为夺取全面建设小康社会新胜利而奋斗》，《中国共产党第十七次全国代表大会文件汇编》，人民出版社 2007 年版，第 16 页。

公司的经营作相关分析，以求对公司的发展战略提出科学的依据和有效的咨询。这些专家建立和使用经济计量模型，对美国经济作两年和六年的预测研究，从而估计 IBM 在美国市场上所占的地位。他们建立与使用宏观经济模型，对当时的西德、日本、英国、法国、巴西、意大利等六国进行季度和年度的经济预测，建立与使用贸易分析模型，分析各国贸易之间的相互影响，同时使用世界贸易和外汇率模型，从而估算各种经济环境发生变化时对 IBM 公司产品需求的变化。这些经济环境的分析与预测，为该公司战略规划的制定提供了科学的论据①。

第二，要放眼全国。深刻认识基本国情，了解全国工作大局，掌握党的大政方针，自觉在大局下行动。毛泽东说：“我党规定了中国革命的总路线和总政策，又规定了各项具体的工作路线和各项具体的政策。但是，许多同志往往记住了我党的具体的各别的工作路线和政策，忘记了我党的总路线和总政策。而如果真正忘记了我党的总路线和总政策，我们就将是一个盲目的不完全的不清醒的革命者，在我们执行具体工作路线和具体政策的时候，就会迷失方向，就会左右摇摆，就会贻误我们的工作。”② 在今天，放眼全国，最重要的是牢牢把握中国社会主义初级阶段的基本国情，党的“一个中心、两个基本点”的基本路线，分三步走实现现代化的发展战略，以人为本、全面协调、可持续的科学发展观，这就是我们的基本国情，这就是我们的工作大局，这就是我们的大政方针。大局在胸，我们就有坚定正确的政治方向，就有明确的奋斗目标和科学的指导思想，就能卓有成效地做好我们的本职工作，为全国大局的发展做出应有的贡献。

第三，要放眼一切方面。我们所面对的一切都处于相互联系之中，自然、社会、思维，经济、政治、文化，国家、集体、个人，东部、中部、西部，一产、二产、三产，古今中外、上下左右，没有一种东西是孤立存在的。我们研究其中任何一个事物都要联系到与它相关的事物，把握它们之间的相互依存和相互转化。研究政治离不开经济，研究文化离不开经济和政治，研究党情离不开国情，研究城市离不开农村，研究本地离不开外地，研究今天离不开历史，如此等等。因此，研究问题一

---

① 参见冯之浚著：《论战略研究》，群言出版社 1995 年版，第 30 页。

② 《毛泽东选集》第 4 卷，人民出版社 1991 年版，第 1316 页。

定要有开阔的视野，要眼观六路耳听八方，不仅要放眼世界、放眼全国，还要放眼一切方面。列宁说："要真正地认识事物，就必须把握住、研究清楚它的一切方面、一切联系和'中介'。我们永远也不会完全做到这一点，但是，全面性这一要求可以使我们防止犯错误和防止僵化。"① 马克思说："人的本质是社会关系的总和"，毛泽东提出研究党史要运用"古今中外法"，科学发展观的根本方法是"统筹兼顾"，所有这些都是以事物的普遍联系为根据的，对这些联系的认识越全面、越深刻，就越能揭示事物的本质，也就越能找到解决问题的正确方法。

（四）照应阶段

以上"把握重点"、"统筹兼顾"、"开阔视野"，都是从"系统"角度研究全局。下面我们从"过程"角度研究全局，这里有两个重点：一是照应阶段；二是抓住机遇。

先说照应阶段，这里也有两个要点：

第一，立足当前，不要超越阶段。马克思主义者是唯物主义者，唯物主义要求我们一切从实际出发，不能用幻想的东西代替现实的东西，不能用抽象的可能性代替现实的可能性。现实情况乃是我们考虑一切问题、制定一切方针政策的最根本的依据。我们需要的主体能动性是根据和符合于客观实际的能动性。我们只能去做那些经过努力可以做到的事情，而不要勉强去做那些在现阶段经过努力也做不到的事情。超越阶段，曾经是我们一个很大的教训。过去搞革命就犯过超阶段的"左"的错误，所谓民主革命与社会主义革命"毕其功于一役"就是超阶段。20世纪五六十年代搞建设也犯过超阶段的错误，其集中表现是两个方面：一是发展生产力急于求成，1958年发动"大跃进"，提出"人有多大胆，地有多高产"，"思想有粮就有粮，思想有钢就有钢"，"苦战三年基本改变面貌"，急于超英赶美，刮起浮夸风，结果欲速不达，受到自然规律、经济规律的惩罚。接受这个教训，在党的十一届三中全会以后，我们清醒分析中国国情，确认我国处于并将长期处于社会主义初阶段，这个阶段从20世纪50年代到本世纪中叶，大约需要经历一百年时间，要分"三步走"逐步实现现代化。这就比较实事求是了，结果搞得很

---

① 《列宁选集》第4卷，人民出版社1995年版，第419页。

快。过去超阶段的另一表现是调整生产关系盲目求纯，认为越公越好、越纯越好，不断过渡，老割所谓“资本主义尾巴”，甚至鼓吹“跑步进入共产主义”，结果破坏生产力，把老百姓搞得很穷。党的十一届三中全会以后，我们接受这个教训，确立“公有制为主体、多种所有制共同发展”的基本经济制度，结果大大促进了我国社会生产力的发展。邓小平对此作了深刻总结，说：“不要离开现实和超越阶段采取一些‘左’的办法，这样是搞不成社会主义的。”① 又说：“社会主义本身是共产主义的初级阶段，而我们中国又处在社会主义的初级阶段，就是不发达的阶段。一切都要从这个实际出发，根据这个实际来制定规划。”② 一个国家如此，一个地方，一个部门、一个单位也如此。都要从实际出发想问题，不要离开现实可能性去提口号、定目标、作规划。据报道，全国有 183 个城市提出要把自己的城市建设成国际大都会，这简直是异想天开嘛！我们有一个毛病就是爱刮风，你大我比你还大，你高我比你还高，再加上“上有好者、下必甚焉”，结果往往脱离实际，劳民伤财。

第二，放眼长远，不要鼠目寸光。阶段之间既互相区别，又互相联系，我们在实现今天任务的同时，要为明天的发展准备必要条件，而不是使明天的发展丧失必要条件。这就要求具备长远的眼光。毛泽东在谈到战争的时候说：“初战的计划必须是全战役计划的有机的序幕。没有好的全战役计划，绝不能有真正好的第一仗。这就是说，即使初战打了一个胜仗，若这个仗不但不于全战役有利，反而有害时，则这个仗虽胜也只算败了。……因此在打第一仗之先，必须想到第二、第三、第四以至最后一仗大体上如何打法，……没有全局在胸，是不会真的投下一着好棋子的。”③ 没有长远打算，束缚于眼前的利害，就是失败之道。打仗如此，搞建设、搞改革、搞一切工作莫不如此。邓小平说：“考虑任何问题都要着眼于长远”，“要总结现在，看到未来，”“回顾过去，着眼未来”④。这就要求在实践活动中加强预见性。战略思维在本质上是预见思维。战略目标的确立，战略步骤的设计，战略布局的谋划，战略举

① 《邓小平文选》第 2 卷，人民出版社 1994 年版，第 312 页。

② 《邓小平文选》第 3 卷，人民出版社 1993 年版，第 252 页。

③ 《毛泽东选集》第 1 卷，人民出版社 1991 年版，第 221 页。

④ 《邓小平文选》第 3 卷，人民出版社 1993 年版，第 298、308、327 页。

措的选择，都属于对未来的思考，都是预想的东西。可以说，没有预见就没有战略。所谓预见就是见微而知著。“凡事预则立，不预则废”。有了科学预见，才能胸怀远大目标，才能关照好发展的各个阶段，才能未雨绸缪，防患于未然。先算后胜，是一切实践活动的成功之道。毛泽东在党的七大结论报告中对领导与预见的关系作了深刻阐述，他说：“预见就是预先看到前途趋向。如果没有预见，叫不叫领导？我说不叫领导。”“坐在指挥台上，如果什么也看不见，就不能叫领导。坐在指挥台上，只看见地平线上已经出现的大量的普遍的东西，那是平平常常的，也不能算领导。只有当着还没有出现大量的明显的东西的时候，当桅杆顶刚刚露出的时候，就能看出这是要发展成为大量的普遍的东西，并能掌握住它，这才叫领导。”所以，“为着领导，必须有预见。”“没有预见就没有领导，没有领导就没有胜利。因此，可以说没有预见就没有一切。”①

（五）抓住机遇

什么叫机遇？机遇是一种可能性。在事物发展过程中，常常出现一种加速发展或实现质的飞跃的可能性，这种可能性对主体而言，就是机遇。战有战机，商有商机，一切都有机遇。我国战国初期的军事家吴起十分重视战机，他说：“用兵之害，犹豫最大；三军之灾，生于狐疑。”18 世纪末 19 世纪初法国的拿破仑说：“战略就是运用时间和空间的艺术。我是比较重视前者。空间失去了，还可以收回，时间则一去永不回。”“在战争中时间的损失无可补救，任何解释都没有用，因为迟误即为失败的主因。”他甚至说：“最好的士兵不是会打仗而是会走路。”这是讲的战争，强调战机的重要。经商作决策也很重要，不可错过商机。美国著名企业家李·艾柯卡说：“即使是正确的决策，如果决定迟了，也会是错误的。”他对接替他担任福特汽车总裁的菲利普·考德威尔说：“菲尔，你的问题就出在你上过哈佛大学。你受的教育是，当你没有获得全部事实根据之前，不要采取行动。你即使得到了 95％的事实根据，你也还得花 6 个月的功夫去得到其余的 5％，而当你得到 100％的事实根据时，它们已经过了时，因为市场情

① 《毛泽东文集》第 3 卷，人民出版社 1996 年版，第 394、395、396 页。

况变了。”他的意思是，在瞬息万变的市场面前，观其大略就应该当机立断，即使决断有某些不够完备的地方，那也可以在实践中继续完善，而不应错过时机。

毛泽东要求我们，“要多谋善断”。多谋，就是多研究，多思考，多商量，特别是要多跟群众商量（走群众路线），多在班子内部商量（坚持民主集中制）。多谋是善断的基础，只有多谋才能善断。但是，多谋还不等于善断。所谓善断，一要断得正确，二要断得及时。主观武断固然会丧失机遇，优柔寡断也会丧失机遇。当断不断，反受其乱。在多谋的基础上，当机立断，才能抓住机遇。毛泽东在读《南史·梁武帝纪》时，写了如下两句话：“时来天地皆同力，运去英雄不自由”。这两句诗是唐朝人罗隐《筹笔驿》中的诗句，同样说的是抓住时机的重要性。1959 年 3 月，在郑州会议上毛泽东曾比较三国时期几个主要集团的核心人物在这个问题上的差别，说，曹操多谋善断，最厉害；刘备也很厉害，却稍逊一筹，“事情出来了，不能一眼看出就抓到，慢一点”；袁绍则根本就是“见事迟，得计迟”，属不称职的领导。他还举蒋介石的例子来说明抓住时机的重要，说在辽沈战役中蒋介石就是“见事迟，得计迟”，对卫立煌的部队总是犹豫不决，最后才下决心强迫他去热河、到北平。如果早一点，我们围攻锦州的炮声一响就让他马上走，我们就只能切他一个尾巴。如果在我们还没有打锦州时，就把沈阳、锦州统统放弃，集中于平津，跟傅作义搞在一起，我们也不太好办。在这里，毛泽东强调的就是要抓住时机。

在社会主义建设中，能否抓住机遇，也是一件至关紧要的事情。在 20 世纪中期以后，世界发生重大变化，时代主题由战争与革命转到和平与发展。许多国家和地区抓住这个机遇，加速发展，实现了后来居上的历史飞跃。而我国由于种种原因，没有很好地抓住这个机遇，不合时宜地认为时代的主题仍然是战争与革命，如邓小平所指出的，“过去我们的观点一直是战争不可避免，而且迫在眉睫”，“总是担心打仗，每年总要说一次。”[①] 这样，当然不可能聚精会神搞建设，加上对国内阶级斗争形势的估计过于严重，使我们在指导思想上偏离了经济建设这个中心，丧失了加快发展的良好机遇。十一届三中全会以后，我们才逐步改

① 《邓小平文选》第 3 卷，人民出版社 1993 年版，第 126—127、25 页。

变了这个观点，确立和平与发展是时代主题的新观点，认为在较长的时间内不发生大规模世界战争的可能性是存在的，维护世界和平是有希望的。根据这个新认识，邓小平说："现在的问题是要注意争取时间，该上的要上。大战打不起来，不要怕，不存在什么冒险的问题。"① 邓小平反复强调："机会要抓住，决策要及时"②，"抓住时机，发展自己"，"我就担心丧失机会。不抓呀，看到的机会就丢掉了，时间一晃就过去了"③。他不赞成离开发展坐而论道，搞抽象争论，说"不争论"是他的一大发明，"不争论，是为了争取时间干。一争论就复杂了，把时间都争掉了，什么也干不成"④。有的人对邓小平"不争论"的说法，不以为然，说"百家争鸣"不就是争论吗？学术、理论不争论能发展吗？这是对邓小平谈话的误解或曲解。邓小平说的不是理论问题，更不是学术问题。学术问题、理论问题当然可以争论，而且应该争论，只有在争论中才能辨明是非。但是，邓小平说的是党和政府的决策问题。决策问题，只要经过了群众路线，又经过了民主集中制，当断就断，断了就干，不能搞无穷无尽的争论，不能总是议而不决。什么时候都会有不同意见，不能因为有不同意见就什么也不干了。有人说，决断错了怎么办？这当然是完全可能的。群众路线和民主集中制可以使我们减少错误，但是不能保证我们不犯错误。犯了错误，再来一次群众路线和民主集中制，把它纠正过来就是了嘛！你总不能因为有不同意见就什么也不干了。党和政府是领导机关，不是俱乐部，俱乐部可以无休止地争论，而领导机关不能搞无休止的争论。

江泽民在党的十六大报告中说："综观全局，二十一世纪头二十年，对我国来说，是一个必须紧紧抓住并且可以大有作为的重要战略机遇期。"⑤ 所谓战略机遇期，就是说，这个机遇不是一般的机遇，而是对全局和长远有重大战略意义的机遇。这个机遇，是由国际国内各种条件所决定的。从国际上说，和平与发展仍是当今时代

---

① 《邓小平文选》第3卷，人民出版社1993年版，第25页。

② 《邓小平文选》第3卷，人民出版社1993年版，第355页。

③ 《邓小平文选》第3卷，人民出版社1993年版，第375页。

④ 《邓小平文选》第3卷，人民出版社1993年版，第374页。

⑤ 《中国共产党第十六次全国代表大会文件汇编》，人民出版社2002年版，第18页。

的主题，这使我们有可能聚精会神搞建设；科技革命继续迅猛发展，这使我们有可能发挥后发优势，实现跨越式发展；经济全球化趋势加速发展，这使我们有可能进一步扩大对外开放，以开放促改革、促发展。从国内来说，我国离现代化还有相当的距离，在工业化、城镇化、产业结构优化、技术进步、消费水平提高等方面，都有很大的潜力，国民经济有着广阔的增长空间；经过新中国半个多世纪的建设，我国积累了较为雄厚的物质技术基础，形成了可观的综合国力，这是我国实现现代化的重要物质基础；不断完善的社会主义市场经济体制和其他各方面体制，已经并将继续为我国的科学发展和社会和谐提供有效的制度保证；尤其重要的是，我们已经形成和发展了中国特色社会主义理论体系，这是中国持续快速发展的重要思想保证。当然，在任何时候，机遇和挑战都是同时存在的。机遇只是为我们夺取胜利提供了一种客观可能性，要把这种可能性变成现实的东西，还需要我们用好机遇，善于应对各种挑战，正确和及时地解决我们所面临的各种重大问题。

第二部分

学习中国特色社会主义理论

邓小平理论的科学体系、精髓和首要基本问题*

学习邓小平理论，要努力把握它的科学体系，全面系统地把握构成这一科学体系的一系列基本问题，特别是这一理论的精髓和首要问题。这样，才能从根本上提高我们的理论素养，才能在贯彻这一理论的过程中始终保持应有的科学性和坚定性。

一、邓小平理论的科学体系

邓小平理论是一个博大精深的科学体系。它第一次比较系统地初步回答了在中国这样经济文化落后的国家如何建设、巩固和发展社会主义的一系列基本问题。党的十四大报告把这些基本问题概括为九个基本问题，即中国社会主义的发展道路问题、发展阶段问题、根本任务问题、发展动力问题、外部条件问题、政治保证问题、战略步骤问题、党的领导和依靠力量问题，以及祖国统一问题。党的十五大报告在这个基础上，进一步指出："它是贯通哲学、政治经济学、科学社会主义等领域，涵盖经济、政治、科技、教育、文化、民族、军事、外交、统一战线、党的建设等方面比较完备的科学体系，又是需要从各方面进一步丰富发

* 本稿系2004年9月8日在中共中央党校省部级干部进修班的讲课稿。

展的科学体系。”就是说，邓小平理论作为以解决实际问题为中心的理论，它所解决的基本问题是九大问题；而在解决这 9 个基本问题的过程中，贯通着马克思主义哲学、政治经济学、科学社会主义三大组成部分的基本思想，并且涵盖了实际工作中经济、政治、科技、教育、文化、民族、军事、外交、统战、党建等 10 个方面。

那么，应当怎样理解 9 个基本问题之间的相互联系，怎样理解马克思主义三大组成部分的基本思想与 9 个基本问题之间的相互贯通，怎样理解 9 个基本问题涵盖了实际工作的 10 个方面呢？也就是说，应当怎样具体把握邓小平理论的科学体系呢？这个问题是需要进行探讨的。我个人理解，邓小平理论的基本内容大体包括以下三个相互联系的理论层次，这些相互联系的理论层次构成了邓小平理论比较完备的科学体系。

第一个层次，也是最高的层次，是这一理论的哲学基础，即这一理论的精髓——“解放思想、实事求是”的思想路线。它是邓小平理论形成的历史起点，并贯穿于邓小平理论形成和发展的全过程；又是邓小平理论的逻辑起点，体现在邓小平理论的各个方面。没有这条思想路线的重新确立和贯彻，就没有整个邓小平理论；不掌握这条思想路线，就不能掌握整个邓小平理论；不坚持这条思想路线，就不能正确贯彻和进一步丰富发展邓小平理论。

第二个层次，是这一理论的首要的基本问题，即这一理论的主题——“什么是社会主义，怎样建设社会主义”。所谓解放思想、实事求是，首先是、关键是在这个问题上解放思想、实事求是。因为中国以往社会主义实践中的重大失误，说到底，是理论上的失误，而理论上的失误，最根本的是对“什么是社会主义，怎样建设社会主义”这个根本问题没有完全搞清楚。改革开放以来，人们在理论与实践上常常发生犹豫和困惑，说到底，也是因为对这个问题没有完全搞清楚。所以，邓小平说：“我们的经验教训有许多条，最重要的一条，就是要搞清楚这个问题”①，“不解放思想不行，甚至于包括什么叫社会主义这个问题也要解放思想”②。正是通过对这一根本问题的回答，澄清了种种迷误，使我们对社会主义的认识提高到新的科学水平。

---

① 《邓小平文选》第 3 卷，人民出版社 1993 年版，第 116 页。

② 《邓小平文选》第 2 卷，人民出版社 1994 年版，第 312 页。

第三个层次，是“首要的基本问题”在经济、政治、文化、军事、外交、祖国统一、党的建设等各个领域的展开和具体化，进一步回答了建设中国特色社会主义的一系列重大的基本问题，例如，关于我国经济发展战略问题，关于我国经济体制改革问题，关于我国对外开放问题，关于我国社会主义民主法制建设和政治体制改革问题，关于我国社会主义精神文明与文化建设问题，关于以“一国两制”和平统一祖国问题，关于我国独立自主的和平外交问题，关于现代战争条件下我国军队与国防建设问题，关于我国社会主义事业的依靠力量问题，关于我国社会主义事业的领导核心问题，等等。

总之，邓小平理论以“解放思想、实事求是”为哲学基础，以回答“什么是社会主义，怎样建设社会主义”为首要的基本问题，系统回答了在中国这样经济文化落后的国家如何建设、巩固、发展社会主义的一系列基本问题，形成了新的中国特色社会主义理论的科学体系。

为了把握邓小平理论的科学体系，我们应当努力增强学习的系统性和全面性。

所谓系统性，就是努力把握科学体系所包含的一系列基本问题以及这些基本问题之间的内在联系。不能只是记住一些个别的论断，也不能孤立地研究某一方面的问题，而应当力求有一个系统和整体的把握。不搞清“解放思想、实事求是”这个精髓问题，就不可能搞清“什么是社会主义，怎样建设社会主义”这个首要的基本问题；不搞清“什么是社会主义，怎样建设社会主义”这个首要的基本问题，就不可能搞清各个领域中的基本问题。各个领域中的基本问题之间也是互相联系的，例如，研究经济发展战略，离不开经济体制改革，离不开对外开放，离不开民主法制建设，离不开调动所有社会主义建设者的积极性，离不开党的领导和加强党的建设，等等；研究党的建设，也离不开经济建设这个中心任务，离不开改革开放的大环境，离不开社会主义社会的民主法制建设和精神文明建设等等。所以，对邓小平理论，我们一定要系统地学习。

所谓全面性，就是对邓小平理论的基本观点要联系起来加以把握，不能只知其一，不知其二，更不能从个人主观需要出发随意地、片面地强调某一观点，而忽视、否定另一观点。邓小平讲问题从来是有重点的，同时又是全面的。例如，“一个中心”与“两个基本点”的关系，两个基本点之间的关系，解放生产力与发展生产力的关系，公有制为主体与多种所有制并存的关系，社会主义与市场经济的关系，先富后富与共同富裕的关系，中国的发展与世界的关系，物质文明建设与精神文明建设的关系，经济体制改革与政治体制改革的关系，一个国家内两种制度的关系，坚持党的领导与改善党的领导的关系，警惕右与主要是防止“左”的关系，等等，讲的都是“两句话”而不是一句话。要懂得，邓小平的某一观点是正确的，而同这个观点相联系的另一观点也是正确的，应当作统一的理解，不能主观地加以割裂，不能只讲其一，不讲其二。最近，有人说“以经济建设为中心”应改为“以经济社会发展为中心”，意思是说邓小平以经济建设为中心的思想是不全面的。也有人说邓小平的发展战略是“先富论”，新的发展战略应当是“共富论”。这些说法都是对邓小平理论的片面理解或者曲解。邓小平强调以经济建设为中心并不是否定社会的全面进步，而是主张以经济建设为中心推动社会的全面进步。邓小平说：“为了建设现代化的社会主义强国，任务很多，需要做的事情很多，各种任务之间又有相互依存的关系，如像经济与教育、科学，经济与政治、法律等等，都有相互依存的关系，不能顾此失彼。”他又说：“现代化建设的任务是多方面的，各个方面需要综合平衡，不能单打一。”“但是说到最后，还是要把经济建设当作中心。离开了经济建设这个中心，就有丧失物质基础的危险。”[①] 这里哪有什么片面性？他明确提出，反对顾此失彼，反对单打一，强调一系列的“两手抓”、“两手都要硬”，强调“没有民主就没有社会主义”，强调“没有精神文明，怎么能建设社会主义”，强调“科学技术是第一生产力”，“教育是一个民族最根本的事业”，强调“发展生产力，成果是属于人民的”，是为了“使国家富强起来，使人民生活得到改善”，等等，这不是讲的社会全面进步吗？问题在于，“说到最后，还是要把经济建设当作中心”，否则，其他一切都没有物质基础。这个中心不是任意规定的，是由社会主义的本质和根本任务所规定的，是由社会主义初级阶段的主要矛盾所规定的。基本路线要管一百年，首先以经济建设为中心的指导思想要管一百年。同样，邓小平强调“让一部分人、一部分地区先富起来”并不是对“共同富裕”的否定，而恰恰是为了实现共同富裕所必须

① 《邓小平文选》第2卷，人民出版社1994年版，第249—250页。

采取的手段，是共同富裕必经的途径。邓小平说："社会主义最大的优越性就是共同富裕，这是体现社会主义本质的一个东西"，"我们始终坚持两条根本原则，一是以社会主义公有制为主体，一是共同富裕"，"我们的根本目标是共同富裕"，"社会主义的本质，是解放生产力，发展生产力，消灭剥削，消除两极分化，最终达到共同富裕"。这不是"共同富裕"论吗？问题在于怎样才能实现这个共同富裕的目标。多年的教训证明，平均主义不行，平均主义只能导致普遍的贫穷。邓小平说："我们允许一些地区、一些人先富起来，是为了最终达到共同富裕"，"一部分人生活先好起来，就必然产生极大的示范力量，影响左邻右舍，带动其他地区、其他单位的人们向他们学习。这样，就会使整个国民经济不断地波浪式地向前发展，使全国各族人民都能比较快地富裕起来"。为了防止两极分化，邓小平提出，"对一部分先富起来的个人，也要有一些限制，例如，征收所得税"，"先富起来的地区多交点税，支持贫困地区发展。当然，太早这样办也不行，现在不能削弱发达地区的活力，也不能鼓励吃'大锅饭'。什么时候突出地提出和解决这个问题，在什么基础上提出和解决这个问题，要研究。可以设想，在本世纪末达到小康水平的时候，就要突出地提出和解决这个问题。到那个时候，发达地区要继续发展，通过多交利税和技术转让等方式大力支持不发达地区"。在区域经济问题上，邓小平提出"两个大局"的发展战略，他说："沿海地区要加快对外开放，使这个拥有两亿人口的广大地带较快地先发展起来，从而带动内地更好地发展，这是一个事关大局的问题，内地要顾全这个大局。"就是说，沿海先发展一步，不仅仅是为了沿海，首先是着眼全局，所以，内地要顾全这个大局。同时，邓小平又说："发展到一定的时候，又要求沿海拿出更多力量来帮助内地发展，这也是大局，那时沿海也要服从这个大局。"就是说，今天我们提出加快内地发展也不仅仅是为了内地，同时也是全国大局发展的需要，包括沿海发展的需要，因为沿海的进一步发展需要内地市场、资源和人力的支持。所以，邓小平的发展论是先富论与共富论相统一的发展论，而不是什么排斥共富论的"先富论"。今天党中央提出的科学发展观是对邓小平发展理论的坚持与发展，它们是一脉相承而又与时俱进的，并不是相互排斥和相互对立的。这里的关键是要有辩证思维，对邓小平理论也好，对"三个代表"重要思想也好，对科学发展观也好，都要全面理解，不可搞片面性，不可绝对化。

最后，还应当指出，邓小平理论作为一个科学体系，同一切科学体系一样，也是开放的，而不是封闭的。江泽民在党的十四大报告中阐述这一理论体系所包括的 9 个基本问题之后，说："建设有中国特色社会主义的理论，还有其他许多内容，还要在研究新情况、解决新问题的过程中，在实践检验中继续丰富、完善和发展。"在党的十五大报告中，江泽民又说："坚持邓小平理论，在实践中继续丰富和创造性地发展这个理论，这是党中央领导集体和全党同志的庄严历史责任。""三个代表"重要思想和科学发展观就是对邓小平理论丰富和发展的重大成果。

二、邓小平理论的精髓

社会主义究竟怎么搞，首先是一个思想路线问题。1985 年，邓小平在同外宾的一次谈话中说："中国搞社会主义走了相当曲折的道路。二十年的历史教训告诉我们一条最重要的原则：搞社会主义一定要遵循马克思主义的辩证唯物主义和历史唯物主义，也就是毛泽东同志概括的实事求是，或者说一切从实际出发。"① 针对长期以来思想僵化状态，邓小平强调，坚持实事求是，必须解放思想。江泽民在党的十四大报告中指出："解放思想，实事求是，是建设有中国特色社会主义理论的精髓。"

所谓精髓，就是贯穿一切的东西，灵魂的东西。我们学习邓小平理论，一定要紧紧抓住这个精髓、这个灵魂。十一届三中全会以来，邓小平领导我们坚持解放思想、实事求是的思想路线，集中地表现为五个"破除"和五个"坚持"。

（一）破除"两个凡是"的思想禁锢，坚持实践是检验真理的唯一标准

粉碎"四人帮"以后，全党全国人民强烈要求进行拨乱反正，纠正"文化大革命"的错误。但是，遇到了阻力，这个阻力主要是当时中央

---

① 《邓小平文选》第 3 卷，人民出版社 1993 年版，第 118 页。

“两报一刊”社论提出的“两个凡是”——“凡是毛主席作出的决策，我们都坚决拥护，凡是毛主席的指示，我们都始终不渝地遵循”。“两个凡是”的实质就是继续坚持毛泽东晚年的错误，坚持所谓无产阶级专政下继续革命的理论，坚持“文化大革命”的“左”的错误。这种情况严重禁锢了人们的思想，阻碍了拨乱反正的进行。在这个历史转折的紧要关头，邓小平以彻底唯物主义的精神，旗帜鲜明地批判了“两个凡是”的主张，指出：“‘两个凡是’不符合马克思主义”。因为，第一，“一个人讲的每一句话都对，一个人绝对正确，没有这回事情。”① 第二，即使正确的话，也有一定的适用范围，不能不顾条件的变化而搞“两个凡是”。“把毛泽东同志在这个问题上讲的移到另外的问题上，在这个地点讲的移到另外的地点，在这个时间讲的移到另外的时间，在这个条件下讲的移到另外的条件下，这样做，不行嘛!”② 第三，毛泽东思想是个科学体系，要完整准确理解，不能断章取义，“怎么能够抓住一两句话，一两个观点，就片面地进行宣传呢?”③ 第四，毛泽东思想也需要向前发展，“如果我们只把过去的一些文件逐字逐句照抄一通，那就不能解决任何问题，更谈不到正确地解决什么问题”④。

1978 年 5 月开始的全国范围的关于真理标准的大讨论，得到邓小平的大力支持。他发表一系列重要讲话，强调“实践是检验真理的唯一标准”，这是一个马克思主义的观点，是否坚持实践标准，“实质就在于是不是坚持马列主义、毛泽东思想”，真理标准大讨论“很有必要，意义很大”，“实际上也是要不要解放思想的争论”，“一个党，一个国家，一个民族，如果一切从本本出发，思想僵化，迷信盛行，那它就不能前进，它的生机就停止了，就要亡党亡国”，“从这个意义上说，关于真理标准的争论，的确是个思想路线问题，是个政治问题，是个关系到党和国家的前途和命运的问题”⑤。通过对“两个凡是”的批判，通过对实践是检验真理唯一标准的大讨论，全党全国人民获得了一次思想大解

① 《邓小平文选》第 2 卷，人民出版社 1994 年版，第 38 页。
② 《邓小平文选》第 2 卷，人民出版社 1994 年版，第 38 页。
③ 《邓小平文选》第 2 卷，人民出版社 1994 年版，第 36—37 页。
④ 《邓小平文选》第 2 卷，人民出版社 1994 年版，第 119 页。
⑤ 《邓小平文选》第 2 卷，人民出版社 1994 年版，第 143 页。

放，为实事求是地总结历史经验，正确评价毛泽东的是非功过、拨乱反正、全面改革、开拓中国特色社会主义新道路奠定了坚实的思想基础。

（二）破除僵化的社会主义模式观念，坚持走自己的道路，建设有中国特色的社会主义

在国际共产主义运动中，长期以来形成一种僵化的社会主义模式观念。苏联在 30 年代建立起来的那种权力过分集中的社会主义体制被凝固化、神圣化，认为坚持那一套东西，就是坚持社会主义；违背了那一套东西，就是违背了社会主义。这种状况，严重束缚了人们的思想，使社会主义制度的优越性不能得到充分发挥。对此，毛泽东早有察觉。1956 年，他在《论十大关系》一文中说："最近苏联方面暴露了他们在建设社会主义过程中的一些缺点和错误，他们走过的弯路，你还想走？过去我们就是鉴于他们的经验教训，少走了一些弯路，现在当然更要引以为戒。"① 但是，由于历史的局限和毛泽东晚年的主观主义错误，他提出了探索中国自己建设社会主义道路的任务，却没有能够完成这个任务。

在新的历史条件下，邓小平重新提出并正确地解决了这个问题。他指出，革命和建设都要走自己的路。我们过去的体制"是从苏联模式来的。看来这个模式在苏联也不是很成功的。即使在苏联是百分之百的成功，但是它能够符合中国的实际情况吗？"② "在革命成功后，各国必须根据自己的条件建设社会主义。固定的模式是没有的，也不可能有。"③ 在党的十二大的开幕词中，他第一次明确地提出了"建设有中国特色的社会主义"这个新概念。他说："把马克思主义的普遍真理同我国的具体实际结合起来，走自己的道路，建设有中国特色的社会主义，这就是我们总结长期历史经验得出的基本结论。"④ 这个基本结论，是对我国、也是对世界社会主义历史经验的科学总结，表现出邓小平"既继承前人

---

① 《毛泽东著作选读》下册，人民出版社 1986 年版，第 720—721 页。

② 《邓小平文选》第 3 卷，人民出版社 1993 年版，第 178 页。

③ 《邓小平文选》第 3 卷，人民出版社 1993 年版，第 292 页。

④ 《邓小平文选》第 3 卷，人民出版社 1993 年版，第 2—3 页。

又突破陈规”，在实践中“开辟社会主义建设新道路的巨大政治勇气和开拓马克思主义新境界的巨大理论勇气”[①]。这个基本结论，也是在新的历史条件下对毛泽东思想，特别是它的活的灵魂——实事求是、群众路线、独立自主思想的继承和发展。它不是在具体问题上，而是在一个根本问题上，即社会主义统一性与多样性的关系上，社会主义基本制度与具体体制的关系上，对社会主义观念的一个重大更新，使人们在探索建设社会主义道路上进一步获得思想上的大解放。他告诉我们：“社会主义制度并不等于建设社会主义的具体做法。”[②] 坚持社会主义，不等于坚持某种社会主义模式；抛弃某种社会主义模式，不等于抛弃社会主义；某种社会主义模式的失败，也不等于社会主义的失败。只有从实际出发，把马克思主义的普遍真理同本国的特点结合起来，走出符合自己国情的建设社会主义道路，社会主义才能充满生机与活力，才能充分发挥出社会主义制度的优越性。

（三）破除超阶段的“左”的思想，坚持一切从社会主义初级阶段的实际出发

从实际出发，建设中国特色社会主义，一个首要的问题是必须对中国的国情有一个科学的认识。毛泽东说：“认清中国的国情，乃是认清一切革命问题的基本的根据。”[③] 同样地，认清国情也是认清中国社会主义现代化建设一切问题的基本的根据。对国情的认识，一是我国社会的性质；二是这个性质的社会处于什么发展阶段。对第一个问题，我们的认识是清楚的——我国已经是社会主义社会；对第二个问题，过去很长一段时间是不那么清楚的。不仅我国，其他许多社会主义国家在这个问题上也是不那么清楚的。总的说，都是估计过高。因此，制定的方针政策有许多是超阶段的。邓小平说，过去“左”的教训就在于“制定的政策超越了社会主义的初级阶段”。在社会主义初级阶段，本来应当允许存在的东西，却当作资本主义尾巴不断去割；本来商品经济就不发达，却执意要限制商品经济的发展；本来生产力很落后，却在生产关系

① 《十四大以来重要文献选编》(上)，人民出版社 1996 年版，第 14 页。

② 《邓小平文选》第 2 卷，人民出版社 1994 年版，第 250 页。

③ 《毛泽东选集》第 2 卷，人民出版社 1991 年版，第 633 页。

上急于过渡，追求所谓“一大二公”；本来一百多年造成的贫困落后，却急于在很短的时间内赶上和超过发达国家，如此等等。欲速则不达，想快反而慢，这是我们过去的一个严重教训。

错误和挫折使我们的头脑逐步变得清醒起来。在总结长期历史经验的基础上，我们终于对国情获得了一个符合实际的科学认识，即我国现在处于并将长期处于社会主义初级阶段。这就为坚持以经济建设为中心、坚持改革开放、坚持四项基本原则的党的基本路线和各项基本的方针政策提供了根本的立足点；为反对超越社会主义初级阶段的“左”的思想（例如，在调整生产关系上盲目求纯，在发展生产力上急于求成等等思想），提供了锐利的思想武器。它使人们获得进一步的思想大解放：一切超阶段的东西，都必须加以革除。书本上写的也好，外国的经验也好，过去的传统做法也好，更不用说单纯的主观愿望，只要不符合社会主义初级阶段的实际，不管它们看起来是怎样的“革命”，怎样地合乎“理想”和“道义原则”，都必须加以抛弃。马克思主义者是唯物主义者，唯物主义要求我们不能用幻想的东西代替现实的东西。现实的国情乃是我们考虑一切问题、制定一切方针政策的最根本的依据。

（四）破除离开发展生产力抽象谈论姓“社”姓“资”的历史唯心主义观念，坚持以“三个有利于”作为检验一切工作是非得失的根本标准

随着改革开放的深入，常常发生的一个争论就是现行的路线和政策姓“社”还是姓“资”？有些同志囿于传统观念，离开发展生产力这个根本任务抽象地讲姓“社”还是姓“资”。明明是有利于发展生产力的政策和措施，他们硬说是搞资本主义；而有些明明是束缚生产力的政策和措施，他们却认为符合社会主义而加以坚持。从农村实行家庭联产承包责任制、发展乡镇企业、创办经济特区，到建立社会主义市场经济体制、吸收和借鉴当今世界各国包括资本主义发达国家一切反映现代社会化生产规律的先进经营方式和管理方法，都有这种姓“社”和姓“资”的争论。这种情况严重束缚了人们的思想，使改革开放步履艰难。针对这种历史唯心主义观念，邓小平说：“按照历史唯物主义的观点来讲，正确的政治领导的成果，归根结底要表现在社会生产力的发展上，人民

物质文化生活的改善上。”① “对实现四个现代化是有利还是有害，应当成为衡量一切工作的最根本的是非标准。”② 在上个世纪80年代末、90年代初国内发生政治风波和苏东发生剧变之后，“左”的东西又有所抬头，有些政治家、理论家拿大帽子吓唬人，认为多一分外资就多一分资本主义，“三资”企业多了，就是资本主义的东西多了，就是发展了资本主义；认为经济体制改革的市场经济取向就是资本主义取向；认为证券、股市这些东西是资本主义独有的东西，社会主义不能采用，如此等等。针对这种情况，邓小平1992年在南方谈话中指出：“要害是姓‘资’还是姓‘社’的问题。判断的标准，应该主要看是否有利于发展社会主义社会的生产力，是否有利于增强社会主义国家的综合国力，是否有利于提高人民的生活水平。”③ 他明确肯定，“三资”企业受到我国整个政治、经济条件的制约，是社会主义经济的有益补充，归根到底是有利于社会主义的；计划多一点还是市场多一点，不是社会主义与资本主义的本质区别，“社会主义的本质，是解放生产力，发展生产力，消灭剥削，消除两极分化，最终达到共同富裕”④。“三个有利于”标准的确立，进一步促进了全党和全国人民的思想大解放，以邓小平南方谈话和党的十四大为标志，我国的改革开放和现代化建设进入了一个新的阶段。

（五）破除把马克思主义教条化的思想，坚持在实践中探索和开辟建设有中国特色社会主义的新道路

思想路线问题，说到底是一个如何对待马克思主义的问题。马克思主义是我们党的指导思想。马克思主义的世界观、方法论，科学社会主义的基本原理、基本原则，共产主义的理想和信念，在任何情况下都不能丢。邓小平说：“我们搞改革开放，把工作重心放在经济建设上，没有丢马克思，没有丢列宁，也没有丢毛泽东。老祖宗不能丢啊！”⑤ 同

---

① 《邓小平文选》第2卷，人民出版社1994年版，第128页。
② 《邓小平文选》第2卷，人民出版社1994年版，第209页。
③ 《邓小平文选》第3卷，人民出版社1993年版，第372页。
④ 《邓小平文选》第3卷，人民出版社1993年版，第373页。
⑤ 《邓小平文选》第3卷，人民出版社1993年版，第369页。

时他又强调，马克思主义必须随着时代、实践和科学的发展而发展，要研究新的情况，总结新的经验，创造新的理论，勇于讲符合新的实际的、老祖宗没有讲过的新话。他说："绝不能要求马克思为解决他去世之后上百年、几百年所产生的问题提供现成答案。列宁同样也不能承担为他去世以后五十年、一百年所产生的问题提供现成答案的任务。真正的马克思列宁主义者必须根据现在的情况，认识、继承和发展马克思列宁主义。"① 十一届三中全会以来，我们党在领导改革开放和社会主义现代化建设的实践中，在总结我国社会主义胜利和挫折的历史经验并借鉴其他国家社会主义兴衰成败历史经验的基础上，把马克思主义同当代中国实践和时代特征相结合，讲了许多过去书本上没有讲过的新话，例如：和平与发展是当今时代的两大主题；科学技术是第一生产力；革命是解放生产力，改革也是解放生产力；社会主义也可以搞市场经济；中国处于社会主义初级阶段；用"一国两制"统一祖国，等等，从而大大开拓了马克思主义的新境界，使我国的社会主义事业充满了蓬勃的生机和活力。

破除把马克思主义教条化的思想，关键在于要有在实践中进行试验和探索的勇气。"没有一点闯的精神，没有一点'冒'的精神，没有一股气呀、劲呀，就走不出一条好路，走不出一条新路，就干不出新的事业。"②

在试验和探索中，有不同意见怎么办？邓小平说："实践是检验真理的唯一标准，实践是检验路线、方针、政策是否正确的唯一标准。"③ 一条思路、一个观点、一种办法，是否正确，要由实践作结论，要"拿事实来说话"。不能坐而论道、搞抽象争论，因为"一争论就复杂了，把时间都争掉了，什么也干不成。不争论，大胆地试，大胆地闯。农村改革是如此，城市改革也应如此"④。

实行新办法，有人思想不通怎么办？邓小平说，用实践去教育。"允许看"，"不搞强迫，不搞运动，愿意干就干，干多少是多少，这样

① 《邓小平文选》第3卷，人民出版社1993年版，第291页。
② 《邓小平文选》第3卷，人民出版社1993年版，第372页。
③ 《邓小平文选》第3卷，人民出版社1993年版，第28页。
④ 《邓小平文选》第3卷，人民出版社1993年版，第374页。

慢慢就跟上来了”。农村改革，开始的时候，有些地区根本不理睬，他们不相信这条路，就是不搞，观望了一年，有的观望了两年，看到凡是执行改革政策的都好起来了，他们就跟着走了。“所以，改革的政策，人们一开始并不是都能理解的，要通过事实的证明才能被普遍接受。”① 这就是用实践、事实去统一人们的思想，而不是像过去那样通过搞运动、搞大批判去“统一思想”，这又是一个新办法。

在试验和探索中，犯了错误怎么办？邓小平主张，第一，不要怕。“要克服一个怕字，要有勇气。什么事情总要有人试第一个，才能开拓新路。试第一个就要准备失败，失败也不要紧。”② “既然是新事物，难免要犯错误”，改革没有万无一失的方案，办什么事情都有百分之百的把握，万无一失，没有这回事，“如果前怕狼后怕虎，就走不了路。”“一怕就不能搞改革了。”③ 第二，随时注意总结经验。“走一步，看一步”，“每年领导层都要总结经验，对的就坚持，不对的赶快改，新问题出来抓紧解决。”“随着实践的发展，该完善的完善，该修补的修补。”④

尊重实践和尊重群众是一致的。人民群众是实践的主体，也是认识的主体。群众观点和群众路线是贯穿邓小平理论的一个根本观点和根本方法。他说：“群众是我们力量的源泉，群众路线和群众观点是我们的传家宝。”⑤ “党只有紧紧地依靠群众，密切地联系群众，随时听取群众的呼声，了解群众的情绪，代表群众的利益，才能形成强大的力量，顺利地完成自己的各项任务。”⑥

邓小平时刻关注最广大人民群众的利益、愿望和要求，把“人民拥护不拥护”，“人民赞成不赞成”，“人民高兴不高兴”，“人民答应不答应”，作为考虑一切问题的出发点和归宿。例如，在谈到为什么要进行改革的时候，他说：“改革是大家的主意，人民的要求。”⑦ 在谈到改革为什么要随时注意总结经验的时候，他说：“因为改革涉及人民的切身

---

① 《邓小平文选》第3卷，人民出版社1993年版，第155页。
② 《邓小平文选》第3卷，人民出版社1993年版，第367页。
③ 《邓小平文选》第3卷，人民出版社1993年版，第174、263、203页。
④ 《邓小平文选》第3卷，人民出版社1993年版，第113、372、371页。
⑤ 《邓小平文选》第2卷，人民出版社1994年版，第368页。
⑥ 《邓小平文选》第2卷，人民出版社1994年版，第342页。
⑦ 《邓小平文选》第3卷，人民出版社1993年版，第118页。

利害问题，每一步都会影响成亿的人。”① 在谈到我们的事业为什么一定会取得胜利时，他指出：“凡是符合最大多数人的根本利益，受到广大人民拥护的事情，不论前进的道路上还有多少困难，一定会得到成功。”② 正是这种对人民群众的深厚感情，对人民群众高度负责的精神，使他提出的理论和政策，始终得到广大人民群众的拥护，始终无往而不胜。

邓小平十分重视总结、概括人民群众的经验和创造。他反复强调：我个人做了一点事，但不能说都是我发明的。其实很多事是别人发明的，群众发明的，我只不过是把它们概括起来，提出了方针政策。例如，在谈到农村改革的时候，他说：“农村搞家庭联产承包，这个发明权是农民的。农村改革中的好多东西，都是基层创造出来，我们把它拿来加工提高作为全国的指导。”③ “农村改革中，我们完全没有预料到的最大的收获，就是乡镇企业发展起来了，突然冒出搞多种行业，搞商品经济，搞各种小型企业，异军突起。这不是我们中央的功绩。……如果说在这个问题上中央有点功绩的话，就是中央制定的搞活政策是对头的。”④ “那不是我们领导出的主意，而是基层农业单位和农民自己创造的。”⑤ 在谈到办经济特区时，他说：“开始的时候广东提出搞特区，我同意了他们的意见，我说名字叫经济特区”。⑥ 正是这种尊重群众首创精神的科学态度，使邓小平中国特色社会主义理论有了取之不尽、用之不竭的源头活水，始终保持其蓬勃的生机和创造活力。

三、邓小平理论的首要的基本问题

解放思想、实事求是，在不同的历史时期，围绕不同的历史课题。毛泽东倡导解放思想、实事求是，主要是为了解决什么是中国革命、在中国怎样进行革命这个基本问题。邓小平强调解放思想、实事求是，主

---

① 《邓小平文选》第3卷，人民出版社1993年版，第113页。
② 《邓小平文选》第3卷，人民出版社1993年版，第142页。
③ 《邓小平文选》第3卷，人民出版社1993年版，第382页。
④ 《邓小平文选》第3卷，人民出版社1993年版，第238页。
⑤ 《邓小平文选》第3卷，人民出版社1993年版，第252页。
⑥ 《邓小平文选》第3卷，人民出版社1993年版，第239页。

要是为了解决“什么是社会主义，怎样建设社会主义”这个基本问题。邓小平认为，这是当代中国发展首先需要解决的基本理论问题。

（一）一个亟待弄清的首要的基本理论问题

自20世纪80年代初以来，一直到1992年南方谈话，邓小平反复强调，一定要搞清楚“什么是社会主义，怎样建设社会主义”这个重大的基本理论问题，直接讲到这个题目的谈话就有十几处之多。

1980年4月说：“不解放思想不行，甚至于包括什么叫社会主义这个问题也要解放思想。”① 这里强调研究社会主义要解放思想。

1980年5月说：“社会主义是一个很好的名词，但是如果搞不好，不能正确理解，不能采取正确的政策，那就体现不出社会主义的本质。”② 这里第一次提到社会主义本质问题。

1984年6月说：“什么叫社会主义，什么叫马克思主义？我们过去对这个问题的认识不是完全清醒的。”③ 这里针对以往对社会主义的“不清醒”要求搞清楚“什么是社会主义”。

1985年4月说：“我们建立的社会主义制度是个好制度，必须坚持。……但问题是什么是社会主义，如何建设社会主义。我们的经验教训有许多条，最重要的一条，就是要搞清楚这个问题。”④ 这里明确提出了需要着重搞清楚的问题——“什么是社会主义，如何建设社会主义”，而且说这是需要搞清楚的许多条当中“最重要的一条”，当然，这样一条也就是首要的基本的一条。

1985年8月说：“我们的经济改革，概括一点说，就是对内搞活，对外开放”，“对内搞活经济，是活了社会主义，没有伤害社会主义的本质。”⑤ 这里再一次提到如何理解“社会主义本质”的问题。

1985年8月说：“我们总结了几十年搞社会主义的经验。社会主义是什么，马克思主义是什么，过去我们并没有完全搞清楚。”⑥

---

① 《邓小平文选》第2卷，人民出版社1994年版，第312页。
② 《邓小平文选》第2卷，人民出版社1994年版，第313页。
③ 《邓小平文选》第3卷，人民出版社1993年版，第63页。
④ 《邓小平文选》第3卷，人民出版社1993年版，第116页。
⑤ 《邓小平文选》第3卷，人民出版社1993年版，第135页。
⑥ 《邓小平文选》第3卷，人民出版社1993年版，第137页。

1987 年 2 月说："十三大报告要在理论上阐述什么是社会主义，讲清楚我们的改革是不是社会主义。"①

1987 年 4 月说："最根本的一条经验教训，就是要弄清什么叫社会主义和共产主义，怎样搞社会主义。"②

1988 年 5 月，邓小平对一位非洲国家领导人说："确定走社会主义道路的方向是可以的，但首先要了解什么是社会主义，贫穷绝不是社会主义。"③

1992 年春天，邓小平在南方发表重要谈话，说："计划多一点还是市场多一点，不是社会主义与资本主义的本质区别。计划经济不等于社会主义，资本主义也有计划；市场经济不等于资本主义，社会主义也有市场。计划和市场都是经济手段。社会主义的本质，是解放生产力，发展生产力，消灭剥削，消除两极分化，最终达到共同富裕。"④

总之，在邓小平看来，"什么是社会主义，怎样建设社会主义"这个重大的基本问题，长期以来没有完全搞清楚，以至今天在改革开放中发生种种困惑也是由于对这个问题没有完全搞清楚，讲教训，这是"最重要的一条"、"最根本的一条"。

（二）究竟什么是社会主义

邓小平作为伟大的政治家、战略家，他对这个问题的回答不是教科书式的、纯学理的，而是针对实际工作中的经验教训，针对人们对社会主义的种种误解和曲解，针对现实生活中迫切需要解决的问题，而加以阐述的。概括起来，主要有以下的论述：

1. 贫穷不是社会主义，发展太慢也不是社会主义，社会主义的根本任务是发展生产力，提高人民生活水平

邓小平在回答什么是社会主义这个问题时，首先针对的是在相当长一段时间内我们党忽视发展生产力的教训，针对林彪、"四人帮"的"穷社会主义"论，针对改革开放中离开发展生产力抽象谈论社会主义

---

① 《邓小平文选》第 3 卷，人民出版社 1993 年版，第 203 页。

② 《邓小平文选》第 3 卷，人民出版社 1993 年版，第 223 页。

③ 《邓小平文选》第 3 卷，人民出版社 1993 年版，第 261 页。

④ 《邓小平文选》第 3 卷，人民出版社 1993 年版，第 373 页。

的错误倾向。他强调，社会主义制度的优越性，在于它能创造比资本主义更高的劳动生产率，指出："讲社会主义，首先就要使生产力发展，这是主要的。只有这样，才能表明社会主义的优越性。社会主义经济政策对不对，归根到底要看生产力是否发展，人民收入是否增加。这是压倒一切的标准。空讲社会主义不行，人民不相信。"① 他强调，社会主义国家解决一切问题，最终都要靠发展生产力，指出：大力发展生产力，"这是我们解决国际问题、国内问题的最主要的条件。"② 他强调，社会主义将来向共产主义过渡，最主要的也是靠发展生产力，指出："共产主义的高级阶段要实现各尽所能、按需分配，这就要求社会生产力高度发展，社会物质财富极大丰富。"③ 所以，他反复强调，"马克思主义最注重发展生产力"，"社会主义阶段的最根本的任务就是发展生产力"，"社会主义制度的优越性归根到底要体现在它的生产力比资本主义发展得更快一些、更好一些，并且在发展生产力的基础上不断改善人民的物质文化生活"，"贫穷不是社会主义"，"发展太慢也不是社会主义。"

2. 平均主义不是社会主义，两极分化也不是社会主义，社会主义的最终目标是共同富裕

针对长期以来人们形成的"大体平均是社会主义，拉开差距是资本主义"的观念，邓小平强调："我们坚持走社会主义道路，根本目标是实现共同富裕，然而平均发展是不可能的。过去搞平均主义，吃'大锅饭'，实际上是共同落后，共同贫穷，我们就是吃了这个亏。改革首先要打破平均主义。"④ 实践证明，平均主义就是叫人不干活的主义，不干活就没有多少产品，产品少又要平均分，结果只能是平均的贫穷。邓小平说："不讲多劳多得，不重视物质利益，对少数先进分子可以，对广大群众不行，一段时间可以，长期不行。革命精神是非常宝贵的，没有革命精神就没有革命行动。但是，革命是在物质利益的基础上产生的，如果只讲牺牲精神，不讲物质利益，那就是唯心论。"⑤ 打破平均

① 《邓小平文选》第 2 卷，人民出版社 1994 年版，第 314 页。
② 《邓小平文选》第 2 卷，人民出版社 1994 年版，第 240 页。
③ 《邓小平文选》第 3 卷，人民出版社 1993 年版，第 63 页。
④ 《邓小平文选》第 3 卷，人民出版社 1993 年版，第 155 页。
⑤ 《邓小平文选》第 2 卷，人民出版社 1994 年版，第 146 页。

主义，允许一部分人、一部分地区先富起来，是加快发展、达到共同富裕的捷径。它可以影响和带动更多的人、更多的地方逐步地都富裕起来，最终达到共同富裕。邓小平说："社会主义最大的优越性就是共同富裕，这是体现社会主义本质的一个东西。如果搞两极分化，情况就不同了，民族矛盾、区域间矛盾、阶级矛盾都会发展，相应地中央和地方的矛盾也会发展，就可能出乱子。"① 因此，平均主义不是社会主义，两极分化也不是社会主义。先富、后富是富裕程度和富裕次序的差别，而不是富的愈富、穷的愈穷的"两极分化"。"如果我们的政策导致两极分化，我们就失败了；如果产生了什么新的资产阶级，那我们就真是走了邪路了。"② 为了防止两极分化，邓小平强调，第一，必须坚持公有制的主体地位，他说："只要我国经济中公有制占主体地位，就可以避免两极分化。"③ 第二，国家对困难地区、困难群众，要"从各方面给以帮助，特别要从物质上给以有力的支持。"④ 第三，实施两个大局的发展战略：沿海先较快地发展起来，带动内地发展；然后到一定时候，沿海拿出更多的力量帮助内地加快发展。第四，提倡先富帮后富，如对口支援，扶贫济困，发展公益事业。第五，"对一部分先富起来的个人，也要有些限制"，如征收个人所得税、遗产税等等。

3. 计划经济不等于社会主义，市场经济不等于资本主义

"社会主义的本质，是解放生产力，发展生产力，消灭剥削，消除两极分化，最终达到共同富裕。"这是邓小平理论的一个重大创新。长期以来，不论是马克思主义经济学家还是西方资产阶级经济学家，几乎都把计划经济看作是社会主义本质，而把市场经济看作是资本主义的本质。邓小平坚决否定了这种观点。早在 1979 年，邓小平就说："说市场经济只存在于资本主义社会，只有资本主义的市场经济，这肯定是不正确的。社会主义为什么不可以搞市场经济，这个不能说是资本主义。"⑤ 1987 年，他又说："为什么一谈市场就说是资本主义，只有计划才是社

① 《邓小平文选》第 3 卷，人民出版社 1993 年版，第 364 页。

② 《邓小平文选》第 3 卷，人民出版社 1993 年版，第 111 页。

③ 《邓小平文选》第 3 卷，人民出版社 1993 年版，第 149 页。

④ 《邓小平文选》第 2 卷，人民出版社 1994 年版，第 152 页。

⑤ 《邓小平文选》第 2 卷，人民出版社 1994 年版，第 236 页。

会主义呢？计划和市场都是方法嘛。只要对发展生产力有好处，就可以利用。它为社会主义服务，就是社会主义的；为资本主义服务，就是资本主义的。”① 1992年在南方谈话中，他又进一步指出：“计划多一点还是市场多一点，不是社会主义和资本主义的本质区别。计划经济不等于社会主义，资本主义也有计划；市场经济不等于资本主义，社会主义也有市场。计划和市场都是经济手段。社会主义的本质，是解放生产力，发展生产力，消灭剥削，消除两极分化，最终达到共同富裕。”② 这里，在否定计划经济是社会主义本质的同时，对社会主义本质作了集中概括，即从生产方式上揭示了社会主义本质，因而更全面地揭示了社会主义本质，为我们坚持社会主义方向提供了根本指导原则。根据这个原则，我们就应当毫不犹豫地抛弃一切违背社会主义本质要求的东西，毫不犹豫地坚持一切符合社会主义本质要求的东西。

4. 没有民主就没有社会主义，社会主义民主是社会主义的重要政治特征

邓小平认为，民主是社会主义制度优越性的一个重要表现，即社会主义制度的优越性不仅表现在经济上能够迅速发展生产力，改善人民群众生活，而且表现在政治上能够“创造比资本主义国家的民主更高更切实的民主”③。针对“文化大革命”的教训，邓小平尖锐地指出：“没有民主就没有社会主义。”邓小平还强调，民主是社会主义现代化的一个重要目标和重要保证。1979年3月30日，他在理论工作务虚会上的讲话中说：“我们过去对民主宣传得不够，实行得不够，制度上有许多不完善，因此，继续努力发扬民主，是我们全党今后一个长时期的坚定不移的目标。”④ 党的基本路线确定的目标——“把我国建设成为富强、民主、文明的社会主义现代化国家”，就是经济、政治、文化三位一体的目标。社会主义民主不仅是现代化的目标之一，而且是实现整个现代化的重要保证。没有政治上的民主，就不能调动亿万人民群众建设社会主义的积极性，就不能保证领导决策的科学性，从而没有民主就没有社

① 《邓小平文选》第3卷，人民出版社1993年版，第203页。
② 《邓小平文选》第3卷，人民出版社1993年版，第373页。
③ 《邓小平文选》第2卷，人民出版社1994年版，第322页。
④ 《邓小平文选》第2卷，人民出版社1994年版，第176页。

会主义现代化。

5. 没有精神文明就不可能建设社会主义，社会主义精神文明是社会主义的重要思想文化特征

邓小平说："我们要建设的社会主义国家，不但要有高度的物质文明，而且要有高度的精神文明。"① 党的十二大报告指出："社会主义精神文明是社会主义的重要特征……没有这种精神文明，就不可能建设社会主义。"实践证明，贫穷不是社会主义，愚昧也不是社会主义。社会主义精神文明是社会主义制度优越性的又一重要表现。"我们为社会主义奋斗，不但是因为社会主义有条件比资本主义更快地发展生产力，而且因为只有社会主义才能消除资本主义和其他剥削制度所必然产生的种种贪婪、腐败和不公正现象。"② 社会主义精神文明还是实现整个社会主义现代化的一个重要条件，它为社会主义现代化提供思想保证、精神动力和智力支持。因此，邓小平反复强调，物质文明和精神文明要"两手抓、两手都要硬"。

总之，邓小平针对种种违背社会主义本质的观念和做法，针对建设社会主义实践中的经验和教训，对社会主义本质和特征做了深刻、全面的阐述，把人们对社会主义的认识提高到一个新的科学水平。

（三）怎样建设社会主义

"什么是社会主义"和"怎样建设社会主义"这两个问题是有密切联系的。搞不清"什么是社会主义"，便谈不上正确回答"怎样建设社会主义"。正确回答前者是正确回答后者的前提。但是二者又是有区别的。"什么是社会主义"，这是社会主义一般理论问题；"怎样建设社会主义"，这是一个同国情相联系的较为具体的理论问题。用哲学的语言说，前者回答"是什么"，属于认知观念；后者回答"怎么做"，属于实践观念。

在中国，如何建设社会主义？邓小平理论认为：最根本的是立足中国国情，从中国社会主义初级阶段的实际出发，走自己的道路，建设有中国特色的社会主义。具体地说：

---

① 《邓小平文选》第2卷，人民出版社1994年版，第367页。

② 《邓小平文选》第3卷，人民出版社1993年版，第143页。

1. 以经济建设为中心推动社会的全面进步

以经济建设为中心，集中力量发展生产力，这是社会主义本质的要求。在我国，由于处于社会主义初级阶段，主要矛盾是落后的社会生产同人民日益增长的物质文化需要的矛盾，发展经济的任务尤其迫切。只有紧紧抓住经济建设这个中心，才能清醒地观察和把握社会矛盾的全局，有效地促进各种社会矛盾的解决。邓小平反复强调，对经济建设这个中心要“扭住不放，‘顽固’一点，毫不动摇”，“抓住时机，发展自己，关键是发展经济。”多年的经验告诉我们，坚持以经济建设为中心，关键又在于，要正确认识和处理经济建设与阶级斗争的关系。在社会主义初级阶段，阶级斗争在一定范围内还将长期存在并在一定条件下还可能激化，对此不可掉以轻心。但是，必须明确，阶级斗争已经不是主要矛盾，抓阶级斗争是为了保证经济建设这个中心，服务经济建设这个中心，而不能离开、更不能干扰和破坏这个中心。

坚持以经济建设为中心，这句话本身就内在地包含着还有围绕中心的东西。要在抓好经济建设的同时，大力加强社会主义民主政治建设——从中国社会主义初级阶段的实际出发，坚持和完善人民代表大会制度、政治协商制度、民族区域自治制度等各项政治制度，建立和完善社会主义法制，保证和不断扩大人民民主；大力加强社会主义精神文明建设——坚持以马克思主义为指导，围绕党的基本路线，切实加强思想道德建设、教育科学文化建设，培养“四有”新人，为社会主义现代化建设提供思想保证和智力支持，如此等等。

2. 有步骤分阶段地实现社会主义现代化

在我国这样一个原来经济文化十分落后的国家建设社会主义，是一项十分艰巨的长期历史任务。社会主义初级阶段至少要经历上百年的时间，而社会主义初级阶段又是整个建设有中国特色社会主义长过程中的初始阶段，因此，邓小平说：巩固和发展社会主义制度，“需要我们几代人、十几代人，甚至几十代人坚持不懈地努力奋斗”①。他又说：“建国以来我们犯的几次错误，都是由于要求过急，目标过高，脱离了中国的实际，结果发展反倒慢了。”② 在总结历史经验和科学分析现实国情

① 《邓小平文选》第3卷，人民出版社1993年版，第379—380页。

② 《邓小平文选》第3卷，人民出版社1993年版，第202页。

的基础上，邓小平提出分“三步走”基本实现现代化的发展战略，即第一步，从1981年到1990年国民生产总值翻一番，解决人民的温饱问题；第二步，从1991年到20世纪末，国民生产总值再翻一番，人民生活达到小康水平；第三步，到21世纪中叶，人均国民生产总值达到中等发达国家水平，人民生活比较富裕，基本实现现代化。然后，在这个基础上继续前进。前两步目标的实现，证明这个战略部署是实事求是的，正确的。

为了实现“三步走”的战略部署，邓小平在1982年提出三个战略重点：“一是农业，二是能源和交通，三是教育和科学。”[①] 农业是国民经济的基础。邓小平强调：“农业是根本，不要忘掉。”“中国经济能不能发展，首先要看农村能不能发展”，“农民没有摆脱贫困，就是我国没有摆脱贫困”。能源、交通通信、重要原材料等基础工业和基础设施，是我国经济发展的薄弱环节，必须集中力量加快发展。邓小平说：“基础工业，无非是原材料工业、交通、能源等，要加强这方面投资。”教育和科学，是我国国民经济发展的关键。无论是农业的发展，能源、交通等基础工业、基础设施的发展，还是整个国民经济的发展，最后解决问题都要靠科学和教育。邓小平一贯重视科学技术的作用。早在1975年他主持中央日常工作时就提出，科学技术是生产力。1978年在全国科学大会的开幕式上，他进一步阐述了这一观点，指出“科学技术正在成为越来越重要的生产力”。1988年，他创造性地提出“科学技术是第一生产力”，说：“马克思说过，科学技术是生产力，事实证明这话讲得很对。依我看，科学技术是第一生产力。”[②] 因此，实现现代化，关键是科学技术现代化，发展经济“必须依靠科技和教育”。“中国必须发展自己的高科技，在世界高科技领域占有一席之地。”为此，必须抓好教育，把教育摆在优先发展的战略地位，为社会主义现代化事业培养高素质的劳动者和数以亿计的各级各类人才。

3. 以改革为重要动力建设社会主义

建设社会主义，必须解决社会主义发展的动力问题。这个问题，在国际共产主义运动中从根本上说没有得到解决。邓小平创造性地提出：

---

① 《邓小平文选》第3卷，人民出版社1993年版，第9页。

② 《邓小平文选》第3卷，人民出版社1993年版，第274页。

“革命是解放生产力，改革也是解放生产力。”这是社会主义发展的普遍规律。在我国，改革的任务更加迫切。邓小平说：“不改革就没有出路，旧的那一套经过几十年的实践证明是不成功的。”① “如果现在再不实行改革，我们的现代化事业和社会主义事业就会被葬送。”② “改革是社会主义制度的自我完善，在一定的范围内也发生了某种程度的革命性变革。这是一件大事，表明我们已经开始找到了一条建设有中国特色的社会主义的路子。”③

“改革是全面的改革。”“包括经济体制改革、政治体制改革和相应的其他各个领域的改革。”④ 首先是经济体制改革，其实质和目标就是建立和完善社会主义市场经济体制，使市场在国家的宏观调控下，对资源配置起基础性作用。社会主义市场经济体制的基本框架是：坚持公有制为主体、多种所有制经济共同发展的基本经济制度；建立适应社会主义市场经济要求的，产权清晰、责权明确、政企分开、管理科学的现代企业制度；建立全国统一开放的市场体系；转变政府管理经济的职能，建立以间接手段为主的宏观调控体系；建立以按劳分配为主体、效率与公平相统一的收入分配制度；建立多层次的社会保障制度。其次是政治体制改革。我国原有的政治体制突出的弊端是权力过分集中，忽视民主和法制，改革的总方向就是“发扬和保证党内民主，发扬和保证人民民主”⑤。具体内容主要有：一是健全民主制度；二是加强法制建设；三是推进机构改革；四是完善民主监督制度；五是维护安定团结。除了经济体制改革、政治体制改革之外，还有科技体制改革、教育体制改革、文化体制改革等等各个领域的改革。

4. 在对外开放中建设社会主义

如何处理本国的发展与世界的关系，是社会主义建设中关系全局的又一重大理论与实践问题。俄国十月革命胜利后，列宁说：“社会主义共和国不同世界发生联系是不能生存下去的。”⑥ 他主张积极发展对外

① 《邓小平文选》第3卷，人民出版社1993年版，第237页。
② 《邓小平文选》第2卷，人民出版社1994年版，第150页。
③ 《邓小平文选》第3卷，人民出版社1993年版，第142页。
④ 《邓小平文选》第3卷，人民出版社1993年版，第237页。
⑤ 《邓小平文选》第2卷，人民出版社1994年版，第372页。
⑥ 《列宁全集》第41卷，人民出版社1985年版，第167页。

经济关系，学习和利用资本主义国家一切好的东西，提出：社会主义就是“苏维埃政权＋普鲁士的铁路秩序＋美国的技术和托拉斯组织＋美国的国民教育等等＋……＝总和”①。1956 年，毛泽东在《论十大关系》的重要讲话中有专门一节讲“中国和外国的关系”，主张“学习资本主义国家的先进的科学技术和企业管理方法中合乎科学的东西”。但是，由于帝国主义国家对我国的封锁，也由于我们自己工作上的失误，特别是由于林彪、“四人帮”的破坏，我们没有很好地解决这个问题。

十一届三中全会以后，我们才逐步地解决了这个问题。邓小平提出：“实现四个现代化必须有一个正确的开放的对外政策”②，“现在的世界是开放的世界”，“中国的发展离不开世界”③。他强调，对外开放是全方位的开放，一个是对西方发达国家的开放，一个是对苏联和东欧国家的开放，一个是对第三世界发展中国家的开放，“是三个方面，不是一个方面”。对外开放是多层次的开放，包括经济特区、沿海开放城市、沿海开放地带、沿江沿边沿线和内陆中心城市等等各个层次的开放。对外开放是宽领域的开放，首先是经济领域的开放，包括对外贸易、引进技术、利用外资、兴办经济特区等，党的十五大以后党中央又提出“鼓励能够发挥我国比较优势的对外投资”，在“引进来”的同时，实施“走出去”的对外开放。不仅是经济领域对外开放，还包括科技、教育、文化等领域的开放。

5. 依靠最广大的人民群众建设社会主义

建设有中国特色的社会主义，必须依靠中国最广大的人民群众。这是我们事业的力量之源。邓小平说：“社会主义现代化建设的极其艰巨复杂的任务摆在我们的面前。……党只有紧紧地依靠群众，密切地联系群众，随时听取群众的呼声，了解群众的情绪，代表群众的利益，才能形成强大的力量，顺利地完成自己的各项任务。”④ 邓小平认为，包括知识分子在内的工人阶级是推动我国现代化建设发展的基本力量。他说：“工人阶级最重要的特点之一就是同社会化的大生产相联系，因此

---

① 《列宁全集》第 34 卷，人民出版社 1985 年版，第 520 页。

② 《邓小平文选》第 2 卷，人民出版社 1994 年版，第 233 页。

③ 《邓小平文选》第 3 卷，人民出版社 1993 年版，第 64、78 页。

④ 《邓小平文选》第 2 卷，人民出版社 1994 年版，第 342 页。

它的觉悟最高，纪律性最强，能在现时代的经济进步和社会政治进步中起领导作用。”① 邓小平纠正了把知识分子视为工人阶级异己力量的“左”的错误观点，明确提出并科学论证了“中国知识分子已经成为工人阶级的一部分”的重要思想，指明知识分子作为先进生产力的开拓者、科学文化知识的创造者和传播者，在改革开放和现代化建设中起着特殊重要的作用。邓小平认为，农民阶级和其他劳动群众是推动我国现代化建设发展的重要力量。他十分重视农民的地位和作用，指出：“中国有百分之八十的人口住在农村，中国稳定不稳定首先要看这百分之八十稳定不稳定”，“中国经济能不能发展，首先要看农村能不能发展”，“农民没有摆脱贫困，就是我国没有摆脱贫困”②。因此，必须保障农民的物质利益，尊重农民的民主权利，调动农民的积极性。2001 年，江泽民在“七一”重要讲话中作出一个新的判断：改革开放中新出现的民营科技企业的创业人员、受聘于外资企业的管理技术人员、个体户、私营企业主、中介组织的从业人员和技术人员、自由职业人员等，“也是有中国特色社会主义事业的建设者”。这是对邓小平理论的丰富和发展。邓小平还认为，我国作为一个统一的多民族的国家，建设社会主义必须依靠各族人民的团结，为此，要巩固和发展社会主义民族关系，坚持和完善民族区域自治制度，加快民族地区经济和社会发展，正确执行党的民族宗教政策。邓小平还认为，建设中国特色的社会主义必须巩固和扩大最广泛的爱国统一战线（过去的提法是“革命统一战线”、“革命的爱国统一战线”），坚持和不断完善共产党领导的多党合作和政治协商制度。

6. 在党的领导下建设社会主义

中国共产党的坚强领导，是中国特色社会主义事业取得成功的根本保证。邓小平说：“四个坚持的核心，是坚持党的领导。”没有中国共产党的领导，就没有现代中国的一切，就没有社会主义现代化。中国共产党的这种领导地位是历史地形成的，是中国人民的历史性选择，是由中国特色社会主义事业的性质所决定的。邓小平在坚持党的领导这个大前提下，又进一步提出，必须改善党的领导。他说：“怎样改善党的领导，

① 《邓小平文选》第 2 卷，人民出版社 1994 年版，第 136 页。

② 《邓小平文选》第 3 卷，人民出版社 1993 年版，第 65、77—78、237 页。

这个重大问题摆在我们的面前。不好好研究这个问题，不解决这个问题，坚持不了党的领导，提高不了党的威信。”① 这是因为党所处的地位发生了变化，党所肩负的任务发生了变化，党所处的环境发生了变化。改善党的领导，关键是改革党和国家的领导制度，克服权力过分集中的弊端，“处理好法治和人治的关系，处理好党和政府的关系”②。改善党的领导，还要改进党的领导方式和领导方法。要适应市场经济、民主政治和依法治国的要求，学会按经济规律办事，按民主程序和法律程序办事，推进决策的民主化、科学化，提高决策水平和工作效率。为了坚持和改善党的领导，邓小平强调，必须切实加强党的建设，“把我们党建设成为领导社会主义现代化事业的坚强核心”。为此，必须以改革的精神全面推进党的建设——在思想上，要坚持解放思想、实事求是的思想路线，用发展着的马克思主义指导我们的实践；在政治上，要坚持党的一个中心、两个基本点的基本路线，警惕“左”，主要是防止右；在组织上，要坚持和健全民主集中制，推进干部队伍的革命化、年轻化、知识化、专业化；在作风上，要坚持从严治党，切实抓好党风廉政建设和反腐败斗争；在制度上，要坚持和完善党规党法，推进党内生活民主化、制度化。

以上六条，归结到一点，就是坚持党在社会主义初级阶段的基本路线：“领导和团结全国各族人民，以经济建设为中心，坚持四项基本原则，坚持改革开放，自力更生，艰苦创业，为把我国建设成为富强、民主、文明的社会主义现代化国家而奋斗。”这是对在中国如何建设社会主义的根本回答。

---

① 《邓小平文选》第2卷，人民出版社1994年版，第271页。

② 《邓小平文选》第3卷，人民出版社1993年版，第177页。

毫不动摇地坚持党的基本路线[*]

在《邓小平文选》第3卷中，邓小平语重心长、反复地强调，基本路线要管100年，不能改变，不能动摇，谁要改变，人民不答应，谁就会被打倒。立场之坚定，态度之鲜明，语言之明确和肯定，使我们每一个人都不能不严肃认真地加以思考。我认为，这是他老人家对全党和全国人民最重要的政治交代。我们学习《邓小平文选》第3卷，一定要紧紧抓住这个要点。不论在什么情况下，都要自觉地、坚定地贯彻这条基本路线，用这条基本路线统一思想、统一行动，始终不渝地沿着有中国特色的社会主义道路胜利前进。

一、“坚持党的基本路线一百年不动摇”，是贯穿《邓小平文选》第3卷的基本思想

邓小平《在武昌、深圳、珠海、上海等地的谈话要点》，是全书的纲领和总结。它的第一部分，集中讲的就是坚持党的基本路线100年不动摇，并且说：“这一点，我讲过几次。”[①] 查阅一下《邓小平文选》第3卷，确实是反复讲，是贯穿这本书的最基本的思想，特别是在关键时

---

* 本稿系1993年11月出版的中共中央党校《〈邓小平文选〉第3卷辅导教材》中的一章，曾在中共中央党校各种班次使用。

① 《邓小平文选》第3卷，人民出版社1993年版，第371页。

刻，总是把这个问题明确地加以强调。我们不妨作一简单的历史回顾。

（一）1983年至1984年

党的十一届三中全会果断地抛弃“以阶级斗争为纲”的“左”的指导方针，把党和国家工作的中心转移到经济建设上来。这是政治路线的拨乱反正。在确定工作中心转移的同时，作出了实行改革开放的伟大决策，并针对拨乱反正过程中出现的错误思潮，旗帜鲜明地强调要坚持四项基本原则。“一个中心、两个基本点”的思想开始形成，奠定了新时期党的基本路线的基础。

但是，这条路线正确不正确？会不会改变？能不能坚持下去？当时，国内国外都有一些人还看不准。有些人，特别是一些受“左”的思想影响很深的人表示怀疑；有些拥护这条路线的人表示出某种担心，担心政策会变；国外某些人从不同的立场出发，也还在观望。针对这种情况，邓小平多次肯定，这条路线是正确的，不会变、也变不了。1983年4月29日，他在会见印度共产党（马克思主义）中央代表团的谈话中指出：“我们现在执行的这条路线是党的十一届三中全会制定的，也是经过党的十二大肯定的。十一届三中全会召开至今四年多的实践证明，这条路线是正确的。”[①] 同年6月18日，他在会见参加1983年北京科学技术政策讨论会的外籍专家时说；“我们现在的路子走对了，人民高兴，我们也有信心。我们的政策是不会变的。要变的话，只会变得更好。……如果我们走回头路，会回到哪里？只能回到落后、贫困的状态。”[②] 1984年10月3日，他在会见港澳同胞国庆观礼团时又说：“现在有些人就是担心我们这些人不在了，政策会变。……今天我要告诉大家，我们的政策不会变，谁也变不了。因为这些政策见效、对头，人民都拥护。既然是人民都拥护，谁要变人民就会反对。”[③] 同年10月22日，他《在中央顾问委员会第三次全体会议上的讲话》中说：“不要宣扬我起的作用有什么特别了不起，因为宣扬过分会带来一个问题，就是说，邓某人不在了政策要变。现在国际上就担心这个问题嘛”，“我们要

---

① 《邓小平文选》第3卷，人民出版社1993年版，第28页。
② 《邓小平文选》第3卷，人民出版社1993年版，第29页。
③ 《邓小平文选》第3卷，人民出版社1993年版，第72页。

向世界说明，我们现在制定的这些方针、政策、战略，谁也变不了。为什么？因为实践证明现在的政策是正确的，是行之有效的。人民生活确实好起来了，国家兴旺发达起来了，国际信誉高起来了，这是最大的事情。改变现在的政策，国家要受损失，人民要受损失，人民不会赞成"，"不但我们这一代不能变，下一代，下几代，都不能变，变不了。"① 总之，实践证明，这条路线是正确的，给人民带来了好处，给国家带来了好处，是实现国家繁荣昌盛、人民生活富裕幸福的必由之路，不应当改变，不会改变，也不允许任何人改变！

（二）1987 年

1986 年 12 月中下旬，合肥、北京一些高校的少数学生出于各种情绪和缘由上街游行，极少数别有用心的人从中进行反党反社会主义的煽动。后经各地有关方面和学校当局的教育与疏导，事件逐渐平息，胡耀邦同志也因此事辞职。这两件事，一个学生闹事，一个总书记辞职，在国内外一些人当中又引起怀疑：政策会不会变？针对这些疑虑，邓小平在多次谈话中坚定地重申，政策不变！1987 年 1 月 13 日，他在会见日本自民党干事长竹下登时说："学生闹点事，影响不大，搞不垮我们。我要告诉朋友们，这样的事情，我们会妥善处理的。即使再闹得大一些，也影响不了我们的根本，影响不了我们既定的政策"，"我们要避免事态的扩大，但即便扩大十倍，也影响不了我们的根本，影响不了我们的政策，因为我们现在执行的政策是正确的，人民得到了利益。"② 同年 1 月 20 日，他在会见津巴布韦总理穆加贝的谈话中，又说，学生闹事，总书记辞职，"这两件事的处理，都不会影响我们党的路线、方针、政策，……而只会使我们的党和人民更加清醒，更加相信我们走的道路是正确的。尽管发生了这两件事，一切都将照常进行，不会有任何改变。这是我要告诉同志们的。"③ 同年 5 月 12 日，他在会见荷兰首相吕贝尔斯时又一次说："最近，我们党的总书记辞职，这样的事在你们那里不算一个问题。大概由于我们过去开放不够，一有变化好像就是中国

① 《邓小平文选》第 3 卷，人民出版社 1993 年版，第 83—84 页。

② 《邓小平文选》第 3 卷，人民出版社 1993 年版，第 198—200 页。

③ 《邓小平文选》第 3 卷，人民出版社 1993 年版，第 201—202 页。

发生大问题了。其实没有发生什么大事，我们很快就解决了”，“我们现行的方针政策不会有任何变化，开放政策只会更加开放”，反对资产阶级自由化是长期任务，“我们不搞运动，这也不是运动所能解决的问题。一切工作照常运转。”① 总之，反对资产阶级自由化是党的基本路线题中应有之义，学生闹事也好，总书记辞职也好，解决这些问题都是为了排除干扰，沿着党的基本路线更好地前进，不是、也不会动摇我们的基本路线。

（三）1989 年

1989 年，国内资产阶级自由化思潮又一次严重泛滥，直至发生一些地方的动乱和北京的暴乱，使阶级斗争呈现出某种激化状态。在事件平息之后，国际国内又有一些人关心我们的基本路线会不会改变，加上国际敌对势力的所谓“制裁”，也发生了我们能不能够坚持这条基本路线的问题。邓小平在这个关键时刻又发表一系列谈话，明确指出不能变，连语言都不变。1989 年 5 月 31 日，他在同两位中央负责同志的谈话中说：“改革开放政策不变，几十年不变，一直要讲到底。国际国内都很关心这个问题。要继续贯彻执行十一届三中全会以来的路线、方针、政策，连语言都不变。十三大政治报告是经过党的代表大会通过的，一个字都不能动。”② 1989 年 6 月 9 日《在接见首都戒严部队军以上干部时的讲话》中，他明确地回答了两个问题，“第一个问题，党的十一届三中全会制定的路线、方针、政策，包括我们发展战略的‘三部曲’，正确不正确?”“第二个问题，党的十三大概括的‘一个中心、两个基本点’对不对?”，他说：“我们的一些基本提法，从发展战略到方针政策，包括改革开放，都是对的。”“以后我们怎么办？我说，我们原来制定的基本路线、方针、政策，照样干下去，坚定不移地干下去。”③ 9 月 16 日，他在会见美籍华裔学者李政道教授时说：“请你相信，中国在十年改革开放中制定的各项方针政策不会改变。十三大制定的路线不

① 《邓小平文选》第 3 卷，人民出版社 1993 年版，第 235 页。

② 《邓小平文选》第 3 卷，人民出版社 1993 年版，第 296 页。

③ 《邓小平文选》第 3 卷，人民出版社 1993 年版，第 305、307 页。

能改变，谁改变谁垮台。”[①] 在他辞去中央军委主席职务之后，1989 年 10 月 31 日接见美国前总统尼克松的谈话中，谈到中美关系，说：“我可以肯定地告诉你，谁也不能阻挡中国的改革开放继续下去”，“不管我在不在，不管我是否还担任职务，十年来由我主持制定的一系列方针政策绝对不会改变。我相信我的同事们会这样做。”[②] 同年 11 月 23 日，他在接见坦桑尼亚革命党主席尼雷尔时又说：“十三大确定了‘一个中心、两个基本点’的战略布局。我们十年前就是这样提出的，十三大用这个语言把它概括起来。这个战略布局我们一定要坚持下去，永远不改变。什么威胁也吓不倒我们。”[③] 12 月 1 日，他在会见日本朋友的时候，又说：“我们国家的领导人换了代”，但是，“我们一直坚持党的十一届三中全会以来的路线和各项方针政策，不但这一届领导人要坚持，下一届、再下一届都要坚持，一直坚持下去。”[④]

（四）1991 年至 1992 年

1989 年国内的政治风波和国际上的东欧剧变、苏联解体，引起人们对阶级斗争的重视和对和平演变的警惕。但是，有些人，包括一些政治家、理论家，在这种情况下，头脑变得不那么冷静，对阶级斗争的形势估计得过于严重，对党的基本路线发生某种程度的怀疑和动摇。他们把改革开放说成是引进和发展资本主义，认为和平演变的主要危险来自经济领域。“左”的思想又一次抬头。针对这种情况，邓小平 1991 年初在视察上海时说：“改革开放还要讲，我们的党还要讲几十年。会有不同意见，但那也是出于好意，一是不习惯，二是怕，怕出问题。光我一个人说话还不够，我们党要说话，要说几十年。”[⑤] 根据邓小平讲话精神，上海的报纸发表了一系列要继续解放思想、加快改革开放步伐的文章，但却受到某些报刊的批判。要害是姓“资”还是姓“社”的问题。1992 年春天邓小平在南方的重要谈话，系统地回答了这些问题。他又

① 《邓小平文选》第 3 卷，人民出版社 1993 年版，第 324 页。
② 《邓小平文选》第 3 卷，人民出版社 1993 年版，第 332 页。
③ 《邓小平文选》第 3 卷，人民出版社 1993 年版，第 345 页。
④ 《邓小平文选》第 3 卷，人民出版社 1993 年版，第 347 页。
⑤ 《邓小平文选》第 3 卷，人民出版社 1993 年版，第 367 页。

一次强调："要坚持十一届三中全会以来的路线、方针、政策，关键是坚持'一个中心、两个基本点'"，否则，"只能是死路一条，"，"基本路线要管一百年，动摇不得。只有坚持这条路线，人民才会相信你，拥护你。谁要改变三中全会以来的路线、方针、政策，老百姓不答应，谁就会被打倒"，"在这短短的十几年内，我们国家发展得这么快，使人民高兴，世界瞩目，这就足以证明三中全会以来的路线、方针、政策的正确性，谁想变也变不了。说过去说过来，就是一句话，坚持这个路线、方针、政策不变。"① 总之，"一个中心、两个基本点"的基本路线，是党在社会主义初级阶段的基本路线，而初级阶段至少要经历上百年的时间，所以要坚持一百年不动摇。其所以不能动摇，因为实践证明它是正确的，人民是拥护的；谁要改变，人民不答应，人民就会把他打倒。不论来自"左"的还是右的方面的干扰，都要加以排除，坚定地沿着这条基本路线前进。我们在这个问题上的原则性和坚定性，有着深刻的实践根据和深厚的群众基础。当然，强调不动摇，这句话本身就意味着有动摇的可能性，它的贯彻和执行会受到各种干扰，包括"左"的和右的干扰，也包括可能来自外部的种种压力。改变这条路线的企图可能是明目张胆的，也可能是不自觉的。因此，要提高警惕，要教育我们的干部和群众，要研究怎样防止动摇，怎样同各种动摇的表现做斗争。这样，才能真正做到毫不动摇地坚持这条基本路线。

二、"坚持党的基本路线一百年不动摇"，关键是坚持以经济建设为中心不动摇

党的十三大报告对我们党在社会主义初级阶段的基本路线作了完整的概括，这就是：领导和团结全国各族人民，以经济建设为中心，坚持四项基本原则，坚持改革开放，自力更生，艰苦创业，为把我国建设成为富强、民主、文明的社会主义现代化国家而奋斗。这个概括，明确规定了我们党在社会主义初级阶段的奋斗目标、中心任务以及为了实现这个奋斗目标和中心任务所必须坚持的政治原则、基本方针、领导力量和依靠力量。这反映了我们党对社会主义认识的全面性和深刻性。我们必

① 《邓小平文选》第3卷，人民出版社1993年版，第371页。

须把它作为一个完整的体系，全面加以把握，不能忽视其中的任何一个方面，也不能孤立地强调其中的任何一个方面。

但是，必须明确地认识到，作为系统的党的基本路线，其中所包括的各个要素在系统整体中所处的地位和所起的作用是不同的。经济建设始终处于中心地位。坚持党的基本路线不动摇，关键是坚持以经济建设为中心不动摇。这个东西一动摇，整个基本路线就被动摇了。邓小平说："核心是经济建设"，"我们的政治路线，是把四个现代化建设作为重点，坚持发展生产力，始终扭住这个根本环节不放松"，要"一心一意搞建设"①。经济建设中心地位的确立，不是任意的，而是有深刻的理论根据和现实根据的。首先，它是由社会主义本质所规定的。过去我们对社会主义本质的认识是不全面的，往往只讲它在生产关系、上层建筑方面的特征，而忽视了它在解放和发展生产力方面的特征。按照历史唯物主义观点，生产力是人类社会发展的最终决定力量，社会主义所以必然取代资本主义，是生产力发展的客观要求；社会主义所以优越于资本主义，是因为它能够创造比资本主义更高的劳动生产率；社会主义向共产主义的过渡，最终也取决于生产力的高度发展和社会产品的极大丰富。所以，邓小平反复强调，"马克思主义最注重发展生产力"，"马克思主义的基本原则就是要发展生产力"，"社会主义的首要任务是发展生产力"，"中心任务是发展生产力"，"根本任务是发展生产力"，"第一个任务是要发展社会生产力"，"贫穷不是社会主义，发展太慢也不是社会主义"②。其次，它是由现阶段我国社会的主要矛盾所规定的。主要矛盾决定主要任务。在生产资料私有制的社会主义改造基本完成以后，阶级斗争在一定范围内还将长期存在，并且在某种条件下还可能激化，但已经不是我国社会的主要矛盾了；主要矛盾是人民日益增长的物质文化需要同落后的社会生产之间的矛盾。如果说，大力发展生产力是一切社会主义国家的根本任务，那么，在我们这样一个原来经济文化比较落后的国家，发展生产力这个任务就显得更加急迫。邓小平说："现在虽说我们也在搞社会主义，但事实上不够格。只有到了下世纪中叶，达到了

① 《邓小平文选》第3卷，人民出版社1993年版，第3、64、9页。

② 《邓小平文选》第3卷，人民出版社1993年版，第63、116、254—255、264、227、255页。

中等发达国家的水平，才能说真的搞了社会主义，才能理直气壮地说社会主义优于资本主义。”① 再次，它是以科学分析当前国际形势为依据的。要建设，没有和平的国际环境不行。过去我们不能坚持以经济建设为中心，一个重要的原因，就是对国际形势判断的失误。邓小平说：“过去我们的观点一直是战争不可避免，而且迫在眉睫。我们好多的决策，包括一、二、三线建设的布局，‘山、散、洞’的方针在内，都是从这个观点出发的。”“以前总是担心打仗，每年总要说一次。现在看，担心得过分了。”十一届三中全会以来，我们改变了这个看法，认为“在较长时间内不发生大规模的世界战争是有可能的，维护世界和平是有希望的。”“我看至少十年打不起来”，“现在的问题是要注意争取时间，该上的要上。大战打不起来，不要怕，不存在什么冒险的问题。”②“一九七八年我们制定一心一意搞建设的方针，就是建立在这样一个判断上的。”③

坚持以经济建设为中心不动摇，关键又在于正确认识和处理经济建设与阶级斗争之间的关系。如前所述，在社会主义基本制度建立以后，由于国际国内因素的影响，阶级斗争在一定范围内还将长期存在，在某种条件下还可能激化，对于这方面的问题，我们必须保持清醒的头脑，决不可掉以轻心、麻痹大意，否则经济建设和改革开放都不能顺利进行，甚至会有丢失政权的危险。但是，我们必须明确，阶级斗争已经不是我国社会的主要矛盾，抓阶级斗争是为了保证经济建设这个中心，而决不能干扰和冲击这个中心。必须把阶级斗争放在一个恰当的地位上。历史的经验告诉我们，在通常的情况下，人们比较容易清醒地处理经济建设与阶级斗争的关系问题，能够做到坚持以经济建设为中心不动摇，而在阶级斗争出现某种激化的情况下，人们往往变得不那么清醒，容易夸大阶级斗争，容易对于经济建设的中心地位发生动摇。党的十四大报告说：“在历史上，由于没有能够清醒对待国际国内某些事件，我们有过离开经济建设这个中心的严重教训。”④ 这句包含丰富历史内容的话，

① 《邓小平文选》第3卷，人民出版社1993年版，第225页。
② 《邓小平文选》第3卷，人民出版社1993年版，第127、25页。
③ 《邓小平文选》第3卷，人民出版社1993年版，第233页。
④ 《江泽民文选》第1卷，人民出版社2006年版，第222页。

值得我们高度重视。大家知道，以经济建设为中心的思想，在 1956 年 9 月党的八大就已经提出来了。八大关于政治报告的决议明确指出，在社会主义改造基本完成以后，阶级斗争已经不是我国社会的主要矛盾，今后的主要任务是集中力量发展生产力。八大期间，毛泽东在同许多外国代表团的谈话中也多次讲到斯大林犯了阶级斗争扩大化的错误，原因是他的认识落后于苏联变化的实际，没有看到苏联的客观形势已经发展了，国内的剥削阶级已经基本上消灭了，社会已由一个阶段过渡到另一个阶段，已经到了用和平的方法来保护和发展生产力的时候了。在 1956 年 11 月八届二中全会上，毛泽东有个“七点意见”的发言，第七点就是“国内阶级矛盾已经基本解决。”1956 年 12 月 4 日，毛泽东在给黄炎培的信中再次肯定：“我们国家内部的阶级斗争已经基本上解决了。”一直到 1957 年 3 月 19 日，他在一个讲话提纲中还说：“现在处在转变时期：由阶级斗争到向自然界斗争，由革命到建设，由过去的革命到技术革命和文化革命。”可是不久，就来了一个 180 度的大转弯，上述正确认识被否定了。在 1957 年 10 月八届中央委员会扩大的第三次会议上，毛泽东说了这样一段话：“无产阶级和资产阶级的矛盾，社会主义道路和资本主义道路的矛盾，毫无疑问，是当前我国社会的主要矛盾”，他批评八大的提法“是不对的”。后来八大二次会议根据毛泽东的意见进一步断言：“在整个过渡时期，也就是说，在社会主义社会建成以前，无产阶级同资产阶级的斗争，社会主义道路同资本主义道路的斗争，始终是我国内部的主要斗争。”何以会发生这样根本的变化呢？无非是因为当时国际国内出现了一些阶级斗争激化的事件。一是国内在 1957 年上半年发生了极少数“右派分子”向党进攻的事件；二是国际共产主义运动中右倾思潮抬头，发生了波匈等国的动乱事件。对于这些事件，我们缺乏精神准备和处理的经验，表现得不那么清醒和冷静，在思想方法上犯了绝对化的毛病，把一定范围内阶级斗争的激化夸大为全局范围的尖锐化，把一定时间内阶级斗争的激化夸大为长期的尖锐化，以至错误地作出阶级斗争仍然是我国社会主要矛盾的论断，犯了阶级斗争扩大化的错误。1958 年以后，党内又在大跃进、人民公社化运动问题上发生了意见分歧，在 1959 年庐山会议上彭德怀写信给毛泽东批评大跃进以来的错误，我们又没有清醒地对待这次党内的意见分歧，把彭德怀等一批坚持实事求是的同志定为右倾机会主义分子加以批判。毛泽东说："庐山出现的这一场斗争，是一场阶级斗争，是过去十年社会主义革命过程中资产阶级与无产阶级两大对抗阶级的生死斗争的继续。"这就把党内关于方针政策的不同意见的正常讨论，当作阶级斗争问题来处理，使反右派以后阶级斗争扩大化的错误在理论上和实践上进一步升级，并且引申到党内和党的高级领导层来。后来，这种"左"的思想进一步发展，一直到"文化大革命"，形成了一条"以阶级斗争为纲"的错误路线。这些惨痛的教训，使我们党进一步成熟起来。十一届三中全会我们党重新确立了以经济建设为中心的指导思想，着重纠正过去以阶级斗争为纲的"左"倾错误，同时也正确地处理了阶级斗争问题，坚决反对资产阶级自由化。特别是发生 1989 年春天那一场政治风波以后，我们党果断地加以处理，平息了这场风波，排除了对经济建设这个中心的干扰和冲击。1989 年 6 月 9 日，邓小平在接见首都戒严部队军以上干部时的讲话中说："一个中心、两个基本点""没有错"，"以后我们怎么办？我说，我们原来制定的基本路线、方针、政策，照样干下去，坚定不移地干下去。"① 对国际上某些事件的处理，我们也非常地清醒。苏东发生动乱之后，邓小平说："对于国际形势，概括起来就是三句话：第一句话，冷静观察；第二句话，稳住阵脚；第三句话，沉着应付。不要急，也急不得。要冷静、冷静、再冷静，埋头实干，做好一件事，我们自己的事。"② 总之，坚持以经济建设为中心不动摇，不去论战，不搞大批判，不因为这些事件而改变我们的基本路线。回过头来看，15 年来，国际上出现了这样那样的风浪，国内也不是风平浪静，但是，邓小平以他丰富的历史经验和政治智慧，冷静而又正确地处理国际国内的问题，保证了我们党和国家的工作始终没有离开经济建设这个中心。但这不等于说，我们所有的同志都深刻理解并跟上了邓小平的这个思想。在国内资产阶级自由化泛滥、苏东剧变这些事件发生之后，有些人头脑变得不那么清醒了。他们对阶级斗争的地位作了不恰当的估计，对以经济建设为中心发生了某种程度的动摇，把反和平演变放在非常不恰当的位置上，甚至认为反和平演变也应当成为中心，并且认为和平演变的主要危险来自经济领域，改革开放就是引进和发展资本主义。按照这些人

① 《邓小平文选》第 3 卷，人民出版社 1993 年版，第 307 页。

② 《邓小平文选》第 3 卷，人民出版社 1993 年版，第 321 页。

的观点，我们又只能重新回到“以阶级斗争为纲”的老路上去。1992年春天，邓小平在南方的重要谈话中批评了这些错误意见，强调“基本路线要管一百年，动摇不得”，谁要改变这条路线，“老百姓不答应，谁就会被打倒”。这一番话，对那些搞“左”的一套、拿大帽子吓唬人的政治家、理论家确实是一服清醒剂。可以说是在关键时刻讲了关键的话，为我们又一次指明了前进的方向。历史的经验和教训一再表明，正确处理阶级斗争与经济建设的关系，对于我们社会主义事业的发展具有十分重大、深远的意义。天下的事情纷繁复杂，又常常风云变幻，不可能什么事情都预料到，今后还可能发生这样那样的问题。我们的原则仍然是冷静观察，沉着应付，“任凭风浪起，稳坐钓鱼船”。要按照实际情况，有什么问题解决什么问题，在什么范围内发生的问题就在什么范围内解决。无论解决什么问题，都不能影响经济建设这个中心，都要为集中力量把经济建设搞上去创造更有利的条件。这一条应当成为我们不可动摇的原则。

三、“坚持党的基本路线一百年不动摇”，必须把改革开放和四项基本原则统一起来

邓小平说：“搞社会主义现代化建设是基本路线。要搞现代化建设使中国兴旺发达起来，第一，必须实行改革、开放政策；第二，必须坚持四项基本原则，……这两个基本点是相互依存的。”① 割裂了这两个基本点，就会犯“左”的或右的错误，就必定动摇我们的基本路线。

（一）有中国特色的社会主义所以具有蓬勃的生命力，就在于它是实行改革开放的社会主义

以经济建设为中心，集中力量发展生产力，必须正确认识和处理生产关系和上层建筑方面的问题。社会主义基本制度建立以后，随着生产力的发展，生产关系和上层建筑当中的某些不适应生产力发展要求的环节，需要随时加以调整，或者说，应当不断地进行改革。恩格斯说：“所谓‘社会主义’社会不是一成不变的东西，而应当和任何其他社会

① 《邓小平文选》第3卷，人民出版社1993年版，第248页。

制度一样，把它看成是经常变化和改革的社会。”① 改革，是社会主义社会基本矛盾运动的客观要求，是社会主义制度的自我完善，是社会主义社会向前发展的重要动力。这是一般原理，所有社会主义国家都概莫能外。而对于我国来说，实行改革则有特殊的迫切性。这是因为，第一，在国际共产主义运动中，长期以来形成一种僵化的社会主义模式观念。苏联在30年代确立的那种权力过分集中的社会主义体制被神圣化、凝固化，认为坚持那一套东西就是坚持社会主义，违背了那一套东西就是违背了社会主义。结果严重束缚了人们的思想，使社会主义制度的优越性没有得到充分发挥。邓小平说：“社会主义制度并不等于建设社会主义的具体做法。”② “过去我们搬用别国的模式，结果阻碍了生产力的发展，在思想上导致僵化，妨碍人民和基层积极性的发挥。”“旧的那一套经过几十年的实践证明是不成功的。”因此，必须进行改革，“不改革就没有出路”③。第二，“我们还有其他错误，例如‘大跃进’和‘文化大革命’，这不是搬用别国模式的问题。可以说，从一九五七年开始我们的主要错误是‘左’，‘文化大革命’是极左。中国社会从一九五八年到一九七八年二十年时间，实际上处于停滞和徘徊状态，国家的经济和人民的生活没有得到多大的发展和提高。这种情况不改革行吗?”④ 总之，照搬别的国家模式也好，自己搞的那一套“左”的东西也好，都是束缚生产力发展的，必须彻底加以革除。这种改革，不是在旧体制范围内进行枝枝节节的修补，而是实现体制的转换，“从根本上改变束缚生产力发展的经济体制，建立起充满生机和活力的社会主义经济体制”⑤。这种改革，也不是局部的改革，而是“全面的改革”，“包括经济体制改革、政治体制改革和相应的其他各个领域的改革。”⑥ 因此，改革是“中国的第二次革命”。第一次革命是革旧社会基本制度的命，第二次革命是革我们自己搞的僵化的社会主义体制的命。两次革命都是为了解放生产力、发展生产力。十几年的实践已经充分证明，改革是实现四个现

---

① 《马克思恩格斯全集》第37卷，人民出版社1971年版，第443页。
② 《邓小平文选》第2卷，人民出版社1994年版，第250页。
③ 《邓小平文选》第3卷，人民出版社1993年版，第237页。
④ 《邓小平文选》第3卷，人民出版社1993年版，第237页。
⑤ 《邓小平文选》第3卷，人民出版社1993年版，第370页。
⑥ 《邓小平文选》第3卷，人民出版社1993年版，第237页。

代化的必由之路，是社会主义焕发生机和活力的必由之路。在国际共产主义运动处于低潮，许多社会主义国家遭受严重挫折的情况下，我国社会主义巍然屹立，经受住了严重考验，正是因为我们通过社会主义改革，使社会主义呈现出蓬勃的生机和活力。邓小平说："如果没有改革开放的成果，'六四'这个关我们闯不过，闯不过就乱，乱就打内战。……为什么'六四'以后我们的国家能够很稳定？就是因为我们搞了改革开放，促进了经济发展，人民生活得到了改善。"[①] 从国际共产主义运动来看，苏东剧变的深层历史原因是长期以来思想僵化、体制僵化，生产力没有得到应有的发展，人民生活没有得到应有的提高，社会主义制度的优越性没有得到充分发挥，因此抵挡不住国内民主社会主义思潮的冲击和西方敌对势力和平演变的攻势。从这个意义上说，苏东剧变不是意味社会主义制度不灵了，而是那种传统的僵化的社会主义体制不灵了。历史发展到今天，社会主义的历史命运决定于我们能不能正确地通过社会主义改革而实现体制上的转变。只有通过社会主义改革，才能赋予四项基本原则以新的时代内容，才能使社会主义制度焕发出蓬勃的生命力。

（二）我国的改革开放所以能够健康发展，就在于它是有利于巩固和发展社会主义的改革开放

我们所说的改革开放，有确定的科学含义，就是指的社会主义制度的自我完善和发展。改革开放的目的是为了巩固和发展社会主义的基本制度而不是损害和破坏这个基本制度。如果离开社会主义根本方向而侈谈改革开放，那种改革开放应当打上引号，决不是我们所主张的社会主义改革开放。只有社会主义才能救中国，只有社会主义才能发展中国，这已为100多年的历史所证明。半殖民地半封建的社会制度使中国陷入贫穷、落后，资本主义道路在中国走不通，社会主义是中国人民唯一正确的历史选择。社会主义制度的建立是中国人民在党的领导下70多年浴血奋斗的伟大历史成果。我们必须坚持四项基本原则，这是我国的立国之本。本固才能枝繁叶茂，中国才有前途和希望。所以，邓小平反复强调："要坚持马克思主义，坚持走社会主义道路。""我们多年奋斗就

① 《邓小平文选》第3卷，人民出版社1993年版，第371页。

是为了共产主义，我们的信念理想就是要搞共产主义。”纠正“左”的错误，一定要坚持四项基本原则，“如果不坚持这四项基本原则，纠正极左就会变成‘纠正’马列主义，‘纠正’社会主义。”[①] 他批评搞资产阶级自由化的人说，这些人脑子里的四化同我们脑子里的四化不同，“我们脑子里的四化是社会主义的四化。他们只讲四化，不讲社会主义。这就忘记了事物的本质，也就离开了中国的发展道路。这样，关系就大了。在这个问题上我们不能让步。”[②] 他强调地说：“在改革中坚持社会主义方向，这是一个很重要的问题。我们要实现工业、农业、国防和科技现代化，但在四个现代化前面有‘社会主义’四个字，叫‘社会主义四个现代化。”[③] 总之，只有坚持四项基本原则，才能保证改革开放的正确方向，才能保证改革开放有一个安定的社会环境，否则中国一定会乱，一乱就什么事情也搞不成。苏东的教训，不在于它们实行了改革，而在于抛弃了社会主义基本制度，如否定公有制、实行全面的私有制，否定共产党的领导，搞所谓多党制等等。这样的“改革”，只能越改越乱、越改越糟。如果说过去他们的主要错误是“左”，现在许多人又走到右，是“左”和右一起葬送了社会主义事业。

我们必须把改革开放同四项基本原则统一起来：坚持四项基本原则以保证改革开放的健康发展；坚持改革开放以保证社会主义制度充满生机和活力。二者统一的落脚点是发展社会主义社会的生产力。

四、“坚持党的基本路线一百年不动摇”，要警惕右，但主要是防止“左”

党的十四大报告指出：“在把握‘一个中心、两个基本点’的问题上，在党内特别是领导干部中要警惕右，但主要是防止‘左’。”[④]

“左”和右，是政治概念，指的是偏离党的政治路线的错误倾向。在今天，就是指的对党的基本路线的偏离。右的表现主要是否定四项基

① 《邓小平文选》第3卷，人民出版社1993年版，第63、137页。
② 《邓小平文选》第3卷，人民出版社1993年版，第204页。
③ 《邓小平文选》第3卷，人民出版社1993年版，第138页。
④ 《江泽民文选》第1卷，人民出版社2006年版，第223页。

本原则，搞资产阶级自由化，甚至制造政治动乱。“左”的表现主要是否定改革开放，认为和平演变的主要危险来自经济领域，甚至用“阶级斗争为纲”的思想影响和冲击经济建设这个中心。

邓小平在“南方谈话”中说：“中国要警惕右，但主要是防止‘左’。”这个论断是对我们党长期历史经验的科学总结，是他的一贯思想，整个《邓小平文选》第2卷和第3卷都体现了这一思想。深刻理解这一论断，排除“左”的和右的干扰，对于我们全面贯彻党的基本路线，加快改革开放和现代化建设步伐，始终沿着有中国特色的社会主义道路前进，有重大而深远的意义。

（一）坚持党的基本路线，要排除“左”右两种干扰

邓小平指出：“现在，有右的东西影响我们，也有‘左’的东西影响我们。”[①] 我们必须排除这两种干扰，反对这两种错误倾向。只讲右的危害，不讲“左”的危害，或者只讲“左”的危害，不讲右的危害，都是片面的、错误的，都会导致对党的基本路线的偏离或背离，都只能贻害我国的社会主义事业。在国际共产主义运动处于低潮的情况下，我国的社会主义事业欣欣向荣，取得了令人瞩目的巨大成就，根本原因就在于十一届三中全会以来我们坚决纠正过去“左”的错误，同时又坚决反对右的倾向，全面贯彻一个中心、两个基本点的基本路线。早在1979年，邓小平在党的理论工作务虚会上就明确指出，要反对两种错误倾向，“一方面，党内有一部分同志还深受林彪、‘四人帮’极左思潮的毒害，有极少数人甚至散布流言蜚语，攻击中央在粉碎‘四人帮’以来特别是三中全会以来所实行的一系列方针政策违反马列主义、毛泽东思想；另一方面，社会上有极少数人正在散布怀疑或反对四项基本原则的思潮，而党内也有个别同志不但不承认这种思潮的危险，甚至直接间接地加以某种程度的支持”，“这两种思潮都是违反马列主义、毛泽东思想的，都是妨碍我们的社会主义现代化事业的前进的。”[②] 1981年3月27日，他专门作了《关于反对错误思想倾向问题》的谈话，指出：“要批判‘左’的错误思想，也要批判右的错误思想”，“解放思想，也是既

---

① 《邓小平文选》第3卷，人民出版社1993年版，第375页。

② 《邓小平文选》第2卷，人民出版社1994年版，第165—167页。

要反‘左’，又要反右”，“有‘左’就反‘左’，有右就反右”[1]。1987年，他在多次谈话中反复强调：“有‘左’的干扰，也有右的干扰。”[2]“搞社会主义，搞四个现代化，有‘左’的干扰。……但是也有右的干扰。”[3] 正是由于我们贯彻了邓小平的这一系列重要思想，坚决地排除了“左”右两方面干扰，我们才经受了各种考验，保证了党的基本路线的全面贯彻执行，没有出现某些社会主义国家出现的那样一种严重局面。要巩固和发展我们的胜利，我们必须全面理解邓小平的反倾向思想，坚持反倾向的全面性和科学性，不论反“左”反右，都要旗帜鲜明，立场坚定，毫不含糊，不能有任何一种片面性。

（二）“左”的东西根深蒂固，主要防止“左”

反倾向，如同所有的工作，既应当是全面的，又必须是有重点的。没有重点，平均使用力量不行；搞错了重点，更不行。邓小平在全面提出反“左”反右的同时，针对我们党的实际情况，反复强调：“最大的危险还是‘左’”，“主要错误是‘左’”，“主要是反‘左’”，“着重反对‘左’”。[4] 1992年春天在“南方谈话”中，他又一次重申：“根深蒂固的还是‘左’的东西”，“主要是防止‘左’”[5]。可见，在中国，反倾向要着重反“左”，是邓小平的一贯思想。

为什么应当重点防“左”呢？这是因为：

第一，从历史上看，不论是民主革命时期，还是社会主义时期，长期造成严重危害的主要是“左”的错误。1927年“八七”会议以后，到1935年1月遵义会议之前，长达8年的时间连续发生三次“左”倾错误，而且一次比一次严重，特别是王明“左”倾错误几乎使中国革命陷入绝境。我们用了大约10年时间才把它彻底纠正过来。新中国成立以后，从1957年起，到1978年，长达20年的时间，主要的错误仍然是“左”，“文化大革命”是极左；正是这些“左”的错误使我国社会

---

① 《邓小平文选》第2卷，人民出版社1994年版，第379页。
② 《邓小平文选》第3卷，人民出版社1993年版，第199页。
③ 《邓小平文选》第3卷，人民出版社1993年版，第225页。
④ 《邓小平文选》第3卷，人民出版社1993年版，第229、237、228、225页。
⑤ 《邓小平文选》第3卷，人民出版社1993年版，第375页。

"实际上处于停滞和徘徊的状态，国家的经济和人民的生活没有得到多大的发展和提高"。[①] 正因为如此，我们党所作的两个"历史决议"，主要都是纠正"左"的。几十年"左"的思想根深蒂固，在一些人那里已经成为习惯势力，轻车熟路，改变过来不容易，非持之以恒、下大力气不能解决问题。

第二，从十几年来改革开放的实际进程看，妨碍我们加快改革和建设步伐的，仍然主要是"左"的思想和"左"的框框。新时期之"新"，就在于我们以经济建设为中心大力推进社会主义改革。改革，就是要改变束缚生产力发展的经济体制和与之相应的传统观念，主要是过去那种僵化的体制和观念。因此，为了推进改革，主要应当反对和防止"左"。邓小平说："现在中国反对改革的人不多，但在制定和实行具体政策的时候，总容易出现有一点留恋过去的情况，习惯的东西就起作用，就冒出来了。"[②] 改革每前进一步，都受到"左"的思想纠缠，你搞家庭联产承包责任制，他就说你破坏了农村集体经济；你发展乡镇企业，他就说乡镇企业是不正之风的根源；你发展一定数量的三资企业，他就说三资企业是和平演变的温床；你搞厂长负责制，他就说你削弱党的领导；一个东西刚刚提出来，还没试验，他就先问你姓"社"还是姓"资"。总之，一直搞到你什么也干不成，"率由旧章"，他就舒服了。实在是顾虑重重，步履艰难。改革就是解放生产力，而解放生产力必须首先解放思想，突破各种"左"的思想和"左"的框框，否则，加快改革开放、加快发展经济，充分发挥社会主义制度优越性等等，都只能是一些空话。

第三，"左"带有革命色彩，比右带有更大的迷惑性，不仅容易泛滥，而且难以纠正。搞"左"的一套的人，都是以正统马克思主义自居，而且自称百分之百的马克思主义者。谁不听他们那一套，就给你扣上反马克思主义的大帽子，判你个离经叛道，叫你永世不得翻身。而一些缺乏理论和实践经验的人，也容易被他们那些马克思主义的词句所欺骗，误以为真理在他们手中，自觉不自觉地跟着他们走。这样，彻底暴露"左"的实质，肃清"左"的影响，就不能不需要较长的时间，而且

① 《邓小平文选》第 3 卷，人民出版社 1993 年版，第 237 页。

② 《邓小平文选》第 3 卷，人民出版社 1993 年版，第 228—229 页。

需要做深入细致的思想理论工作，使广大干部、群众从理论与实践的结合上真正弄清什么是真马克思主义、什么是假马克思主义。

第四，“左”的思想之所以容易发生，还因为在中国有深刻的社会历史根源。旧中国是一个半封建半殖民地国家，封建主义和小生产习惯势力源远流长。封建传统的一个重要思想特征，就是教条主义达到登峰造极的程度。皇帝的话就是真理，“金口玉言，说啥算啥”，圣人的话就是真理，“以孔子之是非为是非”，动辄“孔子曰”。小生产者，由于不能掌握自己的命运，又总是把希望寄托在“救世主”身上。这种“唯上、唯书”的思维方式，在党内反映出来，就是以教条主义态度对待马克思主义。五四运动是反对老教条，延安整风是反对新教条，十一届三中全会以来是反对新形势下的新教条。教条主义屡反屡出，至今未能绝迹，原因就在于它有一个深刻的社会历史根源。那么，教条主义为什么和“左”有必然的联系呢？这也和我们的国情有关。旧中国经济文化极端落后，决定我们不可能直接进行社会主义革命而必须首先经历一个新民主主义革命阶段；在社会主义革命取得基本胜利以后，也不可能一下子就建成马克思恩格斯所预见的那种很高程度的社会主义，而必须经历一个社会主义初级阶段。在这种情况下，把马克思主义、科学社会主义理论教条化，便必然导致急于求成、超阶段的“左”倾错误。这种特殊的国情决定了我们反对“左”倾教条主义的长期性和艰巨性。

（三）在反对一种倾向的时候，注意可能掩盖着的另一种倾向

在中国，主要是防止“左”，但也不可忽视警惕右。实践证明，在纠“左”的过程中，一些人往往以解放思想、反“左”为名，反对四项基本原则，主张走资本主义道路。前几年资产阶级自由化思潮几度泛滥，直至酿成1989年的那场政治风波，这个教训我们是不能忘记的。东欧剧变，苏联解体，也告诫我们，对资产阶级自由化这种右倾思潮和西方敌对势力和平演变的图谋，必须始终保持高度的警惕性。我们搞社会主义才几十年，还处在初级阶段，巩固和发展社会主义制度的斗争，还需要经历一个很长的时间，需要我们几代人、十几代人甚至几十代人坚持不懈的努力奋斗。在整个现代化建设和改革开放过程中，始终都要坚持四项基本原则、反对资产阶级自由化、防止“和平演变”。要自觉运用人民民主专政的力量，巩固人民的政权，保证我国

发展的社会主义方向。

邓小平在坚持主要反“左”的过程中，经常提醒我们要警惕右。1983年10月12日，他在十二届二中全会的讲话中，针对当时思想战线上一些人搞精神污染变得很突出的情况，指出：“对于思想理论方面‘左’的错误观点，仍然需要继续进行批评和纠正。但是，应当明确指出，当前思想战线首先要着重解决的问题，是纠正右的、软弱涣散的倾向。”[①] 这里讲“着重解决”右，有两个限制：一是“当前”；二是“思想战线”，而不是“长期”和“所有战线”（尤其不是经济战线）。即使在当时思想战线着重反右的时候，他仍然强调：“在开展积极的思想斗争的时候，仍然要注意防止‘左’的错误”，即只能“站在马克思主义的立场上，不能站在‘左’的立场上。”[②] 1987年4月30日，他在讲“最大的危险还是‘左’”的同时，又指出：“对青年人来说，右的东西值得警惕，特别是他们不知道什么是资本主义，什么是社会主义，因此要对他们进行教育。”[③] 所有这些论述表明，邓小平在反倾向的时候，是全面的、科学的，既坚持全局工作长期反“左”这个重点，又很重视对右的警惕，当某个领域、在某一段时间内右的倾向变得突出的情况下，还要集中力量抓反对右的倾向。

正如我们在反“左”的时候不能忽视右的干扰一样，在反右的时候也不能忽视“左”的干扰。历史经验多次表明，在外部环境严峻的情况下，在反右的时候，很容易发生“左”的错误。1945年，扩大的六届七中全会通过的《关于若干历史问题的决议》在谈到反右出“左”的教训时指出：“由于对国民屠杀政策的仇恨和对陈独秀投降主义的愤怒而加强起来的小资产阶级革命急性病，也反映到党内，使党内的‘左’倾情绪也很快地发展起来了。”在社会主义时期，也有同类性质的教训。1957年反右派斗争扩大化而导致“左”的错误；1989年“六四”风波和苏东剧变之后，在一些同志那里“左”的思想又有所抬头，这些经验教训都是值得注意的。

---

① 《邓小平文选》第3卷，人民出版社1993年版，第47页。

② 《邓小平文选》第3卷，人民出版社1993年版，第47页。

③ 《邓小平文选》第3卷，人民出版社1993年版，第229页。

邓小平理论研究中的几个问题*

邓小平离开我们已经10年了。但是，他的音容笑貌，他的思想风范，他的奋斗业绩，永远留在我们心间。以他的名字命名的理论——邓小平理论，作为全党全国人民集体智慧的结晶，作为当代中国马克思主义奠基性理论，在中国各族人民建设中国特色社会主义历史进程中，永远是指引我们前进的伟大旗帜。

恩格斯说："社会主义自从成为科学以来，就要求人们把它当做科学看待，就是说，要求人们去研究它。"① 对待邓小平理论，我们同样应当采取这种科学态度，因为只有采取这种科学态度，才能毫不动摇地坚持和发展邓小平理论，才能自觉地和科学地高举邓小平理论的伟大旗帜，把他所开创的中国特色社会主义的伟大事业继续推向前进。

---

* 为纪念邓小平逝世10周年，中共中央文献研究室当代文献研究中心、四川省邓小平理论和"三个代表"重要思想研究中心与中共广安市委于2007年1月31日至2月2日联合召开邓小平改革与发展思想学术研讨会。本稿系作者于1月31日在会议上的演讲稿。

① 《马克思恩格斯选集》第2卷，人民出版社1995年版，第636页。

一、关于以经济建设为中心同社会全面发展的关系问题

以经济建设为中心的指导思想，是邓小平理论的核心思想。他反复强调，“马克思主义最注重发展生产力”，“马克思主义的基本原则是发展生产力”，“社会主义的首要任务是发展生产力”。“中心任务是发展生产力”，“基本任务是发展生产力”。对于这一指导思想，邓小平作了深刻系统的理论阐述。他指出，第一，这是社会主义本质的要求。社会主义制度的优越性，在于它能够创造比资本主义更高的劳动生产率，“讲社会主义，首先就要使生产力发展，这是主要的。只有这样，才能表明社会主义的优越性。”① 大力发展生产力，这是社会主义最终战胜资本主义的物质基础。第二，这是由中国社会主义初级阶段的主要矛盾所决定的。中国社会主义初级阶段的主要矛盾是落后的社会生产同人民日益增长的物质文化需要之间的矛盾，解决这个主要矛盾必须坚持以经济建设为中心。如果说大力发展生产力是一切社会主义国家的根本任务，那么，在中国，这个根本任务就更加迫切。第三，这是当代中国解决一切问题的物质基础。“在国际事务中反对霸权主义，台湾回归祖国、实现祖国和平统一，归根到底，都要求我们的经济建设搞好。”② 国内的许多政治问题、社会问题，如落实政策问题、就业问题、知青回城生活问题等等，都要靠发展经济来解决，“经济不发展，这些问题永远不能解决。”③ 发展经济，“这是我们解决国际问题、国内问题的最主要的条件”④。第四，这是社会主义将来向共产主义过渡的物质基础。“共产主义的高级阶段要实现各尽所能、按需分配，这就要求社会生产力高度发展，社会物质财富极大丰富。”⑤ 鉴于经济在社会主义发展中的决定性作用，也鉴于我们在相当长一段时间内忽视发展经济、搞“阶级斗争”

① 《邓小平文选》第2卷，人民出版社1994年版，第314页。
② 《邓小平文选》第2卷，人民出版社1994年版，第240页。
③ 《邓小平文选》第2卷，人民出版社1994年版，第195页。
④ 《邓小平文选》第2卷，人民出版社1994年版，第240页。
⑤ 《邓小平文选》第3卷，人民出版社1993年版，第63页。

为纲的教训，邓小平一再强调，对经济建设这个中心，要“扭住不放，‘顽固’一点，毫不动摇”，“一切围绕着这件事，不受任何干扰”，“一天也不能耽误”，“一心一意搞建设，发展生产力”，“抓住时机，发展自己，关键是发展经济。”这些话，可以说是斩钉截铁，毫不含糊，而且语重心长。

邓小平在高度重视发展经济的同时，指出，必须以经济建设为中心推动社会的全面发展。他说：“为了建设现代化的社会主义强国，任务很多，需要做的事情很多，各种任务之间又有相互依存的关系，如像经济与教育、科学，经济与政治、法律等等，都有相互依存的关系，不能顾此失彼”，“现代化建设的任务是多方面的，各个方面需要综合平衡，不能单打一”[①]。他强调：“没有民主就没有社会主义”，而民主必须“法律化、制度化”；社会主义国家“不但要有高度的物质文明，而且要有高度的精神文明”。在谈到加强社会事业发展的时候，他指出，过去没有安排好各种比例关系，除农业和工业比例失调、轻重工业比例失调外，“还有一个重要的比例，就是经济发展和教育、科学、文化、卫生发展的比例失调，教科文卫的费用太少，不成比例”。他还指出，过去“骨头”和“肉”比例失调，即“工业和住宅建设、交通市政建设、商业服务业建设”的比例失调[②]。这些讲的都是社会建设，尽管邓小平没有使用社会建设这个词。所以，邓小平在强调经济建设中心地位的同时，是十分重视政治建设、文化建设和社会建设的，是十分重视社会的全面发展的。

前一段时间有人说，邓小平理论是“经济中心论”，而科学发展观是“全面发展论”，它们是两种不同的发展战略。有的提出，在新世纪新阶段，应当放弃“经济中心论”，代之以新的中心论。有的提出“制度建设中心论”，有的提出“经济建设和社会发展中心论”，有的提出“协调发展中心论”，有的提出“可持续发展中心论”，有的提出“社会建设中心论”等等[③]。这些看法，既没有正确理解科学发展观，也没有正确理解邓小平理论。如上所说，邓小平理论既讲以经济建设为中

① 《邓小平文选》第2卷，人民出版社1994年版，第249—250页。

② 《邓小平文选》第2卷，人民出版社1994年版，第249—250页。

③ 参见《中国党政干部论坛》2005年第8期，第39—40页。

心，又讲社会的全面发展；科学发展观既讲全面发展，也讲以经济建设为中心，我们不应当把二者对立起来，用后者否定前者。在新世纪新阶段，我国经济社会生活确实发生了一系列重大变化，出现了一些明显的阶段性特点，如城乡、区域发展很不平衡，经济发展与资源环境之间的矛盾日益突出，贫富差距越来越大，社会就业、社会保障、社会治安、社会风气等事关广大群众切身利益的社会问题相当突出。对于这些问题，必须高度重视，有针对性地统筹加以解决。在实际工作中，要更加注重全面、协调、可持续发展，更加注重公平正义、民主法治、社会和谐，也就是说，要更加注重科学发展、和谐发展。然而这一切没有、也不应当动摇和改变以经济建设为中心的指导思想，相反，只有坚持以经济建设为中心，大力发展生产力，才能为解决这些问题提供坚实的物质基础。

我们党的科学发展观是以经济建设为中心的发展观。胡锦涛说："科学发展观，是用来指导发展的，不能离开发展这个主题，离开了发展这个主题就没有意义了。发展首先要抓好经济发展。我国正处于并将长期处于社会主义初级阶段，在国际综合国力竞争日益激烈的形势下，坚持以经济建设为中心，紧紧抓住和切实用好重要战略机遇期，大力解放和发展社会生产力，对我们这样一个发展中大国加快实现现代化具有重大战略意义。只有坚持以经济建设为中心，不断增强综合国力，才能为抓好发展这个党执政兴国的第一要务，为全面协调发展打下坚实的物质基础。只有坚持以经济建设为中心，不断增强综合国力，才能更好地解决前进道路上的矛盾和问题，胜利实现全面建设小康社会和社会主义现代化的宏伟目标。因此，全党全国都要增强促进发展的紧迫感，在任何时候任何情况下都要紧紧扭住经济建设这个中心不放松，充分调动和切实保护广大干部群众加快发展的积极性，坚定不移地推动经济可持续协调健康发展。"① 在讲科学发展观的时候，胡锦涛用这么长的篇幅讲以经济建设为中心，显然是有针对性的，值得我们高度注意。

和谐社会建设也要以经济发展为物质基础。《中共中央关于建设

---

① 胡锦涛：《树立和落实科学发展观》，《保持共产党员先进性教育读本》，党建读物出版社 2004 年版，第 281—282 页。

社会主义和谐社会若干重大问题的决定》指出："社会要和谐首先要发展。社会和谐在很大程度上取决于社会生产力的发展水平，取决于发展的协调性。必须用发展的办法解决前进中的问题，大力发展社会生产力，不断为社会和谐创造雄厚的物质基础。"没有生产力的发展，就没有人民生活水平的提高，社会主义就没有吸引力、凝聚力，社会就难以保持稳定；没有生产力的发展，国家就没有足够财力去支持欠发达地区和弱质产业的发展，也没有足够财力去完善社会保障体系和提高社会保障水平，从而也就难以做到真正的社会公平。贫穷没有和谐可言。马克思和恩格斯说："在极端贫困的情况下，必须重新开始争取必需品的斗争。"① 因此，不能把以经济建设为中心同构建和谐社会对立起来，而应当把二者统一起来，如《中共中央关于构建社会主义和谐社会若干重大问题的决定》所指出的，要"以发展巩固和谐"。

总之，落后的社会生产同人民日益增长的物质文化需要的矛盾是我国社会主义初级阶段的主要矛盾，解决这个主要矛盾必须坚持以经济建设为中心的指导思想。"只有牢牢抓住这个主要矛盾和工作中心，才能清醒地观察和把握社会矛盾的全局，有效地促进各种社会矛盾的解决。"② 中国社会主义初级阶段是一个很长的历史阶段，从 20 世纪 50 年代中叶起，至少需要经历上百年的时间，在这个很长的历史阶段内，主要矛盾没有改变，经济建设的中心地位就不能改变。我们既不能重犯过去"阶级斗争为纲"的错误，也不能因为强调"全面"、"和谐"而否定经济建设的中心地位。上述种种否定经济建设中心地位的说法，涉及到是不是坚持唯物史观关于生产力是人类社会发展最终力量的科学原理，涉及到是不是坚持唯物辩证法关于主要矛盾只有一个的科学论断，涉及到现阶段我国社会主要矛盾是否发生了根本变化的重大问题，涉及到党的"一个中心、两个基本点"的基本路线是否需要改变的原则问题，因此，是一个十分重大的理论与实践的问题，不可不加以澄清。

---

① 《马克思恩格斯选集》第 1 卷，人民出版社 1995 年版，第 86 页。

② 《江泽民文选》第 2 卷，人民出版社 2006 年版，第 15—16 页。

二、关于先富后富同共同富裕的关系问题

有人说，邓小平理论是“先富论”，科学发展观是“共富论”，为了实现科学发展、构建和谐社会，必须实现由“先富论”到“共富论”的转变。这种说法同样是对邓小平理论和科学发展观的误解或曲解。

在先富后富同共同富裕的关系问题上，邓小平理论的基本观点是十分明确和一贯的。

第一，邓小平指出，共同富裕是社会主义的本质和目标，是社会主义最大的优越性，是我们必须坚持的根本原则。他反复强调，“社会主义的目的就是要全体人民共同富裕”，“共同富裕，这是我们所必须坚持的社会主义的根本原则”，“社会主义与资本主义不同的特点就是共同富裕”，“社会主义的致富是全民共同致富”，“我们的目的是共同富裕”，“社会主义最大的优越性就是共同富裕，这是体现社会主义本质的一个东西”①。共同富裕的反面是两极分化，邓小平说，我们决不搞两极分化，“如果我们的政策导致两极分化，我们就失败了；如果产生了什么新的资产阶级，那我们就真是走了邪路了”。“如果搞两极分化，情况就不同了，民族矛盾、区域间矛盾、阶级矛盾都会发展，相应地中央和地方的矛盾也会发展，就可能出乱子。”②

第二，邓小平指出，共同富裕是最终目标，在实现共同富裕这个最终目标的过程中不可能同时地和平均地富裕。如同一切事物的发展之路那样，共同富裕之路也是有先有后、波浪式地向前发展的。他说：“根本目标是实现共同富裕，然而平均发展是不可能的。过去搞平均主义，吃‘大锅饭’，实际上是共同落后，共同贫穷，我们就是吃了这个亏。改革首先要打破平均主义，打破‘大锅饭’。”③ 在社会主义初级阶段，我们的分配原则是按劳分配为主、多种分配方式并存，各种生产要素按贡献参与分配，这就必然使人们的收入产生差距。这种差距是动力，它

---

① 《邓小平文选》第3卷，人民出版社1993年版，第110—111、111、123、172、255、364页。

② 《邓小平文选》第3卷，人民出版社1993年版，第111、364页。

③ 《邓小平文选》第3卷，人民出版社1993年版，第155页。

有利于调动人们的积极性、主动性和创造性，先富起来的人们也可以产生极大的示范效应，影响左邻右舍，形成全社会积极向上、努力进取、共创社会财富的良好氛围，从而实现国民经济的快速发展；而国民经济的快速发展又为先富帮后富创造更多的物质条件，使国家有更大的财力、先富起来的人们有更大的实力去帮助后富的人们，最终有利于实现全体人民的共同富裕。所以，邓小平说："允许一部分地区、一部分企业、一部分工人农民，由于辛勤努力成绩大而收入先多一些，生活先好起来"，"这是一个大政策，一个能够影响和带动整个国民经济的政策"①，"是加速发展、达到共同富裕的捷径。"②

第三，邓小平指出，要采取切实措施，防止两极分化。先富后富，是富裕次序、富裕程度的差别，不是富的愈富、穷的愈穷的"两极分化"。为了使"先富后富"的政策有利于"共同富裕"而不致于走到两极分化，邓小平提出了一系列原则和措施。其中包括，首先，必须坚持公有制的主体地位。这是防止两极分化的制度保证。他说："只要我国经济中公有制占主体地位，就可以避免两极分化。"③ 因为公有制占了主体，就可以保证"创造的财富，第一归国家，第二归人民，不会产生新的资产阶级"④。其次，"对一部分先富裕起来的个人，也要有一些限制，例如，征收所得税。"⑤ 再次，对困难群众，"国家应当从各方面给以帮助，特别要从物质上给予有力的支持"⑥。最后，"提倡有的人富裕起来以后，自愿拿钱来办教育、修路"⑦。如此等等。

实践证明，先富带后富、帮后富、最终实现"共同富"的大政策是完全正确的。改革开放以来，我国经济发展取得了令世人瞩目的重大成就，全国人民生活水平有了很大提高，总体上实现了由温饱到小康的历史性跨越。据国家统计局统计，到 20 世纪末，全国有 3/4 的居民初步达到了小康生活，城乡恩格尔系数分别由改革开放初期的 57.5％和

① 《邓小平文选》第 2 卷，人民出版社 1994 年版，第 152 页。
② 《邓小平文选》第 3 卷，人民出版社 1993 年版，第 166 页。
③ 《邓小平文选》第 3 卷，人民出版社 1993 年版，第 149 页。
④ 《邓小平文选》第 3 卷，人民出版社 1993 年版，第 123 页。
⑤ 《邓小平文选》第 3 卷，人民出版社 1993 年版，第 111 页。
⑥ 《邓小平文选》第 2 卷，人民出版社 1994 年版，第 152 页。
⑦ 《邓小平文选》第 3 卷，人民出版社 1993 年版，第 111 页。

67.7%下降到2001年的39.2%和49.1%，城市贫困人口大幅度减少，2.5亿农村贫困人口有85%以上脱贫，农村贫困人口占农村总人口比重由30.7%下降到3%，这是世界消除贫困人口历史上的伟大壮举。

当然，我们也要清醒地看到，在处理先富后富与共同富裕的关系问题上，目前还有许多问题迫切需要我们认真加以解决。突出的问题是贫富之间的差距过大，而且有愈来愈大的趋势；社会分配不公的现象也相当严重。据统计，我国基尼系数超过0.4的国际警戒线，农村还有三千多万人口没有脱贫，城市还有两千万低保对象。社会分配不公主要表现在，在第一次分配中，有些人靠非法致富，有些行业靠垄断致富，有些地区和部门靠不规范分配致富；在第二次分配中，由于国家社会保障制度不够健全，政府公共投入严重不足，使一些处于贫困状态的人们没有与多数人共享改革和发展成果。因此，在当前，正确处理先富与后富的矛盾，要更加注重解决后富人们的问题，特别是着力解决尚处于贫困状态人们的问题。早在1993年，邓小平就提出了这个问题，他说，12亿人口怎样实现富裕，富裕起来以后财富怎样分配，这都是大问题。我们讲要防止两极分化，实际上两极分化自然出现。要利用各种手段、各种方法、各种方案来解决这些问题。又说，少部分人获得那么多财富，大多数人没有，这样发展下去总有一天会出问题。分配不公，会导致两极分化，这个问题要解决。现在看，发展起来以后的问题不比不发展时少①。这些话，可以说是高瞻远瞩、见微知著，有很强的预见性。党的十六大以后，我们党提出科学发展观、构建社会主义和谐社会，其中一个重要内容就是在坚持“先富后富”这个大政策的同时，要求更加注重社会公平；以共同富裕为目标，着力提高低收入者水平，逐步扩大中等收入者比重，有效调节过高收入，坚决取缔非法收入，缓解社会成员之间收入日益扩大的趋势，并通过完善税收制度、社会保障制度、增强政府公共投入和财政转移支付力度等二次分配促进全体人民共享发展成果。这些重大决策同邓小平“共同富裕”的思想是完全一致的，是针对新的情况所采取的具体措施。邓小平理论也好，科学发展观也好，在先富后富与共同富裕关系问题上，都是“统一论”，而不是“对立论”。区别仅仅在于，根据不同的历史条件，强调的侧重点有时不同而已。针对

① 《邓小平年谱（1975—1997）》（下），中央文献出版社2004年版，第1364页。

严重的平均主义，邓小平强调要允许一部分人先富起来，同时要求注意防止两极分化；针对差距愈来愈大的趋势，今天我们强调“共同富裕”，同时指出，要坚持按劳分配为主、多种分配方式并存的分配制度和各种生产要素按贡献参与分配的原则，“放手让一切劳动、知识、技术、管理和资本的活力竞相迸发，让一切创造社会财富的源泉充分涌流，以造福于人民”。就是说，今天我们在强调共同富裕的同时，继续申明，允许和鼓励人们通过诚实劳动和合法经营先富起来。所以，通过先富后富、最终达到共富，这是改革开放以来我们党的一贯方针，在任何时候都不应当动摇。

三、关于沿海率先发展同区域协调发展的关系问题

同先富后富与共同富裕的关系问题相联系，还有一个沿海率先发展与区域协调发展的关系问题，二者都属于发展的平衡与非平衡的关系问题。在这个问题上，同样要坚持“统一论”，而不要搞“非此即彼”的“对立论”。

事物的发展总是不平衡的。有先有后，有高有低，波浪式、非平衡发展，是一切事物发展的客观规律，也是经济社会发展的客观规律。“一刀切”、“齐步走”，追求无差别境界，追求绝对平衡，只能是一种幻想。过去我们闹革命、夺取政权的道路不是这样的，今天搞建设、搞改革也不可能是这样的。但是，非平衡不等于失衡，犹如人的两条腿，走路总是有先有后，这种非平衡是正常的，如果老是一条腿在先，那就成了单腿跳，那就是失衡了，也就没有办法走路了。所以，我们的观点是既主张非平衡，又主张相对平衡，即在非平衡中努力追求和保持相对平衡。非平衡与相对平衡的统一乃是事物存在和发展的必要条件。

中国是一个有十几亿人口的大国，各地经济社会发展十分不平衡，特别是沿海和内地之间差别很大。如何处理沿海和内地的关系，历来是我国现代化建设中一个带全局性的重大问题。早在 1956 年，毛泽东在《论十大关系》的讲话中就提出了这个问题。他说：“我国全部轻工业和重工业，都有约百分之七十在沿海，只有百分之三十在内地。这是历史上形成的一种不合理的状况。沿海的工业基地必须充分利用，但是，为了平衡工业发展的布局，内地工业必须大力发展。”针对当时“对于沿

海工业有些估计不足，对它的发展不那么十分注重”的情况，他指出：“好好地利用和发展沿海的工业老底子，可以使我们更有力量来发展和支持内地工业。如果采取消极态度，就会妨碍内地工业的迅速发展。所以，这也是一个对内地工业是真想还是假想的问题。如果是真想，不是假想，就必须更多地利用和发展沿海工业，特别是轻工业。”① 这是毛泽东总揽全局的一个重大战略思想。

在改革开放的新的历史条件下，邓小平重新把正确处理沿海与内地关系的问题作为一个重大方针提了出来。这就是他的著名的“两个大局”的战略方针。

第一个大局是，使沿海较快地先发展起来，带动内地更好地发展。沿海具有经济优势、区位优势、人才优势，特别是具有对外开放的优势。沿海的率先发展不仅是沿海自身的需要，而且是全国发展包括内地发展的需要。它先发展了，那里人民生活水平提高了，国家实力增强了，政府、财力增加了，支援内地的能力也就增加了，全国发展的步子也就加快了。1988 年邓小平说：“沿海地区要加快对外开放，使这个拥有两亿人口的广大地带较快地先发展起来，从而带动内地更好地发展，这是一个事关大局的问题。内地要顾全这个大局。”② 1992 年在南方谈话中，他又说：要抓住时机，加快发展，“比如广东，要上几个台阶，力争用二十年的时间赶上亚洲‘四小龙’”。“比如江苏等发展比较好的地区，就应该比全国平均速度快。又比如上海，目前完全有条件搞得更快一点。上海在人才、技术和管理方面都有明显的优势，辐射面宽。回过头看，我的一个大失误就是搞四个经济特区时没有加上上海。要不然，现在长江三角洲，整个长江流域，乃至全国改革开放的局面，都会不一样。”③ 他认为，凡是能够快的，就不要阻挡。

第二个大局是，发展到一定时候，沿海要拿出更多力量帮助内地发展。这是共同富裕的需要，也是全国大局发展的需要。在讲到沿海率先发展的同时，邓小平就指出：“发展到一定的时候，又要求沿海拿出更

① 《毛泽东著作选读》下册，人民出版社 1986 年版，第 723—724 页。

② 《邓小平文选》第 3 卷，人民出版社 1993 年版，第 277—278 页。

③ 《邓小平文选》第 3 卷，人民出版社 1993 年版，第 375—376 页。

多力量来帮助内地发展，这也是个大局。那时沿海也要服从这个大局。”① 就是说，当我们强调西部加快发展的时候，也不仅仅是为了西部，而同时是为了全国。因为西部发展了，可以进一步为东部的发展提供更广阔的市场和更多的能源、原材料。至于“什么时候突出地提出和解决这个问题，在什么基础上提出和解决这个问题”，邓小平认为，要研究，“太早这样办也不行，现在不能削弱发达地区的活力，也不能鼓励吃‘大锅饭’”，“可以设想，在本世纪末达到小康水平的时候，就要突出地提出和解决这个问题。到那个时候，发达地区要继续发展，并通过多交利税和技术转让等方式大力支持不发达地区。不发达地区又大都是拥有丰富资源的地区，发展潜力是很大的。总之，就全国范围来说，我们一定能够逐步顺利解决沿海同内地贫富差距的问题”②。

改革开放以来，在邓小平“两个大局”战略方针的指引下，我国的各个地区都有了很大发展，尤其是东部沿海地区发展更快，各省、区内部也有一些市、县率先发展起来，为全国的持续快速发展提供了重要支撑，发挥了重要作用。但是，差距越来越大的问题也日益显现出来。适度的不平衡，是事物发展的动力，而失去控制的不平衡，超过社会承受程度的不平衡，则会成为事物发展的阻力。这个度是必须加以把握的。1980年，在我国经济总量中，东部占50%，中部占30%，西部占20%；到了2004年，东部变成58.5%，中部变成24.7%，西部变成16.8%。就人均GDP说，1980年东部与中部之比是1.51∶1，到2002年是2.1∶1，1980年东部与西部之比是1.91∶1，到2002年是2.6∶1。面对这种差距越来越大的趋势，我们必须采取必要措施加以调控。根据邓小平第二个大局的构想，当历史进入世纪之交、我国总体实现小康目标的时候，党中央及时作出西部大开发的战略决策，进而在“十一五”规划中明确提出区域协调发展总体战略，即：继续推进西部大开发，振兴东北等老工业基地，促进中部地区崛起，鼓励东部地区率先发展，强调国家要在经济政策、资金投入、产业发展等方面加大对西部支持的力度，东部地区要在率先发展中带动和帮助中西部发展，最终形成以东带

① 《邓小平文选》第3卷，人民出版社1993年版，第278页。

② 《邓小平文选》第3卷，人民出版社1993年版，第374页。

西、东中西互动、优势互补、相互促进、共同发展的区域协调发展格局。实施这一区域协调发展战略，不是离开了邓小平理论，而恰恰是对邓小平“两个大局”战略的坚持、丰富和发展。在今天，我们重温邓小平关于发展的理论，对于我们树立和落实科学发展观、构建社会主义和谐社会，有十分重大的现实意义。

努力掌握社会主义现代化建设的辩证法*

江泽民在党的十四届五中全会闭幕时的讲话（第二部分）《正确处理社会主义现代化建设中的若干重大关系》，以邓小平建设有中国特色社会主义理论和党的基本路线为指导，在总结改革开放17年历史经验、特别是最近几年经验的基础上，针对当前我国社会主义市场经济条件下搞现代化建设所遇到的涉及全局的一系列新矛盾和新问题，作了系统、深刻的阐述，提出了我们党处理这些重大关系所应坚持的正确原则。整个讲话高屋建瓴，切合实际，充满唯物辩证法，对于落实五中全会精神，加快社会主义现代化建设的步伐，胜利实现我国经济和社会发展跨世纪的宏伟蓝图，具有十分重大的现实指导意义。

一、社会主义建设辩证法理论的新成果

以矛盾规律为核心的唯物辩证法，是无产阶级科学的世界观、方法论，是指导我们进行革命和建设的强大思想武器。毛泽东在谈到正确处理社会主义社会矛盾问题时曾经指出："要照辩证法办事。这是邓小平

---

* 本稿系1996年5月10日在中央党校的讲稿，根据1995年11月6日在《人民日报》上发表的同名文章补充修改而成。

同志讲的。我看，全党都要学习辩证法，提倡照辩证法办事。”①

我们党对社会主义建设辩证法的认识，以实践为基础，经历了一个逐步深入的过程。

1956年，毛泽东用了几个月的时间进行调查研究，以苏联经验为鉴戒，总结我国经验，论述了我国社会主义革命和建设中的十大关系，即十大矛盾。毛泽东说：“提出这十个问题，都是围绕着一个基本的方针，就是要把国内外一切积极因素调动起来，为社会主义事业服务。”这是我们党对社会主义建设辩证法第一次系统的阐述，表明我们党力图摆脱苏联模式、根据自己的经验独立探索建设社会主义道路的开始。讲话中所提出的十大关系都带有全局性；处理这十大关系的许多基本原则，在今天仍然有现实的指导意义。例如，在重工业和农业、轻工业的关系上，强调“更多地发展农业、轻工业”；在沿海工业和内地工业的关系上，强调“更多地利用和发展沿海工业”，“以使我们更有力量来发展和支持内地工业”；在经济建设和国防建设的关系上，强调“一定要加强国防，因此，一定要首先加强经济建设”；在国家、生产单位和生产者个人的关系上，强调“必须兼顾国家、集体和个人三个方面”；在中央和地方的关系上，强调发挥“中央和地方两个积极性”；在中国和外国的关系上，强调“一切民族、一切国家的长处都要学，……但是，必须有分析有批判地学，不能盲目地学，不能一切照抄，机械搬运”，诸如此类等等。

当然，这篇讲话讲的是计划经济体制下的各种关系问题，在今天看来不能不带有历史的局限性；有些问题提出来了，但如何处理好，经验还不多，还不成熟。但总的来看，这是一篇富有创造性的马克思主义文献，是我们党非常宝贵的精神财富。只是后来由于在政治上犯了阶级斗争扩大化和在经济工作中犯了急于求成的“左”倾错误，许多本来正确的思想未能完全付诸实践，尤其到了“文化大革命”时期，全党对社会主义建设辩证法的科学研究就完全被打断了。

“文化大革命”结束之后，邓小平在和平与发展成为时代主题的历史条件下，在我国改革开放和社会主义现代化建设的实践中，在总结我国社会主义胜利和挫折的历史经验并借鉴其他社会主义国家兴衰成败历

① 《毛泽东文集》第7卷，人民出版社1999年版，第200页。

史经验的基础上，逐步形成了建设有中国特色社会主义理论和以这个理论为指导的“一个中心、两个基本点”的基本路线，实事求是地分析和处理了一系列有关社会主义建设全局的重大关系，把我党对社会主义建设辩证法的科学认识推进到了一个新的阶段。例如，关于以经济建设为中心与两个基本点的关系，两个基本点之间的关系，解放生产力与发展生产力的关系，公有制为主体与其他经济成分的关系，按劳分配为主体与其他分配方式的关系，先富后富与共同富裕的关系，计划与市场的关系，中国的发展与世界的关系，中央与地方的关系，国防建设与经济建设的关系，物质文明建设与精神文明建设的关系，改革开放搞活与加强法制建设的关系，改革、发展与稳定的关系等等，所有这些涉及到社会主义建设全局的重大关系，邓小平都作了创造性的马克思主义的科学分析，形成了一整套处理这些关系的正确原则。正是在这些科学原理、原则的指导下，我国社会主义建设事业取得了前所未有的伟大成就。

以 1992 年邓小平南方谈话和党的十四大为主要标志，我国的改革和发展进入一个新的阶段。经济发展的速度明显加快，以建立社会主义市场经济体制为目标的经济体制改革全面推进并取得突破性进展。在社会主义市场经济条件下搞现代化建设，又出现了一系列新的矛盾和问题，例如，如何解决农业基础薄弱问题，如何解决国有企业改革滞后和部分企业经营困难问题，如何解决宏观调控能力不强、通货膨胀压力大的问题，如何解决人口多、人均资源相对不足和生态环境恶化问题，如何解决地区发展差距扩大和部分社会成员之间收入悬殊问题，如何解决精神文明与物质文明协调发展问题以及遏制腐败现象滋长问题等等，所有这些问题，都是涉及我国社会主义现代化建设全局的问题。党的十四届五中全会指出，今后 15 年是承前启后、继往开来的重要时期，在这一时期，我们将建立比较完善的社会主义市场经济体制，全面实现第二步战略目标并向第三步战略目标迈出重大步伐，为下世纪中叶基本实现现代化奠定坚实的物质基础和体制基础。为了实现这个宏伟的奋斗目标，我们必须解决上述一系列重大问题。在这样新的形势和任务面前，江泽民以邓小平建设有中国特色社会主义理论和党的基本路线为指导，把邓小平关于正确处理我国改革和发展中一系列重大关系的科学思想同当前我国的具体实际相结合，集中论述了应当正确处理的十二个重大关系，就不仅有重要的理论意义，而且有很强的现实针对性。这是我们党对社会主义建设辩证法认识的一个新的重大成果。

二、社会主义现代化建设辩证法的系统阐述

江泽民的讲话，对社会主义现代化建设的辩证法进行了系统的阐述，其中所论述的各种关系之间具有内在的逻辑联系，形成了一个比较完整的科学体系，我们应当系统地加以把握。

从讲话全文的结构看，开头一段话讲研究、处理这些重大关系的总的指导思想：以邓小平建设有中国特色社会主义理论和党的基本路线为指导，明确处理这些重大关系所应遵循的基本原则，目的是总结经验，把握规律，统一认识，调动一切积极因素，加快社会主义现代化建设。结尾一段话，号召全党同志、特别是高级干部都来研究这些重大关系问题，提高领导水平，把我国现代化建设更好地推向前进。中间十二个问题是主体部分。这个主体部分，根据我的理解，大致可以概括为“一总三分”，即第一条是总揽全局的首要的基本关系；第 2 至 5 条是论述有关发展的四个重大关系；第 6 至 10 条是论述有关改革的五个重大关系；第 11 至 12 条是论述作为发展与改革的保证的两个重大关系。

第一条论述改革、发展、稳定的关系。这是总揽全局的首要的基本关系，体现了党的“一个中心、两个基本点”的基本路线的要求。经济建设是我们全部工作的中心，加快经济的发展是解决中国所有问题的关键。为了加快发展，必须进行改革，改革是发展的强大动力。而改革和发展都只能在稳定的政治和社会环境中进行，稳定是改革和发展的前提。正如江泽民所说，改革、发展、稳定是我国现代化建设总体格局中三枚关键的棋子，是一个有机的整体，发展是目的，改革是动力，稳定是前提，任何一个方面出了问题，都会影响全局。在实现今后 15 年奋斗目标和战略任务中，我们必须总揽全局，坚持“抓住机遇，深化改革，扩大开放，促进发展，保持稳定”的基本方针，使改革、发展、稳定相互协调、相互促进。这是我国社会主义现代化建设顺利前进的根本保证。

第 2 条至第 5 条论述有关发展的四个重大关系。速度和效益的关系，是发展中应当正确处理的首要的重大关系。我国作为发展中的社会主义国家，经济的发展必须有一个较高的速度。邓小平说：“贫穷不是

社会主义，发展太慢也不是社会主义”，“低速度就等于停步，甚至等于后退”。但是，速度本身不是目的，目的是为了效益，没有效益的速度是没有意义的，甚至是一种浪费。经济效益不高一直是困扰我国经济发展的突出问题。我国经济主要是偏重数量扩张和速度增长，不那么重视质量和效益，经济整体素质不高，造成大量人力、物力、财力的浪费。例如，1953—1980 年我国全民所有制固定资产投资增加 22 倍，但同期国民收入仅增加 5.1 倍；1981—1993 年固定资产投资增加 1367.7%，而国民生产总值仅增加 326.5%。这说明我国经济建设中存在极大的浪费现象，整体效益比较差，高投入、高消耗换来的最终产品及剩余产品较少。所以，江泽民说：“多年来的经验表明，我们讲发展，难就难在把速度和效益有机地结合起来。”我们必须改变这种状况，走出一条既有较高速度、又有较好效益的经济发展的新路子。为此，便要更新发展思路，实现经济增长方式由粗放型向集约型转变，切实把经济工作转到以效益为中心的轨道上来。发展中的第二个重大关系是经济建设和人口、资源、环境的关系。经济的发展不但应当是速度和效益相统一的快速健康的发展，而且应当是持续不断的发展，这就要求使人口增长与社会生产力的发展相适应，使经济建设与资源、环境相协调，实现经济发展的良性循环、可持续发展。可持续发展，这是一个新概念。自 1992 年联合国环发大会以后，世界大多数国家都在考虑本国的可持续发展问题，许多国家制定了自己的可持续发展战略。中国作为发展中国家，面临工业化、现代化的历史任务。西方发达国家在工业化后期所遇到的人口、资源、环境问题，在我国工业化前期就已经出现了。我们面临着发展经济、摆脱贫穷和保护资源、生态环境、创造可持续发展基础的双重任务。我国目前人口每年大约增长 1500 万左右。人均耕地面积、人均水资源，仅占世界平均数的 1/4，人均占有石油资源和天然气资源仅占世界人均占有量的 1/8 和 1/20，森林面积只占世界人均占有量的 1/9 多一点。所以，在发展中，我们必须严格控制人口数量增长，切实保护资源和环境。发展中的第三个重大关系是第一、二、三产业的关系。正确处理这三者的关系，是争取经济发展既有较高速度又有较高效益的重要条件，也是保持社会稳定的重要条件。针对当前农业基础薄弱、工业素质不高、第三产业滞后、三者不够协调的情况，今后必须大力加强第一产业，调整提高第二产业，积极发展第三产业。我国是一个农业大国，农民占人口的大多数。农业的基础地位是否稳固，农村经济是否繁荣，决定着社会主义现代化建设的全局，决定我国社会的稳定和发展。邓小平说："中国社会是不是安定，中国经济能不能发展，首先看农村能不能发展，农民的生活是不是好起来。""农村不稳定，整个政治局势就不稳定，农民没有摆脱贫困，就是我国没有摆脱贫困。"① 所以，我们必须大力加强农业的基础地位，从政策、科技、投入等诸多方面解决制约农业发展的问题。我国目前工业品的人均占有水平还不高，国民经济各方面的发展还需要工业提供大量先进的技术装备，因此，工业的发展仍然是我国整个经济发展的主要带动力。现在的问题是结构不合理，基础工业薄弱，加工工业重复建设，素质不高；总体技术水平低；工业经济效益不好。今后的任务是调整结构，加强基础工业，大力振兴支柱产业，提高工业素质和水平。目前，我国第三产业发展滞后，比重偏低。第三产业的发达兴旺是现代经济的一个重要特征。第三产业主要是指的流通和服务两大方面，包括交通、运输业，邮电、通信业，商业、饮食业，金融、保险业，旅游业，科教文卫业以及为社会公共需要服务的其他各项事业。在发达国家，第三产业是吸纳劳动力和创造国民生产总值的主要部门，一般占就业人口的60%左右，创造的国民生产总值占全社会国民生产总值的60%左右。在我国，第三产业就业人口仅占23%，创造的国民生产总值仅占全社会国民生产总值的32.7%。所以，我们要积极发展第三产业，使之与第一、二产业的发展相适应。发展中的第四个重大关系是东部地区和中西部地区的关系。协调发展不但包括国民经济内部各部门之间结构的协调，而且包括国家内部区域之间经济发展的协调。改革开放17年来，我国所有地区的经济都有了前所未有的大发展，相对来说，东部地区比中西部地区发展得更快一些，二者之间的差距有所扩大。对此，我们要用历史的辩证的观点去加以认识和处理。既要看到地区发展不平衡是一个长期的历史现象，又要高度重视并采取有效措施正确解决地区差距问题，把解决区域经济协调发展作为今后改革和发展的一项战略任务。对待这个问题，关键是要树立全局观点。1988年，邓小平说："沿海地区要加快对外开放，使这个拥有两亿人口的广大地带较快地先发展起来，从而带动内地更好地发展，这是一个事

① 《邓小平文选》第3卷，人民出版社1993年版，第77—78、237页。

关大局的问题。内地要顾全这个大局。反过来，发展到一定的时候，又要求沿海拿出更多力量来帮助内地发展，这也是个大局。那时沿海也要服从这个大局。”① 没有中西部顾全大局，就没有东部的起飞；没有东部的顾全大局，也将不会有中西部的赶超。当然，缩小差距，并非是像过去那样搞“一平二调”，抽肥补瘦，抑富济贫，而是坚持“两个发展”。东部地区继续发展，在不丧失活力的前提下，帮助和支持中西部发展；中西部在前进中要发挥优势，并在国家、东部的支持下加快发展。从长远看，东部发展所形成的活力及其所形成的强大经济实力有利于全国经济发展，从而也有利于带动中西部的发展；中西部与东部差距的缩小，有利于国家总体战略目标的实现，从而也有利于东部发展后劲的增强。

第 6 条至第 10 条论述了有关改革的五个重大关系。我国经济体制改革的目标是建立社会主义市场经济体制。充分发挥市场机制的作用与加强国家的宏观调控，是社会主义市场经济的基本要求。因此，正确处理市场机制和宏观调控的关系，便是改革中需要把握的一个首要的重大关系。市场机制将使我国经济富有活力和效率，国家的宏观调控将使我们减少市场经济的自发性、盲目性和滞后性。只有把二者统一起来，才能既发挥出市场经济的优势，又发挥出社会主义制度的优越性。改革中的第二个重大关系是公有制经济和其他经济成分的关系。这是讲的市场经济中的主体问题。以公有制经济为主体、多种经济成分共同发展，是我们必须长期坚持的基本方针。任何动摇、放弃公有制主体地位的做法，都会脱离社会主义方向。必须积极推进国有企业改革、深化集体企业改革，积极促进国有经济和集体经济的发展；同时允许和鼓励非公有制经济的发展，并对其正确引导、加强监督、依法管理，使之成为社会主义经济的重要组成部分。改革中的第三个重大关系是收入分配中国家、企业和个人的关系。这个关系是由所有制关系决定的。与所有制关系相适应，在个人收入分配中必须坚持按劳分配为主体、多种分配方式并存的分配制度，体现既有效率、又有公平的原则，把国家、企业、个人三者利益结合起来。目前突出的问题：一是国民收入分配过分向个人倾斜，国家所得的比重过低，1978 年我国财政收入占国内生产总值的

① 《邓小平文选》第 3 卷，人民出版社 1993 年版，第 277—278 页。

31.25%，1993年下降到14.79%，1994年下降到11.83%；中央财政收入占全国财政收入的比重由1981年的57.6%下降到1992年的38.6%。二是部分社会成员之间收入差距悬殊。要采取切实措施解决改革中出现的这些新问题。改革中的第四个重大关系是对外开放和坚持自力更生的关系。我们的方针是在自力更生的基础上实行对外开放。今后要继续扩大对外开放的范围并着力提高对外开放的水平。同时，要注意，必须把立足点放在依靠自己力量的基础上——引进国外先进技术要和开发、创新结合起来，发挥自己的优势；要利用外国资金，同时也要注意自己的积累。这样，才能争取时间，加快缩小同发达国家的差距。改革中的第5个重大关系是中央和地方的关系。改革开放以来，实行权力下放，地方积极性得到充分发挥，有力地推动了改革和发展，但也出现了一些新的矛盾和问题。有的地区和部门过多考虑自己的局部利益，贯彻执行中央的方针政策不力；应当由中央集中的事情集中不够，某些地方存在过于分散的现象，因此，有必要强调，必须坚持发挥中央和地方两个积极性的方针。既要有体现全局利益的统一性，又要有统一指导下兼顾局部利益的灵活性；既要有维护国家宏观调控的集中，又要在集中的指导下赋予地方必要的权力，二者不可缺一。

第11条至12条论述了作为发展与改革的保证的两大关系：国家安全保证与思想保证。第11条论述了国防建设和经济建设的关系。改革和发展都必须有国家安全作保障，只有加强国防建设，才能创造一个稳定的政治和社会环境，以及有利的国际环境。而国防建设的加强又必须以经济建设为依托，服从经济建设的大局，只有经济发展了，才能为国防现代化提供必要的物质技术基础。第12条论述了物质文明建设和精神文明建设的关系。我们的中心任务是经济建设，同时推动社会的全面进步。在建立社会主义市场经济的过程中，在世界范围内各种思想文化相互激荡的条件下，能否搞好社会主义精神文明建设，关系到我国社会主义事业的兴衰成败，关系到把一个什么样的中国带入21世纪。改革开放以来，政治经济形势很好，精神文明建设也取得很大进展，但也存在一些亟待解决的问题，如思想政治工作薄弱，拜金主义、享乐主义抬头，一些地方社会治安不好，一些腐败、丑恶现象滋长蔓延，等等。我们必须坚持两手抓、两手都要硬的方针，使物质文明建设与精神文明建设结合起来、协调地向前发展。这也是关系到社会主义现代化建设全局的一个重大问题。

从以上的概括我们可以看出，江泽民的讲话高瞻远瞩，提纲挈领，把涉及我国现代化建设全局的一系列重大关系作了全面、系统的阐述，其中以改革、发展、稳定的关系总揽全局，然后分别论述发展中的四大关系，改革中的五大关系，最后论述了作为改革和发展的保证的两大关系，涵盖了社会整体以及生产力、生产关系、上层建筑各个基本生活领域。其中最重要的是三大关系，即改革、发展、稳定的关系，速度和效益的关系，市场机制和国家宏观调控的关系。整个讲话层次分明，逻辑严谨，有很强的理论性和现实针对性，为我们运用唯物辩证法分析现实生活中的矛盾提供了一个范例。

三、全党都要重视研究带全局性的重大关系问题

江泽民说："随着实践的发展，认识会不断深化，还会出现新的矛盾和问题，各方面的关系也会发生变化，所采取的方针和政策也必然会有所调整。希望全党同志特别是高级干部都要来研究这些重大问题，解放思想，实事求是，加强调查研究，集中群众智慧，提高领导水平，找出解决办法，把我国现代化建设更好地推向前进。"

（一）重视研究带全局性的重大关系是驾驭全局的科学领导方法和领导艺术

毛泽东在谈到战争问题时说："指挥全局的人，最要紧的是把自己的注意力摆在照顾战争的全局上面。……如果丢了这个去忙一些次要的问题，那就难免要吃亏了。"① 指挥战争如此，领导社会主义现代化建设也是如此。所谓照顾全局，就是照顾、协调好构成全局的各个方面、各个阶段之间的关系，使之相互关联、相互作用、相互促进，造成整体优势，实现全局的最佳效果。然而，构成全局的各个局部即各个方面、各个阶段，在全局中所处的地位、所起的作用，是各不相同的，有的是一般性的，有的是比较重要的，有的是最重要的、起决定性作用的。要驾驭好全局，就要学会"弹钢琴"，分别轻重缓急，恰当地处理好各个

① 《毛泽东选集》第1卷，人民出版社1991年版，第176页。

方面、各个阶段的各种关系或矛盾，尤其要下大力气抓住、抓紧并处理好那些对全局起决定性作用的重大关系或矛盾。我们常说："一着不慎，满盘皆输。"这一着，就是带全局性的即对全局有决定意义的一着，而不是那些带局部性的即对全局无决定意义的一着。因此，毛泽东又说："任何一级的首长，应当把自己注意的重心，放在那些对于他所指挥的全局说来最重要最有决定意义的问题或动作上，而不应当放在其他的问题或动作上。"① 江泽民在《正确处理社会主义现代化建设中的若干重大关系》中的讲话，就是在众多的错综复杂的矛盾中，提纲挈领地抓住了对我国社会主义现代化建设全局来说最重要的、具有决定性意义的十二个重大关系，处理好这些重大关系，我们就可以把握住社会主义现代化建设的全局，使之协调、快速、持续、健康地向前发展。

（二）各级领导干部都应当重视研究带全局性的重大关系

重视研究并正确处理上述重大关系，对于指挥全局的中央领导来说，毫无疑问是至关重要的。对于处于局部地位的各个部门、地方的领导同志来说，也是必需的。这是因为"懂得了全局性的东西，就更会使用局部性的东西，因为局部性的东西是隶属于全局性的东西的。"② 只有懂得了全局，才能自觉地在大局下行动，自觉地服从大局、服务大局，在自己既定的局部位置上努力做好局部工作，同时为全局的发展做出自己的贡献。邓小平说："要提倡顾全大局。有些事从局部看可行，从大局看不可行；有些事从局部看不可行，从大局看可行。归根到底要顾全大局。"③ 在谈到沿海和内地关系的时候，他强调，每一方面作为局部都要着眼大局，顾全大局。在谈到军队问题时，他强调："军队要服从整个国家建设大局"，"大家都要从大局出发，照顾大局，千方百计使我们国家经济发展起来。发展起来就好办了。大局好起来了，国力大大增强了，再搞一点原子弹、导弹，更新一些装备，空中的也好，海上的也好，陆上的也好，到那个时候就容易了。"④ 至于中央与地方的关

---

① 《毛泽东选集》第 1 卷，人民出版社 1991 年版，第 176 页。
② 《毛泽东选集》第 1 卷，人民出版社 1991 年版，第 175 页。
③ 《邓小平文选》第 2 卷，人民出版社 1994 年版，第 82 页。
④ 《邓小平文选》第 3 卷，人民出版社 1993 年版，第 98—100 页。

系，直接地就是全局与局部的关系，处理这个关系的总的原则是：既要有体现全局利益的统一性，又要有统一指导下兼顾局部利益的灵活性；既要有维护国家宏观调控的集中，又要有集中指导下赋予地方必要的权力。中央在制定政策时，要充分考虑地方合理的利益和要求，地方则要自觉地服从和顾全大局，正确运用国家赋予的必要权力。如果片面强调本地区、本部门的局部利益，搞“上有政策、下有对策”，有令不行、有禁不止，那就不仅会损害全局利益，最终也必将会损害局部利益，因为局部毕竟是全局的一个局部。所以，处于局部地位的各级领导干部也必须关心全局，重视研究带全局性的重大关系，并且按照全局的要求做好自己的局部工作。这就是毛泽东所讲的，要识大体，顾大局。

（三）每一部门、地区、单位都有需要认真研究和处理的若干重大关系问题

全局和局部的区别是相对的，不是绝对的。毛泽东说：“世界可以是战争的一全局，一国可以是战争的一全局，一个独立的游击区、一个大的独立的作战方面，也可以是战争的一全局。凡属带有要照顾各方面和各阶段的性质的，都是战争的全局。”① 对于全局来说是局部，而对于局部所辖的各个部分来说，局部自身又是一个全局。因此，每一部门、每一地区、每一单位，作为局部，如上所说，应当认真研究事关全国大局的各种重大关系；同时，自身作为一个全局，也有需要认真研究和处理的一系列带有全局性的重大关系，只有处理好这些重大关系，才能驾驭好自己所肩负的全局工作。例如文艺工作部门，就要处理好诸如文艺与生活、文艺与群众、文艺的主旋律与多样化、文艺的雅与俗、提高与普及等带全局性的重大关系，由此才能制定出指导文艺工作全局的正确方针、政策。就各个地区、单位而言，由于具体情况千差万别，需要正确处理的重大关系既有共性的东西，又有个性的东西，例如，发达地区和欠发达地区，汉民族聚居地区和少数民族聚居地区，大城市和小城镇，工厂和农村，国有企业和其他所有制企业，大型企业和中小型企业等，都有各自制约全局的重大关系，抓住并正确处理这些重大关系，就是抓住了自己地区、单位工作的全局，因而

① 《毛泽东选集》第 1 卷，人民出版社 1991 年版，第 175 页。

都必须在全国这个全局的大政方针指导下，结合自己的实际情况，具体分析自己带全局性的重大关系。这是做好各个部门、地区、单位工作的一个重要条件。

（四）研究带全局性的重大关系，要集中精力、注重调查、勤于思考

首先，要集中精力。领导的主要精力应当放在研究事关全局的大事上，而不应当放在别的事情上。一些领导同志所以抓不住大局，主要是两个东西的干扰：一是形式主义的东西太多，各种不必要的应酬活动和实效甚微的“文山会海”把许多宝贵的时间占去了，无力去想一些大事，议一些大事。二是事务主义缠身，办事不分轻重缓急，来一件办一件，眉毛胡子一把抓，每天穷于应付，管了许多不该管、管不了、也管不好的事，结果也无力去研究一些事关全局的大事。所以，集中精力研究带全局性的重大关系，必须摆脱形式主义和事务主义的干扰，在思想作风和思想方法上来一个根本转变。

其次，要注重调查研究。哪些关系是重大关系，哪些关系是一般性的关系，这是客观存在的东西，不是主观认定的。只有注重调查研究，充分地占有丰富而真实的资料，才能作出符合实际的中肯分析和正确处理。调查研究必须深入，不能走马观花；必须从实际出发，不能带主观的框框；必须全面系统，不能支离破碎；必须虚怀若谷，不能自以为是。总之，必须是科学的调查研究。

再次，还要开动脑筋、勤于思考。研究全局性的重大关系就是研究规律。列宁说：“规律就是关系”，就是“本质的关系或本质之间的关系。”① 局部的东西是可以感知的，而局部与局部、局部与全局之间的关系即规律则是既看不见也摸不着的，要用心思去想才能懂得。只有开动脑筋，勤于思考，才能从大量感性经验中提炼出带规律性的东西来，才能搞清各种关系、尤其是各种重大关系的本质——它们之间怎样相互依赖、相互贯通、相互制约，又怎样相互转化。这样，才能正确处理各种重大关系问题。

---

① 《列宁全集》第38卷，人民出版社1959年版，第161页。

四、研究和处理重大关系要自觉坚持辩证法

（一）坚持全面性，力戒片面性

事物都是矛盾，矛盾都包含对立统一的两个方面。列宁说："要真正地认识事物，就必须把握住、研究清楚它的一切方面、一切联系和'中介'。我们永远也不会完全做到这一点，但是，全面性这一要求可以使我们防止犯错误和防止僵化。"① 必须善于在对立中把握统一，又在统一中把握对立。谈论任何问题都不能只知其一，不知其二，更不能只讲其一，不讲其二。邓小平说，"要讲两句话"，就是要求全面性。只有讲两句话才能全面反映事物的本来面目，避免片面性。江泽民的这篇讲话处处体现了这一辩证思维方法。讲到发展，他强调既要讲速度，又要讲效益，"必须遵循速度和效益相统一的原则"。讲到改革，他强调既要发挥市场机制的作用，又要加强国家宏观调控，"二者缺一不可"。讲到所有制结构，他强调要坚持公有制的主体地位，又要允许和鼓励非公有制经济的发展，而在允许和鼓励非公有制经济发展的同时，又要对其正确引导、加强监督、依法管理。如此等等，都是全面的。而在全面的分析中，他又根据当前的实际情况，强调了应当强调的一面，指出了应当防止和纠正的一面，而不是一般地指出既要这一面、又要另一面，这就使得他的分析既有全面性又有针对性，体现了马克思主义具体问题具体分析的原则。

（二）坚持系统性，力戒孤立性

事物都是矛盾，矛盾之间又互相联系而构成矛盾的系统。因此，进行矛盾分析不能孤立地对待每一矛盾，而应当把握矛盾的系统。就是说，应当进行系统的矛盾分析。在这里，最重要的是树立全局观点，把每一局部放到矛盾系统或全局中去加以考察，指出其在全局中的地位和作用及其与其他局部的相互关联。例如，改革、发展、稳定，都是构成社会主义现代化建设全局的重要因素，它们在全局中各有其特殊的地位和作用，发展是目的，改革是动力，稳定是前提，三者相互依存而构成

① 《列宁选集》第4卷，人民出版社1995年版，第419页。

一个统一的整体。同样道理，发展也是一个系统，由国民经济的各个部门、各个地区所组成，因此，发展中要求一、二、三产业的协调，地区之间的协调，既不能忽视其中的某一个方面，也不能孤立地强调其中的某一个方面，要着眼于整体功能的发挥。当然，构成全局的各个局部其状况是不断发展变化的，在某一时间某一地点某种条件下，某一局部会显得特别薄弱，这时就要在这一局部上多下一些功夫；而在另一时间另一地点另一条件下，另一局部会显得特别薄弱，这时就要在另一局部上多下一些功夫。所有这些，都是为了促使全局的更好发展。

（三）坚持创造性，力戒思想僵化

矛盾运动是绝对的。矛盾不断出现，又不断解决，就是事物发展的辩证规律。旧的矛盾解决了，又有新的矛盾要求我们去解决。不能以静止的僵化的观点去看待矛盾，要不断地去研究新情况、解决新矛盾。解决新的问题要求有新的思路和新的办法。这一点，在江泽民的讲话中是反复加以强调的。例如，速度与效益的关系长期处理不好，江泽民说："正确处理速度和效益的关系，必须更新发展思路，实现经济增长方式从粗放型向集约型的转变。"农业是国民经济的基础，多年都是这样强调的，但基础薄弱问题长期没有根本解决。解决这个问题必须"积极探索促进农业发展的新思路，新办法"。精神文明建设在社会主义市场经济条件下出现了许多新的问题，解决这些问题也必须"积极探索在社会主义市场经济条件下，搞好精神文明建设的新思路、新办法。"新思路、新办法，就是要求工作要有创造性，勇于和善于在实践中总结新经验，而不能以不变应万变。创造性还表现为预见性。发展国民经济既要考虑到眼前，又要考虑到未来，实现可持续发展。在今后 15 年的发展中，必须切实保护资源和环境，不仅要安排好当前的发展，还要为子孙后代着想，决不能吃祖宗饭，断子孙路，走浪费资源和先污染后治理的路子。这就是预见性或超前意识。

（四）坚持适度性，力戒绝对化

度，是事物质变的关节点。"过犹不及"，说的是过度或不及都达不到预期的目的。我们处理任何矛盾都要坚持适度原则，力戒过"度"，力戒绝对化。发展要掌握好速度，改革要注意力度，稳定要保持一定的程度。作为发展中国家，我国经济的发展必须有一个较高的速度，否则不可能改变贫穷落后的面貌。所以，速度低了不行。但是，速度过高也不行。不是速度越快越好，而是适度才好。所谓适度，就是要讲条件，讲质量，讲效益，在这些前提条件下的快速度，才是我们所要求的快速度。社会成员收入上的差距是难以避免的，而且在一定范围内也是合理的，有积极意义的。但是，也有一个度的问题，如果过度，过分悬殊，以至影响了多数人积极性的发挥，甚至导致影响社会的稳定，那就会造成严重的后果，不可等闲视之了。

学习江泽民同志“七一”重要讲话宣讲稿*

在全党全国人民深入学习贯彻江泽民同志“七一”重要讲话的时候，我能够有机会和同志们交流我个人学习的初步体会，感到十分高兴。江泽民同志的这篇讲话高瞻远瞩，总揽全局，内容十分丰富，意义十分重大，我们应当原原本本地反复学习，深刻领会，把思想和行动切切实实地统一到讲话的精神上来，这是当前的一项重要政治任务。下面，我从五个方面谈谈我个人的一些初步理解，供同志们在学习中参考，如有不当之处，请同志们给予批评、指正。

一、深入领会江泽民同志讲话的重大意义

江泽民同志的重要讲话全面总结了中国共产党80年的奋斗业绩和基本经验，系统阐述了“三个代表”思想的科学内涵，深刻回答了新的历史条件下加强和改进党的建设的重大理论与实践问题，进一步阐明了党在新世纪的历史任务和奋斗目标，是中国共产党进入新世纪的政治宣言，是创造性的马克思主义纲领性文献，是指导我们全面推进党的建设

* 本稿系作者作为中央宣讲团成员于2001年9月5日、7日在山东、河南两省的宣讲稿。

新的伟大工程和建设有中国特色社会主义伟大事业的行动纲领。

这篇讲话具有强烈的时代精神。21 世纪是一个充满机遇与挑战的世纪，我们党面临巨大的历史性新考验。主要是三个方面的新考验。一是国际大局变动的新考验：随着冷战结束、经济发展和社会进步，国际环境发生重大变化。在和平与发展成为时代主题的条件下，在新技术革命日新月异和经济全球化趋势加快发展的条件下，在世界格局多极化曲折发展和不可测因素甚多的条件下，在霸权主义和强权政治有新的发展，西方敌对势力妄图对我实施“西化”、“分化”的形势下，我们能否抓住机遇、加快发展，能否在错综复杂的国际斗争中和日趋激烈的国际竞争中始终立于不败之地，能否在同经济全球化相联系而不是相脱离的历史进程中独立自主地建设有中国特色的社会主义，并且完成祖国统一大业，这是国际大局变动对我们的新考验。二是国内大局发展的新考验：随着改革开放的深入和社会主义市场经济的发展，国内环境发生重大变化。社会经济成分、组织形式、就业方式和利益关系日益多样化，在社会活力不断增强的同时，也出现了许多新的矛盾和新的问题。今后 5 到 10 年，是我国经济和社会发展的重要时期，是进行经济结构战略性调整的重要时期，也是完善社会主义市场经济体制和扩大对外开放的重要时期。实现“十五”期间我国经济和社会发展的宏伟目标，任务繁重艰巨。我们面临着国内建设能否顺利发展的新考验。三是我们面临着党的自身状况变化带来的新考验。我们党已经由成立时的几十名党员发展到今天的 6400 万党员。新党员大量增加，干部队伍新老交替不断进行。这既给党的发展带来了新的活力，同时也使党员教育与管理比以往任何时候都更为艰巨。现在党的建设在许多方面还存在同新形势新任务不相适应的地方，特别是如何不断提高党的执政能力和领导水平、不断增强防腐拒变和抵御风险的能力，是两个重大历史课题，也是两大历史考验。在新的世纪，我们党的各级领导班子正在进行整体性新老交替，不仅建国前参加革命的干部，而且“文化大革命”前培养出来的干部，都将陆续退出工作岗位，一大批“文化大革命”后成长起来的年轻干部走上更加重要的领导岗位。党的新一代政治家和干部队伍的素质、水平和形象如何，关系到党能否担当起历史赋予我们的崇高使命，关系到党和国家的前途和命运。这三大新考验，说到底，就是在 21 世纪新的历史条件下，如何把我们的党建设好，“使我们党在世界形势深刻变化的历史进程中始终走在时代前列，在应对国内外各种风险考验的历史进程中始终成为全国人民的主心骨，在建设有中国特色社会主义的历史进程中始终成为坚强的领导核心。”这是时代向我们党提出的重大历史课题。江泽民同志的“七一”重要讲话，正是站在这样一个新的历史高度，适应时代发展和新的形势与任务的需要，科学地回答了在新的历史条件下建设一个什么样的党、怎样建设党这个根本问题。

为了准备“七一”讲话，江泽民同志下了很大功夫，作了长期思考和酝酿。其中一些涉及党和国家工作全局的重大观点，是在大量调查研究和广泛听取党内外各方面意见的基础上，经过深思熟虑提出来的。从去年初开始，江泽民同志就把加强党的建设作为外出调研的重点题目，近两年来先后到十几个省区市考察，主持召开了近30次各种形式的党建工作座谈会，听取各方面的意见和建议。2000年12月13日，江泽民同志还就新形势下深入开展党建调研谈了重要意见，提出了当前和今后一个时期需要深入研究的党的建设全局性、战略性、前瞻性的10个重大问题，并对深入开展党建研究的指导原则、组织领导等问题提出了明确要求。按照中央的统一部署，中央有关部门的80多位同志组成10个课题组，分别前往十几个省区市进行调研，听取地方党委负责同志和各方面的意见。有关课题组还请一些省市有关部门和中央国家机关有关部门、解放军总政治部协助调研。经过几个月的工作，各课题组都按时提交了调研报告，报告中比较成熟的意见，“七一”讲话都作了反映。

在“七一”讲话酝酿起草过程中，江泽民同志仔细阅读了马克思、恩格斯、列宁的有关著作，毛泽东、邓小平的有关著作；还调阅了党的一些重要历史文献，如1935年中央政治局作出的瓦窑堡会议决议等，还研究了世界上一些长期执政的政党垮台的历史教训以及介绍当今世界各国共产党和社会党情况的一些材料，看了不少有关当前国际局势和世界各地区发展情况的专题报告；同时也研究了一些有关我国和西方主要国家现阶段经济社会发展情况的资料，特别是世界高新技术及其产业发展情况的资料。总之，“七一”讲话，是从新的实际出发，在深入调查研究的基础上，按照民主集中制原则，充分发扬民主，吸取各方面的意见和建议，最后经中央政治局常委和政治局会议讨论修改确定下来的。这一讲话集中了全党的智慧，反映了党中央领导集体对马克思主义认识的新成果，凝结着江泽民同志对党的建设和建设有中国特色社会主义伟大事业的深刻思考，是一篇有重大现实意义和深远历史意义的光辉文献。

这篇《讲话》具有很强的政治性、理论性、战略性、针对性，是一个完整的思想理论体系，通篇突出了一条主线——“三个代表”重要思想，贯穿了一个精髓——解放思想、实事求是的思想路线，体现了一个使命——为实现党的历史任务和中华民族伟大复兴而奋斗。

《讲话》系统阐述了“三个代表”重要思想，集中论述了进入21世纪的中国共产党保持先进性的根本要求，这个根本要求是我们党的立党之本、执政之基、力量之源，也是我们在新世纪全面推进党的建设，不断推进理论创新、制度创新和科技创新，不断夺取建设有中国特色社会主义事业新胜利的根本要求。

《讲话》自始至终贯穿“解放思想、实事求是”这个马克思主义的精髓，贯穿与时俱进的马克思主义创造精神，它坚持以马列主义、毛泽东思想特别是邓小平理论为指导，观察当今世界、当代中国，积极开拓进取，研究新问题，总结新经验，创造性地提出了一系列新思想、新观点、新论断，是理论与实际相结合的典范，是继承与创新相结合的典范，是解放思想、实事求是的典范。

《讲话》以两个80年的鲜明对比开篇，以两个100年的回顾和展望结束，通篇体现了中国共产党为实现祖国的独立和民族的解放，为祖国的富强、人民的富裕和民族的伟大振兴而英勇奋斗的历史使命和光辉业绩，向全世界昭告了中国共产党继续为实现党的基本路线和历史任务而奋斗的坚强决心和必胜信念。

总之，江泽民同志的重要讲话，是在新的历史条件下，坚持和发展马列主义、毛泽东思想、邓小平理论的重大理论成果，是指导我们加强和改进党的建设、全面推进建设有中国特色社会主义伟大事业的行动纲领，是我们适应新形势、新任务，经受新考验、夺取新胜利的强大思想武器。我们一定要从我们事业发展的高度，从党和国家长治久安的高度，充分认识《讲话》的重大战略意义，认真学习，深刻领会，把思想和行动统一到《讲话》的精神上来，贯彻到改革发展稳定的实践中去，进一步增强坚持党的基本理论、基本路线、基本纲领的自觉性和坚定性，进一步增强坚持和实践“三个代表”重要思想的自觉性和坚定性。

二、深刻认识我们党80年的奋斗业绩和基本经验

江泽民同志的重要讲话，满怀激情地回顾了中国共产党成立前后两个80年的中国历史。前80年，中国的封建统治者丧权辱国，社会战乱不断，国家积贫积弱，人民饥寒交迫。后80年，中国人民在中国共产党的领导下空前团结和组织起来，冲破重重难关，革命斗争不断取得胜利；新中国成立后，经济社会快速发展，国家日益昌盛，人民的社会地位、物质生活水平和文化教育水平得到显著提高。两个截然不同的80年的鲜明对比，证明了一个客观真理：没有共产党，就没有新中国；有了共产党，中国的面貌就焕然一新。这是中国人民从长期奋斗的历程中得到的最基本最重要的结论。

《讲话》系统回顾了我们党领导人民英勇奋斗80年的峥嵘岁月和光荣业绩：我们完成了新民主主义革命任务，实现了民族独立和人民解放；我们建立了社会主义制度，实现了中国历史上最广泛最深刻的社会变革；我们开创了建设有中国特色社会主义事业，为实现中华民族的伟大复兴开创了正确道路。这三次伟大的历史变革，使我国的面貌发生了广泛而深刻的历史性变化：在政治上，我们建立了人民民主专政的国家政权，中国人民掌握了自己的命运；在经济上，我们建立了独立的和比较完整的国民经济体系，经济实力和综合国力显著增强；在文化上，我们不断发展社会主义文化，全国人民的精神生活日益丰富；在国家统一和民族关系上，我们彻底结束了旧中国一盘散沙的局面，实现了国家的高度统一和各民族的空前团结；在军事上，我们锻造了一支党绝对领导下的人民军队，建立起巩固的国防；在外交上，我们坚持独立自主的和平外交政策，为世界和平与发展的崇高事业作出了重要贡献。这种深刻的历史巨变和辉煌业绩，雄辩地证明：中国共产党不愧为伟大、光荣、正确的马克思主义政党，不愧为领导中国人民不断开创新事业的核心力量。

《讲话》深刻总结了我们党80年奋斗的历史经验。概括起来，就是三个“必须始终”：一是必须始终坚持马克思主义基本原理同中国具体实际相结合，坚持科学理论的指导，坚定不移地走自己的路。这是总结我们党的历史得出的最基本的经验。二是必须始终紧紧依靠人民群众，

诚心诚意为人民谋利益，从人民群众中汲取前进的不竭力量。这是我们党战胜各种困难和风险、不断取得事业成功的根本保证。三是必须始终自觉地加强和改进党的建设，不断增强党的创造力、凝聚力和战斗力，永葆党的生机和活力。这是办好中国事情的关键。这三条说到底，一个是实事求是，一个是群众路线，一个是党的建设。这就是我们的基本经验。

江泽民同志在《讲话》中强调，始终坚持马克思主义基本原理同中国具体实际相结合，坚持科学理论的指导，坚定不移地走自己的路，这是"最基本的经验"。坚持这条最基本的经验，要掌握三个要点：

第一，必须坚持马克思主义，坚持科学理论的指导。毛泽东说："我们的党从它一开始，就是一个以马克思列宁主义为基础的党，这是因为这个主义是全世界无产阶级的最正确最革命的科学思想的结晶。"它为我们正确认识世界、改造世界提供了强大的思想武器，是我们立党立国的根本指导思想，是全国各族人民团结奋斗的共同理论基础，是指导我们进行革命、建设和改革的行动指南。只有马克思主义而没有任何其他主义能够解决中国的前途命运问题。老祖宗不能丢。马克思主义的基本原理，马克思主义的立场观点方法，在任何时候都必须坚持，否则我们的事业就会因为没有正确的理论基础和思想灵魂而迷失方向，就会走上邪路，就会归于失败。我们必须旗帜鲜明地坚持马克思主义在我们党和国家的指导地位，决不允许搞指导思想的多元化，决不允许背弃马克思主义的基本原理和科学精神。

第二，必须坚持马克思列宁主义同中国具体实际相结合，坚定不移地走自己的路。1941 年 5 月 19 日，毛泽东在《改造我们的学习》一文中指出："中国共产党的二十年，就是马克思主义列宁主义的普遍真理和中国革命的具体实践日益结合的二十年。"1982 年 9 月 1 日，邓小平在党的十二大开幕词中说："把马克思主义的普遍真理同我国的具体实际结合起来，走自己的道路，建设有中国特色的社会主义，这就是我们总结长期历史经验得出的基本结论。"在我们党八十年的奋斗中，我们坚持马列主义同中国具体实际相结合，产生了两次历史性飞跃，形成了毛泽东思想和邓小平理论两大理论成果。这两大理论成果，是中国化了的马克思主义，既体现了马克思列宁主义的基本原理，又包含了中华民族的优秀思想和中国共产党人的实践经验。正是在马列主义、毛泽东思想、邓小平理论的指导下，我们取得了中国革命、建设和改革的伟大胜利。

第三，必须坚持解放思想、实事求是，在实践中不断丰富和发展马克思主义。马克思主义是科学，而科学总是随着时代和实践的发展而不断向前发展。解放思想、实事求是是马克思主义的精髓，与时俱进、不断创新是马克思主义的理论品质和真正的生命力之所在。没有马克思恩格斯的理论创新，就没有马克思主义及其指导下的社会主义运动；没有列宁的理论创新，就没有列宁主义及其指导下十月革命的胜利；没有毛泽东的理论创新，就没有毛泽东思想及其指导下中国革命的胜利；没有邓小平的理论创新，就没有建设有中国特色社会主义理论及其指导下中国改革开放和现代化建设的胜利。江泽民同志“三个代表”重要思想是我们党在新的历史条件下进行理论创新的重大成果。我们贯彻“三个代表”的要求，必须继续坚持解放思想、实事求是的思想路线，大力发扬求真务实、勇于创新的精神，创造性地推进党和国家的各项工作，在实践中不断丰富和发展马克思主义。江泽民说：“解放思想、实事求是，是引导社会前进的强大力量。社会实践是不断发展的，我们的思想认识也应不断前进，应勇于和善于根据实践的要求进行创新。”他又说：“创新是一个民族进步的灵魂，是一个国家兴旺发达的不竭动力，也是一个党永葆生机的源泉。”在新世纪新形势、新任务、新考验面前，我们的理论和实践必须与时俱进，不断创新。

与时俱进、不断创新，首先要进一步增强解放思想的自觉性。解放思想、实事求是，首先是解放思想。如果不顾历史条件和现实情况的变化，拘泥于马克思主义经典作家在特定历史条件下、针对具体情况得出的某些个别论断和具体行动纲领，我们就会因为思想脱离实际而不能顺利前进，甚至发生失误。正如邓小平所说：“一个党，一个国家，一个民族，如果一切从本本出发，思想僵化，迷信盛行，那它就不能前进，它的生机就停止了，就要亡党亡国。”我们党在历史上的一些时期曾经犯过错误，甚至遇到严重挫折，根本原因就在于思想僵化，教条主义。这在我们党的两个历史《决议》中都做了系统总结。对于这种深刻的历史教训，我们必须牢牢记取，始终保持清醒的头脑，自觉地把自己的思想认识从那些不合时宜的观念、做法和体制中解放出来，从对马克思主义的错误和教条式的理解中解放出来，从主观主义和形而上学的束缚中解放出来。

与时俱进、不断创新，要坚持实践是检验真理的唯一标准，一切从实际出发。要在马克思主义基本理论的指导下，从对中国实际问题的研究中，作出合乎中国需要的理论性创造，使我们的思想和行动更加符合客观实际，更加符合社会主义初级阶段的国情和时代发展的要求。应当充分看到，社会主义初级阶段是一个很长的历史过程，至少需要经历上百年的时间，过去的50年我们对这个阶段的状况、矛盾、演变及其规律的认识有了很大的进步，但是许多方面还有待深化，许多方针政策还有待进一步完善，还有许多新的领域需要我们去探索和开拓。江泽民说："认识真理是不断前进的过程，改造世界也是不断前进的过程。我们要始终不断地追求真理，为真理而奋斗。在任何时候任何情况下都绝不能固步自封，绝不能畏惧艰险。"在这个前进和探索的过程中，实践仍然是我们最好的老师，我们应当时时向它请教；实践仍然是检验真理的唯一标准，我们应当处处接受实践的裁判。我们既不能把书本上的个别论断当作束缚自己手脚的教条，也不能把自己在一定条件下的某些具体认识看作永远不可移易的真理。在马克思主义基本原理的指导下，不断实践，不断探索，不断创新，才是马克思主义的科学态度。前不久，《人民日报》发表了《马克思、恩格斯、列宁关于发展马克思主义的论述摘编》，这个材料很值得我们认真阅读。马克思主义经典作家不但一贯强调要在实践中发展马克思主义，而且他们本身就是不断发展马克思主义的典范。例如，1848年《共产党宣言》发表后，马克思、恩格斯为它的不同版本写了多篇序言，其中1872年法文版序言中说："不管最近25年来的情况发生了多大的变化，这个《宣言》所阐述的一般原理整个说来直到现在还是完全正确的。"同时又指出："这些原理的实际运用，正如《宣言》中所说的，随时随地都要以当时的历史条件为转移，所以第二章末尾提出的那些革命措施根本没有特别的意义。如果是在今天，这一段在许多方面都会有不同的写法了。由于最近25年来大工业有了巨大发展而工人阶级的政党组织也跟着发展起来，由于首先有了二月革命的实际经验而后来尤其有了无产阶级第一次掌握政权达两月之久的巴黎公社的实际经验，所以这个纲领现在有些地方已经过时了。"这完全是实事求是的科学态度。又如，马克思曾经认为，社会主义社会作为共产主义的初级阶段，已经消灭了商品、货币，列宁最初也持这种观点，认为“社会主义要求消灭货币的权力、资本的权力，消灭一切生产资料私有制，消灭商品经济”。并将这个认识付诸实践，不久又实行“战时共产主义”体制，在全国范围内用有计划的产品分配代替自由贸易，把全体居民组织到生产消费公社中，统一分配一切必需品，结果造成生产破坏，引起许多群众不满。面对这种情况，列宁作了反思，说：“我们计划……用无产阶级国家直接下达命令的办法在一个小农的国家里按共产主义原则来调整国家的产品生产和分配。现实生活证明我们错了。”这又是何等的实事求是！我举这两个例子意在说明，理论是随着实践的发展而发展的，理论要随时接受实践的检验，理论只有不断创新才能有活力。在我们所从事的这个前人从来没有干过的伟大事业中，我们必须随时听取实践的呼声，而不能以不变应万变，更不能自觉不自觉地用书本去剪裁生活。正如列宁所说：“只有不可救药的书呆子，才会单靠引证马克思关于另一时代的某一论述，来解决当前发生的独特而复杂的问题。”

我们党有80年的奋斗历史，有创立和发展毛泽东思想、邓小平理论的伟大实践，有国内外发展社会主义事业正反两个方面的历史经验，只要我们站在时代前列，立足于新的实践，把握住时代特点，运用马克思主义的基本原理研究现实中的重大问题，不断深化对共产党执政的规律、对社会主义建设的规律、对人类社会发展的规律的认识，不断吸取一切科学的新经验、新思想、新成果，我们就一定能够对丰富和发展马克思主义作出新的贡献。

三、正确认识和全面贯彻“三个代表”重要思想

“三个代表”重要思想，是贯穿江泽民同志“七一”重要讲话的一条主线，是在新的历史条件下我们党进行理论创新的一个重大成果。它赋予党的性质以鲜明的时代意义，赋予党的宗旨以鲜明的时代内涵，赋予党的任务以鲜明的时代特征，是马克思主义建党学说的新发展，是推进党的各项事业的新要求，为我们党正确地认识自己、加强自己、提高自己提供了强大的思想武器。因此，深刻理解“三个代表”重要思想的科学内涵，提高贯彻“三个代表”重要思想的自觉性和坚定性，应当成为我们学习和贯彻“七一”重要讲话的重中之重。

“三个代表”重要思想的提出，标志着我们党把自身建设提到了一个更加突出的地位。这是时代的要求，形势的要求，任务的要求。世界的大变动和中国的新发展，对我们党的建设提出了一系列迫切需要解决的重大问题，其核心和根本问题，就是在新的历史条件下如何保持党的先进性问题。江泽民“三个代表”重要思想，正是在深刻观察当代世界和当代中国发展趋势的基础上，在总结我们党 80 年奋斗历史经验的基础上，在借鉴世界上一些大党、老党兴衰成败经验教训的基础上，对这个根本问题所作出的科学回答。面对国内外形势的深刻变化，我们党要紧跟世界进步的潮流，团结和带领全国各族人民抓住机遇、迎接挑战，胜利完成继续推进现代化建设、完成祖国统一大业、维护世界和平与促进共同发展这三大历史任务，必须坚定不移地贯彻“三个代表”要求，这是我们党的立党之本、执政之基、力量之源，也是我们在新世纪全面推进党的建设，不断推进理论创新、制度创新和科技创新，不断夺取建设有中国特色社会主义事业新胜利的根本要求。

下面分别谈谈我对“三个代表”思想科学内涵的一些理解。

（一）关于始终代表中国先进生产力的发展要求

1. 这是我们党始终站在时代前列，保持先进性的根本体现和根本要求

历史唯物主义告诉我们，生产力是最活跃最革命的因素，是社会发展的最终决定力量。列宁指出：生产力的发展“是社会进步的最高标准”。毛泽东也指出：“中国一切政党的政策及其实践在中国人民中所表现的作用的好坏、大小，归根到底，看它对于中国人民的生产力的发展是否有帮助及其帮助之大小，看它是束缚生产力的，还是解放生产力的。”我们党作为工人阶级的先锋队，建立时就是以中国先进生产力的代表而走上历史舞台的。过去我们搞革命，推翻“三座大山”，从根本上说就是为了解放被束缚的生产力；新中国成立后，我们进行社会主义改造，目的是继续解放和发展生产力。十一届三中全会以来，我们实行改革开放也是为了解放和发展生产力。生产力与生产关系、经济基础与上层建筑的矛盾，是社会的基本矛盾，无论什么样的生产关系和上层建筑，都必须适应生产力发展的要求；如果不适应，就会成为生产力发展和社会进步的障碍，就必须进行调整和变革。因此，敏锐地把握我国社

会生产力的发展趋势和要求，坚持以经济建设为中心，通过制定和实施正确的路线方针政策，采取切实的工作步骤，不断促进生产力的发展，这是我们党始终站在时代前列、保持先进性的根本体现和根本要求。

这里应该强调“先进”二字。人类社会生产力的发展是先进生产力不断取代落后生产力的过程，而且这个取代的速度越来越快：石器时代延续了数万年，铁器时代延续了两千年，18 世纪蒸汽机发明以来以机器为代表的生产力时代延续了 200 多年，第二次世界大战以来人类社会又进入以高科技为标志的生产力时代。现在世界上的生产力具有多层次，既有以手工工具为标志的生产力，也有以传统机器为标志的生产力，还有最先进的以信息化、高科技为标志的生产力。社会主义是建立在社会化大生产的基础上的，这种社会化大生产，在马克思恩格斯时代，是以机器为标志的生产力；在列宁时代，生产力又有了发展，列宁提出“社会主义＋苏维埃政权＋电气化”的公式。今天，现代化，就是要发展当代先进的生产力，社会主义必须发展以信息化和高科技为标志的生产力，在我国就是要在实现工业化的同时大力推进信息化；这样，社会主义才能有强大的生命力。江泽民提出我们党要代表先进生产力发展的要求，表明我们对社会主义根本任务认识的深化，对“发展是硬道理”认识的深化，对社会主义本质理论认识的深化。当然，强调发展先进生产力并不意味着可以简单地排斥现存的落后的生产力，而应当立足实际，创造条件对它们加以改造、改进和提高，重视技术改造，经过长期努力，逐步使它们向先进生产力转化。

2. 贯彻这个要求，必须牢固树立改革和发展的基本观点和自觉性

社会主义的根本任务是发展生产力，社会主义现代化必须建立在发达的生产力的基础上。我们坚持以经济建设为中心，坚持“发展是硬道理”，坚持改革开放，就是为了在我国形成发达的社会生产力，就是为了不断增强我国的综合国力，不断改善人民的物质文化生活。只有这样才能体现社会主义优于资本主义。社会主义和资本主义的根本区别，在于它们的生产关系和上层建筑是不同的。社会主义制度的建立，为生产力的发展开辟了广阔的道路。社会主义制度通过改革而不断自我完善，才能不断解放和发展生产力，使社会主义制度充满生机和活力。经过 20 多年的努力，我国社会主义经济体制的框架已经初步形成，并极大地推动了生产力的发展。但是，必须看到，旧体制存在的一些深层次的

矛盾还没有完全解决，各项配套措施还不完善不健全，新旧体制的碰撞和摩擦还严重存在，加入世贸组织之后还会对改革提出新的要求。所以，改革的任务还很繁重。按照党的十五大的规划，到 2010 年我们才能形成比较完善的社会主义市场经济体制，在此基础上，再经过 10 年的努力，到建党 100 年时，各方面才能形成一整套更加成熟、更加定型的制度。同时还应看到，生产力和生产关系、经济基础和上层建筑的矛盾是一个动态过程，旧的矛盾解决了，新的矛盾又会出现；原来适应的东西在变化了的条件下又会变成不适应的东西，需要进一步改革。即使在比较完备的体制下，其局部的改革与创新也是需要经常进行的。生产力的发展没有止境，经济体制的改革和完善也没有止境。特别需要指出的是，我们的改革是全面的改革，“包括经济体制改革、政治体制改革和相应的其他各个领域的改革。”随着经济体制改革的深入，对政治体制、科技体制、文化教育体制等等必然提出相应的改革要求，这些方面的任务同样是任重而道远的。因此，江泽民要求我们：“全党同志必须牢固树立社会主义改革和发展的基本观点和自觉性。”无论在什么工作岗位上，都要对自己所从事的工作经常加以检查和总结，看看是不是符合先进生产力的发展要求，符合的就毫不动摇地坚持，不符合的就实事求是地纠正。这样，才能充分体现共产党人的先进性和时代精神。

3. 贯彻这个要求，要把充分调动亿万人民群众的积极性主动性创造性作为我们党必须履行的第一要务

人是生产力中最具有决定性的力量。包括知识分子在内的我国工人阶级，是推动我国先进生产力发展的基本力量，我国农民阶级和其他劳动群众，同工人阶级紧密团结，是推动我国社会主义生产力发展的重要力量。不断提高工人、农民、知识分子和其他劳动群众以及全体人民的思想道德素质和科学文化素质，不断提高他们的劳动技能和创造才能，充分发挥他们的积极性主动性创造性，始终是我们党代表中国先进生产力发展要求必须履行的第一要务。

4. 贯彻这个要求，要把大力发展先进的科学技术作为我们党必须履行的重要职责

科学技术是第一生产力，而且是先进生产力的集中体现和主要标志。科学技术的突飞猛进，极大地推动了社会生产力和人类经济社会的发展，未来的科技发展还将产生新的重大飞跃。我们必须敏锐地把握这

个客观趋势，始终注意把发挥我国社会主义制度的优越性同掌握、运用、发展先进的科学技术紧密地结合起来，大力推动科技进步和创新，不断用先进的科学技术改造和提高国民经济，实现我国生产力的跨越式发展。这是我们党代表中国先进生产力发展要求必须履行的重要职责。履行这个重要职责，在思想上要进一步提高认识，树立追赶世界先进科学技术的自觉性，树立尊重知识、尊重人才的自觉性；在体制上要大力创新，为科学技术的发展和人才的脱颖而出创造良好的体制环境；在工作上要切实贯彻落实科教兴国伟大战略，采取实际措施和步骤加快我国科技和教育事业的发展。

总之，我们党要始终代表中国先进生产力的发展要求，就是必须使党的理论、路线、纲领、方针、政策和各项工作，努力符合生产力发展的规律，体现不断推动社会生产力的解放和发展的要求，尤其要体现推动先进生产力发展的要求，并通过发展生产力不断提高人民群众的生活水平。

（二）关于始终代表中国先进文化的前进方向

我们党要始终代表中国先进文化的前进方向，就是党的理论、路线、纲领、方针、政策和各项工作，必须努力体现发展面向现代化、面向世界、面向未来的，民族的科学的大众的社会主义文化的要求，促进全民族思想道德素质和科学文化素质的不断提高，为我国经济发展和社会进步提供精神动力和智力支持。

第一，坚持什么样的文化方向，是一个政党在思想上精神上的一面旗帜。80年来，我们党高举中国先进文化的旗帜，努力建设和弘扬反映革命、建设和改革要求的新文化，荡涤旧社会遗留下来的和国外渗透进来的腐朽没落的旧文化，从思想上精神上极大地解放和激励了广大干部群众，在全党和全国人民中形成了凝聚人心、统一意志的正确指导思想和共同理想。在发展社会主义市场经济、扩大对外开放和世界各种思潮相互激荡的新的历史条件下，我们对思想文化建设要更加重视，在地位上要更加突出，在工作力度上要进一步加大。在当代中国，发展先进文化，就是发展有中国特色社会主义文化，就是建设社会主义精神文明。发展这种先进文化，必须坚持以马克思列宁主义、毛泽东思想、邓小平理论为指导，必须立足于建设有中国特色社会主义的实践，必须着眼于世界科学文化发展的前沿，努力铸造一种健康向上、丰富多彩，具有中国风格、中国特色的社会主义文化，以满足人民群众日益增长的精神文化需求，引导广大人民群众从思想上精神上正确武装和不断提高起来。这也是我们党始终站在时代前列、保持先进性的根本体现和根本要求。

第二，发展社会主义文化的根本任务，是培养一代又一代有理想、有道德、有文化、有纪律的公民。为此，必须坚持和巩固马克思主义的指导地位；必须把社会主义思想道德建设作为发展先进文化的重要内容和中心环节；必须坚持实施科教兴国战略；必须坚持“二为”方向和“双百”方针。

第三，发展社会主义文化，必须努力改造落后文化，努力防止和坚决抵制腐朽文化和各种错误思想观点对人们的侵蚀。为此，一要加强教育；二要加强管理；三要完善政策和制度；四要创造条件逐步清除各种消极文化赖以滋生和存在的土壤。这是一项长期艰苦细致的工作，必须持之以恒地坚持下去。

第四，发展社会主义文化，必须把继承与创新结合起来。对于一切优秀的文化，包括中华民族历史上的优秀文化，包括党和人民从五四运动以来形成的革命文化，包括人类社会所创造的一切先进文明成果，都要积极地加以继承和发扬；同时要结合时代精神加以发展，并结合新的实践和时代的要求，结合人民群众精神文化的需求，积极进行文化创新，努力繁荣先进文化，使社会主义文化充分体现时代精神和创造精神。

（三）关于始终代表中国最广大人民的根本利益

始终代表中国最广大人民的根本利益，就是党的理论、纲领、路线、方针、政策和各项工作，必须坚持把人民的根本利益作为出发点和归宿，充分发挥人民群众的积极性主动性创造性，在社会不断进步发展的基础上，使人民群众不断获得切实的经济、政治、文化利益。

1. 全心全意为人民服务，立党为公，执政为民，是我们党同一切剥削阶级政党的根本区别，始终保持同人民群众的血肉联系，是我们战胜各种困难和风险、不断取得事业成功的根本保证

江泽民在“七一”讲话中深刻地阐述了三个“一致性”，即尊重社

会发展规律与尊重人民历史主体地位的一致性，为崇高理想奋斗与为最广大人民谋利益的一致性，完成党的各项工作与实现人民利益的一致性。它们所以是一致的，因为社会发展规律是通过人的活动实现的，而人民群众是历史活动的主体，是历史的真正创造者；因为我们的理想之所以崇高，在于它反映了人民的愿望、意志和要求，是人民利益的最高价值体现；因为党的各项工作的根本目的都是为了实现好、维护好、发展好人民的利益。因此，在任何时候任何情况下，我们与人民群众同呼吸共命运的立场不能变，全心全意为人民服务的宗旨不能忘，坚信群众是真正英雄的历史唯物主义观点不能丢。

2. 最重要的是必须首先考虑并满足最大多数人的利益要求

这是马克思主义的一个基本观点。马克思、恩格斯在《共产党宣言》中指出：“无产阶级的运动是绝大多数人的、为绝大多数人谋利益的运动。”如果丢掉了最大多数人的利益，那就是丢掉了人民，丢掉了根本，势必变成孤家寡人而被最广大的人民群众所抛弃。20 世纪 80 年代以来，世界上一些执政几十年的大党、老党先后丢失政权，甚至走向衰亡，根本原因就是因为他们失去了最大多数人的拥护。据苏联《西伯利亚报》1990 年 6 月的一份民意调查，当问及苏共代表什么人的利益时，回答代表党的机关工作人员利益的占 85%，回答代表人民利益的仅占 7%。失民心者必定失天下。苏共的这个教训我们一定要牢牢记取。当然，人民群众的利益是由各方面具体利益构成的，人民内部也有各种利益矛盾，我们应当统筹兼顾、全面安排、妥善处理，以充分调动各方面的积极性。但是，最大多数人的利益是最紧要的和最具决定意义的，首先考虑并满足最大多数人的利益要求，始终关系党的执政的全局，关系国家经济政治文化发展的全局，关系全国各族人民的团结和社会稳定的全局，我们切不可掉以轻心。

3. 党的一切工作必须以最广大人民的根本利益为最高标准

毛泽东说：“共产党人的一切言论行动，必须以合乎最广大人民群众的最大利益，为最广大人民群众所拥护为最高标准。”党的所有决策和工作，都必须符合群众的利益和要求，如果不符合就要切实加以改正；党的所有干部，都必须真正代表人民掌好权、用好权，绝不允许以权谋私，绝不允许形成既得利益集团；党的所有领导干部都要首先支持和帮助群众致富，而不能只考虑自己如何富，更不能利用手中的权力谋取不正当利益；党的各级领导干部都要关心群众疾苦，努力为群众办实事、办好事，要特别关心那些工作和生活上暂时遇到困难的群众，对他们的事情要重点考虑、重点解决。如此等等。只要这样做了，我们就能得到最广大人民的拥护和支持，就能无往而不胜。

最后还应当指出，“三个代表”重要思想是统一的整体，三者相互联系、相互促进。发展先进的生产力，是发展先进文化、实现最广大人民根本利益的基础条件；发展先进文化，为发展先进生产力提供精神动力和智力支持，是实现最广大人民利益的一个重要方面；人民群众是先进生产力和先进文化的创造主体，也是实现自身利益的根本力量。不断发展先进生产力和先进文化，归根到底都是为了满足人民群众日益增长的物质文化生活需要，不断实现最广大人民的根本利益。所以，“三个代表”重要思想体现了生产力与生产关系、经济基础与上层建筑的统一，体现了物质文明与精神文明的统一，体现了经济政治文化三者的统一，体现了历史发展规律与历史创造主体的统一。它与坚持党的工人阶级先锋队的性质和全心全意为人民服务的宗旨是完全一致的，是对马列主义、毛泽东思想、邓小平理论的继承、丰富和发展。我们一定要全面贯彻落实“三个代表”重要思想，把它贯穿于党的建设的全过程。

四、按照“三个代表”要求加强和改进党的建设

“三个代表”思想是新世纪党的建设的伟大纲领。我们必须按照“三个代表”要求加强和改进党的建设，以改革的精神解决党的建设面临的重大理论和实践问题，以使我们党始终保持先进性和纯洁性，充满创造力、凝聚力和战斗力。

在“七一”讲话中，江泽民从五个方面论述了如何按照“三个代表”要求加强和改进党的建设问题，这就是：一是坚持党的解放思想、实事求是的思想路线，大力发扬求真务实、勇于创新的精神，创造性地推进党和国家的各项工作，在实践中不断丰富和发展马克思主义。二是坚持党的工人阶级先锋队性质，始终保持党的先进性，同时要根据经济发展和社会进步的实际，不断增强党的阶级基础和扩大党的群众基础，不断提高党的社会影响力。三是坚持民主集中制，建立健全科学的领导体制和工作机制，充分发扬党内民主，维护党的集中统一，保持并不断

增强党的活力。四是全面贯彻干部队伍革命化、年轻化、知识化、专业化的方针和德才兼备的原则，深化干部人事制度改革，努力建设一支高素质的、能够担当重任、经得起风浪考验的干部队伍。五是坚持党要管党的原则和从严治党的方针，各级党组织必须对党员干部严格要求、严格教育、严格管理，坚决克服党内存在的消极腐败现象。以上这五个方面，我们应当全面学习、领会和贯彻。

（一）关于增强党的阶级基础和扩大党的群众基础问题

我们党从成立之日起，就把自己定性为中国工人阶级的先锋队。这一点从来没有动摇过，也决不允许动摇。我们党的这种阶级基础直接决定了我们党的先进性。因为工人阶级是社会化大生产的产物，代表先进的生产力，最富有革命的坚定性和彻底性。我们党作为中国工人阶级的先锋队，它的理论、纲领、路线始终代表中国工人阶级的根本利益，这就从指导思想上保证了自己的先进性。

我们党既然是中国工人阶级的先锋队，同时也就必然是中国人民和中华民族的先锋队。因为中国工人阶级的根本利益同中国人民、中华民族的根本利益是一致的。这就决定了我们加强党的建设、保持党的先进性，必须在不断增强党的阶级基础的同时，不断扩大党的群众基础，从而不断增强我们党的凝聚力和在全社会的影响力。

改革开放以来，我国工人阶级状况发生了很大变化。一是队伍不断扩大，职工人数从 1977 年的 6800 多万增加到 2000 年的 2.7 亿。现在每年新增加就业人口有 1000 多万，大多数陆续加入到工人阶级队伍中来。随着工业化、城市化和现代化进程的加快，相当数量的农民也将不断转化为工人，加入到工人阶级队伍中来。二是思想道德素质和科学文化素质日益提高。三是结构发生了变化，知识分子作为工人阶级的一部分，人数日益增多，建国前知识分子只有 5 万多人，2000 年达到 3000 多万人，这就使得工人阶级的科学文化素质大大提高。这种变化说明，我国工人阶级的先进性在不断发展，我们党的阶级基础在不断增强。至于随着改革开放的深入、市场经济的发展和经济结构的调整，一些工人群众的工作岗位发生变化，这并没有改变我国工人阶级的主人翁地位，而且从长远看有利于提高工人阶级的整体素质、发挥工人阶级的整体优势。实践证明，中国工人阶级始终是推动中国先进生产力发展的基本力量，始终是我们党的阶级基础，在任何时候任何情况下，都必须坚持我们党的工人阶级先锋队性质，必须全心全意地依靠工人阶级，必须不断增强我们党的阶级基础。

改革开放以来，我国社会阶层结构也发生了新的变化，出现了民营科技企业的创业人员和技术人员、受聘于外资企业的管理技术人员、个体户、私营企业主、中介组织从业人员、自由职业人员等社会阶层。这些新的社会阶层中的广大人员在党的方针政策的指引下，通过诚实劳动和工作，通过合法经营，为发展社会主义社会的生产力和其他各项事业作出了贡献。江泽民在“七一”讲话中，明确指出：“他们也是有中国特色社会主义事业的建设者。”这是完全符合实际的，对于调动这些新社会阶层人员的积极性、发展我们的事业有重大意义。

新社会阶层的出现，对我们党的建设提出了一个问题，就是他们当中的一些优秀分子提出了加入共产党的要求，我们是否允许？在新的历史条件下，我们党的群众基础是不是应当进一步扩大？特别是关于私营企业主能不能入党，更是一个前人没有遇到过的崭新问题。回答这种新问题，我们不能从书本出发，不能从概念出发，而只能从实际出发，实事求是地去加以解决。江泽民在“七一”讲话中，对此作出了明确回答。他说：“来自工人、农民、知识分子、军人、干部的党员是党的队伍的最基本的组成部分和骨干力量，同时也应该把承认党的纲领和章程、自觉为党的路线和纲领而奋斗、经过长期考验、符合党员条件的社会其他方面的优秀分子吸收到党内来，并通过党这个大熔炉不断提高广大党员的思想政治觉悟，从而不断增强我们党在全社会的影响力和凝聚力。”这是一个非常重要的新思想、新观点，也是一项非常重要的新政策。这是从我国社会主义初级阶段实际出发，从有利于巩固党的执政地位、扩大党的社会基础的需要出发，从更好地加强党对非公有制经济领导的需要出发，所作出的正确结论。在这个问题上，有以下几点需要明确：

1. 我们党所领导的建设有中国特色社会主义伟大事业，需要全社会各方面忠诚于祖国和社会主义的优秀分子，以自己的实际行动带领群众共同加以推进

我们坚持党的工人阶级先锋队性质，从来不是说只有工人中的优秀分子才能入党。江泽民指出：“在民主革命时期，由于当时社会的特点，

我们党的绝大多数党员来自农民和其他劳动者，也有不少来自知识分子，还有来自非劳动者阶层的革命分子。”现在，各种新社会阶层的广大人员既然也是有中国特色社会主义事业的建设者，我们就应当允许他们当中的优秀分子加入党组织，以便充分发挥他们带领群众建设社会主义的积极性。这是同我们党现阶段的纲领和任务相一致的。吸收这些阶层中的先进分子入党，可以影响和带动这些阶层中的其他人员更好地为国家、为社会服务；可以更好地在这些经济、社会组织中贯彻党的路线、方针、政策，扩大党的社会影响；可以改变这些经济、社会组织中党的工作薄弱状况，扩大党的工作的覆盖面。需要指出的是，在这些新的社会阶层中有一些人，如民营科技企业和外资企业中的技术人员，个体劳动者，中介组织中的一般从业人员、自由职业人员等，在这些人的入党问题上，过去在政策上和手续上，同吸收工人、农民入党并无区别，以后也应同等对待，符合条件的就按规定程序发展入党。还有一类人员情况比较复杂，如掌握一定生产资料、雇佣较多工人、企业规模较大的个人独资企业或合伙企业的出资人，以及股份制企业中个人控股的大股东，他们确实不同于工人、农民、干部和一般知识分子。他们有两重性：一方面，有劳动的一面，以自己的技术、专利、管理为社会创造劳动价值，有技术、资本等生产要素参与分配，这是有利于社会生产力的发展的；另一方面，他们又以占有的生产资料获得企业的利润，取得不同程度的非劳动收入。但是，从实际情况看，他们不同于旧社会的资本家，也不能简单地把他们说成是剥削者。因为他们是在党和国家的政策扶持下成长起来的，其资本的使用和支配受到社会主义国家法律、法规、政策的调节和制约，其利润受到国家税收、职工福利和企业积累等多方面再分配因素的影响。共产党执政，社会主义国家政权，公有制的主体地位和国有经济的主导地位等这些社会主义条件，使他们的社会地位和作用与旧社会的资本家不可同日而语，他们已经成为有中国特色社会主义事业的建设者。马克思主义经典作家关于资本主义社会的劳动和劳动价值理论，揭示了当时资本主义生产方式的运行特点和基本矛盾。现在，我们发展社会主义市场经济，与马克思主义创始人所面对和研究的情况有很大不同，我们应该结合新的实际，深化对社会主义社会劳动和劳动价值理论的研究和认识，而不可简单地搬用资本主义社会劳动和劳动价值理论来框社会主义社会、尤其是社会主义初级阶段的情况。把允许某些社会阶层的先进分子入党说成是“允许资本家入党”，这完全是一种曲解，国外有些媒体在这个问题上大肆炒作，更是别有用心，我们一定要保持清醒头脑，决不能上当。

2. 允许新社会阶层中的某些人入党，会不会改变我们党的性质，会不会影响我们党的先进性

江泽民对此作了回答，他说：“看一个政党是否先进，是不是工人阶级先锋队，主要应看它的理论和纲领是不是马克思主义的，是不是代表社会发展的正确方向，是不是代表最广大人民的根本利益。”在民主革命时期，大量农民和其他非工人出身的革命分子加入党组织，并没有改变我们党的工人阶级先锋队性质，就是因为我们党的理论和纲领是马克思主义的，代表了中国社会发展的正确方向和中国最广大人民的利益，坚持用马克思主义理论教育和武装党员，着重从思想上建党。因此，保持党的工人阶级先锋队的性质，保持党的先进性，关键在于坚持和实行马克思主义的理论与纲领。如果没有这一条，即使完全由工人组成的政党，从本质上说也不是工人阶级的先锋队。1920 年 8 月，列宁在《关于加入英国工党问题的发言》中说：“确定一个党是不是真正工人的政党，不仅要看它是不是由工人组成的，而且要看它是由什么人领导以及它的行动和政治策略的内容如何。只有根据后者，才能确定这个党是不是真正无产阶级的政党。从这个唯一正确的观点来看，工党完全是一个资产阶级的政党。虽然它是由工人组成的，但是领导它的是反动分子，是完全按照资产阶级的意图行事的最糟糕的反动分子。”① 列宁在这里提出“由什么人领导以及它的行动和政治策略的内容如何”是衡量和确定一个政党“是不是真正无产阶级的政党”的根本标准，这是完全正确的。

3. 必须严格掌握党员标准

江泽民说：“能否自觉地为实现党的路线和纲领而奋斗，是否符合党员条件，是吸收新党员的主要标准。”因为我们党是根据马克思主义的理论和纲领而组织起来并为实现这个理论和纲领而奋斗的阶级组织，无论什么出身、什么成分的人，能不能入党，都必须严格按照这个标准去衡量。在这个问题上，绝不能无原则地敞开大门，绝不能降格以求。

① 《列宁全集》第 39 卷，人民出版社 1986 年版，第 246—247 页。

必须坚持标准，严格程序，确保质量，成熟一个发展一个，严格防止那些入党动机不纯的人混入党内，防止以经济实力强弱、为社会捐助财物多少、个人名气大小等作为衡量吸收新党员的标准，要警惕和防止个别党员干部借发展党员之机谋取私利。但这里有一点需要说明，就是在今天，我们不能简单地把有没有财产、有多少财产作为判断人们政治上是否先进的标准。江泽民指出：“主要应该看他们的思想政治状况和现实表现，看他们的财产是怎么得来的以及对财产怎么支配和使用，看他们以自己的劳动对建设有中国特色社会主义事业所作的贡献。”就是说，主要应当看人们的思想状况和现实表现，至于财产一看其来源，二看其如何使用。如果财产的来源符合国家的政策法规，是合法经营所得，合法劳动所得，合法工作所得；财产的支配和使用主要用于扩大再生产，用于回报社会，就不能认为人家政治上落后。说到底，还是要看人们的思想状况、现实表现是否符合党员的条件和标准。实事求是地说，新的社会阶层比较复杂，有的表现很好，也有的表现很差。比如：有的偷税漏税，制假贩假，不择手段地攫取财富；有的随意延长工人劳动时间，限制工人自由，克扣工人工资甚至肆意辱骂殴打工人；有的贿赂党和国家的工作人员；有的追求腐朽的生活方式，大肆挥霍钱财，等等。对这些人，决不能允许他们入党，对其中严重违法乱纪、触犯刑律的，不是什么入党问题，而是“入狱”问题。

4. 从新社会阶层中发展党员是一项新工作，不能一哄而起，需要按有关部门制定出具体的政策规定执行

有些问题，如如何考察和认定这些人的政治觉悟、思想品质、入党动机；如何判断他们的财产来源及其支配、使用情况；对有些人在党员标准的具体把握上还应提出哪些具体要求；如何正确理解“经过长期考验”；是否需要提高审批权限，等等，都还需要经过试点，作出明确规定。总之，实际工作一定要稳妥，切不可以乱刮风。

5. 要始终高度重视从思想上建党，加强对党员的教育管理

对所有党员，都要教育他们树立共产主义远大理想，坚定建设有中国特色社会主义信念，坚决贯彻执行党的基本路线；教育他们树立马克思主义的群众观，保持同人民群众的血肉联系，努力实践全心全意为人民服务的宗旨，进一步解决思想入党问题。对已经是私营企业主的党员，要教育他们做遵纪守法、照章纳税的模范，坚持党的理想和宗旨，

严格履行党员义务，自觉接受党组织监督。要把税后利润主要用于扩大再生产，要热心公益事业，致富不忘回报社会。要平等对待工人，尊重工人的合法权益，真心诚意为职工谋利益。要教育这些党员增强党的意识和组织观念，决不能凭借经济实力干预党和政府的工作。

（二）关于党要管党、从严治党的问题

党要管党，从严治党，是保持党的先进性和纯洁性，巩固党的执政地位的重要保证。党执政的时间越长，越要抓紧自身建设。要深刻认识和吸取世界上一些长期执政的共产党丧失政权的历史教训。

从严治党，必须全面贯彻于党的思想、政治、组织、作风建设的各个方面，切实体现到对各级党组织、广大党员和干部进行教育、管理、监督的各个环节。各级党组织和每个党员都要严格按照党的章程和党内法规行事，严格遵守党的纪律。各级领导干部都要自重、自省、自警、自励，始终注意讲学习、讲政治、讲正气。要经常运用批评和自我批评的武器，开展积极的思想斗争，坚持真理，修正错误。各级党组织都要努力增强解决自身矛盾的能力，勇于正视和解决存在的问题，绝不回避和粉饰。

党的作风建设是党的建设的一个重要方面。江泽民在"七一"讲话中把作风问题提高到关系党的生命的高度，应当引起我们的高度重视。他说："党的作风，关系党的形象，关系人心向背，关系党的生命。"现在，我们党的作风总体上看是好的，但也存在一些亟待解决的问题，例如，在一些地方、部门和领导干部中，教条主义、本本主义滋长，形式主义、官僚主义盛行，独断专行、软弱涣散问题突出，以权谋私、贪图享受现象蔓延，等等。所有这些，都严重地脱离群众，败坏党的形象，危害我们的事业。因此，在推进党的思想建设、组织建设的同时，必须把加强和改进党的作风建设放在更加重要的位置。要全面加强党的作风建设，包括思想作风、学风、工作作风、领导作风和干部生活作风。要结合新的实际，努力发扬党的理论联系实际、密切联系群众、批评和自我批评的优良作风，同时要总结新的实践经验努力培育新的作风。党要管党，从严治党，管作风是一个十分重要的方面。要以进一步密切联系群众为核心，以保持党的先进性、纯洁性和增强党的创造力、凝聚力、战斗力为目标，切实加强思想教育，推进制度建设，解决突出问题，努

力把党的作风建设提高到一个新的水平。一切不符合党的事业发展要求，不符合人民利益的不良风气，都应当坚决克服。当前，特别要注意克服不思进取、无所作为的思想状况，克服严重脱离群众的现象，坚决反对形式主义和官僚主义歪风。一切工作都要重实际，求实效。

江泽民在“七一”讲话中号召我们：“全党同志一定要从党和国家生死存亡的高度，充分认识反腐倡廉工作的重大意义，把党风廉政建设和反腐倡廉斗争进行到底”，“一定要以党风廉政建设的实际成果取信于民”。党的先进性和纯洁性的要求与腐败现象是根本不相容的，党内决不允许有腐败分子的藏身之地。全体党员特别是领导干部，都要始终坚持清正廉洁，一身正气，经得起改革开放和执政的考验，经得起权力、金钱、美色的考验，绝不允许以权谋私、贪赃枉法。各级党组织和领导干部都要旗帜鲜明地反对腐败。我们既要从思想上筑起拒腐防变的堤坝，又要切实加强对领导干部的监督，还要通过体制创新努力铲除滋生腐败现象的土壤和条件。

五、科学理解党的最低纲领和最高纲领的关系

一个政党的纲领就是一面旗帜。在革命、建设和改革的各个历史阶段，我们党既有每个阶段的基本纲领即最低纲领，又有作为长远目标的最高纲领。我们是最低纲领和最高纲领的统一论者。

我们党的名字叫共产党，这就表明我们党的最高纲领是为实现共产主义而奋斗。我们坚信，人类社会必然走向共产主义，这是资本主义社会发展的必然趋势，是人类社会发展的客观规律。邓小平说：“我们多年奋斗就是为了共产主义，我们的信念理想就是要搞共产主义。”不论在多么复杂的情况下，不论在多么艰苦的斗争面前，甚至在遭受挫折和暂时失利的情况下，我们都毫不动摇，矢志不渝地为共产主义而奋斗。

然而，共产主义社会的实现，不是一件轻而易举的事情，不可能一蹴而就，它需要经历一系列的实际斗争。江泽民在“七一”讲话中指出：“实现共产主义是一个非常漫长的历史过程。”在这个非常漫长的历史过程中，每一历史阶段，由于客观历史条件所决定，人们只能提出和完成某一特定的历史任务，实现某一特定的奋斗目标，因而就需要有某一特定阶段的基本纲领即最低纲领。最低纲领与最高纲领之间既有区

别，又有联系，每一阶段基本纲领的实现，都使我们向最高纲领的实现接近一步，成为我们向最高纲领前进的一个阶梯。我们必须把最低纲领和最高纲领统一起来，而不应当割裂开来或混淆起来。

为了实现共产主义这个最高纲领，我们党率领全国人民已经走过80年的奋斗历程，现在正处于社会主义初级阶段。社会主义初级阶段，是整个建设有中国特色社会主义过程中的一个初始阶段。这个阶段从20世纪50年代中叶开始至少要经历上百年的时间，至于巩固和发展社会主义制度，如邓小平所说，需要几代人、十几代人甚至几十代人坚持不懈的努力。我们现在的任务就是为实现党在现阶段的基本纲领而奋斗。毛泽东在党的七大上说："我们的将来纲领或最高纲领，是要将中国推进到社会主义社会和共产主义社会去的，这是确定的和毫无疑义的"，"但是，一切中国共产党人，一切中国共产主义的同情者，必须为着现阶段的目标而奋斗"，"如果不为这个目标奋斗"，"而空谈什么社会主义和共产主义，那就是有意无意地、或多或少地背叛了社会主义和共产主义，就不是一个自觉的和忠诚的共产主义者"。同样，在今天我们也不能离开社会主义初级阶段的任务而"空谈社会主义和共产主义"。共产主义只有在社会主义社会充分发展和高度发达的基础上才能实现。共产主义社会，将是物质财富极大丰富，人民精神境界极大提高，每个人自由而全面发展的社会。我们对未来社会发展的方向可以作出科学预见，但未来的事情具体如何发展应该由未来的实践去回答。我们要坚持正确的前进方向，但不可能也没有必要对遥远的将来作具体的设想和描绘。千里之行，始于足下。在社会主义初级阶段，我们既要树立共产主义的远大理想，坚定共产主义信念，以高尚的思想道德要求和鞭策自己，更要脚踏实地地为实现党在现阶段的基本纲领而不懈努力，扎扎实实地做好现阶段的每一项工作。要坚定不移地贯彻党在现阶段的基本路线，始终坚持以经济建设为中心，坚持四项基本原则，坚持改革开放。要按照建设有中国特色社会主义经济、政治、文化的要求，努力实现"十五"时期我国的发展目标，坚持把发展作为主题，把结构调整作为主线，把改革开放和科技进步作为动力，把提高人民生活水平作为根本出发点，不断推动经济发展和社会进步，不断提高我国的经济实力、国防实力和民族凝聚力。

江泽民在讲话中提出一个十分重要的新思想，就是推进人的全面发展，同推进经济文化发展、改善人民物质文化生活是互为前提、互为基础的：人越全面发展，社会物质文化财富就创造得越多，人民生活就越能得到改善；而物质文化条件越充分，就越能促进人的全面发展。这是“三个代表”思想的重要体现。他说，我们建设有中国特色社会主义的各项事业，我们进行的一切工作，既要着眼于人民现实的物质文化生活需要，同时又要着眼于促进人民素质的提高，努力促进人的全面发展。他从经济、政治、文化、生态环境建设四个方面论述了这个双重任务。即：一是要尽快地使全国人民都过上殷实的小康生活，并不断向更高水平前进。坚持贯彻党的富民政策，在发展经济的基础上，努力增加城乡居民的收入，不断改善人们的吃、穿、住、行、用的条件，完善社会保障体系，改善医疗条件，提高生活质量。通过一部分人、一部分地区先富起来，先富带动后富，逐步实现全体人民的共同富裕。二是要充分发挥人民群众的主观能动性和伟大创造精神，保证人民群众依法管理好自己的事情，实现自己的愿望和利益。继续推进政治体制改革，发展社会主义民主，健全社会主义法制，保证人民充分行使民主选举、民主决策、民主管理、民主监督的权利。三是努力提高全民族的思想道德素质和科学文化素质，实现人们思想和精神生活的全面发展。加强有说服力的思想政治工作，发展教育科学事业，繁荣社会主义文化，使人人都有受教育的机会和享受文化成果的权利，使人们的精神生活更加充实、文化生活更加丰富多彩。四是要促进人和自然的协调与和谐，使人们在优美的生态环境中工作和生活。坚持实施可持续发展战略，正确处理经济发展与人口资源环境的关系，改善生态环境和美化生活环境，改善公共设施和社会福利设施。努力开创生产发展、生活富裕和生态良好的文明发展道路。

实现党在现阶段的基本纲领，关键在于毫不动摇地坚持党在现阶段“一个中心，两个基本点”的基本路线。这是我们的事业能够经受各种风险考验，顺利达到目标的最可靠政治保证。坚持这条基本路线，要排除各种干扰，包括“左”的干扰和右的干扰。在新的形势下，“左”和右都会有新的表现，但就其实质来说，“左”主要是否定改革开放，以“阶级斗争为纲”的思想影响和冲击经济建设这个中心；右主要是否定四项基本原则，甚至制造政治动乱。我们要坚持有“左”反“左”，有右反右。根据我们党的历史经验，邓小平指出：“中国要警惕右，但主要是防止‘左’。”他在1992年南方谈话中说：“现在，有右的东西影响我们，也有‘左’的东西影响我们，但根深蒂固的还是‘左’的东西。有些理论家、政治家，拿大帽子吓唬人的，不是右，而是‘左’。”今天重温邓小平的这些话，对于我们增强贯彻党的基本路线的自觉性、坚定性，防止和克服各种错误思想倾向，仍然有重要的现实意义。坚持党的基本路线，一定要毫不动摇，这是一个重大政治原则。在重大政治原则问题上，必须立场坚定，旗帜鲜明。

同志们，回顾我们党80年的光辉历史，我们感到无比自豪；展望未来的光明前景，我们充满必胜信心。从19世纪中叶到20世纪中叶，整整100年，在这100年间，中国人民的一切奋斗，都是为了实现祖国的独立和民族的解放，彻底结束民族屈辱的历史。这个历史伟业，我们已经胜利完成而载入历史史册。从20世纪中叶到21世纪中叶，又是一个100年，这100年间中国人民的一切奋斗，都是为了实现祖国的富强、人民的富裕和民族的伟大复兴。为了这个历史伟业，我们党领导人民已经奋斗了50年，这50年也以令世人瞩目的巨大成就而载入历史史册。现在，我们又开始了新的进军。我们坚信，在马列主义、毛泽东思想、邓小平理论的指引下，全面贯彻江泽民“三个代表”重要思想，经过未来50年的奋斗，我们一定能够胜利实现我们的既定目标，把我国建设成为一个富强、民主、文明的社会主义现代化国家，全面实现中华民族的伟大复兴！

全面理解和把握科学发展观*

科学发展观是新世纪新阶段推进我国改革开放和现代化建设、实现经济社会又好又快发展的根本指导方针，是贯穿“十一五”规划的灵魂。胡锦涛说：“做好‘十一五’时期的各项工作，关键是落实好科学发展观。”

发展观是指导发展的根本观点和根本方法。它涉及如何处理发展中的各种重大关系问题，如经济发展与社会发展的关系，经济社会发展与人的发展的关系，城市发展与农村发展的关系，区域之间的发展关系，经济建设与人口资源环境的关系，经济社会发展与改革创新的关系，本国发展与对外开放的关系，如此等等。不同的发展观必然选择不同的发展道路和发展模式，也就必然导致发展的不同结果。所以，坚持什么样的发展观，对于一个国家的发展是至关重要的。

在新世纪新阶段，以胡锦涛为总书记的党中央坚持和发展邓小平理论、“三个代表”重要思想关于发展的科学思想，深刻总结改革开放以来 20 多年我国发展的成功经验，借鉴其他国家发展的经验教训，适应全面建设小康社会的客观需要，针对当前经济社会发展的阶段性特点和所面临的突出迫切问题，对事关发展全局的一系列重大关系问题，作出

* 本稿原为在中共中央宣传部召开的一次理论研讨会上的发言，后经修改、补充，从 2006 年 5 月开始在一些地方和单位以此为题作辅导报告，这是报告的整理稿。

了系统的马克思主义回答，形成了以人为本、全面协调可持续的科学发展观。这是一个完整的科学思想体系，核心是以人为本，基本要求是全面协调可持续，根本方法是统筹兼顾。具体地说，包括发展目的论、发展中心论、发展整体论、发展协调论、发展持续论、发展动力论、和平发展论等等，我们必须全面加以理解和把握。

一、发展目的论

科学发展观开宗明义，是以人为本的发展观。这是科学发展观的核心，是树立和落实科学发展观的“总开关”，是解决科学发展的思想前提和思想基础。没有这一条，其他都无从谈起。

（一）关于以人为本的科学内涵

2004年3月10日，胡锦涛在中央人口资源环境工作座谈会上，对以人为本的科学内涵作了明确阐述。他说：“坚持以人为本，就是要以实现人的全面发展为目标，从人民群众的根本利益出发谋发展、促发展，不断满足人民群众日益增长的物质文化生活需要，切实保障人民群众的经济、政治和文化权益，让发展的成果惠及全体人民。”① 显然，这里讲的“以人为本”，主要是讲的发展目的问题。就是说，我们的发展不是为了发展而发展，不是单纯为了GDP而发展，而是为了富裕人民、造福人民、促进人的全面发展而发展。必须把经济发展、社会发展、人的发展统一起来，而最后的落脚点是人的发展。因此，人民是否得到实惠，人民生活水平和生活质量是否得到提高，人民的合法权益是否得到保障，人民是否高兴和满意，是我们考虑一切发展问题的根本出发点，是检验我们的发展是不是科学发展的最高标准。离开了“以人为本”的发展理念，发展便失去了意义，并且必然走上歧途，而不可能成为科学的发展。实际生活中各种各样劳民伤财的“形象工程”，各种各样急功近利的短期行为，各种各样图虚名、招实祸的形式主义，各种各样欺上瞒下、弄虚作假的恶行，无一不是违背了“以人为本”的发展理

① 《深入学习实践科学发展观活动领导干部学习文件选编》，中央文献出版社、党建读物出版社2008年版，第22—23页。

念。长期的经验教训告诉我们，树立和落实科学发展观，首先必须抓住“以人为本”这个发展理念，只有抓住这个发展理念，才能以对人民高度负责的精神正确处理发展中事关人民群众根本利益的各种重大关系，才能真正做到全面、协调、可持续的发展。正是在这个意义上，我们说“以人为本”是科学发展观的核心，是解决发展中一切问题的思想前提和思想基础，是树立和落实科学发展观的“总开关”。因此，在以科学发展观统领经济社会发展全局的过程中，我们必须自始至终紧紧抓住这个“总开关”。

（二）关于以人为本的理论根据

以人为本是马克思主义的一个根本原则。

从社会理想来说，实现人的自由全面发展，是马克思主义最崇高的社会理想。共产党人在每一历史阶段所确立的具体纲领，都是为了实现人的自由全面发展这个最高理想所采取的实际步骤。今天我们建设中国特色社会主义，既着眼于满足人民日益增长的物质文化生活需要，又着眼于促进人民素质的提高，也就是促进人的自由全面发展。这是马克思主义关于建设社会主义新社会的本质要求。

从党的宗旨来说，全心全意为人民服务是我们党的根本宗旨。毛泽东说：“共产党人的一切言论行动，必须以合乎最广大人民群众的最大利益，为最广大人民群众所拥护为最高标准。”① 中国共产党 80 多年的一切奋斗，归根到底，都是为了实现最广大人民群众的根本利益。过去搞革命、打仗，是为了人民的翻身、解放；现在搞建设、求发展，是为了人民的富裕、幸福。所以，在社会主义现代化建设中，邓小平反复强调，做一切事情都要以人民赞成不赞成、满意不满意、高兴不高兴、拥护不拥护作为判断是非得失的根本标准。

从执政理念来说，“执政为民”是我们党执政的根本理念。科学发展观讲的“以人为本”同执政理念的“执政为民”是完全一致的。在这里，要把作为执政理念的“以人为本”同作为人道主义原则的“以人为本”加以区别。就人道主义原则来说，“以人为本”的“人”，当然包括“每一个人”或“所有的人”，包括俘虏、罪犯，也包括外

① 《毛泽东选集》第 3 卷，人民出版社 1991 年版，第 1096 页。

国人。但是，就执政理念来说，中国共产党作为中国工人阶级的先锋队，由其阶级本质所决定，必然始终代表中国最广大人民群众的根本利益。“执政为民”的“民”就只能是“人民”，而不可能是“每一个人”或“所有的人”。从而作为党的执政理念的科学发展观，它所说的“以人为本”，也就只能是以最广大人民群众的根本利益为本。当然，人民群众是由一个个具体的个人构成的，以人为本在不同的领域中所指的人也是具体的，如“三农”工作以农民为本、企业工作以职工和消费者为本、部队工作以战士为本、商业工作以顾客为本、医疗工作以患者为本、教学工作以学生为本，如此等等。概言之，一切以服务对象为本。

总之，“以人为本”的发展理念同马列主义、毛泽东思想、邓小平理论和“三个代表”重要思想关于马克思主义的社会理想、党的根本宗旨和执政的根本理念是完全一致的，是这些重要思想在发展问题上的创造性运用和发展。

（三）关于以人为本的具体要求

以人为本是一个总的原则，它的具体要求有三个方面。

第一，首先考虑并满足最大多数人的利益。这是马克思主义的一个基本观点。《共产党宣言》指出：“无产阶级的运动是绝大多数人的、为绝大多数人谋利益的独立的运动。”① 为多数人谋利益还是为少数人谋利益，这是工人阶级政党同一切剥削阶级政党的根本区别。能否满足最大多数人的利益，关系党的执政全局，关系国家发展全局，关系全国各族人民团结和稳定的全局。坚持“以人为本”，必须首先坚持这一条，这是最要紧、最有决定意义的一条。党的理论、纲领、路线、方针、政策，必须反映、代表最广大人民群众的利益，改革开放和现代化建设的成果必须由全国人民共享。

第二，正确反映和兼顾不同方面的群众利益。人民群众的根本利益是一致的，但在具体利益上存在矛盾。正确处理人民内部具体利益上的矛盾，必须统筹兼顾，不能只顾这部分人的利益而不顾另一部分人的利

① 《马克思恩格斯选集》第1卷，人民出版社1995年版，第283页。

益。毛泽东说："统筹兼顾，各得其所。这是我们历来的方针。"① 党的十六大报告指出，为了实现全面建设小康社会的奋斗目标，"妥善处理各方面的利益关系，把一切积极因素调动和凝聚起来，至关紧要。"在国家政治生活中，"对为祖国富强贡献力量的社会各阶层人们都要团结，对他们的创业精神都要鼓励，对他们的合法权益都要保护，对他们中的优秀分子都要表彰，努力形成全体人民各尽其能、各得其所而又和谐相处的局面"。在收入分配上，要承认差别，又不能差别过大。所谓承认差别，就是坚持各种生产要素按贡献参与分配，"放手让一切劳动、知识、技术、管理和资本的活力竞相迸发，让一切创造社会财富的源泉充分涌流，以造福于人民。"② 所谓差别不能过大，就是要注重社会公平，以共同富裕为目标，着力提高低收入者收入水平，逐步扩大中等收入者比重，有效调节过高收入，努力缓解地区之间、部分社会成员之间收入分配差距扩大的趋势。要特别关注那些工作和生活上暂时遇到困难的群众，把他们的事情摆上重要议事日程，重点考虑，重点解决，切实安排好他们的就业和生活，在经济发展的基础上逐步提高最低生活保障和最低工资标准。

第三，科学认识和正确处理人民群众长远利益和目前利益的关系。毛泽东说："我们是以占全人口百分之九十以上的最广大群众的目前利益和将来利益的统一为出发点的。"③ 当我们强调群众长远利益的时候，不能忘记群众的当前利益。以胡锦涛为总书记的党中央反复强调，必须认真解决人民群众最关心、最直接、最现实的利益问题，如群众的就业问题、低保问题、看病问题、子女上学问题、公共安全问题等，这都是广大群众所面临的迫切民生问题，各级领导干部必须满怀热情，以对人民高度负责的精神，切切实实地认真加以解决。同样，当我们强调群众目前利益的时候，也不能忘记群众的长远利益。江泽民说："不仅要安排好当前的发展，还要为子孙后代着想，决不能吃祖宗饭、断子孙路，

① 《毛泽东文集》第7卷，人民出版社1999年版，第186页。

② 《中国共产党第十六次代表大会文件汇编》，人民出版社2002年版，第14、15页。

③ 《毛泽东选集》第3卷，人民出版社1991年版，第864页。

走浪费资源和先污染、后治理的路子。”① 胡锦涛也指出：“要彻底改变以牺牲环境、破坏资源为代价的粗放型增长方式，不能以牺牲环境为代价去换取一时的经济增长，不能以眼前的发展损害长远利益，不能用局部发展损害全局利益。”② 总之，我们必须把群众的长远利益和目前利益统一起来，这样才能真正做到“以人为本”；如果把二者割裂开来、对立起来，看起来好像也是“以人为本”，实际上都是违背“以人为本”的发展要求的。

（四）关于以人为本的发展理念同西方人本主义、中国古代民本思想的区别

在学习以人为本的发展理念的过程中，有的同志提出我们讲的以人为本的发展理念与西方人本主义、中国古代民本思想是什么关系？我想，弄清这个问题，不能停留在字面的理解上。因为从字面上看，它们都强调“人”或者都重视“民”，其间好像没有什么区别。有少数同志正是据此怀疑以人为本这个提法的正确性；或者据此混淆我们所讲的以人为本同西方人本主义、中国古代民本思想之间的原则界限，这都是不利于落实“以人为本”的科学发展观的。

我们说的“以人为本”，是我们党的唯物主义历史观在发展观问题上的具体体现。唯物主义历史观确认，人类社会发展的历史，首先是生产发展的历史，从而首先是生产发展的主体——人民群众的历史。人民群众是历史的主人，是社会物质财富和精神财富的主要创造者，人民群众的利益和要求代表历史前进的方向。因而以唯物史观为指导的马克思主义政党的一切活动都必须以人民群众的根本利益为出发点、最终目的和评价标准。西方的人本主义尽管也强调人的价值，肯定人的地位，重视人的作用，主张维护人的尊严，因而有其一定的合理性和进步意义，特别是在反对封建神学（以神为本）的斗争中发挥了重大作用，但就其哲学世界观、特别是历史观而言，仍然是唯心主义的，它们强调的人是抽象的人，主要是个体的个人，它们不了解

① 《江泽民文选》第1卷，人民出版社2006年版，第464页。

② 《深入学习实践科学发展观活动领导干部学习文件选编》，中央文献出版社、党建读物出版社2008年版，第27页。

物质生产在社会发展中的作用，从而不了解作为物质生产主体的人民群众在历史上的作用。这样，他们的理论也就不可能真正代表最广大人民群众的利益。

中国古代的民本思想源远流长。以人为本、民为邦本、民贵君轻等思想，在许多思想家那里多有论述，其中确实含有某些人民性、民主性的思想精华，在历史上起过一定的缓和阶级矛盾的作用。作为历史上的思想资料，我们今天可以而且应该予以批判地吸收和借鉴。但是，就其思想本质而言，它们不过是剥削阶级的一种统治手段，而不是目的。毛泽东说："不论是中国还是外国，古代还是现代，剥削阶级的生活都离不了老百姓。他们讲'爱民'是为了剥削，为了从老百姓身上榨取东西，这同喂牛差不多。喂牛做什么？牛除耕田之外，还有一种用场，就是能挤奶。剥削阶级的'爱民'同爱牛差不多。我们不同，我们自己就是人民的一部分，我们的党是人民的代表"。① 因此，在坚持以人为本的发展理念上，我们必须划清马克思主义观点同非马克思主义观点的界限，不能含糊不清，更不能加以混淆。

二、发展中心论

总揽发展全局，必须抓住发展重点。科学发展观是以经济建设为中心的发展观，是解放和发展生产力的发展观。离开了经济的发展，就谈不上任何发展，更谈不上什么科学发展。

（一）坚持以经济建设为中心，是由社会主义的根本任务和我国社会主义初级阶段的主要矛盾所决定的

邓小平讲发展是硬道理，江泽民讲发展是党执政兴国的第一要务，这里讲的发展首先指的是发展经济。只有把经济搞上去，才能为巩固和发展社会主义制度奠定物质基础，才能为提高人民物质文化生活水平奠定物质基础，才能为解决国际国内一切问题奠定物质基础。经济关系全局，抓住了经济建设这个中心，就是抓住了社会主义现代化建设的全局；丢掉了经济建设这个中心，就是丢掉了社会主义现代化建设的全

① 《毛泽东文集》第3卷，人民出版社1996年版，第57—58页。

局。这是建国以来最重要的经验和教训，在这个事关全局的问题上，我们必须头脑清醒，旗帜鲜明，不能有一丝一毫的动摇。我国社会主义初级阶段是一个很长的历史过程，从20世纪50年代起，至少要经历上百年的时间，在这个历史阶段上，主要矛盾始终是落后的社会生产与人民日益增长的物质文化生活需要的矛盾，主要矛盾没有改变，经济建设的中心地位就不能改变。

（二）新世纪新阶段的阶段性特点并没有改变经济建设的中心地位

当前，我国经济社会的发展出现了一系列阶段性特点，如发展与资源、环境的矛盾日益突出，贫富差距过大，城乡、区域发展很不平衡，解决“三农”问题任务相当艰巨，收入分配中矛盾较多，处理社会利益关系难度加大，如此等等，对这些问题，我们必须有针对性地统筹加以解决，要更加注重经济社会协调发展，更加注重社会公平，更加注重可持续发展，更加注重民主法制建设，更加注重和谐社会建设。然而这一切都没有改变经济建设的中心地位；相反，只有坚持以经济建设为中心，大力发展生产力，才能为解决这些问题提供必要的物质基础。胡锦涛说：“科学发展观，是用来指导发展的，不能离开发展这个主题，离开了发展这个主题就没有意义了。发展首先要抓好经济发展。”“只有坚持以经济建设为中心，不断增强综合国力，才能为抓好发展这个党执政兴国的第一要务、为全面协调发展打下坚实的物质基础。只有坚持以经济建设为中心，不断增强综合国力，才能更好地解决前进道路上的矛盾和问题，胜利实现全面建设小康社会和社会主义现代化的宏伟目标。因此，全党全国都要增强促进发展的紧迫感，在任何时候任何情况下都紧紧扭住经济建设这个中心不放松，充分调动和切实保护广大干部群众加快发展的积极性，坚定不移地推动经济持续快速协调健康发展。”① 那种认为邓小平理论是以经济建设为中心的理论，而科学发展观是全面发展的理论，现在要从前者向后者转变的看法，是完全不正确的，是既没有懂得邓小平理论，也没有懂得科学发展观。

---

① 《深入学习实践科学发展观活动干部学习文件选编》，中央文献出版社、党建读物出版社2008年版，第23、24页。

（三）值得注意的几个理论观点

一段时间以来，有少数同志发表了种种否定以经济建设为中心的理论观点。这种情况值得注意。

例如，有的人提出，应从以经济建设为中心转向以制度建设为中心。“如果继续实行以经济建设为中心的战略，就会继续过度干预微观经济活动，同时也会人为地制造出各种各样的经济租金和政治租金，成为日益严重的腐败的重要来源”，“经济发展固然是硬道理，社会公正也是硬道理。”这里存在一系列的思想混乱。怎么能够把经济建设为中心等同于干预微观经济活动呢？怎么能够把经济发展同社会公正对立起来呢？制度属于上层建筑，归根到底是为经济基础服务的，为解放和发展生产力服务的，用制度建设为中心否定经济建设为中心，完全离开了历史唯物主义的基本原理。

又如，有的人主张“以协调发展为中心”。他们认为，我国 20 多年经济发展成就显著，现在的问题是社会的发展与经济的发展不协调，因此，应以协调发展为中心。这里涉及到对“协调”的理解问题。所谓协调，就是以经济建设为中心推动社会的全面进步。忽视社会发展是不协调；如果否认经济建设为中心，同样是不协调，甚至是更加不协调。因此，强调协调不是对经济建设为中心的否定，而是强调在经济建设为中心的基础上更加重视社会建设。

再如，有的人主张以经济建设和社会发展为中心。他们认为经过 20 多年的改革发展，“我们面对的根本问题和威胁已经发生转变”，“中国已不再是政府主导型经济，……政府的责任，也不再是为了经济的增长去做各种产业投资的计划，而是维护和完善市场秩序，解决好市场本身不能解决的各种社会问题，如就业、收入差距、社会保障、教育、医疗卫生、健康、环境和资源保护等”，因此，“应当适时地调整我们的发展战略，从‘以经济建设为中心’转变到‘以经济建设和社会发展为中心’。”这里有一个很大的误解或者说曲解，即把以经济建设为中心等同于政府直接投资办企业。这表明作者的观念仍然停留在计划经济的观念，而完全不懂得社会主义市场经济是怎么回事。问题的实质在于，经济建设与社会建设，在历史发展中哪个是基础性的东西？社会建设需要不需要物质基础？通俗地说，解决就业问题，社会保障问题，教育、医疗问题等等，需要不需要钱？把经济建设同社会建设并列起来为中心，实际上就是多中心，而多中心就是无中心。

以上种种看法，涉及到是不是坚持唯物史观关于生产力是人类社会发展的最终动力的科学原理，涉及到是不是坚持唯物辩证法关于主要矛盾只有一个的科学论断，涉及到社会主义初级阶段主要矛盾是否发生了根本变化的问题，涉及到党的“一个中心、两个基本点”的基本路线是否需要改变的问题。因此，是一个十分重大的理论和实践问题，不可不加以澄清。

三、发展整体论

社会是由生产力与生产关系、经济基础与上层建筑所构成的有机整体，指导发展必须重视社会整体的发展。我们党的科学发展观是以经济建设为中心推动社会全面进步的整体发展观。

（一）追求社会全面进步是我们党一贯的指导思想

邓小平明确地说：“为了建设现代化的社会主义强国，任务很多，需要做的事情很多，各种任务之间又有相互依存的关系，如像经济与教育、科学，经济与政治、法律等等，都有相互依存的关系，不能顾此失彼”，“现代化建设的任务是多方面的，各个方面需要综合平衡，不能单打一。”① 他提出一系列“两手抓”的方针，强调“两手都要硬”。中国共产党在现阶段的基本路线所确立的奋斗目标——“为把我国建设成为富强、民主、文明的社会主义现代化国家而奋斗”——就是一个包括经济、政治、文化在内的整体目标。党的十六大把这一目标进一步展开，提出21世纪头20年全面建设小康社会的奋斗目标是：“使经济更加发展、民主更加健全、科教更加进步、文化更加繁荣、社会更加和谐、人民生活更加殷实。”那种认为邓小平理论只讲经济建设为中心、不讲全面发展的说法是不符合实际的，错误的。

① 《邓小平文选》第2卷，人民出版社1994年版，第249、250页。

（二）从发展的“三位一体”到“四位一体”

以胡锦涛为总书记的党中央坚持党的基本路线和党的十六大所确立的全面建设小康社会的奋斗目标，根据新世纪新阶段我国经济社会发展的新形势，把构建社会主义和谐社会的任务更加鲜明地提到全党和全国人民面前，形成了包括经济建设、政治建设、文化建设和社会建设在内的“四位一体”的整体发展观①。

强调和谐社会建设，是由新世纪新阶段我国经济社会发展的新特点所决定的。在我国20多年经济持续高速发展的同时，也出现了一系列迫切需要解决的社会问题，例如就业问题、社会保障问题、收入差别过大问题、教育问题、医疗问题、公共安全问题、人与自然的和谐问题等等，也就是出现了社会建设相对滞后的问题。这些问题不解决，就会影响社会稳定和国家的长治久安，就会影响经济和社会发展的全局。一些国家的发展历程表明，人均国内生产总值在1000～3000美元之间，是一个关键的时期。这一时期既是加速工业化、城镇化时期，又是各种社会矛盾凸显期，突出的矛盾是社会公正问题、环境保护问题、资源合理利用问题。如果只关注经济增长，忽视社会公正，分配不公，失业率持续上升，社会腐败严重，这些问题不能及时有效地解决，就会引起社会动荡，经济也难以持续发展。所以，我们党提出构建社会主义和谐社会，是从全面建设小康社会、开创中国特色社会主义事业新局面的全局出发提出的一项重大任务，适应了我国改革发展进入关键时期的客观要求，体现了广大人民群众的根本利益和共同愿望。

关于社会主义和谐社会的基本特征，胡锦涛作了高度概括，这就是：“民主法治、公平正义、诚信友爱、充满活力、安定有序、人与自然和谐相处。”民主法治，就是社会主义民主得到充分发扬，依法治国方略得到切实落实，各方面积极因素得到广泛调动；公平正义，就是社会各方面的利益得到妥善协调，人民内部矛盾得到正确处理，社会公平和正义得到切实维护和实现；诚信友爱，就是社会互帮互助、诚实守信，全体人民平等友爱、融洽相处；充满活

① 党的十八大又进一步提出经济建设、政治建设、文化建设、社会建设和生态文明建设“五位一体”的建设布局。

力，就是能够使一切有利于社会进步的创造愿望得到尊重，创造活动得到支持，创造才能得到发挥，创造成果得到肯定；安定有序，就是社会组织机制健全，社会管理完善，社会秩序良好，人民群众安居乐业，社会保持安定团结；人与自然和谐相处，就是生产发展，生活富裕，生态良好。

和谐社会建设，与物质文明建设、政治文明建设、精神文明建设是有机统一、相互渗透的，对它们要作整体把握。一方面，通过发展社会主义社会的生产力不断增强和谐社会的物质基础，通过发展社会主义民主政治不断加强和谐社会建设的政治保障，通过发展社会主义先进文化不断巩固和谐社会的精神支撑；另一方面，又通过和谐社会建设，切实解决各种社会问题，如社会就业问题、社会保障问题、社会公正问题、社会秩序问题、社会管理问题等等，为社会主义物质文明建设、政治文明建设、精神文明建设提供更加有利的社会条件。

四、发展协调论

发展协调，主要是指城乡发展要协调，区域发展要协调。

（一）发展是非平衡与相对平衡的统一

事物的发展总是不平衡的。有先有后、有高有低、波浪式、非均衡发展，是一切事物发展的客观规律，也是经济社会发展的客观规律。“一刀切”、“齐步走”，追求无差别境界，追求绝对平衡，不合辩证法。硬要这样做，只能阻碍事物的发展。过去我们在这方面是有过深刻教训的。但是，非平衡不等于失衡，失衡同样不利于事物的发展。犹如人的两只手，它们的力量当然是不平衡的，这是正常现象，但这种不平衡如果严重到一手“肌无力”，那就是失衡了，人就不能正常生活了。所以，追求绝对平衡、否定非平衡，同放任非平衡、导致失衡，都是违背辩证法的，都是不利于事物的发展的。我们党的协调发展论是非平衡与相对平衡统一论，既承认差别，又主张对差别进行必要干预，使其保持在有利全局发展的合理范围之内。

改革开放以来，一方面，我们实行让一部分人、一部分地区先富起来的大政策，实践证明这是正确的，取得了明显成效，有力地推进了社会主义现代化建设全局的大发展。这个大政策今后还要继续坚持。这是一个方面。另一方面，实行先富后富的大政策不是我们的目的，我们的目的是最终达到共同富裕。对于当前城乡之间、区域之间差距过大并且日益扩大的趋势，又必须加以适当调节，以利于共同富裕、社会稳定和全局的长远发展。全面建设小康社会、实现现代化的真正难点是在农村、在西部，经过 20 多年的发展，我国的经济实力有了较大增长，使得我们有条件更加注重解决农村问题和西部问题，在今天，所谓统筹城乡发展和区域发展，就是要更加注重农村发展和西部发展。这同样是涉及全局的大战略。

总之，协调发展的实质，是在发展的非平衡中努力追求相对平衡，实现又好又快的发展。这就好比一个人走路，既要走得快又要走得稳。

（二）坚持城乡协调发展

我们党历来重视“三农”工作，认为农业是国民经济的基础，没有农民的小康，就没有全国的小康；没有农村的现代化，就没有全国的现代化。改革开放以来，我国农村发生了巨大变化，农村贫困人口从 1978 年的 2.5 亿降到去年的 2365 万，大约有 2.2 亿农民脱贫，农村面貌发生了巨大变化，农业为我国的工业化作出了重大贡献。但是，同城市的发展相比，农村的发展相对滞后，存在“巨大反差”，而且这种反差仍呈不断扩大的趋势。农业基础薄弱，农民收入增长缓慢的情况，已经成为我国经济社会发展中亟待解决的突出问题。

党的十六大以来，党中央从“全面建设小康社会最重大、最繁重的任务在农村”这个基本判断出发，把解决“三农”问题作为全党全国工作的重中之重，连续发了三个关于“三农”的中央一号文件，采取了一系列支农惠农政策，使农业在宏观调控中得到加强，农村在城乡统筹中得到发展，农民在增收中得到实惠。但是，制约农业和农村发展的深层次矛盾尚未消除，农村经济社会发展滞后的局面还没有根本改变，统筹城乡发展的体制和机制还没有完全建立起来。我们必须继续加大“三农”工作的力度，而且现在也有条件加大“三农”工作的力度。2004 年 9 月，胡锦涛在党的十六届四中全会上指出：“综观一些工业化国家发展的历程，在工业化初始阶段，农业支持工业、为工业提供积累是带有普遍性的趋向；但在工业化达到相当程度以后，工业反哺农业、城市支持农村，实现工业与农业、城市与农村协调发展，也是带有普遍性的趋向。”现在我国已经进入工业化的中期阶段，基本走完了前一个趋向的路程①，正处在转向第二个趋向的拐点上。在这个时候，我们应当及时实施战略转变，采取“工业反哺农业、城市支持农村”的新方针。这是关于“三农”工作的一个总的指导思想。

“十一五”规划关于建设社会主义新农村重大决策，是统筹城乡发展、加强“三农”工作的重大战略部署。这不仅仅是农村的大事，也是全党全国的大事，做好这件大事关系党和国家事业发展的全局。“规划”提出，要按照“生产发展、生活富裕、乡风文明、村容整洁、管理民主”的目标定位，全面加强农村建设，其中首先和主要是加强农村的经济建设，这是其他一切建设的物质基础，同时大力发展农村社会事业。经济建设主要是加强农村基础设施建设；社会事业主要是解决教育、医疗、文化、就业等问题。要牢固树立长期建设的思想，深刻理解，我们今天的新农村建设还是社会主义初级阶段的新农村建设，不能急于求成，不能追求过高的目标，不要提不切实际的口号，要统筹安排，科学规划，突出重点，分步实施，扎实推进。各地农村差别很大，不能搞统一标准和统一规格，要从本地实际出发，从农民群众最关心、最迫切需要解决的问题入手，使农民在每一项建设中都得到实实在在的好处，决不能做表面文章，决不能搞劳民伤财的“形象工程”、“政绩工程”。

稳步推进城镇化是解决“三农”问题的根本出路。我国的基本国情是地少人多，现有耕地 18.3 亿亩，基本农田 16 亿亩，约有 1.3 亿到 1.5 亿农村富余劳动力需要转移。因此，不能就农村讲农村，要坚持大中小城市和小城镇协调发展的方针，提高城镇综合承载能力，按照循序渐进、节约土地、集约发展、合理布局的原则，积极稳妥地推进城镇化，使更多的农民变市民，从根本上改变农民的就业状况和生存状况。尤其要重视小城镇的建设。从我国农村人口外出打工的流向看，大约有 60％的农民工集中在县级市以上的城市中，有 40％集中在小城镇。现在城镇化率为 41.8％，到 2020 年以前，如果城镇化率年均增长一个百

① 《深入学习实践科学发展观活动领导干部学习文件选编》，中央文献出版社、党建读物出版社 2008 年版，第 66 页。

分点，每年需要转移的农村劳动力为900万、农村人口1500万，15年需转移的农村人口就达2亿多。全国现有城市660座，如果转移的2亿多农村人口全部安排在城市，则每个城市需平均转入30多万，这显然是难以承受的。所以，发展小城镇对吸纳农村劳动力具有不可替代的重大作用。

（三）促进区域协调发展

我国幅员辽阔，地区差别很大。改革开放以来，各个地区都有很大发展，尤其是东部沿海地区发展更快。面对差距愈来愈大的发展趋势，促进区域协调的任务鲜明地提到了我们的面前。这不仅是个重大的经济问题，也是个重大的政治问题，不仅关系现代化建设全局，也关系社会的稳定和国家的长治久安。

促进区域协调发展，就是要在继续充分发挥各地区优势和积极性的基础上，逐步扭转地区差距日益扩大的趋势，实现全国各地相对均衡的共同发展。

为此，要坚持区域发展的总体战略，这就是：推进西部大开发，振兴东北地区等老工业基地，促进中部地区崛起，鼓励东部地区率先发展。各类地区要从自己的实际出发制定发展规划，有针对性地解决事关本地区发展全局的重大战略问题；国家要在经济政策、资金投入、产业发展等方面加大对中西部地区支持的力度；东部地区要在率先发展中带动和帮助中西部发展。最终形成为以东带西、东中西互动、优势互补、相互促进、共同发展的区域发展格局。

落实区域发展总体战略，有三个重要途径：一是健全区域协调互动机制。包括市场机制、合作机制、互助机制和扶持机制。二是明确不同区域的功能定位。根据各个区域人口、资源、环境承载能力和发展潜力，实行优化开发、重点开发、限制开发和禁止开发等不同的方针政策。三是促进城镇化健康发展。这不仅是解决城乡协调发展的重要途径，也是解决区域协调发展的重要途径。要加强区域内城市的分工协作和优势互补，重视发挥城市群的集聚效应和整体竞争力，以城镇化的发展进程带动区域的发展进程。总之，一抓机制，二抓定位，三抓城镇化。这是实现区域协调发展总体战略的三个重要途径。

五、发展持续论

在实现当前发展的同时，更加重视持久永续发展，这是国际国内发展的一条重要经验。所谓人与自然的和谐，有两个重要指标：一是资源承载能力，二是环境承载能力。20 世纪 90 年代中期，我们党把正确处理经济建设与人口、资源、环境的关系作为事关社会主义现代化建设全局的重大关系之一，鲜明地提到全党全国人民面前，确立了可持续发展的战略方针。党的十六大把实现可持续发展的要求确立为全面建设小康社会的一个奋斗目标，即："可持续发展能力不断增强，生态环境得到改善，资源利用率显著提高，促进人与自然的和谐，推动整个社会走上生产发展、生活富裕、生态良好的文明发展道路。"① 以胡锦涛为总书记的党中央进一步提出"努力建设资源节约型、环境友好型社会"的奋斗目标，这是实现可持续发展的重大战略部署。

（一）资源和环境问题已经成为我国可持续发展的严重制约因素

首先看资源情况。

我国是一个人口众多、人均资源相对短缺的国家，主要资源人均占有量大大低于世界平均水平。例如，我国人均土地面积仅相当于世界平均水平的 33%，人均耕地面积仅相当于世界平均水平的 43%，人均水资源的占有量仅为世界平均水平的 27%，人均矿产资源占有量仅为世界平均水平的 58%，其中石油、天然气这样的重要资源人均占有量仅占世界平均水平的 11.1%和 4.3%；煤炭资源丰富，但可采储量仅为世界平均水平的 55.4%。其他如铁、铜、铝的人均占有量分别为世界平均水平的 42%、18%、7.3%。同时我国又是一个科技水平低、经济增长方式粗放的国家，资源浪费情况相当严重，单位国内生产总值的资源消耗量大大高于世界平均水平。据统计，我国单位资源的产出水平为日本的 1/30、美国的 1/10、德国的 1/6，单位产值的能耗比世界平均水平

---

① 《中国共产党第十六次全国代表大会文件汇编》，人民出版社 2002 年版，第 19—20 页。

高 2.4 倍，是德国的 4.97 倍、日本的 4.43 倍、美国的 2.1 倍，印度的 1.65 倍，其中电力、钢铁、有色金属、石化、建材、化工、轻工、纺织八个行业主要产品的能耗平均比国际先进水平高 40%，我国综合能源效率仅为 33%，是世界上单位能耗最高的国家之一。

其次看环境情况。

改革开放以来，我国在快速发展经济的同时，环境保护也取得积极进展。全社会环境意识明显提高，全国环境质量总体稳定，部分城市和地区环境质量有所改善，主要污染物的排放总量初步得到控制，重点流域、区域的环境治理不断提升，生态保护和建设得到加强。但是，必须清醒地看到，我国的环境形势依然严峻：半数海水受到污染，流经城市的河流 90%受到污染，1/3 的国土受到酸雨污染，城市垃圾经过无害化处理的只有 50%，水土流失、土地沙化仍在发展，90%的天然草原在退化。环境污染和生态破坏，严重危害人民健康，也造成巨大经济损失。

（二）建设资源节约型社会

人均资源相对短缺而又存在资源巨大浪费的现实，同我国经济社会的可持续发展是一个巨大的矛盾，而且随着今后经济规模的进一步扩大、工业化的进一步推进、城市化步伐的进一步加快，资源的供需矛盾必将进一步加剧。唯一的出路是加快建设资源节约型社会。要坚持开发与节约并举、节约优先的方针，把生产、建设、流通、消费各个领域的资源节约工作放在首位，大力节约能源、节约用水、节约原材料、节约用地，节约一切社会资源。要把节约资源作为制定经济社会发展规划的重要指导原则，体现在发展目标、产业政策、投资管理以及价格、财税、金融等各项政策之中。在“十一五”规划中，一个很鲜明的特点，就是在制定发展目标时，既有今后 5 年国内生产总值年均增长 7.5%的预期目标，又有今后 5 年单位国内生产总值能源消耗降低 20%、耕地保有量保持在 1.2 亿公顷的资源约束性目标和主要污染物排放量减少 10%、森林覆盖率由 18.2%提高到 20%的环境约束性目标。这说明，资源的节约和环境的保护，同发展一样，都是硬道理。或者说，我们讲发展是硬道理，这是包括节约资源、保护环境在内的发展是硬道理。为了落实节约发展的指导思想和指导原则，必须在全社会进行建设节约型社会的教育，提倡勤俭节约，反对奢侈、浪费之风。

（三）建设环境友好型社会

全面建设小康社会不仅包括经济建设、政治建设、文化建设、社会建设，还包括生态环境建设。我们必须在实现经济增长和资源节约两方面目标的同时，实现环境保护目标，在环境污染治理和生态建设方面取得明显成效。这是关系提高人民群众生活质量和健康水平、关系中华民族生存和长远发展的根本大计。要加大污染治理力度，切实解决突出的环境问题，当务之急是解决水和空气污染加剧的问题，使全体人民喝上干净的水、呼吸上清新的空气。要加强自然生态保护，努力扭转生态恶化趋势，即一方面是生态保护，一方面是生态建设，双管齐下。要加快经济结构调整，从源头上减少对环境的破坏，有保有压，形成有利于环境保护的产业体系。要大力发展环境科技和环保产业，提高环保水平。为此，要落实环保责任制，实行污染物排放总量控制制度，加强对建设项目环境影响的评估，制定区域开发和保护政策，加大环境执法力度，进一步增强环保投入，加强环境监管力度。

（四）发展循环经济

“十一五”纲要指出：“发展循环经济是建设资源节约型、环境友好型社会和实现可持续发展的重要途径。”循环经济的主要原则是生产过程中资源利用的最大化和废弃物排放的最小化，以最小的成本获取最大的经济效益和环境效益。它不是简单的只是生产结果所产生的废物利用问题，而是从生产到消费的全过程都体现“循环”精神，比如：在资源开发环节，提高资源综合开发和回收利用率；在资源消耗环节，提高资源的利用效率；在废弃物产生环节，开展各种废旧物资的综合利用；在社会消费环节，提倡绿色消费，等等。概括地说，就是形成低开采、高利用、低排放的节约型经济增长方式。发展循环经济一靠科技、二靠政策、三靠市场、四靠教育，必须进行综合治理。

六、发展动力论

实现科学发展必须解决发展动力问题。十一届三中全会以来我们党关于发展动力的思想是科学发展观的重要组成部分。其中，主要是充分发挥改革的动力作用、科技的动力作用、开放的动力作用。

（一）充分发挥改革的动力作用

通过体制改革，充分调动亿万人民群众在经济社会发展中的积极性和主动性。20多年来，我国经济社会的快速发展，得益于改革；发展中存在的许多非科学的东西，影响全面、协调、可持续发展的东西，也常常是由于改革不到位或改革不正确所造成的。胡锦涛说："必须建立健全落实科学发展观的制度和体制、机制，切实把科学发展观贯穿于经济社会发展的全过程，落实到经济社会发展的各个环节"，"要毫不动摇地坚持改革方向，进一步坚定改革的决心和信心"。不要放大改革中发生的问题，更不要对改革中发生的问题随意上纲上线。对改革当然要反思，但反思的目的是为了推进改革而不是否定改革。要时刻牢记邓小平关于制度带有根本性和中国不改革没有出路的科学论断。在重大历史关头，改革决不能动摇。请大家注意，今年的《政府工作报告》有80多次提到改革。3月6日，胡锦涛在"两会"上海代表团会上强调：要在新的历史起点上继续推进社会主义现代化建设，说到底要靠深化改革、扩大开放。要毫不动摇地坚持改革方向，进一步坚定改革的决心和信心，"要不失时机地推进改革，切实加大改革力度"。讲发展，不讲改革，不能发展；讲科学发展，不讲改革，同样不可能有科学发展。当前我国正处于改革的攻坚阶段，必须以更大决心加快推进改革，使关系经济社会发展全局的重大体制改革取得突破性进展，从而为落实科学发展观提供体制保证。改革要抓住重点领域和关键环节。当前，要以转变政府职能和深化企业、财税、金融等改革为重点，加快完善社会主义市场经济体制，形成有利于转变经济增长方式、促进全面协调可持续发展的机制；同时，要加快行政管理体制改革，坚持和完善基本经济制度，坚持和完善民主政治制度，全面推进各项改革。

(二) 充分发挥科技的动力作用

通过科技创新，充分发挥第一生产力在经济社会发展中的重大作用。邓小平强调，科学技术是第一生产力，发展经济必须依靠科技和教育，要尊重知识，尊重人才。以江泽民为核心的党中央作出科教兴国和人才强国的战略决策。以胡锦涛为总书记的党中央提出，从现在起，要用 15 年时间，使我国进入创新型国家的行列。这是事关社会主义现代化建设全局的一项重大战略决策，抓住了我国经济社会发展的关键问题。据统计，我国科技进步对经济增长的贡献率只有 39%，而发达国家是 60%～70%；我国科技创新能力在世界排名第 28 位，排在印度和巴西之后；我国对外技术依赖度高于 50%，而发达国家在 30%以下，美国和日本则只有 5%左右。所以，我国经济社会发展与其他国家的差距，关键在于科技水平的差距，尤其是科技自主创新能力的差距。建设创新型国家，核心是要把增强自主创新能力作为发展科学技术的战略基点，走出中国特色的自主创新道路，推动科学技术的跨越式发展；把增强自主创新能力作为调整产业结构、转变经济增长方式的中心环节，建设资源节约型、环境友好型社会，推动我国经济社会又好又快发展。在科技自主创新中，要充分发挥企业的主体作用。深圳是一个在科技自主创新中走在前列的城市，他们的研发人员 90%在企业，科技投入 90%来自企业，专利发明 90%产生于企业，研发机构 90%设在企业。这个经验值得重视和推广。

(三) 充分发挥开放的动力作用

通过对外开放，充分发挥国际国内两个市场、两种资源的作用。20 世纪 80 年代初，邓小平说："没有对外开放政策这一着，翻两番困难，翻两番之后再前进更困难。"① 虽然中国目前吸收外商投资总量世界第一，但用人口、GDP 指标一修正，吸引外资的水平在发展中国家并不高，而且投资大部分集中在东部，约占 86.25%，中部只占 9.16%，西部只占 4.59%。从外资在一、二、三产业分布情况看，二产占 75%，一产只占 2.8%，三产只占 22.16%。所以，以胡锦涛为总书记的党中

① 《邓小平文选》第 3 卷，人民出版社 1993 年版，第 90 页。

央提出“五个统筹”，其中一个重要方面就是统筹国内发展和对外开放。随着经济全球化的深入发展和我国加入世界贸易组织，我国与世界经济的联系更加密切，在这种情况下，我们既面临重大机遇，又面临严峻挑战，必须统筹国内发展与对外开放，在更大范围、更广领域、更高层次上参与国际经济技术合作和竞争。要切实转变对外贸易增长方式，既要继续扩大对外贸易规模，更要优化进出口结构。要坚持积极有效利用外资，把引进外资同提升国内产业结构、技术水平结合起来。要继续把“引进来”同“走出去”相结合，推进互利合作和共同开发，如此等等。

七、和平发展论

我们党的科学发展观还是和平发展观，即主张和平的发展、合作的发展。我们深知，和平与发展密不可分。和平是人类社会实现发展目标的根本前提。没有和平，不仅新的建设难以推进，以往的发展成果也会因为战乱而损毁。我们决不会像历史上某些国家那样通过发动侵略战争掠夺别国资源而实现自己的发展，也决不会像历史上某些国家那样通过冷战对抗、追求霸权主义而影响自己的发展。中国始终不渝地高举和平、发展、合作的旗帜，即一方面充分利用世界和平带来的发展机遇发展自己，另一方面，又以自己的发展更好地维护世界和平；一方面，要依靠自己的力量和改革创新求得发展，另一方面又坚持对外开放，在平等互利的基础上同世界各国开展交流合作，努力实现互利共赢。发展离不开和平，而和平也离不开发展。发展事关世界各国人民的切身利益，也事关消除全球安全威胁的根源。没有普遍发展和共同繁荣，世界也难享太平。所以，我国外交政策的根本宗旨是维护世界和平，促进共同发展。我们对内坚持和谐发展，对外坚持和平发展，这二者是具有内在联系的统一整体，目的就是建立一个持久和平、共同繁荣的和谐世界。

中国特色社会主义理论体系原著选讲*

当代中国共产党人在理论上的最大收获，就是在改革开放和现代化建设的实践中，逐步形成和发展了中国特色社会主义理论体系。这一理论体系的内容集中体现在十一届三中全会以来党和国家主要领导人的重要著作以及党和国家的重要文献中。它们是马列主义普遍真理同当代中国实际和时代特征相结合的产物，是我国社会主义历史经验和改革开放以来新鲜经验的科学总结，是党和人民集体智慧的结晶，是我们最可宝贵的精神财富。对于这份精神财富，我们应当倍加珍惜，认认真真、原原本本地反复进行学习，努力掌握其立场、观点、方法，掌握其基本原理、基本原则，使之内化于心、外化于行，变成广大干部、群众改造主观世界和客观世界的强大思想武器。这是党的理论武装工作的根本任务，对于我们胜利实现“两个100年”的奋斗目标和中华民族伟大复兴的中国梦，具有决定性的意义。

恩格斯说：“历史从哪里开始，思想进程也应当从哪里开始，而思

---

* 2013年3月20日中央党校实事求是大讲堂开讲，作者作了《经典的力量——中国特色社会主义理论体系原著选讲》的报告。同年6月和9月又以《中国特色社会主义理论体系原著选讲》为题为中央党校各分校讲课。这是2013年9月7日印发的讲稿。

想进程的进一步发展不过是历史进程在抽象的、理论上前后一贯的形式上的反映；这种反映是经过修正的，然而是按照现实的历史过程本身的规律修正的，这时，每一个要素可以在它完全成熟而具有典型性的发展点上加以考察。”① 下面，我们就按照这种逻辑和历史相统一的方法，谈谈中国特色社会主义理论体系若干具有代表性著作形成的历史过程及其历史地位和理论贡献。

一、思想路线的拨乱反正与伟大历史转折

——学习邓小平《解放思想，实事求是，团结一致向前看》

1978 年 12 月 13 日，邓小平在中央工作会议上发表《解放思想，实事求是，团结一致向前看》的重要讲话。这个讲话，实际上成为随即召开的党的十一届三中全会的主题报告，成为我们党开创中国社会主义建设新道路、新理论的解放思想、实事求是的宣言书，成为中国特色社会主义发展史上一座具有标志性意义的里程碑。它所阐述的党的解放思想、实事求是的思想路线贯穿于中国特色社会主义理论与实践活动的各方面和全过程，具有极其重大而深远的历史意义和现实意义。

（一）历史转折关头把解决思想路线问题提到首位

1976 年 10 月，粉碎“四人帮”以后，广大干部、群众强烈要求拨乱反正，纠正“文化大革命”及其以前的“左”的错误，开创中国社会主义建设的新局面。但是，遇到了阻力，这就是 1977 年 2 月 7 日中央“两报一刊”社论所提出的“两个凡是”的错误方针。按照这一方针，就要继续坚持以阶级斗争为纲，继续坚持“文化大革命”，中国就将继续陷入混乱和内乱，社会主义现代化建设事业就没有希望。

历史转折关头，把解决思想路线问题提到首位。邓小平敏锐地抓住这一事关全局的重大思想理论问题，旗帜鲜明地反对“两个凡是”，支持和领导实践是检验真理唯一标准问题的大讨论，为确立“解放思想、实事求是”的思想路线作出了历史性的重大贡献。

1977 年上半年，当时尚未恢复工作的邓小平，多次对“两个凡是”

① 《马克思恩格斯文集》第 2 卷，人民出版社 2009 年版，第 603 页。

表示异议，认为这不是马克思主义、不是毛泽东思想。5月24日，他在一次谈话中说："一个人讲的每句话都对，一个人绝对正确，没有这回事情"，"这是个重要的理论问题，是个是否坚持历史唯物主义的问题。"即使是正确的话，邓小平认为也不能到处搬用："把毛泽东同志在这个问题上讲的移到另外的问题上，在这个地点讲的移到另外的地点，在这个时间讲的移到另外的时间，在这个条件下讲的移到另外的条件下，这样做，不行嘛！"他说："按照'两个凡是'，就说不通为我平反的问题，也说不通肯定一九七六年广大群众在天安门广场的活动'合乎情理'的问题"。[①] 1977年7月21日，十届三中全会决定恢复邓小平的党、政、军的领导职务，在会上他发表复出后的第一次讲话，锋芒所向，仍然是"两个凡是"，说："不能够只从个别词句来理解毛泽东思想，而必须从毛泽东思想的整个体系去获得正确理解"，更不能像林彪、"四人帮"那样，"引用毛泽东同志的某些片言只语来骗人、吓唬人"，那样，只能"割裂、歪曲毛泽东思想，损害毛泽东思想"。[②] 邓小平的这些论述，实际上已经拉开当代中国解放思想的序幕。

在邓小平批评"两个凡是"错误的同时，广大干部、群众要求拨乱反正、纠正各种冤假错案的呼声也一直以实践的方式冲击着"两个凡是"的精神枷锁。历史把解决真理标准问题鲜明地提到全党和全国人民面前。理论界对此作出了回应，中央党校成为真理标准大讨论的一个重要策源地。时任中央党校副校长并主持党校工作的胡耀邦，在全校教员和学员中组织了一场"关于第九次、第十次、第十一次路线斗争问题"的大讨论。他明确提出，研究这些问题，"不要根据哪个文件、哪个同志讲话"，"要看实践"，"通过实践检验分析。"他亲自组织撰写、修改并定稿《实践是检验真理的唯一标准》一文。此文于1978年5月10日首刊于中央党校《理论动态》第60期，第二天《光明日报》以特约评论员名义在头版发表，当天新华社向全国转发，随后《人民日报》和全国许多报纸陆续刊登。这篇文章以深刻的思想性、鲜明的针对性和独特的发表方式，吹响了当代中国解放思想的号角，受到广大干部、群众的热烈拥护。但也受到一些人，包括当时主管意识形态工作的中央领导人

① 《邓小平文选》第2卷，人民出版社1994年版，第38页。

② 《邓小平文选》第2卷，人民出版社1994年版，第42、43页。

和有关工作部门负责人的抵制和反对，他们指责这篇文章是“砍旗”、“非毛化”，犯了严重的政治错误。

在“实践标准”与“两个凡是”这两条思想路线激烈交锋的关键时刻，邓小平等老一辈革命家给《实践是检验真理的唯一标准》一文以坚决有力的支持。

1978年6月2日，邓小平在全军政治工作会议上发表讲话，第一个问题就讲实事求是。他说：“我们开会，作报告，作决议，以及做任何工作，都为的是解决问题”，而“解决问题，究竟是否正确或者完全正确，还需要今后的实践来检验。”“一些同志天天讲毛泽东思想，却往往忘记、抛弃甚至反对毛泽东同志的实事求是、一切从实际出发、理论与实践相结合的这样一个马克思主义的根本观点，根本方法。不但如此，有的人还认为谁要是坚持实事求是，从实际出发，理论和实践相结合，谁就是犯了弥天大罪。他们的观点，实质上是主张只要照抄马克思、列宁、毛泽东同志的原话，照抄照转照搬就行了。要不然，就说这是违反了马列主义、毛泽东思想，违反了中央精神。他们提出的这个问题不是小问题，而是涉及到怎么看待马列主义、毛泽东思想的问题。”他引用了毛泽东从1929年到1963年的十六段有关论述，说明“实事求是，是毛泽东思想的出发点、根本点”，“如果我们只把过去的一些文件逐字逐句照抄一通，那就不能解决任何问题，更谈不到正确地解决什么问题。那样，即使我们口头上大讲拥护毛泽东思想，实际上也只能是违反毛泽东思想。我们一定要肃清林彪、‘四人帮’的流毒，拨乱反正，打破精神枷锁，使我们的思想来个大解放。”①

1978年下半年，邓小平连续多次谈话，支持开展真理标准问题大讨论。他说：“《实践是检验真理的唯一标准》这篇文章是马克思主义的。争论不可避免，争得好。引起争论的根源就是‘两个凡是’。”他要求一些同志，不要再下禁令、设禁区了，不要再把刚刚开始的生动活泼的政治局面向后拉。他一针见血地指出，现在对理论要通过实践来检验这个问题还要引起争论，“可见思想僵化”，根本问题是“违反毛泽东同志实事求是的思想，违反辩证唯物主义、历史唯物主义的原理，实际上是唯心主义和形而上学的反映”，这种所谓“高举”，是“形式主义的高

① 《邓小平文选》第2卷，人民出版社1994年版，第113—119页。

举，是假的高举。”

在邓小平等老一代革命家的支持下，从理论界到实际工作部门，从城市到农村，从高层到基层，一场席卷全国的关于实践是检验真理的唯一标准问题大讨论，轰轰烈烈地开展起来，为成功召开具有划时代意义的十一届三中全会、实现伟大历史转折、开创中国社会主义建设新局面，奠定了坚实的思想基础。

（二）开创中国社会主义建设新道路新理论的解放思想、实事求是的宣言书

1978 年 11 月 10 日，中央召开工作会议，主要议题是讨论经济工作。会议开始时，没有提真理标准问题和端正思想路线问题，也没有提当时党内外普遍关心的一系列冤假错案的平反问题。而在有关农业的文件中仍然讲“抓革命、促生产”和“农业学大寨”等等。许多同志提出，如果不解决思想路线的是非问题和冤假错案的平反问题，不可能真正把工作重点转移到经济建设上来，也不可能有正确的政策和工作思路。在大家的强烈要求下，中央作出决定，为“天安门事件”平反，为“二月逆流”平反，为“薄一波等六十一人案件”平反，为彭德怀平反，为陶铸平反，也决定撤销 1975 年至 1976 年中央连续下发的有关“反击右倾翻案风”的 12 个文件。会议还就真理标准问题大讨论中的意见分歧、工作重点转移问题上的不同认识，以及调整农业政策、改革经济管理体制、健全民主集中制等问题进行了讨论。会议内容大大超出原定的议题，会期也大大超出原定的时间，从 11 月 10 日到 12 月 15 日，开了 36 天。

1978 年 12 月 13 日，邓小平在中央工作会议的闭幕会上发表题为《解放思想，实事求是，团结一致向前看》的重要讲话。这篇讲话的形成也有一个过程。原本胡乔木根据邓小平的要求已经起草了两稿，重点论述把工作重点转移到经济建设上来。中央工作会议开始后，形势迅速发生变化，邓小平认为，工作重点转移问题已经不需要加以强调，应当强调的是解放思想、实事求是的问题。于是，他亲自动笔写了三页纸、共 400 多字的讲话提纲。提纲第一个问题就是“解放思想，开动机器”。然后是改革制度，发扬民主，权力下放，用经济的办法管理经济，允许一部分人生活先好起来，这是一个大政策，物质鼓励，国内市场的重

要，加强责任制，引进项目，一切向前看等。正式讲话稿中的关键词尽在其中。根据这个提纲，胡乔木等起草了一个新的讲话稿，邓小平看了新稿后说："语言太多，砍掉一半。"最后定稿不到8000字。正是这8000字，开辟了一个新时代。

这篇讲话强调"解放思想是当前的一个重大政治问题"。他说："解放思想，开动脑筋，实事求是，团结一致向前看，首先是解放思想。只有思想解放了，我们才能正确地以马列主义、毛泽东思想为指导，解决过去遗留的问题，解决新出现的一系列问题，正确地改革同生产力迅速发展不相适应的生产关系和上层建筑，根据我国的实际情况，确定实现四个现代化的具体道路、方针、方法和措施。"他对半年来轰轰烈烈开展的关于实践是检验真理的唯一标准问题的大讨论给予充分肯定和高度评价，他说："目前进行的关于实践是检验真理的唯一标准问题的讨论，实际上也是要不要解放思想的争论。大家认为进行这个争论很有必要，意义很大。从争论的情况来看，越看越重要。一个党，一个国家，一个民族，如果一切从本本出发，思想僵化，迷信盛行，那它就不能前进，它的生机就停止了，就要亡党亡国。""只有解放思想，坚持实事求是，一切从实际出发，理论联系实际，我们的社会主义现代化建设才能顺利进行，我们党的马列主义、毛泽东思想的理论才能顺利发展。从这个意义上说，关于真理标准问题的争论，的确是个思想路线问题，是个政治问题，是个关系到党和国家的前途和命运的问题。"①

这篇讲话强调"民主是解放思想的重要条件。"他说：解放思想、开动脑筋，一个十分重要的条件是真正实行民主集中制。"当前这个时期，特别需要强调民主。因为在过去一个相当长的时间内，民主集中制没有真正实行，离开民主讲集中，民主太少。""我们要创造民主的条件，要重申'三不主义'：不抓辫子、不扣帽子、不打棍子。在党内和人民内部的政治生活中，只能采取民主手段，不能采取压制、打击的手段。宪法和党章规定的公民权利、党员权利、党委委员的权利，必须坚决保障，任何人不得侵犯。""一个革命政党，就怕听不到人民的声音，最可怕的是鸦雀无声。""为了保障人民民主，必须加强法制。必须使民主制度化、法律化，使这种制度和法律不因领导人的改变而改变，不因

---

① 《邓小平文选》第2卷，人民出版社1994年版，第141—143页。

领导人的看法和注意力的改变而改变”，“做到有法可依，有法必依，执法必严，违法必究。”①

这篇讲话强调要正确处理历史遗留问题。“我们的原则是‘有错必究’。凡是过去搞错了的东西，统统应该改正。有的问题不能够一下子解决，要放到会后去继续解决。但是要尽快实事求是地解决，干脆利落地解决，不要拖泥带水。”解决历史遗留问题的目的是为了向前看。“对于人的处理要十分慎重。对过去的错误，处理可宽可严的，可以从宽；对今后发生的问题，要严些。对一般党员处理要宽些，对领导干部要严些，特别是对高级干部要更严些。”“文化大革命”已经成为我国社会主义历史发展中的一个阶段，总要总结，但是，“需要做认真的研究工作，有些事要经过更长一点的时间才能充分理解和作出评价。”②

这篇讲话强调要“研究新情况，解决新问题。”尤其要注意研究和解决管理方法、管理制度、经济政策三个方面的问题。在管理方法上，“当前要特别注意克服官僚主义。”机构臃肿，层次重叠，手续繁杂，效率极低，政治空谈往往淹没一切，“如果现在再不实行改革，我们的现代化事业和社会主义事业就会被葬送。”在管理制度上，“当前要特别注意加强责任制。”克服无人负责或名曰集体负责、实际无人负责的现象。为此，一要扩大管理人员的权限，“只交责任，不交权力，责任制非落空不可。”二要善于选用人员，“量才授予职责。”三要“严格考核，赏罚分明。”在经济政策上，“要允许一部分地区、一部分企业、一部分工人农民，由于辛勤努力成绩大而收入先多一些，生活先好起来。”这样，“必然产生极大的示范力量，影响左邻右舍，带动其他地区、其他单位的人们向他们学习”，“使整个国民经济不断地波浪式地向前发展，使全国各族人民都能比较快地富裕起来。”“这是一个大政策，一个能够影响和带动整个国民经济的政策。”为了研究新情况、解决新问题，邓小平强调，“一定要善于学习，善于重新学习”，“从实践中学，从书本上学，从自己和人家的经验教训中学。”③

---

① 《邓小平文选》第 2 卷，人民出版社 1994 年版，第 144—147 页。

② 《邓小平文选》第 2 卷，人民出版社 1994 年版，第 148—149 页。

③ 《邓小平文选》第 2 卷，人民出版社 1994 年版，第 149—153 页。

（三）“解放思想、实事求是”是坚持和发展中国特色社会主义的一大法宝

以十一届三中全会为标志，我们党重新确立了以解放思想、实事求是为主要内容的马克思主义思想路线。从党的十二大开始，我们党的党章就对党的思想路线作了这样的表述：“党的思想路线是一切从实际出发，理论联系实际，实事求是，在实践中检验真理和发展真理。”这一概括体现了马克思主义认识论的基本点，也吸收了真理标准问题大讨论的思想成果。党的十四大报告对这条思想路线的指导意义作了深刻阐述，指出：“解放思想，实事求是，是建设有中国特色社会主义理论的精髓，是保证我们党永葆蓬勃生机的法宝。”十一届三中全会以来我国的历史，是改革开放的历史，是经济、社会持续快速发展的历史，也是解放思想、实事求是的历史。我们党围绕“什么是社会主义、怎样建设社会主义”、“建设什么样的党、怎样建设党”、“实现什么样的发展、怎样发展”等一系列重大问题，解放思想、实事求是，逐步形成和发展了包括邓小平理论、“三个代表”重要思想和科学发展观在内的中国特色社会主义理论体系，在实现中华民族伟大复兴的道路上，取得了令世人瞩目的伟大成就。我们坚持和丰富中国特色社会主义理论体系，必须紧紧抓住“解放思想，实事求是”这个精髓，只有这样，才能深刻理解这一理论体系，正确运用这一理论体系，创造性地丰富和发展这一理论体系。

习近平在新进中央委员会的委员、候补委员学习贯彻党的十八大精神研讨班上的讲话中指出，坚持和发展中国特色社会主义是一篇大文章，邓小平为它确定了基本思路和基本原则，以江泽民为核心的党的第三代中央领导集体、以胡锦涛为总书记的党中央在这篇大文章上都写下了精彩的篇章。现在，我们这一代共产党人的任务，就是继续把这篇文章写下去。他说，我们对社会主义的认识，对中国特色社会主义规律的把握，已经达到了一个前所未有的高度，这一点不容置疑。同时也要看到，我国社会主义还处在初级阶段，我们还面临很多没有弄清楚的问题和待解的难题，对许多重大问题的认识和处理还处在不断深化的过程中，这一点也不容置疑。对事物的认识是需要一个过程的，而对社会主义这个我们只搞了几十年的东西，我们的认识和把握也还是非常有限

的，还需要在实践中不断深化和发展。习近平的这些论述，就是要求我们不断提高坚持“解放思想、实事求是”的自觉性。世界上没有放之四海而皆准的发展道路和发展模式，也没有一成不变的发展道路和发展模式。我们过去取得的实践和理论成果，能够帮助我们更好面对和解决前进中的问题，但不能代替我们对当前问题的研究和探索。解放思想、实事求是、与时俱进，是马克思主义活的灵魂，是中国特色社会主义理论体系的精髓，是我们适应新形势、认识新事物、完成新任务的根本思想武器。习近平同志要求全党同志首先是各级领导干部，必须坚持马克思主义的发展观点，坚持实践是检验真理的唯一标准，发挥历史的主动性和创造性，清醒认识世情、国情、党情的变和不变，永远要有逢山开路、遇河架桥的精神，锐意进取，大胆探索，敢于和善于分析和回答现实生活中和群众思想上的迫切需要解决的问题，不断深化改革开放，不断有所发现、有所创造、有所前进，不断推进理论创新、实践创新、制度创新。

二、历史经验的科学总结与坚持和发展毛泽东思想

——学习《关于建国以来党的若干历史问题的决议》和邓小平《对起草〈关于建国以来党的若干历史问题的决议〉的意见》

为了把全党和全国人民的思想真正统一到党的十一届三中全会的精神上来，必须对建国以来党的历史作出科学总结，对一些重大历史事件、特别是“文化大革命”作出科学结论，对毛泽东的历史地位和毛泽东思想的指导意义作出科学评价。为此党中央决定，由邓小平、胡耀邦主持起草《关于建国以来党的若干历史问题的决议》。起草工作从 1979 年 10 月底开始，到 1981 年 6 月 27 日党的十一届六中全会通过，历时一年半，全党大约有五六千高中级干部参加讨论，期间邓小平多次发表指导性意见，《邓小平文选》收录了其中九次谈话的要点。《决议》的通过，具有十分重大的历史意义。正如党的十二大报告所说：“十一届六中全会通过的《关于建国以来党的若干历史问题的决议》，标志着党胜利地完成了指导思想上的拨乱反正。党依靠广大干部和群众的集体智慧，既对多年来的‘左’倾错误和毛泽东同志晚年的错误作了科学的分

析和批判，又坚决地维护了党在长期奋斗中形成的优良传统，维护了毛泽东思想的科学原理和毛泽东同志的历史地位。这样做的结果，既分清了是非，又加强了团结，为各项革命和建设事业的健康发展提供了根本保证。”①

（一）《决议》的核心内容是确立毛泽东同志的历史地位，坚持和发展毛泽东思想

《决议》共八个部分，基本内容是三个方面：一是对新中国 32 年的历史作了回顾和总结，指出建国以来的历史是党领导人民“取得巨大成就的历史”（从十个方面作了论述），同时指出也发生过重大失误，使社会主义遭受严重挫折，特别是发生了“文化大革命”长达十年之久的全局性“左”的错误，给党、国家、人民带来严重灾难。二是对毛泽东的历史地位和毛泽东思想的指导意义作了科学阐述。三是肯定了十一届三中全会以来我们党开创的建设社会主义新道路，指明了继续前进的正确方向（一共十条）。其中最重要的是“确立毛泽东同志的历史地位，坚持和发展毛泽东思想”，“这是最核心的一条”，“最重要、最根本、最关键的，还是第一条”②。纠正“文化大革命”及其以前“左”的错误，当然不能不涉及毛泽东晚年的错误，这是不能回避的。问题是必须采取实事求是的科学态度。有人借口毛泽东晚年犯了错误便企图否定毛泽东的历史地位和毛泽东思想的指导意义，搞“非毛化”，这是不能允许的，也是不正确的。邓小平说：“对毛泽东同志的评价，对毛泽东思想的阐述，不是仅仅涉及毛泽东同志个人的问题，这同我们党、我们国家的整个历史是分不开的。要看到这个全局。”“这不只是个理论问题，尤其是个政治问题，是国际国内的很大的政治问题。如果不写或写不好这个部分，整个决议都不如不做。”“不写或不坚持毛泽东思想，我们要犯历史性的大错误。”③ 在这个事关党和国家全局的重大问题上，邓小平表现出对党、对人民、对历史高度负责的坚定立场和高瞻远瞩的战略眼光。

---

① 《十二大以来重要文献选编》（上），人民出版社 1986 年版，第 9 页。

② 《邓小平文选》第 2 卷，人民出版社 1994 年版，第 291、293 页。

③ 《邓小平文选》第 2 卷，人民出版社 1994 年版，第 299、300 页。

（二）《决议》充分肯定了毛泽东的历史地位

《决议》指出："毛泽东同志是伟大的马克思主义者，是伟大的无产阶级革命家、战略家和理论家。他虽然在'文化大革命'中犯了严重错误，但是就他的一生来看，他对中国革命的功绩远远大于他的过失。他的功绩是第一位的，错误是第二位的。他为我们党和中国人民解放军的创立和发展，为中国各族人民解放事业的胜利，为中华人民共和国的缔造和我国社会主义事业的发展，建立了永远不可磨灭的功勋。他为世界被压迫民族的解放和人类进步事业作出了重大的贡献。"①

《决议》也实事求是、恰如其分地批评了毛泽东晚年的错误。邓小平多次讲，对于错误，包括毛泽东的错误，一定要毫不含糊地进行批评，但是，一定要实事求是、恰如其分，不能写过头，"写过头，给毛泽东同志抹黑，也就是给我们党、我们国家抹黑。这是违背历史事实的"②。邓小平主张要区分"文化大革命"时期和此前的17年。"文化大革命的错误是全局性的错误，给党和人民带来深重灾难，从理论到实践都是错误的，必须彻底否定。""文化大革命"前的17年，有曲折、有错误，但基本方面还是对的，不能否定一切。1957年以前，毛泽东的领导是正确的，1957年以后错误就越来越多了。讲错误，毛泽东当然负主要责任，但也不能只讲毛泽东的错误，"中央犯错误，不是一个人负责，是集体负责。""单单讲毛泽东同志本人的错误不能解决问题，最重要的是一个制度问题"，"过去一些制度不好，把他推向了反面。"③

总之，毛泽东的功绩是第一位的，错误是第二位的，毛泽东晚年的错误"是一个伟大的革命家犯错误，是一个伟大的马克思主义者犯错误。"④

（三）《决议》科学阐述了毛泽东思想的科学体系及其指导意义

《决议》指出："毛泽东思想是马克思列宁主义在中国的运用和发

---

① 《三中全会以来重要文献选编》（下），人民出版社1982年版，第825页。

② 《邓小平文选》第2卷，人民出版社1994年版，第301—302页。

③ 《邓小平文选》第2卷，人民出版社1994年版，第296、297页。

④ 《邓小平文选》第2卷，人民出版社1994年版，第307页。

展，是被实践证明了的关于中国革命的正确理论原则和经验总结，是中国共产党集体智慧的结晶。我党许多卓越领导人对它的形成和发展都作出了重要贡献，毛泽东同志的科学著作是它的集中概括。”①

《决议》把毛泽东思想的科学体系的独创性理论内容概括为六个方面，即：关于新民主主义革命的理论，关于社会主义革命和建设的理论，关于革命军队建设和军事战略的理论，关于政策和策略的理论，关于思想政治工作和文化工作的理论，关于党的建设的理论。而贯穿于上述各个组成部分的立场、观点、方法，是三个基本方面，即：实事求是，群众路线，独立自主。这是毛泽东思想的精髓，表现在毛泽东的全部科学著作和中国共产党的全部实践活动之中，具有长期和普遍的指导意义。

《决议》深刻阐明了毛泽东思想对于我们事业的重要指导作用，指出：“毛泽东思想是我们党的宝贵的精神财富，它将长期指导我们的行动。”② 毛泽东的许多重要著作是在新民主主义革命时期和社会主义改造时期写作的，但仍然是我们必须经常学习的。这不但是因为历史不能割断，如果不了解过去，就会妨碍我们对当前问题的了解；而且因为这些著作中包含的许多基本原理、原则和科学方法，是有普遍意义的，现在和今后对我们都有重要的指导作用。我们应当认真学习和运用毛泽东思想的立场、观点、方法来研究实践中出现的新情况，解决我们所面临的新问题。我们应当把作为科学体系的毛泽东思想同毛泽东晚年的错误区别开来。因为毛泽东晚年犯了错误，就企图否认毛泽东思想的科学价值，否认毛泽东思想对我国革命和建设的指导作用，这种态度是完全错误的；对毛泽东的言论，采取教条主义态度，以为凡是毛泽东说过的话都是不可移易的真理，只能照抄照搬，甚至不愿实事求是地承认毛泽东晚年犯了错误，这种态度也是错误的。“这两种态度都是没有把经过长期历史考验形成为科学理论的毛泽东思想，同毛泽东同志晚年所犯的错误区别开来，而这种区别是十分必要的。”③ 把坚持和发展毛泽东思想统一起来，这就是我们的根本立场和根本态度。

---

① 《三中全会以来重要文献选编》（下），人民出版社 1982 年版，第 826 页。

② 《三中全会以来重要文献选编》（下），人民出版社 1982 年版，第 836 页。

③ 《三中全会以来重要文献选编》（下），人民出版社 1982 年版，第 837 页。

三、走自己的道路，建设有中国特色社会主义

——学习《中国共产党第十二次全国代表大会开幕词》
和《全面开创社会主义现代化建设的新局面》

1982年9月1日，党的第十二次全国代表大会召开。这是我们党在社会主义建设新时期召开的第一次代表大会，也是七大以来的“一次最重要的会议”。① 邓小平致开幕词，胡耀邦作《全面开创社会主义现代化建设的新局面》的报告。大会明确提出“走自己的道路，建设有中国特色的社会主义”的科学指导思想，初步规划了我国社会主义现代化建设的宏伟蓝图，标志着我们党对社会主义建设规律的认识达到一个新高度。从此以后，“中国特色社会主义”这一新概念成为我们党历次代表大会报告的主题词，成为党和国家全部实践活动和理论活动的主题词，其意义极为深远。

（一）苏联模式被神圣化的历史教训

在国际共产主义运动中，长期以来形成一种僵化的社会主义模式观念。苏联在20世纪30年代建立起来的那种权力过分集中的社会主义体制被凝固化、神圣化，认为坚持那一套就是坚持社会主义，违背那一套就是违背社会主义，就是什么“修正主义”、“民族主义”，就要进行批判，直至出兵镇压。这种情况严重束缚人们的思想，使社会主义制度的优越性不能得到充分发挥。苏联体制的主要特征是：在所有制上实行单一的生产资料公有制；在经济体制上实行自上而下的指令性计划经济；在发展战略上片面强调重工业、追求外延式的粗放增长；在政治上片面强调阶级斗争和无产阶级专政，忽视社会主义民主法制建设；在领导体制上权力高度集中，党政不分，终身制，家长制，个人崇拜，等等。这种体制在特定的历史条件下对巩固苏联社会主义制度、促进苏联经济社会发展特别是夺取反法西斯战争的胜利，起到了重要历史作用。但是，由于斯大林长期不承认社会主义社会存在矛盾，没有提出改革的任务，这种体制被凝固化了，随着时间的推移、形势的变化，弊端日益暴露，

① 《邓小平文选》第3卷，人民出版社1993年版，第1页。

成为经济社会发展的体制性障碍。这种本来并不成功的体制，又被强行推广到国情很不相同的所有社会主义国家，其严重后果可想而知。进入20世纪80年代后，面对经济社会发展的严重困境和与资本主义国家相比越来越大的差距，苏联和东欧国家也想进行一些调整，但是，在内外敌对势力的攻势下，这种调整偏离了正确方向，终于导致1989年东欧国家先后发生剧变，1991年苏联解体、苏共解散，使世界社会主义遭受了重大挫折。历史的经验教训告诉我们：僵化的社会主义模式观念只能窒息社会主义的生命力。社会主义不改革不行，但改革不坚持正确的方向也不行。

（二）毛泽东摆脱苏联模式的初步探索

对于苏联模式的弊端，毛泽东觉察得比较早。1956年4月25日，他发表《论十大关系》的讲话，说明他在探索中国社会主义建设的道路时，已经十分重视防止和克服苏联模式的弊端。他在这篇讲话中说："最近苏联方面暴露了他们在建设社会主义过程中的一些缺点和错误，他们走过的弯路，你还想走？过去我们就是鉴于他们的经验教训，少走了一些弯路，现在当然更要引以为戒。"① 后来他又说："十大关系的基本观点，就是同苏联作比较。除了苏联办法之外，是否可以找到别的办法，比苏联、东欧各国搞得更快更好。"② 在准备讲话的调研过程中，他多次强调，"苏联有些东西就不能学"，"我们完全应该比苏联少走弯路"，"要向苏联学，但又不能完全照搬。"③ 这一指导思想，在《论十大关系》一文中得到了比较充分的反映，许多重要观点都是对苏联模式的突破。例如：在重工业和轻工业、农业的关系上，苏联"片面地注重重工业，忽视农业和轻工业"，"我们对于农业、轻工业是比较注重的"；在国家、生产单位和生产者个人的关系上，"苏联的办法把农民挖得很苦"，"我们对农民的政策不是苏联的那种政策，而是兼顾国家和农民的

---

① 《毛泽东著作选读》下册，人民出版社1986年版，第720—721页。

② 中共中央文献研究室编：《毛泽东传》，中央文献出版社2003年版，第484页。

③ 中共中央文献研究室编：《毛泽东传》，中央文献出版社2003年版，第473、476、481页。

利益”；在中央和地方的关系上，“有中央和地方两个积极性，比只有一个积极性好得多”，“我们不能像苏联那样，把什么都集中到中央，把地方卡得死死的，一点机动权也没有”；在民族关系上，“俄罗斯民族同少数民族的关系很不正常，我们应当接受这个教训”，“搞好汉族和少数民族的关系，巩固各民族的团结，来共同努力建设伟大的社会主义祖国”；在党和非党的关系上，“究竟是一个党好，还是几个党好？现在看来，恐怕是几个党好。不但过去如此，而且将来也可以如此，就是长期共存，互相监督”；在是非关系上，对犯了错误的人应当采取“惩前毖后，治病救人”的方针，过去我们党在这个问题上犯过错误，“学了斯大林作风中不好的一面。他们在社会上不要中间势力，在党内不允许人家改正错误，不准革命”；在中国和外国的关系上，“我们提出向外国学习的口号，我想是提得对的。现在有些国家的领导人就不愿意提，甚至不敢提这个口号。这是要有一点勇气的，就是要把戏台上的那个架子放下来。”[①] 如此等等。毛泽东的这篇讲话不愧是中国共产党人独立探索适合中国国情的建设道路、努力摆脱苏联模式束缚的开篇之作。但是，令人遗憾的是，从1957年夏季开始，我们党在指导思想上逐渐滋长了“左”的错误，到了“文化大革命”期间更是犯了全局性的“左”的错误，这种正确探索的历史进程也就被打断了。

（三）中国特色社会主义道路的成功开创

以党的十一届三中全会为主要标志，我们党纠正毛泽东晚年的错误，在深刻总结国内国际社会主义历史经验的基础上，成功开创了适合中国国情的建设社会主义的新道路。这条新道路的核心内容是以经济建设为中心，坚持四项基本原则，坚持改革开放，为把我国建成社会主义现代化国家而奋斗。邓小平为这条新道路的开创作出了奠基性的伟大历史贡献。

邓小平认为，我们的经验教训有许多条，最重要的一条就是要搞清楚“什么是社会主义、如何建设社会主义”这个首要的基本问题。

1980年4、5月间，他在多次谈话中说：“不解放思想不行，甚至

---

① 《毛泽东著作选读》下册，人民出版社1986年版，第722、727—728、729、733、738、740页。

于包括什么叫社会主义这个问题也要解放思想”，“社会主义是一个很好的名词，但是如果搞得不好，不能正确理解，不能采取正确的政策，那就体现不出社会主义的本质。”针对过去“左”的错误，他说：“经济长期处于停滞状态总不能叫社会主义。人民生活长期停止在很低的水平总不能叫社会主义”；“不要离开现实和超越阶段采取一些‘左’的办法，这样是搞不成社会主义的”，“不管你搞什么，一定要有利于发展生产力”；“各个国家应该根据自己的特点来实行社会主义的政策”，“社会主义经济政策对不对，归根到底要看生产力是否发展，人民收入是否增加，这是压倒一切的标准。空讲社会主义不行，人民不相信。”这些论述，为探索建设社会主义的正确道路，指明了方向。这几次谈话的要点被冠以“社会主义首先要发展生产力”的标题收入《邓小平文选》第2卷中。

1980年5月31日，邓小平同胡乔木、邓力群谈话，指出：各国建设社会主义的道路只能由各国人民自己去探索、去决定，而不能由别的党充当老子党去发号施令。他说：一个党评论外国党的是非，往往根据的是已有的公式或者某些定型的方案，事实证明这是行不通的。各国的情况千差万别，人民的觉悟有高有低，国内阶级关系的状况、阶级力量的对比又很不一样，用固定的公式去硬套怎么行呢？就算你用的公式是马克思主义的，不同各国的实际相结合，也难免犯错误。他进一步指出：各国党的国内方针、路线是对还是错，应该由本国党和本国人民去判断。最了解那个国家的情况的，毕竟还是本国的同志。即使错了，也要由他们自己总结经验、重新探索，不能由别的党充当老子党，去发号施令，这应当成为“处理兄弟党关系的一条重要原则。”①

在以上论述的基础上，党的十二大开幕词作了系统的总结，向全世界庄严宣告：

“我们的现代化建设，必须从中国的实际出发。无论是革命还是建设，都要注意学习和借鉴外国经验。但是，照抄照搬别国经验、别国模式，从来不能得到成功。这方面我们有过不少教训。把马克思主义的普遍真理同我国的具体实际结合起来，走自己的道路，建设有中国特色的社会主义，这就是我们总结长期历史经验得出的基

---

① 《邓小平文选》第2卷，人民出版社1994年版，第318页。

本结论。”

“中国的事情要按照中国的情况来办，要靠中国人自己的力量来办。独立自主，自力更生，无论过去、现在和将来，都是我们的立足点。中国人民珍惜同其他国家和人民的友谊和合作，更加珍惜自己过去经过长期奋斗而得来的独立自主的权利。”

“任何外国不要指望中国做他们的附庸，不要指望中国会吞下损害我国利益的苦果。我们坚定不移地实行对外开放政策，在平等互利的基础上积极扩大对外交流。同时，我们保持清醒的头脑，坚决抵制外来腐朽思想的侵蚀，决不容许资产阶级生活方式在我国泛滥。”

这些话，气壮山河，掷地有声，表明了中国共产党人和中国人民既不走苏联模式的老路，也不走全盘西化的邪路，而是走中国特色社会主义新路的坚强决心和无比自信。如果说《解放思想，实事求是，团结一致向前看》那篇讲话是社会主义建设新时期我们党解放思想、实事求是的宣言书；那么，这篇十二大开幕词就是社会主义建设新时期我们党走自己的道路、建设中国特色社会主义的政治宣言书。在这篇政治宣言中，简要地论述了我国 80 年代以经济建设为核心的三大任务和今后 20 年的四项主要工作。这些内容在胡耀邦的《全面开创社会主义现代化建设的新局面》的报告中分 6 个问题作了系统阐述，这 6 个问题是：(1) 历史性的转变和新的伟大任务；(2) 促进社会主义经济的全面高涨；(3) 努力建设高度的社会主义精神文明；(4) 努力建设高度的社会主义民主；(5) 坚持独立自主的对外政策；(6) 把党建设成为领导社会主义现代化建设事业的坚强核心。

党的十二大以后，邓小平对中国特色社会主义道路又不断作出新的阐述和发挥。1982 年 9 月 16 日，他对金日成说：“从十一届三中全会到十二大，我们打开了一条一心一意搞建设的新路。”1983 年 1 月 18 日，他对国家计委、经委、农业部门的负责同志说：“各项工作都要有助于建设有中国特色的社会主义，都要以是否有助于人民的富裕幸福，是否有助于国家的兴旺发达，作为衡量做得对或不对的标准。”1984 年 6 月 30 日，他在会见第二次中日民间人士会议日方委员会代表团时说：“我们多次重申，要坚持马克思主义，坚持走社会主义道路。但是，马克思主义必须是同中国实际相结合的马克思主义，社会主义必须是切合中国实际的有中国特色的社会主义。”①

邓小平对苏联模式的弊端以及照搬苏联模式的教训，多次进行深刻阐述。1986 年 9 月 29 日，他在会见波兰统一工人党中央第一书记、国务委员会主席雅鲁泽尔斯基时说：“我们两国原来的政治体制都是从苏联模式来的。看来这个模式在苏联也不是很成功的。即使在苏联是百分之百的成功，但是它能够符合中国的实际情况吗？能够符合波兰的实际情况吗？”1987 年 6 月 12 日，他在会见南斯拉夫共产主义者联盟中央主席团委员科罗舍茨时说：“任何大党、中党、小党，都要相互尊重对方的选择和经验，对别的党、别的国家的事情不应该随便指手划脚。……过去我们搬用别国的模式，结果阻碍了生产力的发展，在思想上导致僵化，妨碍人民和基层积极性的发挥。”1987 年 10 月 13 日，他在会见匈牙利社会主义工人党总书记卡达尔时说：“我们既不能照搬西方资本主义国家的做法，也不能照搬其他社会主义国家的做法，更不能丢掉我们制度的优越性”。1988 年 5 月 18 日，他在会见莫桑比克总统希萨诺时说：“我们过去照搬苏联搞社会主义的模式，带来很多问题。我们很早就发现了，但没有解决好。我们现在要解决好这个问题，我们要建设的是具有中国特色的社会主义。……世界上的问题不可能都用一个模式解决。中国有中国自己的模式，莫桑比克也应该有莫桑比克自己的模式。”1989 年 5 月 16 日，他对戈尔巴乔夫说：“在革命成功后，各国必须根据自己的条件建设社会主义。固定的模式是没有的，也不可能有。墨守成规的观点只能导致落后，甚至失败。”② 总之，坚持社会主义，不等于坚持某种社会主义模式，抛弃某种社会主义模式不等于抛弃社会主义，某种社会主义模式的失败也不等于社会主义的失败。只有从本国实际出发，把马克思主义普遍真理同本国特点结合起来，走出符合本国实际的建设社会主义道路，社会主义才能焕发蓬勃的生机和活力，才能充分发挥社会主义制度的优越性。

---

① 《邓小平文选》第 3 卷，人民出版社 1993 年版，第 11、23、63 页。

② 《邓小平文选》第 3 卷，人民出版社 1993 年版，第 178、237、256、261、292 页。

四、中国社会主义初级阶段理论与党在社会主义初级阶段的基本路线

——学习《沿着有中国特色的社会主义道路前进》

1987年10月25日，党的十三大召开。邓小平直接指导大会报告的起草工作和其他各项准备工作。1987年3月25日，他批准《关于草拟十三大报告的设想》，该设想提出："全篇拟以社会主义初级阶段作为立论的根据。"邓小平批示："这个设计好。"① 1987年8月29日，邓小平在会见意大利共产党领导人约蒂和赞盖里时说："我们党的十三大要阐述中国社会主义是处在一个什么阶段，就是处在初级阶段，是初级阶段的社会主义。社会主义本身是共产主义的初级阶段，而我们中国又处在社会主义的初级阶段，就是不发达的阶段。一切都要从这个实际出发，根据这个实际来制订规划。"② 十三大通过的《沿着有中国特色的社会主义道路前进》的报告很好地体现了这个指导思想，系统阐述了中国社会主义初级阶段理论与党在社会主义初级阶段的基本路线，以及分三步走实现现代化的发展战略，从根本上划清了科学社会主义同种种空想的界限，为当代中国的发展进一步指明了方向。这个报告极富理论创新精神，是中国特色社会主义理论体系发展史上的一篇十分重要的文献。

（一）中国处于并将长期处于社会主义初级阶段

党的十二大提出"走自己的道路"，那么，怎样才能走好自己的道路呢？一个前提条件，就是对于自己的国情要有清醒的认识。毛泽东在《中国革命和中国共产党》中说："认清中国的国情，乃是认清一切革命问题的基本的根据。"③ 同样，在当代中国，认清中国国情，乃是认清中国社会主义现代化建设一切问题的基本的根据。

对当代中国国情的认识，包括两个方面：一是对我国社会性质的认

---

① 《邓小平年谱（1975—1997）》（下），中央文献出版社2004年版，第1173页。

② 《邓小平文选》第3卷，人民出版社1993年版，第252页。

③ 《毛泽东选集》第2卷，人民出版社1991年版，第633页。

识，二是对该社会处于什么阶段的认识。对前者，我们的认识是清楚的，我国是社会主义社会；对后者，我们在相当长一段时间内的认识，是不那么清楚的，犯了许多超阶段的错误。邓小平说，过去“左”的教训之一，就是“制定的政策超越了社会主义的初级阶段。”① 突出的表现是，发展生产力急于求成，调整生产关系盲目求纯，追求所谓“一大二公”，甚至提出“跑步进入共产主义”，结果欲速则不达，使我国的社会主义事业遭受了严重挫折。

“文化大革命”结束后，通过总结经验教训，我们党对现阶段我国国情的认识才逐步清醒起来。1977 年 10 月，邓小平说：我们是“发展中国家”，“人们都说中国是个大国，其实只有两点大，一是人口多，二是地方大，就发展水平来说，是个小国，顶多也是个中小国家，连中等国家都算不上。”② 1978 年初，在中央召开的理论工作务虚会上，理论工作者就社会主义发展阶段问题展开热烈讨论，引起人们对国情问题的高度关注。1979 年 9 月 29 日，叶剑英在庆祝中华人民共和国成立 30 周年大会上的讲话中说：我国“社会主义制度还处在幼年时期”，“它还不成熟，不完善”，“实现现代化，必然有一个由初级到高级的过程。”1979 年 12 月，经济学家薛暮桥在其所著《中国社会主义经济问题研究》一书的序言中，明确提出了“社会主义初级阶段”这一科学概念，指出：“社会主义是共产主义的初级阶段，它是不成熟的共产主义。所以，从共产主义角度看，社会主义是不完善的。现在我们还处于社会主义初级阶段，即使从社会主义角度来看，也还是不成熟的。”③

在我们党的文件中，第一次明确使用（社会主义）“初级阶段”这一概念，是 1981 年 6 月 27 日党的十一届六中全会通过的《关于建国以来党的若干历史问题的决议》，其中说：“尽管我们的社会主义制度还是处于初级的阶段，但是毫无疑问，我国已经建立了社会主义制度，进入了社会主义社会，任何否认这个基本事实的观点都是错误的。”④ 显然，这里强调的是“社会主义”，而不是“初级阶段”。1982 年 9 月 1 日，

---

① 《邓小平文选》第 3 卷，人民出版社 1993 年版，第 269 页。
② 《邓小平年谱（1975—1997）》（上），中央文献出版社 2004 年版，第 229 页。
③ 薛暮桥：《中国社会主义经济问题研究》，人民出版社 1979 年版，第 6 页。
④ 《三中全会以来重要文献选编》（下），人民出版社 1982 年版，第 838 页。

胡耀邦在党的十二大报告中说："我国的社会主义社会现在还处在初级发展阶段，物质文明还不发达。"[①] 这里强调的则是"初级阶段"，并指明了初级阶段的一个显著特征是"物质文明还不发达"。1986 年 9 月 28 日，党的十二届六中全会通过的《关于精神建设指导方针的决议》进一步指出："我国还处在社会主义的初级阶段，不但必须实行按劳分配，发展社会主义的商品经济和竞争，而且在相当长历史时期内，还要在公有制为主体的前提下发展多种经济成分，在共同富裕的目标下鼓励一部分人先富裕起来。在这样的历史条件下，全民范围的道德建设，就应当肯定由此而来的人们在分配方面的合理差别，同时鼓励人们发扬国家利益、集体利益、个人利益相结合的社会主义集体主义精神，发扬顾全大局、诚实守信、互助友爱和扶贫济困的精神。"[②] 在这里，已经初步讲到了社会主义初级阶段的经济和思想道德特征。

在党的十三大以前，"初级阶段"的提法尽管在党的文件中出现过三次（历史问题决议，十二大报告，精神文明建设决议），但都没有展开。而只有把这个问题展开、讲清楚，才能把我们党和国家的大政方针政策讲清楚，把改革开放的性质和根据讲清楚，把避免"左"右两种错误倾向讲清楚，才能从根本上统一全党和全国人民的思想。因此，在筹备十三大的过程中，在党中央的领导下，我国理论界和实际工作部门对社会主义初级阶段问题展开了比较广泛和深入的讨论。在这个基础上，党的十三大报告集中全党、全国人民的智慧，对社会主义初级阶段问题作了系统阐述，形成了比较完整的理论。

党的十三大报告对我国社会主义初级阶段的科学含义、具体表现和历史地位作了深刻、系统的阐述。

关于"科学含义"，报告指出："我国正处在社会主义的初级阶段。这个论断，包括两层含义。第一，我国社会已经是社会主义社会。我们必须坚持而不能离开社会主义。第二，我国的社会主义社会还处在初级阶段。我们必须从这个实际出发，而不能超越这个阶段。"[③] 这个阶段之所以不可避免，是因为我国的社会主义社会脱胎于半殖民地半封建社

① 《十二大以来重要文献选编》（上），人民出版社 1986 年版，第 26 页。

② 《十二大以来重要文献选编》（下），人民出版社 1988 年版，第 1180—1181 页。

③ 《十三大以来重要文献选编》（上），人民出版社 1991 年版，第 9 页。

会，生产力水平远远落后于发达的资本主义国家，这就必须经历一个长期的初级阶段，去实现别的许多国家在资本主义条件下实现的工业化和生产的商品化、社会化、现代化。资本主义阶段可以超越，工业化和生产的商品化、社会化、现代化不可超越。不承认前者，是革命发展问题上的机械论，是右倾错误的重要认识根源；不承认后者，是革命发展问题上的空想论，是"左"倾错误的重要认识根源。

关于"具体表现"，报告指出：我国当前的情况是，"一方面，以生产资料公有制为基础的社会主义经济制度、人民民主专政的社会主义政治制度和马克思主义在意识形态领域中的指导地位已经确立，剥削制度和剥削阶级已经消灭，国家经济实力有了巨大增长，教育科学文化事业有了相当发展。另一方面，人口多，底子薄，人均国民生产总值仍居于世界后列。"① 突出的景象是：10 亿多人口，8 亿在农村，基本上还是用手工工具搞饭吃；一部分现代化工业，同大量落后于现代水平几十年甚至上百年的工业，同时存在；一部分经济比较发达的地区，同广大不发达地区和贫困地区，同时存在；少量具有世界先进水平的科学技术，同普遍的科学技术水平不高，文盲半文盲还占人口近四分之一的状况，同时存在。生产力的落后，决定了生产关系方面，发展社会主义公有制所必需的生产社会化程度还很低，商品经济和国内市场很不发达，自然经济和半自然经济占相当比重，社会主义经济制度还不成熟不完善；在上层建筑方面，建设高度社会主义民主政治所必需的一系列经济文化条件还不充分，封建主义、资本主义腐朽思想和小生产习惯势力在社会上还有广泛影响，并且经常侵蚀我们的干部队伍。

关于"历史地位"，报告指出，我国社会主义初级阶段"不是泛指任何国家进入社会主义都会经历的起始阶段，而是特指我国在生产力落后、商品经济不发达条件下建设社会主义必然要经历的特定阶段。我国从五十年代生产资料私有制的社会主义改造基本完成，到社会主义现代化的基本实现，至少需要经历上百年的时间，都属于社会主义初级阶段。这个阶段既不同于社会主义经济基础尚未奠定的过渡时期，又不同于已经实现社会主义现代化的阶段。我们在现阶段所面临的主要矛盾，是人民日益增长的物质文化需要同落后的社会生产之间的矛盾。阶级斗

① 《十三大以来重要文献选编》（上）人民出版社 1991 年版，第 10 页。

争在一定范围内还会长期存在，但已经不是主要矛盾。为了解决现阶段的主要矛盾，就必须大力发展商品经济，提高劳动生产率，逐步实现工业、农业、国防和科学技术的现代化，并且为此而改革生产关系和上层建筑中不适应生产力发展的部分。”“总起来说，我国社会主义初级阶段，是逐步摆脱贫穷、摆脱落后的阶段；是由农业人口占多数的手工劳动为基础的农业国，逐步变为非农产业人口占多数的现代化的工业国的阶段；是由自然经济占很大比重，变为商品经济高度发达的阶段；是通过改革和探索，建立和发展充满活力的社会主义经济、政治、文化体制的阶段；是全民奋起，艰苦创业，实现中华民族伟大复兴的阶段。”①

（二）中国社会主义初级阶段“一个中心、两个基本点”的基本路线

党的十三大以社会主义初级阶段为立论的根据，确立了一系列具有长远意义的指导方针和党在现阶段的基本路线。

这些方针主要有：第一，“必须集中力量进行现代化建设。社会主义社会的根本任务是发展生产力。在初级阶段，为了摆脱贫穷和落后，尤其要把发展生产力，作为全部工作的中心。是否有利于发展生产力，应当成为我们考虑一切问题的出发点和检验一切工作的根本标准。”第二，“必须坚持全面改革。社会主义是在改革中前进的社会。在初级阶段，特别是在当前时期，由于长期形成的僵化体制严重束缚着生产力的发展，改革更成为迫切的历史要求。改革是社会主义生产关系和上层建筑的自我完善，是推进一切工作的动力。”第三，“必须坚持对外开放。当代国际经济关系越来越密切，任何国家都不能在封闭状态下求得发展。在落后基础上建设社会主义，尤其要发展对外经济技术交流和合作，努力吸收世界文明成果，逐步缩小同发达国家的差距。闭关自守只能越来越落后。”第四，“必须以公有制为主体，大力发展有计划的商品经济。商品经济的充分发展，是社会经济发展不可逾越的阶段，是实现生产社会化、现代化的必不可少的基本条件。在所有制和分配上社会主义社会并不要求纯而又纯，绝对平均。在初级阶段，尤其要在以公有制为主体的前提下发展多种经济成分，在以按劳分配为主体的前提下实行

① 《十三大以来重要文献选编》（上），人民出版社1991年版，第12—13页。

多种分配方式，在共同富裕的目标下鼓励一部分人通过诚实劳动和合法经营先富起来。”第五，“必须以安定团结为前提，努力建设民主政治。社会主义应当有高度的民主，完备的法制和安定的社会环境。在初级阶段，不安定因素甚多，维护安定团结尤为重要。必须正确处理人民内部矛盾。人民民主专政不能削弱。社会主义民主政治的建设，既因为封建专制主义影响很深而具有特殊的迫切性，又因为受到历史的社会的条件限制，只能有秩序有步骤地进行。”第六，“必须以马克思主义为指导，努力建设精神文明。……按照‘有理想、有道德、有文化、有纪律’的要求，提高整个中华民族的思想道德素质和科学文化素质。……努力形成有利于现代化建设和改革开放的理论指导、舆论力量、价值观念、文化条件和社会环境，克服小生产的狭隘眼界和保守习气，抵制封建主义和资本主义的腐朽思想，振奋起全国各族人民献身于现代化事业的巨大热情和创造精神。”①

以上六个“必须”，归结起来，就是坚持党在社会主义初级阶段“一个中心、两个基本点”的基本路线。十三大报告第一次对党在现阶段的基本路线作出明确概括和表述：“在社会主义初级阶段，我们党的建设有中国特色的社会主义的基本路线是：领导和团结全国各族人民，以经济建设为中心，坚持四项基本原则，坚持改革开放，自力更生，艰苦创业，为把我国建设成为富强、民主、文明的社会主义现代化国家而奋斗。”报告对两个基本点的关系以及排除僵化和自由化的关系作了全面深刻的论述，指出：坚持四项基本原则“是我们的立国之本”，坚持改革开放“是十一届三中全会以来党的路线的新发展，它赋予四项基本原则以新的时代内容”；“两个基本点，相互贯通，相互依存，统一于建设有中国特色的社会主义的实践”；“不能以僵化的观点看待四项基本原则”，“也不能以自由化的观点看待改革开放”，“排除僵化和自由化这两种错误思想的干扰和影响，将贯串于社会主义初级阶段的全过程”；“由于‘左’的积习很深，由于改革开放的阻力主要来自这种积习，所以从总体上说，克服僵化思想是相当长时期的主要任务。”“总之，以经济建设为中心，坚持两个基本点，这就是我们的重要经验，这就是党在社会

① 《十三大以来重要文献选编》(上)，人民出版社1991年版，第13—14页。

主义初级阶段的基本路线的主要内容。”①

（三）中国社会主义初级阶段“分三步走”的经济发展战略和经济政治体制改革

十三大报告从社会主义初级阶段实际出发，规划了我国“分三步走”实现现代化的发展战略和相应的经济、政治体制改革的目标任务。报告指出：“在社会主义初级阶段，发展生产力所要解决的历史课题，是实现工业化和生产的商品化、社会化、现代化。我国的经济建设，肩负着既要着重推进传统产业革命，又要迎头赶上世界新技术革命的双重任务。完成这个任务，必须经过长期的有步骤分阶段的努力奋斗。”根据邓小平的构想，党的十三大确定，十一届三中全会以后，我国经济建设的战略部署，大体分三步走：“第一步，实现国民生产总值比一九八〇年翻一番，解决人民的温饱问题。这个任务已经基本实现。第二步，到本世纪末，使国民生产总值再增长一倍，人民生活达到小康水平。第三步，到下个世纪中叶，人均国民生产总值达到中等发达国家水平，人民生活比较富裕，基本实现现代化。”② 这是我们党第一次以代表大会报告的形式对我国经济发展战略所作的明确规划。

为了落实“分三步走”实现现代化的经济发展战略，十三大提出，必须继续推进经济体制和政治体制改革，经济体制改革的主要任务是“逐步建立起有计划商品经济新体制的基本框架。”其中包括：按照所有权经营权分离的原则，搞活全民所有制企业；加快建立和培育社会主义市场体系；逐步健全以间接管理为主的宏观经济调节体系；在公有制为主体的前提下继续发展多种所有制经济；实行以按劳分配为主体的多种分配方式和正确的分配政策。为了加快和深化这些改革，必须加深对这些改革性质的科学性的理解，指出：“我们已经进行的改革，包括公有制为主体发展多种所有制经济，以至允许私营经济的存在和发展，都是由社会主义初级阶段生产力的实际状况所决定的。……改革中所采取的一些措施，例如发展生产资料市场、金融市场、技术市场和劳务市场，发行债券、股票，都是伴随社会化大生产和商品经济的发展必然出现

① 《十三大以来重要文献选编》（上），人民出版社 1991 年版，第 15—16 页。

② 《十三大以来重要文献选编》（上），人民出版社 1991 年版，第 16 页。

的，并不是资本主义所特有的。”[①] 十三大强调：“经济体制改革的展开和深入，对政治体制改革提出了愈益紧迫的要求。发展社会主义商品经济的过程，应该是建设社会主义民主政治的过程。不进行政治体制改革，经济体制改革不可能最终取得成功。党中央认为，把政治体制改革提上全党日程的时机已经成熟。邓小平同志一九八〇年八月在中央政治局扩大会议上所作的《党和国家领导制度的改革》的讲话，是进行政治体制改革的指导性文件。”[②] 政治体制改革的长远目标“是建立高度民主、法制完备、富有效率、充满活力的社会主义政治体制”，“近期目标，是建立有利于提高效率，增强活力和调动各方面积极性的领导体制。”[③]

（四）划清科学社会主义同种种空想的界限

十三大报告关于社会主义初级阶段理论的系统阐述，使人们进一步获得了思想上的大解放。它告诉人们：一切超阶段的东西，都必须予以抛弃。书本上写的也好，过去传统的做法也好，外国的经验也好，更不用说单纯的主观愿望，只要不符合社会主义初级阶段的实际情况，不管它们看起来是怎样地“革命”，怎样地合乎“理想”和“道义”，都在改革之列。

是否符合中国实际，最根本的，就是看你主张的理论和政策是否能够促进当代中国生产力的发展。十三大报告说：“必须破除离开生产力来抽象谈论社会主义的历史唯心主义观念，从根本上划清科学社会主义同种种空想的界限。”[④] 社会主义社会的产生，社会主义从一个阶段到另一个阶段的推进，以至共产主义的实现，都离不开生产力的发展。早在革命战争时期，我们党就明确提出，中国一切政党的政策及其实现在中国人民中所表现的作用的好坏大小，归根到底，看它对中国人民的生产力的发展是否有帮助及其帮助之大小，看它是束缚生产力的，还是解放生产力的。当时之所以把阶级斗争放在中心地位，是因为只有推翻反动阶级的统治，使劳动人民在政治上不受压迫、经济上不受剥削，才能解放生产力。现在情况不同了，在社会主义初级阶段，已经消灭了阶级压迫

① 《十三大以来重要文献选编》（上），人民出版社 1991 年版，第 25—26 页。
② 《十三大以来重要文献选编》（上），人民出版社 1991 年版，第 34 页。
③ 《十三大以来重要文献选编》（上），人民出版社 1991 年版，第 35 页。
④ 《十三大以来重要文献选编》（上），人民出版社 1991 年版，第 57 页。

和剥消，发展生产力成为直接的任务。国家的富强，人民的富裕，教育科学文化事业的繁荣，公有制和人民政权的不巩固和发展，一句话，社会主义优越性的充分发挥和吸引力的不断增强，归根到底，都取决于生产力的发展。“一切有利于生产力发展的东西，都是符合人民根本利益的，因而是社会主义所要求的，或者是社会主义所允许的。一切不利于生产力发展的东西，都是违反科学社会主义的，是社会主义所不允许的。在这样的历史条件下，生产力标准就更加具有直接的决定的意义。”“离开了生产力标准，用抽象原则和空想模式来裁判生活，只能败坏马克思主义的声誉。”① 我们必须从社会主义初级阶段的实际出发，坚持实践标准和生产力标准，破除对马克思主义的教条主义的理解和附加到马克思主义名义下的种种错误观点，不断争取马克思主义在中国的新胜利。

五、加快改革开放和现代化建设步伐的宣言书

——学习邓小平《在武昌、深圳、珠海、上海等地的谈话要点》

邓小平 1992 年 1 月 18 日至 2 月 21 日《在武昌、深圳、珠海、上海等地的谈话要点》，是《邓小平文选》的压轴之作，在中国特色社会主义发展史上具有里程碑意义。它是在关键时刻发表的关键谈话。面对苏东剧变和国内政治风波的严峻考验以及来自“左”右两个方面错误思潮的干扰，邓小平以政治家、战略家的远见卓识和勇气，深刻回答了长期束缚人们思想的许多重大认识问题，旗帜鲜明地向世人昭告：坚持党的基本路线一百年不动摇，改革开放要大胆地试、大胆地闯，抓住机遇加快发展、关键是发展经济，坚持两手抓、两手都要硬，关键在党、关键在人！为当代中国的发展和进步进一步指明了方向，成为排除“左”右干扰、加快改革开放和现代化建设步伐的宣言书。以这次谈话为标志，“我国改革开放和现代化建设事业进入了一个新的阶段。”②

（一）坚持党的基本路线一百年不动摇

这是“南方谈话”的核心思想，贯穿谈话的始终和全部内容。

---

① 《十三大以来重要文献选编》（上），人民出版社 1991 年版，第 58 页。

② 《十四大以来重要文献选编》（上），人民出版社 1996 年版，第 9 页。

党的基本路线即党的总路线，它是党在一定历史时期管全局、管方向、管根本的东西。基本路线是否正确，对于党和人民事业的兴衰成败具有决定性的意义。十一届三中全会以来，我们党形成了以经济建设为中心、坚持四项基本原则、坚持改革开放的“一个中心、两个基本点”的基本路线，这是社会主义初级阶段党和国家工作的生命线，是我国社会主义现代化建设事业能够经受各种风险考验、顺利达到目标的最可靠的保证。

国内政治风波和苏东剧变发生后，一些人担心党的基本路线会不会改变，一些人怀疑党的基本路线是不是正确，极少数人企图这样或那样地改变党的基本路线。中国再一次面临向何处去的历史性选择。正是在这一重大历史关头，邓小平排除各种干扰，旗帜鲜明地回答：党的基本路线不会变，不能变，也不允许变。他说：“坚持党的十一届三中全会以来的路线、方针、政策，关键是坚持‘一个中心，两个基本点’。不坚持社会主义，不改革开放，不发展经济，不改善人民生活，只能是死路一条。基本路线要管一百年，动摇不得。只有坚持这条路线，人民才会相信你，拥护你。谁要改变三中全会以来的路线、方针、政策，老百姓不答应，谁就会被打倒。”“在这短短的几年内，我们国家发展得这么快，使人民高兴，世界瞩目，这就足以证明三中全会以来路线、方针、政策的正确性，谁想变也变不了。说过去说过来，就是一句话，坚持这个路线、方针、政策不变。”① 所以不能变，因为实践证明它正确，人民拥护它；所以变不了，因为人民不答应，谁要变就会被打倒；所以一百年不能变，因为它是党在社会主义初级阶段的基本路线，而这一阶段至少要经历上百年的时间。

邓小平强调，坚持党的基本路线不动摇，“要警惕右，但主要是防止‘左’。”右就是否定四项基本原则，搞资产阶级自由化，甚至制造动乱；“左”就是否定改革开放，思想僵化，甚至用“阶级斗争为纲”冲击经济建设这个中心。二者从两个不同的极端否定党的基本路线。在这个问题上，“我们必须保持清醒的头脑，这样就不会犯大的错误，出现问题也容易纠正和改正。”②

---

① 《邓小平文选》第3卷，人民出版社1993年版，第370—371页。

② 《邓小平文选》第3卷，人民出版社1993年版，第375页。

（二）改革开放要大胆地试、大胆地闯

改革开放是新时期最鲜明的特点。针对当时在改革开放问题上的种种疑虑和模糊认识，邓小平强调，改革开放要“大胆地试，大胆地闯”，“没有一点闯的精神，没有一点‘冒’的精神，没有一股气呀、劲呀，就走不出一条好路，走不出一条新路，就干不出新的事业。”[①] 任何试验和探索都会有风险，错误难以完全避免，我们的态度是：第一，不怕，“如果前怕狼后怕虎，就走不了路”，“一怕就不能搞改革了。”[②] 第二，随时注意总结经验，“对的就坚持，不对的赶快改，新问题出来抓紧解决。”[③]

当时改革开放迈不开步子，不敢试、不敢闯，一个突出的顾虑是“怕资本主义的东西多了，走了资本主义道路。”邓小平说：“要害是姓‘资’还是姓‘社’的问题。判断的标准，应该主要看是否有利于发展社会主义社会的生产力，是否有利于增强社会主义国家的综合国力，是否有利于提高人民的生活水平。”[④] “三个有利于”的标准就是实践标准、生产力标准、人民利益标准的统一。它的确立，使干部、群众的思想进一步得到解放，澄清了长期以来束缚人们头脑的许多认识问题。例如：

关于特区姓“社”还是姓“资”的问题。有的人认为，多一分外资就多一分资本主义，“三资”企业多了就是资本主义东西多了，就是发展了资本主义，就是走资本主义道路。邓小平说，这些人连基本常识都没有。外商当然要赚一些钱，但是，国家拿回税收，工人拿回工资，我们还可以在这里学习技术和管理，还可以得到信息、打开市场，“‘三资’企业受到我国整个政治经济条件的制约，是社会主义经济的有益补充，归根到底是有利于社会主义的”，所以，“特区姓‘社’不姓‘资’。”

关于计划和市场是不是社会主义与资本主义的本质区别问题。有人

① 《邓小平文选》第3卷，人民出版社1993年版，第372页。
② 《邓小平文选》第3卷，人民出版社1993年版，第263、203页。
③ 《邓小平文选》第3卷，人民出版社1993年版，第372页。
④ 《邓小平文选》第3卷，人民出版社1993年版，第372页。

认为“改革的市场取向就是资本主义取向”。邓小平说，计划多一点还是市场多一点，不是社会主义与资本主义的本质区别。计划经济不等于社会主义，资本主义也有计划；市场经济不等于资本主义，社会主义也有市场。计划和市场都是经济手段，“社会主义的本质，是解放生产力，发展生产力，消灭剥削，清除两极分化，最终达到共同富裕。”① 这就为党的十四大确立社会主义市场经济体制改革目标扫清了思想障碍。

关于证券、股市这些东西究竟好不好，有没有危险？是不是资本主义独有的东西？社会主义能不能用？邓小平说，允许看，但要坚决地试。看对了，搞一两年对了，放开；错了，纠正，关了就是了。关，也可以快关，也可以慢关，也可以留一点尾巴。只要坚持这种态度，就不会犯大的错误。“社会主义要赢得与资本主义相比较的优势，就必须大胆吸收和借鉴人类社会创造的一切文明成果，吸收和借鉴当今世界各国包括资本主义发达国家的一切反映现代社会化生产规律的先进经营方式、管理方法。”②

关于如何认识让一部分地区先富起来的问题，邓小平说我们的构想是这样的：一部分地区有条件先发展起来，一部分地区发展慢点，先发展起来的地区带动后发展的地区，最终达到共同富裕。这就是两个大局的方针。如果富的愈来愈富，穷的愈来愈穷，两极分化就会产生，而社会主义制度就应该而且能够避免两极分化。解决的办法之一，就是先富起来的地区多交点利税，支持贫困地区的发展。当然，太早这样办也不行，现在不能削弱发达地区的活力，也不能鼓励吃“大锅饭”，可以设想，在本世纪末达到小康水平的时候，就要突出地提出和解决这个问题。到那个时候，发达地区要继续发展，并通过多交利税和技术转让等方式大力支持不发达地区。“总之，就全国范围来说，我们一定能够逐步顺利解决沿海同内地贫富差距的问题。”③

（三）发展是硬道理，抓住时机加快发展，关键是发展经济

贫穷不是社会主义，发展太慢也不是社会主义，社会主义的根本任

---

① 《邓小平文选》第3卷，人民出版社1993年版，第373页。
② 《邓小平文选》第3卷，人民出版社1993年版，第373页。
③ 《邓小平文选》第3卷，人民出版社1993年版，第374页。

务是发展生产力、提高人民生活水平。党的基本路线的两个基本点都是服务于经济建设这个中心的。把经济搞上去，是解决国内国际一切问题的物质基础，是社会主义制度优越性的集中体现，也是将来向共产主义过渡的物质条件。

“抓住时机，发展自己，关键是发展经济。”这是邓小平的一个重大战略思想。他说：“现在，我们国内条件具备，国际环境有利，再加上发挥社会主义制度能够集中力量办大事的优势，在今后的现代化建设的长过程中，出现若干个发展速度比较快、效益比较好的阶段，是必要的，也是能够办到的。我们就是要有这个雄心壮志！”“当然，不是鼓励不切实际的高速度，还是要扎扎实实，讲求效益，稳步协调地发展”，“必须依靠科技和教育”，“科学技术是第一生产力”，“要提倡科学，靠科学才有希望”，“搞科技，越高越好，越新越好”，“高科技领域，中国也要在世界占有一席之地”①。

针对当时一些人片面求稳而不敢放开手脚发展的情况，邓小平提出“发展是硬道理”的战略方针。他说：“要注意经济稳定、协调地发展，但稳定和协调也是相对的，不是绝对的。发展才是硬道理。这个问题要搞清楚。如果分析不当，造成误解，就会变得谨小慎微，不敢解放思想，不敢放开手脚，结果是丧失时机，犹如逆水行舟，不进则退。”“从根本上说，手头东西多了，我们在处理各种矛盾和问题时就立于主动地位。对于我们这样发展中的大国来说，经济要发展得快一点，不可能总是那么平平静静、稳稳当当。”② 邓小平提出一个“台阶论”，说：“我国的经济发展，总要力争隔几年上一个台阶。”③ 即在某一个发展阶段，抓住时机，加速搞几年，发现问题及时加以治理，而后继续前进。这就是发展的波浪式。

党的十八大报告指出：“以经济建设为中心是兴国之要，发展仍是解决我国所有问题的关键。只有推动经济持续健康发展，才能筑牢国家繁荣富强、人民幸福安康、社会和谐稳定的物质基础。必须坚持发展是

---

① 《邓小平文选》第3卷，人民出版社1993年版，第377—378页。
② 《邓小平文选》第3卷，人民出版社1993年版，第377页。
③ 《邓小平文选》第3卷，人民出版社1993年版，第375页。

硬道理的战略思想，决不能有丝毫动摇。”①

（四）坚持“两手抓、两手都要硬”，推动社会全面进步

“照辩证法办事”，是邓小平的名言。“两手抓、两手都要硬”，是邓小平指导我国社会主义现代化建设的一贯方针，体现了以经济建设为中心推动社会全面进步的辩证法。

1979 年 10 月 30 日，他在中国文学艺术工作者第四次代表大会的祝词中指出：“我们要在建设高度物质文明的同时，……建设高度的社会主义精神文明。”

1982 年 4 月 10 日，他在《坚决打击经济犯罪活动》的讲话中说：“我们要有两手，一手就是坚持对外开放和对内搞活经济的政策，一手就是坚决打击经济犯罪活动。”

1986 年 1 月 27 日，他在中央政治局常委会上的讲话中说：“搞四个现代化一定要有两手，只有一手是不行的。所谓两手，即一手抓建设，一手抓法制。”“经济建设这一手我们搞得相当有成绩，形势喜人，这是我们国家的成功。但风气如果坏下去，经济搞成功又有什么意义？会在另一方面变质，反过来影响整个经济变质，发展下去会形成贪污盗窃、贿赂横行的世界。所以，不能不讲四个坚持，不能不讲专政，这个专政可以保证我们的社会主义现代化建设顺利进行，有力地对付那些破坏建设的人和事。”

1989 年政治风波发生后，邓小平总结经验教训，说：“八十年代初建立经济特区时，我与广东同志谈，要两手抓，一手要抓改革开放，一手要抓严厉打击经济犯罪，包括抓思想政治工作。就是两点论。但今天回头来看，出现了明显的不足，一手比较硬，一手比较软。一硬一软不相称，配合得不好。”② 他在会见美国哥伦比亚大学教授李政道时说：“改革开放有两只手，不要只用一只手，改革是一只手，反对资产阶级自由也是一只手。有时这只手重一些，有时另一只手重一些，要根据实际情况。”③

---

① 《十八大报告辅导读本》，人民出版社 2012 年版，第 20 页。

② 《邓小平文选》第 3 卷，人民出版社 1993 年版，第 306 页。

③ 《邓小平年谱（1975—1997）》（下），中央文献出版社 2004 年版，第 1289 页。

在“南方谈话”中，第四节专门讲这个问题，强调“要坚持两手抓，一手抓改革开放，一手抓打击各种犯罪活动。这两只手都要硬”。他说：“打击各种犯罪活动，扫除各种丑恶现象，手软不得”。广东 20 年赶上亚洲“四小龙”，不仅经济要上去，社会秩序、社会风气也要搞好，两个文明建设都要超过它们，这才是有中国特色的社会主义。邓小平提出：对一些地方出现的丑恶现象如吸毒、嫖娼、经济犯罪等，要注意很好地抓，坚决取缔和打击，决不能任其发展；在整个改革开放过程中都要反对腐败，廉政建设要作为大事来抓，“还是要靠法制，搞法制靠得住些”；在整个改革开放过程中，必须始终注意坚持四项基本原则，反对资产阶级自由化；依靠无产阶级专政保卫社会主义制度，这是马克思主义的一个基本观点。最后他指出：“巩固和发展社会主义制度，还需要一个很长的历史阶段，需要我们几代人、十几代人，甚至几十代人坚持不懈地努力奋斗，决不能掉以轻心。”①

（五）关键在党，关键在人，关键在共产党内部要搞好

正确的政治路线的贯彻执行，要靠正确的组织路线作保证。中国的事情能不能办好，社会主义和改革开放能不能坚持，经济能不能快一点发展起来，国家能不能长治久安，邓小平认为，关键在党，关键在人，“中国要出问题，还是出在共产党内部。”针对党的现状，邓小平在这次谈话中，着重强调了三点：

一是组成一个实行改革开放的有希望的中央领导集体。1989 年 5 月 31 日，他在同两位中央负责同志的谈话中指出：“这是最重要的一条”，“一个十分重要的问题”，“不是九分九，而是十分重要的问题。”“我们现在就是要选人民公认是坚持改革开放路线并有政绩的人，大胆地将他们放进新的领导机构里，要使人民感到我们真心真意要搞改革开放。”在南方谈话中，他又一次强调了这一点，“说党的基本路线要管一百年，要长治久安，就要靠这一条。真正关系到大局的是这个事。”“人民，是看实践。人民一看，还是社会主义好，还是改革开放好，我们的

① 《邓小平文选》第 3 卷，人民出版社 1993 年版，第 379—380 页。

事业就会万古长青。”①

二是大力选拔和培养年轻的接班人。他说：“要进一步找年轻人进班子”，“要注意下一代接班人的培养”，“让更多的年轻人成长起来”，“十一届三中全会确立的这条中国发展路线，是否能够坚持得住，要靠大家努力，特别是要教育后代。”② 邓小平认为，这是我们事业可持续发展的重大战略问题。“中国目前人才往往从五六十岁的人中挑选，这样就不能体现活力。中国只有出现三四十岁的政治家、科学家、经济管理家和企业家，并由这批人担当重任，国家才有活力，政策才能保持长久。”③

三是要有好的作风。无论是老同志还是年轻同志，都有个作风问题。邓小平在谈到年轻干部成长时说：“要使他们懂得，不只是年轻就能解决问题，不只是有了业务知识就能解决问题，还要有好的作风。”④ 我们党的好的作风，最根本的是两条，一是实事求是，二是群众路线。在南方谈话中，邓小平着力批评了违背这两条的形式主义作风。他说：“现在有一个问题，就是形式主义多。电视一打开，全是会议。会议多，文章太长，讲话也太长，而且内容重复，新的语言并不很多。重复的话要讲，但要精简。形式主义也是官僚主义。要腾出时间来多办实事，多做少说。”邓小平“建议抓一下这个问题”。⑤ 遗憾的是，这些话讲了20多年，情况并没有根本改变，在某些方面甚至愈演愈烈。这里既有认识不够，抓得不力的问题，也有深层次的体制问题。早在1980年8月18日，邓小平在《党和国家领导制度的改革》那篇重要讲话中就指出：“制度问题不解决，思想作风问题也解决不了。”⑥ 解决权力过分集中的领导体制，是治理形式主义的根本。我们必须双管齐下，既抓思想教育，又抓体制改革，这样才能真正收到实效。

邓小平南方谈话最后一部分，表达了一个伟大马克思主义者对社会

① 《邓小平文选》第3卷，人民出版社1993年版，第296、297、300、380、381页。

② 《邓小平文选》第3卷，人民出版社1993年版，第381页。

③ 《邓小平思想年谱（1975—1997）》，中央文献出版社1998年版，第365页。

④ 《邓小平文选》第2卷，人民出版社1994年版，第230页。

⑤ 《邓小平文选》第3卷，人民出版社1993年版，第382页。

⑥ 《邓小平文选》第2卷，人民出版社1994年版，第328页。

主义、共产主义的坚定信念。面对国际共产主义运动的低潮，面对西方敌对势力所谓“共产主义大失败”的叫嚣，面对党内和人民内部一些人对社会主义前途的怀疑和动摇，邓小平以战略家的眼光，斩钉截铁地说：“一些国家出现严重曲折，社会主义好像被削弱了，但人民经受锻炼，从中吸收教训，将促使社会主义向着更加健康的方向发展。因此，不要惊慌失措，不要认为马克思主义就消失了，没用了。哪有这回事！”他指出：“社会主义经历一个长过程发展后必然代替资本主义。这是社会历史发展不可逆转的总趋势，但道路是曲折的。”① 唯物辩证法告诉我们：事物的发展都是前进性与曲折性的统一。自然界如此，人类社会也是如此，每一种新的社会制度代替旧的社会制度都走过了艰难曲折的道路。英国资本主义制度取代封建制度经过48年的复辟和反复辟斗争，法国则经历了86年的反复较量，就整个资本主义制度来说，从建立到成熟，大约经历了二三百年的时间，其间不断地发生经济危机和政治危机。以一种剥削制度取代另一种剥削制度尚且如此，指望消灭一切剥削制度的社会主义运动，总是一帆风顺而不会经历任何曲折，是不现实的。中国改革开放以来30多年持续快速发展的历史证明，只要坚持马克思主义同本国国情相结合，同时代发展同进步，同人民群众共命运，马克思主义就有强大的生命力，社会主义制度就是不可战胜的。现在，我们正在为实现“两个100年”目标而奋斗，即到2020年建党一百年时全面建成小康社会，到2050年建国一百年时基本实现现代化。“两个100年”目标的实现，就如邓小平所说：“不但给占世界人口四分之三的第三世界走出了一条路，更重要的是向人类表明，社会主义是必由之路，社会主义优于资本主义。”②

邓小平的南方谈话，不但在重大历史关头深刻回答了长期困扰人们的许多重大认识问题，把我国改革开放和现代化建设事业推进到新阶段，而且系统地总结了我国改革开放以来建设中国特色社会主义的历史经验和苏东剧变的历史教训，对以他为代表的中国共产党人所创立的中国特色社会主义理论作了深刻、系统的总结，在中国特色社会主义理论发展史上具有里程碑的意义。

---

① 《邓小平文选》第3卷，人民出版社1993年版，第383页。

② 《邓小平文选》第3卷，人民出版社1993年版，第225页。

六、建设有中国特色社会主义理论的系统阐述、坚持党的基本路线经验的科学总结与社会主义市场经济体制改革目标的确立

——学习《加快改革开放和现代化建设步伐，夺取有中国特色社会主义事业的更大胜利》

1992 年 10 月 12 日，党的第十四次全国代表大会召开。江泽民同志代表第十三届中央委员会作题为《加快改革开放和现代化建设步伐，夺取有中国特色社会主义事业更大胜利》的报告。报告通篇体现了邓小平南方谈话精神，作出了加快改革开放和现代化建设的战略部署，对中国特色社会主义理论作了系统阐述，对坚持党的基本路线的经验作了科学总结，对我国经济体制改革目标的设计实现了重大突破——明确提出我国经济体制改革的目标是建立社会主义市场经济体制。这次代表大会极大地推进了我国改革开放和现代化建设的步伐。

（一）建设有中国特色社会主义理论的系统阐述

建设有中国特色社会主义理论是十一届三中全会以来我们党在改革开放和现代化建设的实践中逐步形成和发展起来的。

1987 年党的十三大报告提出了“建设有中国特色的社会主义理论的轮廓”，其中包括 12 个科学观点，即关于解放思想、实事求是，以实践作为检验真理的唯一标准的观点；关于建设社会主义必须根据本国国情，走自己的道路的观点；关于在经济文化落后的条件下，建设社会主义必须有一个很长的初级阶段的观点；关于社会主义社会的根本任务是发展生产力，集中力量实现现代化的观点；关于社会主义经济是有计划商品经济的观点；关于改革是社会主义社会发展的重要动力，对外开放是实现社会主义现代化的必要条件的观点；关于社会主义民主政治和社会主义精神文明是社会主义重要特征的观点；关于坚持四项基本原则同坚持改革开放的总方针这两个基本点相互结合、缺一不可的观点；关于用“一个国家、两种制度”来实现国家统一的观点；关于执政党的党风关系党的生死存亡的观点；关于按照独立自主、完全平等、互相尊重、互不干涉内部事务的原则，发展同外国共产党和其他政党的关系的观

点；关于和平与发展是当代世界的主题的观点，等等，“这些观点，构成了建设有中国特色的社会主义理论的轮廓，初步回答了我国社会主义建设的阶段、任务、动力、条件、布局和国际环境等基本问题，规划了我们前进的科学轨道。”① 这是我们党对中国特色社会主义理论第一次所作的比较系统的概括。

在十三大概括的基础上，十四大报告作了进一步的概括和系统阐述。关于“建设有中国特色社会主义理论的主要内容”，报告从九个方面进行了论述：

在社会主义的发展道路问题上，强调走自己的道路，不把书本当教条，不照搬外国模式，以马克思主义为指导，以实践作为检验真理的唯一标准，解放思想，实事求是，尊重群众的首创精神，建设有中国特色的社会主义。

在社会主义的发展阶段问题上，作出了我国还处在社会主义初级阶段的科学论断，强调这是一个至少上百年的很长的历史阶段，制定一切方针政策都必须以这个基本国情为依据，不能脱离实际，超越阶段。

在社会主义的根本任务问题上，指出社会主义的本质是解放生产力，发展生产力，消灭剥削，消除两极分化，最终达到共同富裕。强调现阶段我国社会的主要矛盾是人民日益增长的物质文化需要同落后的社会生产之间的矛盾，必须把发展生产力摆在首要位置，以经济建设为中心，推动社会全面进步。判断各方面工作的是非得失，归根到底，要以是否有利于发展社会主义社会的生产力，是否有利于增强社会主义国家的综合国力，是否有利于提高人民的生活水平为标准。科学技术是第一生产力，经济建设必须依靠科技进步和劳动力素质的提高。

在社会主义的发展动力问题上，强调改革也是一场革命，也是解放生产力，是中国现代化的必由之路，僵化停滞是没有出路的。经济体制改革的目标，是在坚持公有制和按劳分配为主体、其他经济成分和分配方式为补充的基础上，建立和完善社会主义市场经济体制。政治体制改革的目标，是以完善人民代表大会制度、共产党领导的多党合作和政治协商制度为主要内容，发展社会主义民主政治。同经济、政治的改革和发展相适应，以“有理想、有道德、有文化、有纪律”为目标，建设社

① 《十三大以来重要文献选编》(上)，人民出版社 1991 年版，第 56—57 页。

会主义精神文明。

在社会主义建设的外部条件问题上，指出和平与发展是当代世界两大主题，必须坚持独立自主的和平外交政策，为我国现代化建设争取有利的国际环境。强调实行对外开放是改革和建设必不可少的，应当吸收和利用世界各国包括资本主义发达国家所创造的一切先进文明成果来发展社会主义，封闭只能导致落后。

在社会主义建设的政治保证问题上，强调坚持社会主义道路、坚持人民民主专政、坚持中国共产党的领导、坚持马克思列宁主义毛泽东思想。这四项基本原则是立国之本，是改革开放和现代化建设健康发展的保证，它又从改革开放和现代化建设获得新的时代内容。

在社会主义建设的战略步骤问题上，提出基本实现现代化分三步走。在现代化建设的长过程中要抓住时机，争取出现若干个发展速度比较快、效益又比较好的阶段，每隔几年上一个台阶。贫穷不是社会主义，同步富裕又是不可能的，必须允许和鼓励一部分地区一部分人先富起来，以带动越来越多的地区和人们逐步达到共同富裕。

在社会主义的领导力量和依靠力量问题上，强调作为工人阶级先锋队的共产党是社会主义事业的领导核心，党必须适应改革开放和现代化建设的需要，不断改善和加强对各方面工作的领导，改善和加强自身建设。执政党的党风，党同人民群众的联系，是关系党生死存亡的问题。必须依靠广大工人、农民、知识分子，必须依靠各民族人民的团结，必须依靠全体社会主义劳动者，拥护社会主义的爱国者和拥护祖国统一的爱国者的最广泛的爱国统一战线。党领导的人民军队是社会主义祖国的保卫者和建设社会主义的重要力量。

党的十四大报告不仅对中国特色社会主义理论的主要内容作了系统概括和初步论述，指出它“第一次比较系统地初步回答了中国这样的经济文化比较落后的国家如何建设社会主义、如何巩固和发展社会主义的一系列基本问题”①；而且对这一理论产生的时代背景、实践基础、历史地位和指导意义作出了明确的阐述，指出：“建设有中国特色社会主义的理论，是在和平与发展成为时代主题的历史条件下，在我国改革开放和社会主义现代化建设的实践过程中，在总结我国社会主义胜利和挫

① 《十四大以来重要文献选编》（上），人民出版社1996年版，第10页。

折的历史经验并借鉴其他国家社会主义兴衰成败历史经验的基础上，逐步形成和发展起来的。它是马克思列宁主义基本原理与当代中国实际和时代特征相结合的产物，是毛泽东思想的继承和发展，是全党全国人民集体智慧的结晶，是中国共产党和中国人民最可宝贵的精神财富。”[①]

（二）坚持党的基本路线经验的科学总结

在建设有中国特色社会主义理论的指导下，我们党形成了社会主义初级阶段的基本路线。“一个中心、两个基本点”是这条路线的简明概括。党的十四大报告对我们党坚持这条基本路线的经验作了科学总结，概括起来，主要是三条。

第一，“坚持党的基本路线不动摇，关键是坚持以经济建设为中心不动摇。”[②] 我国社会主义基本制度建立以后，由于国内因素和国际影响，阶级斗争还将在一定范围内长期存在，在某种条件下还有可能激化，我们对此必须保持清醒头脑，绝对不能掉以轻心，否则改革开放和现代化建设都不可能顺利进行。但是，我国社会的主要矛盾已经不是阶级斗争，经济建设已经成为我们的中心任务。抓阶级斗争要服务于经济建设这个中心而不能冲击这个中心。历史经验告诉我们，在通常情况下，人们比较能够正确处理阶级斗争与经济建设的关系，而在阶级斗争出现某种激化状态的情况下，往往不那么清醒，容易夸大阶级斗争，动摇经济建设这个中心。党的十四大报告指出：“在历史上，由于没有能够清醒对待国际国内某些事件，我们有过离开经济建设这个中心的严重教训。”[③] 这句话包含丰富的历史内容。1956 年 9 月党的八大确立了以经济建设为中心的指导思想，一年之后，1957 年 10 月，毛泽东在八届中央委员会扩大的第三次会议上就重提阶级斗争是主要矛盾，批评八大的提法“是不对的”。原因就是这期间国内和一些社会主义国家内部出现一些阶级斗争激化的事件，而我们对这些事件的分析不那么冷静，在思想方法上犯了绝对化的错误，把一定范围内阶级斗争的激化夸大为全局范围的尖锐化，把一定时间内的激化夸大为长期的尖锐化，从而导致

① 《十四大以来重要文献选编》（上），人民出版社 1996 年版，第 13 页。
② 《十四大以来重要文献选编》（上），人民出版社 1996 年版，第 14 页。
③ 《十四大以来重要文献选编》（上），人民出版社 1996 年版，第 14 页。

重提阶级斗争为纲的错误。80 年代末和 90 年代初我国的政治风波和苏东剧变之后，我们就没有重复这个错误。冷静而又正确地处理这些问题后，还是继续坚持以经济建设为中心的党的基本路线，批评了党内一些人企图重提阶级斗争为纲的错误主张，保证了我国社会主义事业沿着正确的道路前进。历史的教训和经验表明，正确处理阶级斗争与经济建设的关系至为重要。今后还可能发生阶级斗争的某些激化问题，我们的原则是按照实际情况，有什么问题解决什么问题，在什么范围内发生的问题就在什么范围内解决，无论解决什么问题都不能影响经济建设这个中心，除了发生大规模外敌入侵，都要抓住经济建设这个中心不放。

第二，“坚持党的基本路线不动摇，必须把改革开放同四项基本原则统一起来。”[①] 中国特色社会主义所以具有蓬勃的生命力，就在于它是实行改革开放的社会主义；我国的改革开放所以能够健康发展，就在于它是有利于巩固和发展社会主义的改革开放。这两个基本点都是服务于经济建设这个中心的。党的十四大报告指出：“在把握‘一个中心、两个基本点’的问题上，在党内特别是领导干部中要警惕右，但主要是防止‘左’。右的表现是否定四项基本原则，搞资产阶级自由化，甚至制造政治动乱。‘左’的表现主要是否定改革开放，认为和平演变的主要危险来自经济领域，甚至用‘阶级斗争’为纲的思想影响和冲击经济建设这个中心。右可以葬送社会主义，‘左’也可以葬送社会主义。”[②] 在我们党的历史上，“左”的思想根深蒂固，从 1927 年八七会议之后，到 1935 年遵义会议之前，长达八年的时间连续发生三次“左”倾错误，而且一次比一次严重，使中国革命几乎陷入绝境。在建设社会主义的进程中，从 1957 年起的二十年间出现的错误，主要都是“左”。改革开放要探索和开辟新的道路，突破束缚生产力的旧体制，阻力也主要来自“左”。十四大提出警惕右、主要是防止“左”，目的在于使全党同志、特别是领导干部深刻吸取历史教训，结合当前实际，排除“左”右两种干扰，提高全面贯彻党的基本路线的自觉性和坚定性。当然，“左”和右都是政治概念，我们不应随意把认识上和工作上的一些具体问题的分歧，不加分析地都上升为“左”和右的路线问题。

---

① 《十四大以来重要文献选编》(上)，人民出版社 1996 年版，第 14 页。

② 《十四大以来重要文献选编》(上)，人民出版社 1996 年版，第 15 页。

第三，“坚持党的基本路线不动摇，必须巩固和发展团结稳定的政治局面。”① 没有政治稳定，社会动荡不安，改革开放和经济建设都不能正常进行，什么事情也办不成。因此，必须坚持四项基本原则，坚决排除一切导致中国混乱甚至动乱的因素，决不能任其泛滥。同时，如果不坚持以经济建设为中心，不实行改革开放，不发展经济，也不可能有团结稳定的政治局面。基本路线不变，社会政治稳定，有了这两条，中国特色社会主义事业就能不断地从胜利走向胜利。

（三）我国社会主义市场经济体制改革目标的确立

党的十四大报告在理论上的又一个重大贡献是明确地把我国经济体制改革的目标确立为建立社会主义市场经济体制，实现了我国经济体制改革的重大历史性突破。这是我们党经过长期探索取得的具有里程碑意义的理论成果和实践成果，是党和人民、包括理论工作者集体智慧的结晶，是社会主义发展史上的一个伟大创举。

在这个问题上，我们经历了一个相当艰难曲折的认识过程。

不论马克思主义者还是西方经济学家，都曾经把市场经济同资本主义等同起来，把计划经济同社会主义等同起来。新中国建立后，经过短暂的过渡时期，我国仿照苏联模式建立了高度集中的计划经济体制，忽视市场和价值规律的作用，使社会主义制度的优越性没有得到充分发挥。

改革开放以后，我们逐步探索突破计划经济体制的框架。

1979 年 3 月 8 日，陈云在一个讲话提纲中提出：整个社会主义时期经济必须有两个部分，一是计划经济部分，这是基本的主要的；二是市场调节部分，这是从属的次要的，但又是必要的。1979 年 11 月 26 日，邓小平在同美国和加拿大客人谈话时说：“市场经济不能说只是资本主义的。市场经济，在封建社会时期就有了萌芽。社会主义也可以搞市场经济。”“我们是计划经济为主，也结合市场经济，但这是社会主义的市场经济。”② 1982 年 9 月 1 日，胡耀邦在党的十二大报告中提出：“正确贯彻计划经济为主、市场调节为辅的原则，是经济体制改革中的

① 《十四大以来重要文献选编》（上），人民出版社 1996 年版，第 15 页。

② 《邓小平文选》第 2 卷，人民出版社 1994 年版，第 236 页。

一个根本性问题。"[1] 这是我国经济体制改革的第一次重大突破。

1984 年 10 月 20 日，党的十二届三中全会通过的《关于经济体制改革的决定》，又前进了一步，提出"有计划的商品经济"这个新概念，强调："要突破把计划经济同商品经济对立起来的传统观念，明确认识社会主义计划经济必须自觉依据和运用价值规律，是在公有制基础上的有计划的商品经济。商品经济的充分发展，是社会经济发展不可逾越的阶段，是实现我国经济现代化的必要条件。"[2] 邓小平对这个《决定》给予很高评价，说："我的印象是写出了一个政治经济学的初稿，是马克思主义基本原理和中国社会主义实践相结合的政治经济学。"[3] 1985 年 10 月 23 日，他在会见美国客人时又一次强调："社会主义和市场经济之间不存在根本矛盾。问题是用什么方法才能更有力地发展社会生产力。" 1987 年 2 月 6 日，他在同几位中央负责同志的谈话中说得更加明确："为什么一谈市场就说是资本主义，只有计划才是社会主义呢？计划和市场都是方法嘛。只要对发展生产力有好处，就可以利用。它为社会主义服务，就是社会主义的；为资本主义服务，就是资本主义的。好像一谈计划就是社会主义，这也是不对的，日本就有一个企划厅嘛，美国也有计划嘛！我们以前是学苏联的，搞计划经济。后来又讲计划经济为主，现在不要再讲这个了。"[4] 据此，1987 年党的十三大报告指出："社会主义有计划商品经济的体制，应该是计划与市场内在统一的体制"，"必须把计划工作建立在商品交换和价值规律的基础上"，"计划和市场的作用范围都是覆盖全社会的"，"新的经济运行机制，总体上来说应当是'国家调节市场，市场引导企业'的机制。"[5]

但是，改革之路并不平坦。1989 年国内政治风波发生后，一股质疑和否定市场经济的观点遽然升温，试图扭转我国经济体制改革的市场取向。有人把"社会主义市场经济"的观点斥责为资产阶级自由化，是资产阶级自由化在经济领域的表现；有人在《人民日报》发表署名文

① 《十二大以来重要文献选编》（上），人民出版社 1986 年版，第 23 页。

② 《十二大以来重要文献选编》（上），人民出版社 1986 年版，第 568 页。

③ 《邓小平文选》第 3 卷，人民出版社 1993 年版，第 83 页。

④ 《邓小平文选》第 3 卷，人民出版社 1993 年版，第 203 页。

⑤ 《十三大以来重要文献选编》（上），人民出版社 1991 年版，第 27 页。

章，认为计划经济是社会主义经济的一个基本特征，它与市场经济是根本对立的，改革的市场取向就是资本主义取向。中国的改革又出现了反复，历史又走到一个十字路口，今后中国的路到底怎样走？在这个重大历史关头，邓小平发表一系列谈话，批驳谬误，指点迷津。1990 年 12 月 24 日，邓小平同几位中央负责同志谈话时说："我们必须从理论上搞懂，资本主义与社会主义的区分不在于是计划还是市场这样的问题"，"不要以为搞点市场经济就是资本主义道路，没有那么回事。计划和市场都得要。不搞市场，连世界上的信息都不知道，是自甘落后。"[①] 1991 年 1 月，他在视察上海时又说："不要以为，一说计划经济就是社会主义，一说市场经济就是资本主义，不是那么回事，两者都是手段，市场也可以为社会主义服务。"[②] 1992 年春天，他在南方谈话中进一步谈到了这个问题。邓小平的这一系列重要谈话，从根本上打破了把计划经济和市场经济看作社会基本制度规定的思想框框，使我们对社会主义市场经济的认识达到了一个新的境界，掀起了新一轮的思想解放的高潮。

江泽民根据邓小平的论述，决心在党的十四大解决我国经济体制改革的目标取向问题。1992 年 2 月 20 日，他在十四大报告起草工作座谈会上提出，十四大在计划与市场的关系上要前进一步，要讲清楚经济体制改革的目标是什么。1992 年 6 月 9 日，他在中央党校作题为《关于在我国建立社会主义市场经济体制》的讲话，提出："经过十多年的摸索和总结国内外经验，我们对建立社会主义的新经济体制在理论上和实践上的认识，已经比较成熟了，在全党也进一步统一了，完全可以进入加快实施的阶段了"，"我个人的看法，比较倾向于使用'社会主义市场经济体制'这个提法。"[③] 这样，就为党的十四大报告定下了基调。

党的十四大报告指出："我国经济体制改革确定什么样的目标模式，是关系整个社会主义现代化建设全局的一个重大问题。""实践的发展和认识的深化，要求我们明确提出，我国经济体制改革的目标是建立社会主义市场经济体制，以利于进一步解放和发展生产力。"所谓社会主义

---

① 《邓小平文选》第 3 卷，人民出版社 1993 年版，第 364 页。

② 《邓小平文选》第 3 卷，人民出版社 1993 年版，第 367 页。

③ 《江泽民文选》第 1 卷，人民出版社 2006 年版，第 202 页。

市场经济体制，“就是要使市场在社会主义国家宏观调控下对资源配置起基础性作用，使经济活动遵循价值规律的要求，适应供求关系的变化；通过价格杠杆和竞争机制的功能，把资源配置到效益较好的环节中去，并给企业以压力和动力，实现优胜劣汰；运用市场对各种经济信号反应比较灵敏的优点，促进生产和需求的及时协调。同时也要看到市场有其自身的弱点和消极方面，必须加强和改善国家对经济的宏观调控。我们要大力发展全国的统一市场，进一步扩大市场的作用，并依据客观规律的要求，运用好经济政策、经济法规、计划指导和必要的行政管理，引导市场健康发展。”①

党的十四大报告指出，社会主义市场经济体制是同社会主义基本制度结合在一起的。其主要特征有三个：第一，“在所有制结构上，以公有制包括全民所有制和集体所有制为主体，个体经济、私营经济、外资经济为补充，多种经济成分长期共同发展，不同经济成分还可以自愿实行多种形式的联合经营。”第二，“在分配制度上，以按劳分配为主体，其他分配方式为补充，兼顾效率与公平。运用包括市场在内的各种调节手段，既鼓励先进，促进效率，合理拉开收入差距，又防止两极分化，逐步实现共同富裕”。第三，“在宏观调控上，我们社会主义国家能够把人民的当前利益与长远利益、局部利益与整体利益结合起来，更好地发挥计划与市场两种手段的长处。国家计划是宏观调控的重要手段之一。要更新计划观念，改进计划方法，重点是合理制定国民经济和社会发展的战略目标，搞好经济发展预测、总量调控、重大结构与生产力布局规划，集中必要的财力物力进行重点建设，综合运用经济杠杆，促进经济更好更快地发展。”②

根据党的十四大精神，党的十四届三中全会作出了《关于建立社会主义市场经济体制若干问题的决定》，系统设计了社会主义市场经济体制的基本框架，其中的要点主要有：转换国有企业的经营机制，建立现代企业制度；培育和发展商品市场、金融市场，技术、劳务、信息、房地产等市场，形成全国统一开放的市场体系；转变政府职能，建立健全宏观经济调控体系；建立合理的个人收入分配和社会保障制度，等等，

① 《十四大以来重要文献选编》（上），人民出版社1996年版，第17、18、19页。
② 《十四大以来重要文献选编》（上），人民出版社1996年版，第19—20页。

从而为建立社会主义市场经济体制提供了一个基本框架。

七、以邓小平理论为指导，全面推进中国特色社会主义伟大事业

——学习《高举邓小平理论伟大旗帜，把建设有中国特色社会主义事业全面推向二十一世纪》

1997年2月19日，我国社会主义改革开放和现代化建设的总设计师、中国特色社会主义理论的主要创立者邓小平，与世长辞。邓小平去世后，中国向哪里去，他所开创的中国特色社会主义事业会不会继续坚持下去，中国共产党将会怎样对待邓小平理论，这些关系当代中国前途命运的重大问题，无疑为世人所关注。1997年9月12日至18日召开的中国共产党第十五次全国代表大会对此作出了旗帜鲜明的回答。江泽民代表十四届中央委员会所作的《高举邓小平理论伟大旗帜，把建设有中国特色社会主义事业全面推向二十一世纪》的报告，深刻阐明了邓小平理论的历史地位和指导意义，指出：邓小平理论是当代中国的马克思主义，是马克思主义在中国发展的新阶段。大会把邓小平理论同马克思列宁主义、毛泽东思想一道确立为党的指导思想，在党章中明确规定：中国共产党以马克思列宁主义、毛泽东思想、邓小平理论作为自己的行动指南。大会以邓小平理论为指导，对世纪之交全面建设中国特色社会主义作出了重大部署。党的十五大以高举邓小平理论伟大旗帜为主要标志而载入史册。

（一）邓小平理论的历史地位和指导意义

关于邓小平开创的中国特色社会主义理论，我们党的几次代表大会的报告和领导人的多次讲话都有重要论述。

1987年10月25日，党的十三大报告指出：马克思主义与我国实践的结合，经历了60多年。在这个过程中，有两次历史性飞跃。第一次飞跃，发生在新民主主义革命时期，找到了有中国特色的革命道路；第二次飞跃，发生在十一届三中全会以后，开始找到一条建设有中国特色的社会主义的道路。“有中国特色的社会主义，是马克思主义基本原理同中国现代化建设相结合的产物，是扎根于当代中国的科学社会主

义”，“是指引我们事业前进的伟大旗帜。”① 报告从12个方面概括了十一届三中全会以来我们党坚持和发展了的科学观点，认为这些观点“构成了建设有中国特色的社会主义理论的轮廓”，“规划了我们前进的科学轨道。”②

1989年9月29日，江泽民在庆祝中华人民共和国成立40周年大会上的讲话中，第一次使用了“邓小平同志关于建设有中国特色社会主义的理论”这一概念，指出这一理论“是经过十年实践检验而为亿万人民所认识和接受的科学理论，是指引我们继续前进的旗帜”③。

1992年10月12日，党的十四大报告对“邓小平同志建设有中国特色社会主义的理论”的主要内容（九个方面）、时代背景、历史地位、指导意义作了系统阐述，提出了用这一理论武装全党的战略任务。

1997年2月25日，《在邓小平同志追悼大会上的悼词》中，江泽民代表党中央明确宣告：邓小平建设有中国特色社会主义理论“是中国共产党的指导思想和中华民族的精神支柱”，表达了党中央领导集体“更高地举起邓小平建设有中国特色社会主义理论的伟大旗帜”的坚定决心和信念。

在以上一系列论述的基础上，党的十五大报告使用了“邓小平理论”这一概念，指出：“马克思列宁主义同中国实际相结合有两次历史性飞跃，产生了两大理论成果。第一次飞跃的理论成果是被实践证明了的关于中国革命和建设的正确的理论原则和经验总结，它的主要创立者是毛泽东，我们党把它称为毛泽东思想。第二次飞跃的理论成果是建设有中国特色社会主义理论，它的主要创立者是邓小平，我们党把它称为邓小平理论。”报告强调，作为毛泽东思想的继承和发展的邓小平理论“是指导中国人民在改革开放中胜利实现社会主义现代化的正确理论。在当代中国，只有把马克思主义同当代中国实践和时代特征结合起来的邓小平理论，而没有别的理论能够解决社会主义的前途和命运问题。邓小平理论是当代中国的马克思主义，是马克思主义在中国发展的新

① 《十三大以来重要文献选编》（上），人民出版社1991年版，第55页。
② 《十三大以来重要文献选编》（上），人民出版社1991年版，第57页。
③ 《江泽民文选》第1卷，人民出版社2006年版，第69页。

阶段。”①

邓小平理论所以成为马克思主义在中国发展的新阶段，十五大报告从四个方面进行了论述，这就是“四新”：

第一，邓小平理论坚持解放思想、实事求是，在新的实践基础上继承前人又突破陈规，开拓了马克思主义的新境界。邓小平 1978 年《解放思想，实事求是，团结一致向前看》的讲话，是在“文化大革命”结束后，中国面临向何处去的重大历史关头，冲破“两个凡是”的禁锢，开辟新时期新道路、开创建设有中国特色社会主义新理论的解放思想、实事求是的宣言书。1992 年春天邓小平的南方谈话，是在国际国内政治风波严峻考验的重大历史关头，坚持十一届三中全会以来的理论和路线，深刻回答长期束缚人们思想的许多重大认识问题，把改革开放和现代化建设推进到新阶段的又一个解放思想、实事求是的宣言书。十一届三中全会以来，我们在理论上的每一个重大突破，在政策上的每一个重大调整，在发展上的每一个重大成就，无一不是解放思想、实事求是的结果。

第二，邓小平理论坚持科学社会主义理论和实践的基本成果，抓住“什么是社会主义、怎样建设社会主义”这个根本问题，深刻揭示社会主义的本质，把对社会主义的认识提高到新的科学水平。新时期的解放思想，关键是在这个根本问题上解放思想。从以阶级斗争为纲转到以经济建设为中心，从僵化半僵化转到实行改革，从封闭半封闭转到对外开放，从计划经济转到社会主义市场经济，这一系列重大转变都是逐步搞清楚“什么是社会主义、怎样建设社会主义”这个问题的过程。

第三，邓小平理论坚持用马克思主义的宽广眼界观察世界，对当今时代特征、总体国际形势、各国兴衰成败的历史经验等进行正确分析，作出一系列新的科学判断，据此确定党的路线和国际战略，要求我们用新的观点认识、继承和发展马克思主义。这是邓小平理论鲜明的时代精神。

第四，总起来说，邓小平理论形成了建设有中国特色社会主义的新的科学体系。它第一次比较系统地初步回答了中国社会主义的发展道路、发展阶段、根本任务、发展动力、外部条件、政治保证、战略步

---

① 《江泽民文选》第 2 卷，人民出版社 2006 年版，第 8—9 页。

骤、党的领导和依靠力量以及祖国统一等一系列基本问题。它是贯穿哲学、政治经济学、科学社会主义等领域，涵盖经济、政治、科技、教育、文化、民族、军事、外交、统一战线、党的建设等方面比较完备的科学体系。当然，也是一个需要随着实践的发展而不断丰富和发展的科学体系。

（二）党在社会主义初级阶段的基本纲领

党的十五大报告指出，搞清楚“什么是社会主义、怎样建设社会主义”，就必须搞清楚什么是初级阶段的社会主义、在初级阶段怎样建设社会主义。报告在十四大报告的基础上进一步强调要毫不动摇地坚持党在社会主义初级阶段的基本路线，同时创造性地阐明了党在社会主义初级阶段的基本纲领。

报告指出，根据邓小平理论和党的基本路线，围绕建设富强、民主、文明的社会主义现代化国家的目标，必须进一步明确什么是社会主义初级阶段的经济、政治和文化，以及怎样建设这样的经济、政治和文化。对此，报告首次作出了系统概括。

第一，建设有中国特色社会主义的经济，就是在社会主义条件下发展市场经济，不断解放和发展生产力。为此，就要坚持和完善社会主义公有制为主体、多种所有制共同发展的基本经济制度；坚持和完善社会主义市场经济体制，使市场在国家宏观调控下对资源配置起基础性作用；坚持和完善按劳分配为主体的多种分配方式，允许一部分地区一部分人先富起来，带动和帮助后富，逐步走向共同富裕；坚持和完善对外开放，积极参与国际经济合作和竞争。保证国民经济持续快速健康发展，人民共享经济繁荣成果。

第二，建设有中国特色社会主义的政治，就是在中国共产党领导下，在人民当家作主的基础上，依法治国，发展社会主义民主政治。为此，就要坚持和完善工人阶级领导的、以工农联盟为基础的人民民主专政；坚持和完善人民代表大会制度和共产党领导的多党合作、政治协商制度以及民族区域自治制度；发展民主，健全法制，建设社会主义法治国家。实现社会安定，政府廉洁高效，全国各族人民团结和睦，生动活泼的政治局面。

第三，建设有中国特色社会主义的文化，就是以马克思主义为指导，以培育有理想、有道德、有文化、有纪律的公民为目标，发展面向现代化、面向世界、面向未来的，民族的科学的大众的社会主义文化。为此，就要坚持用邓小平理论武装全党，教育人民；努力提高全民族的思想道德素质和教育科学文化水平；坚持为人民服务、为社会主义服务的方向和百花齐放、百家争鸣的方针，重在建设，繁荣学术和文艺。建设立足中国现实、继承历史文化传统、吸收外国文化有益成果的社会主义精神文明。

以上三个方面的基本目标和基本政策的有机统一，构成党在社会主义初级阶段的基本纲领。这个纲领，是邓小平理论的重要内容，是党的基本路线在经济、政治、文化方面的展开，是十一届三中全会以来最主要经验的总结。

（三）以邓小平理论为指导提出的一系列新思想、新观点

党的十五大报告指出："坚持邓小平理论，在实践中继续丰富和创造性地发展这个理论，这是党中央领导集体和全党同志的庄严历史责任。"① 报告不仅对邓小平理论的历史地位和指导意义作出了新的阐述，对社会主义初级阶段的基本纲领首次作出科学概括，而且规划了到2010年、建党一百年、新中国成立一百年的发展目标，提出了有关发展与改革的一系列新思想、新观点。这些新思想、新观点主要有：

第一，关于中国社会主义初级阶段基本经济制度的新概括。十一届三中全会以来，我们党在认真总结经验教训的基础上，制定出以公有制为主体、多种经济成分共同发展的正确方针，逐步消除所有制结构不合理对生产力的羁绊。党的十五大报告把这一方针上升到基本经济制度的高度，指出："公有制为主体、多种所有制经济共同发展，是我国社会主义初级阶段的一项基本经济制度。这一制度的确立，是由社会主义性质和初级阶段国情决定的：其一，我国是社会主义国家，必须坚持公有制作为社会主义经济制度的基础；其二，我国处在社会主义初级阶段，需要在公有制为主体的条件下发展多种所有制经济；其三，一切符合'三个有利于'的所有制形式都可以而且应该用来为社会主义服务。"②

① 《江泽民文选》第2卷，人民出版社2006年版，第48页。

② 《江泽民文选》第2卷，人民出版社2006年版，第19页。

也就是说，“非公有制经济是我国社会主义市场经济的重要组成部分”，这是一种制度设计，而非一时权宜之计。

第二，关于公有制经济的含义、实现形式和主体地位的新论断。在相当长一段时间内，人们认为公有制经济就是指的国有经济和集体经济。党的十五大报告突破了这一传统观念，指出：“要全面认识公有制经济的含义。公有制经济不仅包括国有经济和集体经济，还包括混合所有制经济中的国有成分和集体成分”。也就是说，“公有制实现形式可以而且应当多样化。一切反映社会化生产规律的经营方式和组织形式都可以大胆利用。要努力寻找能够极大促进生产力发展的公有制实现形式。股份制是现代企业的一种资本组织形式，有利于所有权和经营权的分离，有利于提高企业和资本的运作效率，资本主义可以用，社会主义也可以用。不能笼统地说股份制是公有还是私有，关键看控股权掌握在谁手中。国家和集体控股，具有明显的公有性，有利于扩大公有资本的支配范围，增强公有制的主体作用。”关于公有制的主体地位，报告指出，“主要体现在：公有资产在社会总资产中占优势；国有经济控制国民经济命脉，对经济发展起主导作用。”当然，“这是就全国而言，有的地方、有的产业可以有所差别。”“公有资产占优势，要有量的优势，更要注重质的提高。国有经济起主导作用，主要体现在控制力上。要从战略上调整国有经济布局。对关系国民经济命脉的重要行业和关键领域，国有经济必须占支配地位。”①

第三，关于“尊重和保障人权”以及“建设社会主义法治国家”的新论述。在民主政治建设方面，党的十五大报告对健全民主制度的内容作了一个完整概括：“共产党执政就是领导和支持人民掌握管理国家的权力，实行民主选举、民主决策、民主管理和民主监督，保证人民依法享有广泛的权利和自由，尊重和保障人权。”② 其中特别提到“尊重和保障人权”，这在我们党的历次代表大会的报告中是第一次，表明我们党对人权问题的认识和重视达到了一个新水平，这也是对历史经验的一个深刻总结。在民主政治建设上的另一个重大进展，是强调“建设社会

---

① 《江泽民文选》第2卷，人民出版社2006年版，第20页。

② 《江泽民文选》第2卷，人民出版社2006年版，第29页。

主义法治国家”。[1] 这里用的是“法治”，而不是“法制”。一字之差，意义不同。法制是法律制度的简称，任何国家都有法律制度，但不等于任何国家都是法治国家，例如封建国家是典型的人治国家。“法治”是同“人治”相对立的，法治是现代国家的重要标志，实现现代化包括“依法治国”这项不可或缺的内容。报告讲“依法治国，是党领导人民治理国家的基本方略”，这是党的领导方式和执政方式的重大发展。

八、贯彻“三个代表”重要思想，为全面建设小康社会而奋斗

——学习《全面建设小康社会，开创中国特色社会主义事业新局面》

2002年11月8日，党的第十六次代表大会召开。这是我们党在新世纪召开的第一次代表大会。江泽民代表十五届中央委员会作《全面建设小康社会，开创中国特色社会主义事业新局面》的报告。大会把“三个代表”重要思想同马克思列宁主义、毛泽东思想、邓小平理论一道作为党的指导思想写入党章，实现了党的指导思想的又一次与时俱进；在组织上又一次完成了整体性的新老交替，形成了以胡锦涛同志为总书记的新一届党中央。党的十六大报告进一步阐述了“三个代表”重要思想的历史地位和根本要求，明确提出了全面建设小康社会的奋斗目标和各项建设、改革任务。

（一）全面贯彻“三个代表”重要思想

“三个代表”重要思想是对马克思列宁主义、毛泽东思想、邓小平理论的继承和发展，反映了当代世界和中国的发展变化对党和国家工作的新要求，是加强和改进党的建设、推动我国社会主义自我完善和发展的强大理论武器，也是贯穿十六大报告的一条主线。学习党的十六大报告，要紧紧抓住这条主线。

2000年2月25日，江泽民在广东考察工作时第一次提出“三个代

---

① 《江泽民文选》第2卷，人民出版社2006年版，第28页。

表”的要求。他说：“总结我们党七十多年的历史，可以得出一个重要的结论，这就是：我们党所以赢得人民的拥护，是因为我们党在革命、建设、改革的各个历史时期，总是代表着中国先进生产力的发展要求，代表着中国先进文化的前进方向，代表着中国最广大人民的根本利益，并通过制定正确的路线方针政策，为实现国家和人民的根本利益而不懈奋斗。”“在新的历史条件下，我们党如何更好地做到‘三个代表’，是一个需要全党同志特别是党的高级干部深刻思考的重大课题。”① 同年5月14日，他在主持召开江苏、浙江、上海党建工作座谈会时指出，“始终做到‘三个代表’，是我们党的立党之本、执政之基、力量之源。”“推进党的思想建设、政治建设、组织建设和作风建设，都应贯穿‘三个代表’的要求。”② 2001年7月1日，《在庆祝中国共产党成立八十周年大会上的讲话》中，他对“三个代表”的科学内涵作了系统阐述，指出：我们党要始终代表中国先进生产力的发展要求，就是党的理论、路线、纲领、方针、政策和各项工作，必须努力符合生产力发展的规律，体现不断推动社会生产力的解放和发展的要求，尤其要体现推动先进生产力发展的要求，通过发展生产力不断提高人民群众的生活水平；我们党要始终代表先进文化的前进方向，就是党的理论、路线、纲领、方针、政策和各项工作，必须努力体现发展面向现代化、面向世界、面向未来的，民族的科学的大众的社会主义文化的要求，促进全民族思想道德素质和科学文化素质的不断提高，为我国经济发展和社会进步提供精神动力和智力支持；我们党要始终代表中国最广大人民的根本利益，就是党的理论、路线、纲领、方针、政策和各项工作，必须坚持把人民的根本利益作为出发点和归宿，充分发挥人民群众的积极性、主动性、创造性，在社会不断发展进步的基础上，使人民群众不断获得切实的经济、政治、文化利益。

在以上论述的基础上，党的十六大报告提出了全面贯彻“三个代表”重要思想的根本要求，这就是：“贯彻‘三个代表’重要思想，关键在坚持与时俱进，核心在坚持党的先进性，本质在坚持执政为民。”对于这个根本要求，报告从四个方面展开作了论述，简要地说，是“四

① 江泽民：《论“三个代表”》，中央文献出版社2001年版，第2页。

② 江泽民：《论“三个代表”》，中央文献出版社2001年版，第7页。

新”的要求。

第一，贯彻“三个代表”重要思想，必须使全党始终保持与时俱进的精神状态，不断开拓马克思主义理论发展的新境界。报告强调：“创新是一个民族进步的灵魂，是一个国家兴旺发达的不竭动力，也是一个政党永葆生机的源泉。”“实践基础上的理论创新是社会发展和变革的先导。通过理论创新推动制度创新、科技创新、文化创新以及其他各方面的创新，不断在实践中探索前进，永不自满，永不懈怠，这是我们要长期坚持的治党治国之道。”“我们一定要适应实践的发展，以实践来检验一切，自觉地把思想认识从那些不合时宜的观念、做法和体制的束缚中解放出来，从对马克思主义的错误的和教条式的理解中解放出来，从主观主义和形而上学的桎梏中解放出来。”①

第二，贯彻“三个代表”重要思想，必须把发展作为党执政兴国的第一要务，不断开创现代化建设的新局面。报告强调：“党的先进性是具体的、历史的，必须放到推动当代中国先进生产力和先进文化的发展中去考察，放到维护和实现最广大人民根本利益的奋斗中去考察，归根到底要看党在推动历史前进中的作用。”必须坚持以经济建设为中心，必须坚持和深化改革，“一切妨碍发展的思想观念都要坚决冲破，一切束缚发展的做法和规定都要坚决改变，一切影响发展的体制弊端都要坚决革除。”②

第三，贯彻“三个代表”重要思想，必须最广泛最充分地调动一切积极因素，不断为中华民族的伟大复兴增添新力量。报告强调：“最大多数人的利益和全社会全民族的积极性创造性，对党和国家事业的发展始终是最具有决定性的因素。在我国社会深刻变革、党和国家事业快速发展的进程中，妥善处理各方面的利益关系，把一切积极因素充分调动和凝聚起来，至关紧要。”报告对当前我国社会的各阶层作了具体分析，指出：“包括知识分子在内的工人阶级，广大农民，始终是我国先进生产力发展和社会全面进步的根本力量”；“在社会变革中出现的民营科技企业的创业人员和技术人员、受聘于外资企业的管理技术人员、个体户、私营企业主、中介组织的从业人员、自由职业人员等社会阶层，都

① 《江泽民文选》第3卷，人民出版社2006年版，第537、538页。

② 《江泽民文选》第3卷，人民出版社2006年版，第538、539页。

是中国特色社会主义事业的建设者。”我们的方针是：“对为祖国富强贡献力量的社会各阶层人们都要团结，对他们的创业精神都要鼓励，对他们的合法权益都要保护，对他们中的优秀分子都要表彰，努力形成全体人民各尽所能、各得其所而又和谐相处的局面。”报告特别强调：“必须尊重劳动、尊重知识、尊重人才、尊重创造，这要作为党和国家的一项重大方针在全社会认真贯彻。”“要尊重和保护一切有益于人民和社会的劳动。不论是体力劳动还是脑力劳动，不论是简单劳动，还是复杂劳动，一切为我国社会主义现代化建设作出贡献的劳动，都是光荣的，都应该得到承认和尊重。”“海内外各类投资者在我国建设中的创业活动都应该受到鼓励。一切合法的劳动收入和合法的非劳动收入，都应该得到保护。”“不能简单地把有没有财产、有多少财产当作判断人们政治上先进和落后的标准，而主要应该看他们的思想政治状况和现实表现，看他们的财产是怎么得来的以及对财产怎么支配和使用”。总之，“要形成与社会主义初级阶段基本经济制度相适应的思想观念和创业机制，营造鼓励人们干事业、支持人们干成事业的社会氛围，放手让一切劳动、知识、技术、管理和资本的活力竞相迸发，让一切创造社会财富的源泉充分涌流，以造福广大人民。”①

第四，贯彻“三个代表”重要思想，必须以改革的精神推进党的建设，不断为党的肌体注入新活力。既要善于总结成功的经验，又要善于记取失误的教训；既要善于通过正确的理论和路线带领群众前进，又要善于从群众的实践中吸收营养；既要善于认识和改造客观世界，又要善于在改造客观世界过程中改造主观世界。

总之，“全党必须在思想上不断有新解放，理论上不断有新发展，实践上不断有新创造，把‘三个代表’重要思想贯彻到社会主义现代化建设的各个领域，体现在党的建设的各个方面，使我们党始终与时代发展同进步，与人民群众共命运。”②

（二）为全面建设小康社会而奋斗

21世纪的头20年，对我国来说，是一个必须紧紧抓住并且可以大

① 《江泽民文选》第3卷，人民出版社2006年版，第539、540页。

② 《江泽民文选》第3卷，人民出版社2006年版，第541—542页。

有作为的重要战略机遇期。根据十五大提出的到2010年，建党100年和新中国成立100年的发展目标，我们要在本世纪头20年，集中力量，全面建设惠及十几亿人口的更高水平的小康社会。这是实现社会主义现代化战略目标必经的一个重要阶段。

“小康社会”原本是中国古代社会人们对美好社会的一个憧憬，区别于更高水平的“大同社会”。邓小平把它借用过来说明我国社会主义现代化建设过程中的一个阶段。他的设想是“分三步走”基本实现现代化，即：第一步从1980年到1990年，国民生产总值翻一番，实现温饱；第二步从1991年到20世纪末，国民生产总值再翻一番，达到小康；第三步到21世纪中叶，人均国民生产总值达到中等发达国家水平，人民生活比较富裕，基本实现现代化。经过全党全国各族人民的共同努力，到2000年，我们胜利实现了第一步、第二步目标，人民生活总体上达到小康水平。这是中国特色社会主义的伟大胜利，是中华民族发展史上一个重要的里程碑。

但是，必须清醒地看到，我们现在达到的小康还是低水平的、不全面的、发展很不平衡的小康。所谓“低水平”，是说我国刚刚跨入小康社会的门槛。2002年我国经济总量虽然已跃居世界第六位，但人均还不到1000美元，在世界范围内相比，属于刚刚进入中等偏下收入国家行列。所谓“不全面”，主要是指小康生活还没有覆盖全国人口。农村还有3000万左右贫困人口，城市还有2000万左右的人生活在最低生活保障线以下。所谓“发展很不平衡”，是说地区之间、城乡之间、不同社会阶层之间的收入和生活水平存在很大差距。因此，对已经达到的“总体小康”不能估计过高。我们面临着全面建设更高水平小康社会的艰巨任务。

党的十六大提出了全面建设小康社会的奋斗目标。这就是“六个更加”：“使经济更加发展、民主更加健全、科教更加进步、文化更加繁荣、社会更加和谐、人民生活更加殷实。”① 其中包括“基本实现工业化”这个中国人民的百年梦想。这是中国特色社会主义经济、政治、文化全面发展的目标，是与加快推进现代化相统一的目标，是一个十分艰巨、经过努力又能够实现的目标。为了实现这个目标，党的十六大报告

① 《江泽民文选》第3卷，人民出版社2006年版，第543页。

强调："发展要有新思路，改革要有新突破，开放要有新局面，各项工作要有新举措。"① 要求各地各部门都要从实际出发，采取切实有效的措施，努力实现这个目标，有条件的地方可以发展得更快一些，在全面建设小康社会的基础上，率先基本实现现代化。

（三）按照"三个代表"的要求全面加强党的建设

在我们这样一个多民族的发展中的大国，要把全体人民的意志和力量凝聚起来，全面建设小康社会，加快推进社会主义现代化，必须毫不放松地加强和改善党的领导，全面推进党的建设新的伟大工程，保证我们党始终是中国工人阶级的先锋队，同时是中国人民和中华民族的先锋队，始终是中国特色社会主义事业的领导核心，始终代表中国先进生产力的发展要求，代表中国先进文化的前进方向，代表中国最广大人民的根本利益。这是现阶段我们党的建设的总目标。党的十六大报告强调，一定要坚持"党要管党、从严治党"的方针，进一步解决提高党的领导水平和执政水平、提高拒腐防变和抵御风险能力这两大历史课题；一定要准确把握当代中国社会发展脉搏，改革和完善党的领导方式和执政方式、领导体制和工作制度，使党的工作充满活力；一定要把思想建设、组织建设和作风建设结合起来，把制度建设贯穿其中。报告从思想建设、能力建设、制度建设、领导班子建设、基层建设、作风建设等六个方面作了全面部署。

九、深入贯彻落实科学发展观，夺取全面建设小康社会的新胜利

——学习《高举中国特色社会主义伟大旗帜　为夺取全面建设小康社会新胜利而奋斗》

2007 年 10 月 15 日，党的第十七次全国代表大会召开。胡锦涛代表十六届中央委员会作《高举中国特色社会主义伟大旗帜　为夺取全面建设小康社会新胜利而奋斗》的报告。报告对中国特色社会主义道路和理论体系作了新概括，系统阐述了科学发展观的科学内

① 《江泽民文选》第 3 卷，人民出版社 2006 年版，第 544 页。

涵和贯彻落实科学发展观的根本要求，对继续推进改革开放和社会主义现代化建设、夺取全面建设小康社会的新胜利，作出了全面的新部署。

(一) 关于中国特色社会主义道路和理论体系的新概括

党的十七大报告指出："改革开放以来我们取得一切成绩和进步的根本原因，归结起来就是：开辟了中国特色社会主义道路，形成了中国特色社会主义理论体系。高举中国特色社会主义伟大旗帜，最根本的就是要坚持这条道路和这个理论体系。"①

报告对十一届三中全会以来我们党开创和拓展的中国特色社会主义道路作了系统总结和概括："中国特色社会主义道路，就是在中国共产党领导下，立足基本国情，以经济建设为中心，坚持四项基本原则，坚持改革开放，解放和发展社会生产力，巩固和完善社会主义制度，建设社会主义市场经济、社会主义民主政治、社会主义先进文化、社会主义和谐社会，建设富强民主文明和谐的社会主义现代化国家。"② 这一概括，包括了中国特色社会主义道路的基本点：中国共产党的领导，社会主义初级阶段"一个中心、两个基本点"的基本路线，"四位一体"的建设布局，社会主义现代化的奋斗目标，涵盖了十一届三中全会以来党的基本路线、基本纲领和基本经验。30 多年来中国的持续、快速、健康发展，证明这条道路是正确的，是当代中国发展进步唯一正确的道路。其所以正确，"关键在于我们既坚持了科学社会主义的基本原则，又根据我国实际和时代特征赋予其鲜明的中国特色。"③ 在当代中国，坚持中国特色社会主义道路，就是真正坚持社会主义。

报告对十一届三中全会以来我们党创立和发展了的中国特色社会主义理论体系作了系统总结和概括："中国特色社会主义理论体系，就是包括邓小平理论、'三个代表'重要思想以及科学发展观等重大战略思

---

① 《中国共产党第十七次全国代表大会文件汇编》，人民出版社 2007 年版，第 10—11 页。

② 《中国共产党第十七次全国代表大会文件汇编》，人民出版社 2007 年版，第 11 页。

③ 《中国共产党第十七次全国代表大会文件汇编》，人民出版社 2007 年版，第 11 页。

想在内的科学理论体系。”① 它坚持和发展了马克思列宁主义、毛泽东思想，凝结了几代中国共产党人带领人民不懈探索、不断实践的智慧和心血，是马克思主义中国化的最新成果，是党最可宝贵的政治和精神财富，是全国各族人民团结奋斗的共同思想基础。在当代中国，坚持中国特色社会主义理论体系，就是真正坚持马克思主义。

报告号召全党，要倍加珍惜、长期坚持和不断发展党历经艰辛开创的中国特色社会主义道路和中国特色社会主义理论体系，坚持解放思想、实事求是、与时俱进，勇于变革、勇于创新，永不僵化、永不停滞，不为任何风险所惧，不被任何干扰所惑，使中国特色社会主义道路越走越宽广，让当代中国马克思主义放射出更加灿烂的真理光芒。

（二）深入贯彻落实科学发展观

以胡锦涛同志为总书记的党中央提出的科学发展观，是对我们党以往关于发展的重要思想的继承和发展，是马克思主义关于发展的世界观和方法论的集中体现，是同马克思列宁主义、毛泽东思想、邓小平理论和“三个代表”重要思想既一脉相承又与时俱进的科学理论，是我国经济社会发展的重要指导方针，是发展中国特色社会主义必须坚持和贯彻的重大战略思想。

提出科学发展观的一个重要契机，是对于 2003 年“非典”疫情暴发教训的深刻总结。2003 年 7 月 23 日，胡锦涛同志在全国防治非典工作会议上的讲话中提出，要坚持全面发展、协调发展、可持续发展的发展观，不仅要关注经济指标，而且要关注人文指标、资源指标和环境指标。2003 年 10 月 11 日，十六届三中全会通过的《关于完善社会主义市场经济体制若干重大问题的决定》提出，要坚持以人为本，树立全面协调可持续的发展观。在这次十七大报告中，胡锦涛系统阐述了科学发展观产生的历史背景、科学内涵和深入贯彻落实科学发展观的根本要求。

关于科学发展观产生的历史背景。报告指出：“科学发展观，是立足社会主义初级阶段基本国情，总结我国发展实践，借鉴国外发展经

---

① 《中国共产党第十七次全国代表大会文件汇编》，人民出版社 2007 年版，第 11 页。

验，适应新的发展要求提出来的。”[①] 进入新世纪全面建设小康社会的新阶段，我国的发展呈现了一系列新的阶段性特征：一是经济实力显著增强，但发展质量不高。劳动生产率低，自主创新能力不强，增长方式粗放，资源能源紧张，环境污染加剧，生态退化严重。二是人民生活总体达到小康水平，但贫富差距过大，收入分配不公现象严重，城乡还有相当数量的贫困人口和低收入人口。三是全国各地都有很大发展，但城乡之间、区域之间的发展很不平衡。四是社会活力显著增强，但社会建设和社会管理严重滞后。如此等等。这些阶段性特征，是社会主义初级阶段基本国情在新世纪新阶段的具体表现。中国作为发展中的社会主义大国，一方面，可以利用自己的制度优势，利用国外的经验、技术和资本，实现跨越式发展，在几十年、一百年的时间里完成发达国家两三百年完成的现代化任务；另一方面，发达国家在两三百年中先后出现的各种问题，在我国几十年、一百年的时间里也会集中出现。这种时空压缩的性质和特点，既给我们提供了发展机遇，又向我们提出了发展难题。我们应当充分发挥自己制度的优越性和后发优势，在借鉴国外发展经验教训的基础上，运用马克思主义的世界观、方法论，正确处理以经济建设为中心与社会全面发展的关系、经济社会发展与人的发展的关系、加快发展与协调发展的关系、当前发展与长远发展的关系，自觉走科学发展之路。

关于科学发展观的理论内涵。报告指出：“科学发展观，第一要义是发展，核心是以人为本，基本要求是全面协调可持续，根本方法是统筹兼顾。”[②] 这是一个完整的概括。科学发展观的第一要义是发展，即以经济建设为中心的全面发展，科学发展，和谐发展，“不能离开发展这个主题，离开了发展这个主题就没有意义了。”[③] 科学发展观的核心是以人为本，即“发展为了人民、发展依靠人民、发展成果由人民共享”。科学发展观的基本要求是全面协调可持续，即经济与社会的发展

---

① 《中国共产党第十七次全国代表大会文件汇编》，人民出版社 2007 年版，第 13 页。

② 《中国共产党第十七次全国代表大会文件汇编》，人民出版社 2007 年版，第 14 页。

③ 胡锦涛：《在中央人口资源环境工作座谈会上的讲话》，转引自《科学发展观重要论述摘编》，中央文献出版社、党建读物出版社 2008 年版，第 14 页。

要全面，城乡、区域发展要协调，正确处理经济发展与人口、资源、环境的关系，实现经济社会的永续发展。科学发展观的根本方法是统筹兼顾，即正确认识和处理中国特色社会主义事业中的各种重大关系，突出重点又兼顾各方，立足当前又放眼长远，熟悉国情又了解世界。

关于深入贯彻落实科学发展观的根本要求。报告指出：第一，要始终坚持“一个中心、两个基本点”的基本路线——这是实现科学发展的政治保证。以经济建设为中心是兴国之要，四项基本原则是立国之本，改革开放是强国之路，三者统一于发展中国特色社会主义的伟大实践，任何时候都决不能动摇。第二，要积极构建社会主义和谐社会——这是实现科学发展的社会条件。科学发展和社会和谐具有内在统一性，没有科学发展就没有社会和谐，没有社会和谐也难以实现科学发展。通过构建和谐社会，形成全体人民各尽其能、各得其所而又和谐相处的局面，为发展提供良好的社会环境。第三，要继续深化改革开放——这是实现科学发展的重要动力。要把改革创新精神贯彻到治国理政的各个环节，毫不动摇地坚持改革方向，提高改革决策的科学性，增强改革措施的协调性，着力构建充满活力、富有效率、更加开放，有利于科学发展的体制机制。第四，要切实加强和改进党的建设——这是实现科学发展的政治和组织保障。要站在完成党执政兴国使命的高度，把提高党的执政能力、保持和发展党的先进性，体现到领导科学发展、促进社会和谐上来，落实到引领中国发展进步、更好代表和实现最广大人民的根本利益上来，使党的工作和党的建设更加符合科学发展观的要求。

（三）实现全面建设小康社会奋斗目标的新要求

十七大根据新的形势，在十六大确立的全面建设小康社会奋斗目标的基础上，对实现全面建设小康社会奋斗目标提出了新要求。强调在经济方面，要又好又快发展；国内生产总值翻两番，改为人均国内生产总值翻两番；明确提出“进入创新型国家行列”。在政治方面，加写了社会公平正义的发展目标。在文化方面，增写了“社会主义核心价值体系深入人心”，“覆盖全社会的公共文化服务体系基本建立”和“文化产业占国民经济比重明显提高、国际竞争力显著增强”等方面内容。新增写了一个部分：“加快发展社会事业，全面改善人民生活”，民生问题放到了更加突出的地位。强化生态文明建设，把它集中地突出地加以论述。

最后，报告用一段鼓舞人心的话，概括了全面建设小康社会的美好前景："到二〇二〇年全面建设小康社会目标实现之时，我们这个历史悠久的文明古国和发展中社会主义大国，将成为工业化基本实现、综合国力显著增强、国内市场总体规模位居世界前列的国家，成为人民富裕程度普遍提高、生活质量明显改善、生态环境良好的国家，成为人民享有更加充分民主权利、具有更高文明素质和精神追求的国家，成为各方面制度更加完善、社会更加充满活力而又安定团结的国家，成为对外更加开放、更加具有亲和力、为人类文明作出更大贡献的国家。"① 这是一个十分美好的目标，又是一个需要努力奋斗才能实现的目标。大会号召我们，在今后五年必须埋头苦干，为全面建成惠及十几亿人口的更高水平的小康社会打下牢固基础。

十、在新的历史起点上坚持和发展中国特色社会主义

——学习《坚定不移沿着中国特色社会主义道路前进　为全面建成小康社会而奋斗》

2012 年 11 月 8 日，党的第十八次全国代表大会召开。这是在我国全面建成小康社会决定性阶段召开的一次代表大会。胡锦涛代表十七届中央委员会作《坚定不移沿着中国特色社会主义道路前进　为全面建成小康社会而奋斗》的报告。大会规划了在新的历史条件下我国全面建成小康社会、加快推进社会主义现代化建设的宏伟蓝图；把科学发展观同马列主义、毛泽东思想、邓小平理论一道确立为党的指导思想写入党章，实现了党的指导思想的又一次与时俱进；在组织上再一次完成了党中央整体性新老交替，形成了以习近平为总书记的党中央。习近平同志说："坚持和发展中国特色社会主义是贯穿党的十八大报告的一条主线。"② 学习贯彻十八大精神，一定要抓住这条主线，把它作为聚集点、着力点、落脚点，在新的历史起点上坚持和发展中国特色社会主义。

① 《中国共产党第十七次全国代表大会文件汇编》，人民出版社 2007 年版，第 20 页。

② 《十八大报告辅导读本》，人民出版社 2012 年版，第 2 页。

（一）中国特色社会主义是当代中国发展进步的根本方向

党的十八大报告指出："中国特色社会主义是当代中国发展进步的根本方向，只有中国特色社会主义才能发展中国。"① 这里所说的"中国特色社会主义"，包括"道路"、"理论"、"制度"三个层面。我们应当全面理解坚持和发展中国特色社会主义的科学内涵。

一是要坚持和拓展中国特色社会主义道路。这是实践层面。道路决定命运，关乎党、国家、民族大业的兴衰成败。无论搞革命还是搞建设，都要走符合本国国情、适合本国人民需要的正确道路。党的十一届三中全会开创了中国社会主义建设的新道路。邓小平在党的十二大开幕词中给这条新道路起了一个名字，叫"有中国特色的社会主义"，他说："走自己的道路，建设有中国特色的社会主义，这就是我们总结长期历史经验得出的基本结论。"党的十三大提出了中国社会主义初级阶段"一个中心、两个基本点"的基本路线。党的十四大确立了社会主义市场经济体制的改革目标。党的十五大提出了社会主义初级阶段经济、政治、文化的基本纲领。党的十六大提出了使社会更加和谐的新要求。党的十七大对这条道路的基本点作了一个总概括，即："中国特色社会主义道路，就是在中国共产党领导下，立足基本国情，以经济建设为中心，坚持四项基本原则，坚持改革开放，解放和发展社会生产力，巩固和完善社会主义制度，建设社会主义市场经济、社会主义民主政治、社会主义先进文化、社会主义和谐社会，建设富强民主文明和谐的社会主义现代化国家。"② 这里包括了党的领导，初级阶段基本路线，经济、政治、文化、社会"四位一体"的建设布局，社会主义现代化的奋斗目标。党的十八大在十七大概括的基础上，在"和谐社会"之后，加了三句话："社会主义生态文明，促进人的全面发展，逐步实现共同富裕"。加了"生态文明"，就使"四位一体"的建设布局变为"五位一体"的建设布局；加了"促进人的全面发展，逐步实现共同富裕"，就更好体现了共产主义理想和社会主义本质。这条道路来之不易，是

---

① 《十八大报告辅导读本》，人民出版社2012年版，第13—14页。

② 《中国共产党第十七次全国代表大会文件汇编》，人民出版社2007年版，第11页。

我们历经千辛万苦，付出各种代价，长期探索的成果。它既符合科学社会主义的基本原则，又根据我国实际和时代特征赋予其鲜明的中国特色，既否定了封闭僵化的老路，又拒绝了改旗易帜的邪路。国际国内经验证明，封闭僵化的老路缺少生命力，不加以改革，只能是死路一条；而改革开放不坚持社会主义方向，搞“全盘西化”，只能是自取灭亡，亡党亡国。在这个关系党和国家前途命运的问题上，我们必须始终保持清醒头脑，毫不动摇地坚持和拓展中国特色社会主义道路，使这条道路越来越宽广。

二是要坚持和丰富中国特色社会主义理论体系。这是理论层面。在开创和拓展中国特色社会主义道路的实践过程中，我们党不断总结经验，进行理论创新，继承和发展马列主义、毛泽东思想，形成了包括邓小平理论、“三个代表”重要思想和科学发展观在内的中国特色社会主义理论体系。这是我们党和国家最可宝贵的政治和精神财富，是我们必须长期坚持的指导思想。习近平说，坚持和发展中国特色社会主义是一篇大文章，邓小平为它确定了基本思路和基本原则，第一次比较系统地初步回答了在中国这样经济文化比较落后的国家如何建设社会主义、如何巩固和发展社会主义的一系列基本问题，用新的思想观点继承和发展了马克思主义，开拓了马克思主义新境界，把对社会主义的认识提高到新的科学水平，开创了中国特色社会主义，形成了邓小平理论。习近平又说，以江泽民为核心的党的第三代领导集体、以胡锦涛为总书记的党中央在这篇大文章上都写下了精彩的篇章。“三个代表”重要思想进一步回答了什么是社会主义、怎样建设社会主义的问题，创造性地回答了建设一个什么样的党、怎样建设党的问题。科学发展观是中国特色社会主义理论体系中的最新成果，进一步回答了什么是社会主义、怎样建设社会主义，建设一个什么样的党、怎样建设党的问题，创造性回答了实现什么样的发展、怎样发展的问题。党的十八大把科学发展观同马列主义、毛泽东思想、邓小平理论、“三个代表”重要思想一道作为党的指导思想写入党章，标志我们党的指导思想的又一次重大的与时俱进。习近平还说，现在，我们这一代共产党人的任务，就是继续把这篇大文章写下去。世界上没有放之四海而皆准的发展道路和发展模式，也没有一成不变的发展道路和发展模式。解放思想、实事求是、与时俱进，是马克思主义活的灵魂，是我们适应新形势、认识新事物、完成新任务的根本思想武器。我们一定要坚持马克思主义的发展观点，坚持实践是检验真理的唯一标准，发挥历史的主动性和创造性，在新的实践中坚持和丰富中国特色社会主义理论体系。

三是要坚持和完善中国特色社会主义制度。这是制度层面。党的十七大报告提出，高举中国特色社会主义伟大旗帜，最根本的是坚持中国特色社会主义道路和理论体系。胡锦涛在庆祝建党九十周年大会上的讲话中，对中国特色社会主义的科学内涵作了进一步揭示，指出："经过九十年的奋斗、创造、积累，党和人民必须备加珍惜、长期坚持、不断发展的成就是：开辟了中国特色社会主义道路，形成了中国特色社会主义理论体系，确立了中国特色社会主义制度。"这样，中国特色社会主义的内涵在制度层面就被突出出来了。邓小平说，制度问题带有"根本性、全局性、稳定性和长期性"，实践成果和理论成果转化为制度规定，中国特色社会主义才能得到更有效的坚持、贯彻和落实。中国特色社会主义制度是当代中国发展进步的制度保障。党的十八大报告指出："中国特色社会主义制度，就是人民代表大会制度的根本政治制度，中国共产党领导的多党合作和政治协商制度、民族区域自治制度以及基层群众自治制度等基本政治制度，中国特色社会主义法律体系，公有制为主体、多种所有制经济共同发展的基本经济制度，以及建立在这些制度基础上的经济体制、政治体制、文化体制、社会体制等各项具体制度。"① 这些制度集中体现了中国特色社会主义的优势和特点，我们必须加以坚持。同时也要看到，我们的制度还有待在实践中不断完善，如邓小平在1992年南方谈话中所说，"恐怕再有三十年的时间，我们才会在各方面形成一整套更加成熟、更加定型的制度。"② 我们现在正处于改革的攻坚时期，改革体制、完善制度的任务十分繁重、艰巨，我们要在实践创新、理论创新的基础上继续大力推进制度创新，坚持和完善现有制度，及时制定新的制度，努力构建系统完备、科学规范、运行有效的制度体系，为夺取中国特色社会主义的更大胜利提供更加有效的制度保障。

总之，坚持和拓展中国特色社会主义道路，坚持和丰富中国特色社

---

① 《十八大报告辅导读本》，人民出版社2012年版，第13页。

② 《邓小平文选》第3卷，人民出版社1993年版，第372页。

会主义理论体系，坚持和完善中国特色社会主义制度，这就是我们坚持和发展中国特色社会主义的基本内容，三者统一于建设中国特色社会主义伟大实践。我们学习贯彻十八大精神，最根本的，就是要增强这种“道路自信”、“理论自信”、“制度自信”。

（二）建设中国特色社会主义的总依据、总布局、总任务

如果说“道路”、“理论”、“制度”侧重回答了什么是中国特色社会主义，那么，“总依据”、“总布局”、“总任务”，则是侧重回答了怎样建设中国特色社会主义。

关于建设中国特色社会主义的总依据。“总依据是社会主义初级阶段”。初级阶段理论是党的十三大首先系统阐述的。以后历次党代会报告都作了重申，十八大报告再次重申，是有重大现实意义的。经过几十年的改革、发展，我国的国情发生了很大变化，但是，必须清醒看到，“我国仍处于并将长期处于社会主义初级阶段的基本国情没有变，人民日益增长的物质文化需要同落后的社会生产之间的矛盾这一社会主要矛盾没有变，我国是世界最大发展中国家的国际地位没有变。”[①] 因此，党的“一个中心、两个基本点”的基本路线就不能变，既不能偏离“一个中心”，也不能偏废“两个基本点”。各项工作都要立足于“社会主义初级阶段”这个最大的实际。不仅经济建设要立足这个实际，政治建设、文化建设、社会建设、生态建设都要立足这个实际。我们既不妄自菲薄，也不妄自尊大，要扎扎实实地把我们的事业不断推向前进。

关于建设中国特色社会主义的总布局。总布局是“五位一体”，即“经济建设、政治建设、文化建设、社会建设、生态文明建设五位一体总体布局”。[②] 习近平说，强调总布局，是因为中国特色社会主义是全面发展的社会主义。党的十五大提出“基本纲领”，实际上讲的就是经济、政治、文化“三位一体”的布局。党的十六届四中全会提出构建社会主义和谐社会的任务，胡锦涛说：“这表明，随着我国经济社会的不断发展，中国特色社会主义事业的总体布局，更加明确地由社会主义经济建设、政治建设、文化建设三位一体发展为社会主义经济建设、政治

① 《十八大报告辅导读本》，人民出版社2012年版，第13页。

② 《十八大报告辅导读本》，人民出版社2012年版，第9页。

建设、文化建设、社会建设四位一体。”① 十八大报告把“生态文明建设”纳入总体布局之中，表明我们对社会主义建设规律的认识更加全面和深刻。生态建设关系人民福祉、民族未来，面对我国人均资源短缺、环境污染严重、生态系统退化的严峻形势，我们必须从社会主义全面发展和中华民族永续发展的战略高度，充分认识生态文明建设的重要性和紧迫性，努力使我们的生产方式、生活方式和思想观念都体现生态文明建设的客观要求。

关于建设中国特色社会主义的总任务。“总任务是实现社会主义现代化和中华民族伟大复兴。”习近平指出，强调“总任务”，是因为我们党从成立那天起，就肩负着实现中华民族伟大复兴的历史使命。我们党领导人民进行革命、建设、改革，就是要使人民富裕起来、国家富强起来，振兴伟大的中华民族。按照现代化建设“三步走”的战略部署，建设富强民主文明和谐的社会主义现代化国家，是我们党和国家在整个社会主义初级阶段的奋斗目标。我们党的庄严使命，改革开放的根本目的，国家的奋斗目标，都聚焦于这个总任务，归结于这个总任务。我们要紧紧扭住这个总任务，一代一代锲而不舍地干下去。习近平在参观《复兴之路》展览时说：实现中华民族伟大复兴，就是中华民族近代以来最伟大的梦想。这个梦想，凝聚了几代中国人的夙愿，体现了中华民族和中国人民的整体利益，是每一个中华儿女的共同期盼。现在我们比历史上任何时期都更接近中华民族伟大复兴的目标，比历史上任何时期都更有信心、更有能力实现这个目标。这些话，说出了中华民族的自豪感和自信心。我们的这种自豪感和自信心，源于我们的道路自信、理论自信、制度自信。

（三）全面建成小康社会与全面深化改革开放的新部署

为了实现中华民族伟大复兴这个总任务，我们党领导人民进行了长期奋斗，现在已经进入全面建成小康社会的决定性阶段。党的十八大对全面建成小康社会和全面深化改革开放作出了新的部署。

关于全面建成小康社会的新部署。党的十六大提出到2020年全面建设小康社会的奋斗目标，党的十七大对实现全面建设小康社会奋斗目

① 《十六大以来重要文献选编》（中），中央文献出版社2006年版，第696页。

标提出了新要求，这次党的十八大在前两次代表大会部署的基础上，根据新的实际，对到2020年全面建成小康社会作出了新部署，把“全面建设小康”改为“全面建成小康”，表明任务的时限性和紧迫性，从而要求也就更高了。大会对经济建设、政治建设、文化建设、社会建设、生态文明建设以及国防和军队现代化建设、丰富“一国两制”实践和实现祖国完全统一等各方面建设分别提出了具体要求。

关于全面深化改革开放的新部署。现代化建设与改革开放密不可分，十八大对这两个方面是同时规划和部署的。改革开放是发展中国特色社会主义的力量之源。解决温饱靠改革开放，实现总体小康靠改革开放，全面建成小康社会仍然要靠改革开放。报告强调：“全面建成小康社会，必须以更大的政治勇气和智慧，不失时机地深化重要领域改革，坚决破除一切妨碍科学发展的思想观念和体制机制弊端，构建系统完备、科学规范、运行有效的制度体系，使各方面制度更加成熟更加定型。”①

关于全面提高党的建设科学化水平的新部署。形势的发展，事业的开拓，人民的期待，都要求我们以改革创新的精神继续推进党的建设新的伟大工程，全面提高党的建设科学化水平。十八大报告强调，面对“四大考验”（执政考验、改革开放考验、市场经济考验、外部环境考验）、“四大危险”（精神懈怠危险、能力不足危险、脱离群众危险、消极腐败危险），党的建设必须紧紧抓住“加强党的执政能力建设、先进性和纯洁性建设”这条主线，坚持“解放思想、改革创新”和“党要管党、从严治党”的方针，全面加强思想、组织、作风、反腐倡廉、制度“五大建设”，增强自我净化、自我完善、自我革新、自我提高能力，建设学习型、服务型、创新型的马克思主义执政党，确保党始终成为中国特色社会主义事业的坚强领导核心。

---

① 《十八大报告辅导读本》，人民出版社2012年版，第9—10页。

后　　记

我在中央党校从事教学工作迄今已有35年，每个学期都为校内外各种班次授课，内容涉及马克思主义理论、马克思主义哲学、毛泽东哲学思想、中国特色社会主义理论等许多学科领域，讲题有几十、上百个。可是，当出版社约我出一个讲稿选的时候，我却感到真正能够拿出手的东西实在没有几篇。因此，这件事拖了差不多一年的时间。盛情之下，勉为其难，几经斟酌，最后定下这14篇。不是说这14篇有多高水平，而是考虑它们大体上涵盖了我从事教学的主要领域，算是具有某种代表性吧！

这14篇讲稿不是按授课时间为序排列，而是按内容排列，大体分三大方面的内容：第一大方面是第1篇《科学对待马克思主义》，在马克思主义理论的教学中，这个题目带有概论的性质，主要讲四个观点，即毫不动摇地坚持马克思主义，完整准确地理解马克思主义，创造性地运用马克思主义，与时俱进地发展马克思主义。第二大方面包括第2篇到第7篇，主要讲马克思主义哲学，包括马克思主义哲学引言和串讲、毛泽东哲学思想的历史地位和指导意义以及有关思想方法问题。第三大方面包括第8篇到第14篇，主要讲中国特色社会主义理论体系，包括邓小平理论、“三个代表”重要思想和科学发展观，以及《中国特色社会主义理论体系原著选讲》。

感谢出版社的热情支持。

书中不当之处，恳请读者和专家指正。

作　者

2013年10月1日